国家文化产业资金支持媒体融合重大项目

U0648580

微课

职业教育教学改革融合创新型教材 · 会计类

Kuaiji Xinxihua
Shiwu

会计信息化实务

第三版

用友U8-V13.0版本

姜明霞 刘轶卿 胡生夕 主编 魏立寰 孟坤 尚连永 副主编

新个税专项扣除 增值税税改新政 修订版财报格式

东北财经大学出版社
Dongbei University of Finance & Economics Press

大连

图书在版编目（CIP）数据

会计信息化实务 / 姜明霞，刘轶卿，胡生夕主编. —3版. —大连：东北财经大学出版社，2019.8

（职业教育教学改革融合创新型教材·会计类）

ISBN 978-7-5654-3532-4

Ⅰ．会… Ⅱ．①姜… ②刘… ③胡… Ⅲ．会计信息–财务管理系统–职业教育–教材 Ⅳ．F232

中国版本图书馆 CIP 数据核字（2019）第 100296 号

东北财经大学出版社出版

（大连市黑石礁尖山街 217 号 邮政编码 116025）

网 址：http://www.dufep.cn

读者信箱：dufep@dufe.edu.cn

大连图腾彩色印刷有限公司印刷 东北财经大学出版社发行

幅面尺寸：185mm×260mm 字数：626千字 印张：27.75

2019 年 8 月第 3 版 2019 年 8 月第 7 次印刷

责任编辑：张旭凤 郭海雷 责任校对：齐 心

封面设计：冀贵收 版式设计：钟福建

定价：56.00 元

教学支持 售后服务 联系电话：（0411）84710309

版权所有 侵权必究 举报电话：（0411）84710523

如有印装质量问题，请联系营销部：（0411）84710711

富媒体智能型教材出版说明

"财经高等职业教育富媒体智能型教材开发系统工程"入选国家新闻出版广电总局新闻出版改革发展项目库，并获得文化产业专项资金支持，是"国家文化产业资金支持媒体融合重大项目"。项目以"融通""融合""共建""共享"为特色，是东北财经大学出版社积极落实国家推动传统媒体与新媒体融合发展的重要举措之一。

"财道书院"智能教学互动平台是该工程项目建设成果之一。该平台通过系统、合理的架构设计，将教学资源与教学应用集成于一体，具有教学内容多元呈现、课堂教学实时交互、测试考评个性设置、用户学情高效分析等核心功能，是高校开展信息化教学的有力支撑和应用保障。

富媒体智能型教材是该工程项目建设成果之二。该类教材是我社供给侧改革探索性策划的创新型产品，是一种新形态立体化教材。富媒体智能型教材秉持严谨的教学设计思想和先进的教材设计理念，为财经职业教育教与学、课程与教材的融通奠定了基础，较好地避免了传统教学模式和单一纸质教材容易出现的"两张皮"现象，有助于教学质量的提高和教学效果的提升。

从教材资源的呈现形式来说，富媒体智能型教材实现了传统纸质教材与数字技术的融合，通过二维码建立链接，将VR、微课、视频、动画、音频、图文和试题库等富媒体资源丰富呈现给用户；从教材内容的选取整合来说，其实现了职业教育与产业发展的融合，不仅注重专业教学内容与职业能力培养的有效对接，而且很好地解决了部分专业课程学与训、训与评的难题；从教材的教学使用过程来说，其实现了线下自主与线上互动的融合，学生可以在有网络支持的任何地方自主完成预习、巩固、复习等，教师可以在教学中灵活使用随堂点名、作业布置及批改、自测及组卷考试、成绩统计分析等平台辅助教学工具。

富媒体智能型教材设计新颖，一书一码，使用便捷。使用富媒体智能型教材的师生首先下载"财道书院"App或者进入"财道书院"（www.idufep.com）平台完成注册，然后登录"财道书院"输入教材封四学习卡中的激活码建立或找到班级和课程对应教材，就可以开启个性化教与学之旅。

"重塑教学空间，回归教学本源！""财道书院"平台不仅仅是出版社提供教学资源和服务的平台，更是出版社为作者和广大院校创设的一个自主选择和自主探究的教与学的空间，作者和广大院校师生既是这个空间的使用者和消费者，也是这个空间的创造者和建设者，在这里，出版社、作者、院校共建资源，共享回报，共创未来。

最后，感谢各位作者为支持项目建设所付出的辛劳和智慧，也欢迎广大院校在教学中积极使用富媒体智能型教材和"财道书院"平台，东北财经大学出版社愿意也必将陪伴广大职业教育工作者走向更加光明而美好的职教发展新阶段。

东北财经大学出版社

第三版前言

　　本书是石家庄信息工程职业学院精品在线开放课程"会计信息化实务"的配套教材。本书以《教育信息化2.0行动计划》（教技〔2018〕6号）和《国家职业教育改革实施方案》为指导，注重挖掘课程中蕴藏的思政教育因素，力争在国家"互联网+"和"大众创业，万众创新"的大背景下，培养既有事业心和责任感，又有社会公共道德与职业道德的高端技能型会计信息化人才。

　　本书以用友U8-V13.0为运行平台，在对制造企业财务部门相关岗位主要工作任务进行分析的基础上，结合教学规律编写而成。本书内容由一个导论和八个学习情境构成，每个学习情境讲解一个信息化处理专题，各情境既相互独立又彼此联系。

　　本书适应"互联网+职业教育"发展需求，编写具有一定的创新性，主要体现在以下几个方面：

　　1.在完整知识体系下颗粒化教学内容。本书学习情境的构建，来自企业真实工作任务，每一个学习情境由若干个工作任务组成，每一个工作任务对应着若干个知识点。我们对课程所涵盖的知识点进行系统地梳理和设计，挖掘颗粒化知识点的内在联系，使之建立有效的链接，使学生在获取碎片化知识点的同时，形成完整的知识体系。

　　2.课证深度融合。本书内容与工业和信息化部人才交流中心组织的全国信息化工程师项目考试内容相融合，学生可以在完成本课程学习后轻松考取"全国信息化工程师——ERP应用资格证书"，拓展就业、创业渠道。

　　3.多元主体共同开发，课程内容体现教改新理念。本书在编写过程中得到行业专家和企业专家的大力支持，他们不仅对我们的案例进行了反复修改并参与教材编写，还以访谈、讲授的方式参与到课程配套视频的录制中来，使我们的教学内容更好地体现了行业、企业的新技术、新规范和新要求。

　　4.依托现代信息技术，配备丰富教学资源。作为与在线开放课程配套的一体化新形态教材，本书除了配备常规的教学资源外，还配备覆盖全部知识点的微课视频、虚拟仿真实训指导、拓展学习案例、在线作业等，既方便教师教，又促进学生学，让学生对课程内容的学习有更加充分和美好的体验。

　　本书由姜明霞、刘轶卿、胡生夕任主编，魏立寰、孟坤、尚连永任副主编，薛翠有（河北建投城镇化建设开发有限公司）、秦黎刚（用友新道科技有限公司河北区）、李玲慧（北京通友时代科技有限公司）、刘蕊（石家庄华昊诚业会计师事务所）参编。具体分工如下：姜明霞编写导论；胡生夕编写学习情境一；刘轶卿、秦黎刚编写学习情境二；孟坤、刘蕊编写学习情境三；刘轶卿编写学习情境四；尚连永编写学习情境五；魏立寰、李玲慧编写学习情境六；姜明霞、薛翠有编写学习情境七；姜明霞编写学习情境八。全书由姜明霞负责总纂和审核。

虽然在编写过程中我们付出了很多努力，进行了许多探索，但由于水平有限，书中难免有疏漏和不足之处，敬请广大读者批评指正。

编　者

2019 年 6 月

目 录

二维码资源目录

会计信息化概述

当今世界，信息技术发展日新月异，以数字化、网络化、智能化为特征的信息化浪潮蓬勃兴起。技术的进步带来的是生产方式的变革，传统的会计核算方式、业务流程、管控要求以及审计模式等均已发生了根本性变化。信息化不再仅仅是会计工作的工具和手段，而是成为企业会计工作的基础环境。

一、我国会计信息化的发展历程

会计信息化是一个动态演变的过程，是信息从人工处理到计算机辅助处理再到智能化处理的发展过程。它不仅仅涉及技术层面，更与基础理论、会计实务、会计教育和信息系统建设密切相关。改革开放以来，我国会计信息化的发展历程呈现出了"前长后短"的特征，这也意味着会计信息化的变革越来越快。

（一）会计电算化阶段（1979—1999年）

1979年财政部拨款500万元给长春第一汽车制造厂进行计算机辅助会计核算试点，开启了将现代信息技术应用于会计领域的序幕。1981年8月，在财政部、原第一机械工业部和中国会计学会的支持下，中国人民大学和长春第一汽车制造厂在长春市召开了"财务、会计、成本应用电子计算机问题讨论会"，正式把计算机在会计中的应用定名为"会计电算化"。

自1983年下半年起，国内掀起了一股应用计算机的热潮，财会部门应用计算机进行业务处理引起了人们的关注。但是，由于应用计算机的经验不足，理论准备与人才培训不够，管理水平跟不上，造成在会计电算化过程中出现了许多低水平重复开发现象，浪费了许多人力、物力和财力。

自1989年起，财政部、地方各级财政部门和行业主管部门加强了对会计电算化的管理，制定了会计软件的开发标准。我国相继出现了许多以开发经营会计核算软件为主的专业公司，逐步形成了会计软件产业，推动了财务软件在我国的广泛应用。

（二）会计信息化阶段（1999年至今）

1999年4月，深圳市财政局与金蝶软件科技有限公司在深圳举办了"新形势下会计软件市场管理研讨会暨会计信息化理论专家座谈会"，与会者提出了从会计电算化走向会计信息化的观点。1999年8月，上海大众汽车有限公司实施了SAP的ERP系统，并根据中国会计和报表的实际情况，对财务系统进行了二次开发，使得财务系统在一定程度上符合了"中国国情"。金融企业信息系统的快速发展有效地带动了整个行业的会计信息化，尤其是银行业的报表系统所实现的实时性、自动性等功能在所有行业中名列前茅。同时，以用友、金蝶为代表的软件公司，也开始了真正的"网络财

教学视频
0-0-1

会计信息化进
化史

务"和 ERP 转型之路。

随着会计信息化的发展,中国会计理论界也开始对会计信息化理论进行深入研究。自 2002 年起,中国会计学会每年都定期召开会计信息化年会,对会计信息化理论进行深入的研究与探讨。同时,财政部、工信部、国资委等监管部门也积极颁布法律和政策来推进会计信息公开及软件产业的发展,起到了重要的引领作用。2002 年财政部门允许地方对各单位使用计算机替代手工记账实行备案制,不再组织验收。2004 年国家标准化管理委员会发布了《信息技术、会计核算软件数据接口规范》,从而建立了会计信息化的标准体系。2013 年财政部颁布的《企业会计信息化工作规范》成为引导企业充分合理利用信息技术、提高会计管理水平的指路灯。随着用友、金蝶等软件公司以会计信息化为核心的商业软件更加规范化、成型化、实用化,会计信息化进入推广应用的繁荣时期。

当前,我们已进入大智移云时代,会计信息化深受影响,业务财务深度一体化、处理全程自动化、内外系统集成化、操作终端移动化、信息提供频道化、处理规则国际化、风险威胁扩大化将成为会计信息化发展的趋势。

二、会计信息化的含义

教学视频
0-0-2

辨析几个概念

会计信息化是会计与信息技术的结合,是信息社会对企业财务信息管理提出的一个新要求,是企业会计顺应信息化浪潮所做出的必要举措。在中国,会计信息化是不同于会计电算化的全新理念,如何准确把握其内涵,是会计界一直在探讨的课题。《企业会计信息化工作规范》(财会〔2013〕20 号)指出,会计信息化是指企业利用计算机、网络通信等现代信息技术手段开展会计核算,以及利用上述技术手段将会计核算与其他经营管理活动有机结合的过程。

信息化时代,企业相当一部分会计工作是通过会计软件完成的。会计软件是指企业使用的,专门用于会计核算、财务管理的计算机软件、软件系统或者其功能模块。企业利用会计软件对各种会计数据进行采集、存储和处理,完成会计核算任务,并提供会计管理、分析与决策相关的会计信息。会计软件实质上是将会计数据转化为会计信息的系统。

随着信息技术的发展,信息在企业管理中已经成为一种重要的资源。会计信息系统与业务管理系统高度融合,已成为 ERP 系统的重要组成部分。ERP (Enterprise Resource Planning) 即企业资源计划,是一种主要面向制造行业进行物资资源(物流)、人力资源(人流)、财务资源(财流)、信息资源(信息流)集成一体化管理的企业信息管理系统。目前比较有代表性的 ERP 系统有 SAP、Oracle、用友和金蝶等。但国外的 ERP 系统不适合中国的国情,国产的 ERP 系统又缺乏成熟性。因为国产的 ERP 系统都是由财务软件转型而来,各功能模块的数据仍以财务数据为主,业务系统的非财务数据记录需要转换为财务凭证后再传递到财务系统,在及时性和完整性方面不能满足企业管理的需要,财务、业务一化管理的理念体现不够突出。但国产 ERP 系统更加符合中国人的财务管理理念和使用习惯,因此在中国拥有庞大的用户群体。

三、会计信息系统的构成

目前，国产ERP系统中的会计信息系统，已从核算型系统发展成为管理型系统，它涵盖供、产、销、人、财、物以及决策分析等企业经济活动的领域，功能不断完善，子系统不断扩展，基本上满足了各行各业会计核算和管理的要求。但是，由于企业性质、行业特点以及会计核算和管理需求的不同，各企业会计信息系统的功能也不尽相同，其子系统的划分各有差异，但大致都应包括：账务处理、职工薪酬核算、固定资产核算、成本核算、应收及应付款、存货核算、采购与销售核算、会计报表、财务分析等子系统。工业企业会计信息系统的构成如图1所示。

教学视频
0-0-3

认识会计信息
系统的家庭
成员

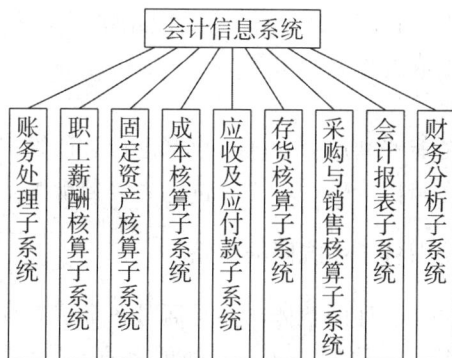

图1　会计信息系统构成

下面介绍各子系统的主要功能。

1. 账务处理子系统

账务处理子系统以凭证为原始数据，通过凭证输入和处理，完成记账和结账工作，生成日记账、总账和除各子系统生成的明细账之外的全部明细账。大部分账务处理子系统还具有银行对账、出纳管理和往来账管理的功能，少部分账务处理子系统还具备部门核算和项目核算功能。

2. 职工薪酬核算子系统

职工薪酬核算子系统以职工个人的原始工资数据为基础，完成如下工作：职工工资的计算；工资费用的汇总和分配；计算个人所得税；查询、统计和打印各种工资表；自动编制工资费用分配转账凭证，并传递给账务处理子系统。

3. 固定资产核算子系统

固定资产核算子系统可实现固定资产卡片管理、固定资产增减变动核算、折旧的计提与分配工作，自动编制机制转账凭证并传递给账务处理子系统。

4. 成本核算子系统

成本核算子系统是根据会计核算和管理的要求，计算全部生产费用支出和产品的总成本与单位成本，自动编制机制转账凭证并传递给账务处理子系统，同时将产品成本信息传递给存货核算子系统。

5. 应收及应付款子系统

应收及应付款子系统完成各应收款项和应付款项的登记、冲销工作，并对其进行动态分析，生成相应的明细账、账龄分析表以及其他各种汇总表和分析表。

6.存货核算子系统

存货核算子系统可以及时、准确地反映存货的收发结存情况，根据各部门、各产品领用材料情况自动进行费用分配，根据产成品的出入库情况自动进行会计核算，并自动编制机制转账凭证，传递给账务处理子系统。

7.采购与销售核算子系统

采购与销售核算子系统一般要与存货中的原材料、产成品核算和应收、应付款的管理相关，可实现对采购和销售完整流程的管理，并可对价格和信用进行实时监控。

8.会计报表子系统

会计报表子系统主要是根据会计核算数据（如账务处理子系统产生的总账及明细账等数据），完成各种会计报表的编制与汇总工作，生成各种内部、外部报表及汇总报表，根据报表数据生成各种分析图等。

9.财务分析子系统

财务分析子系统是能够利用会计核算数据进行会计管理和分析的子系统，一般说来可以完成比率分析、结构分析、对比分析、趋势分析等。

四、会计信息系统中各子系统间的联系

在会计信息系统中，会计的整体功能是通过各个子系统局部功能加以实现的，各个子系统一方面要对各自的原始凭证进行处理，输出满足特定管理要求的报表资料，同时要汇总原始数据，编制记账凭证并传输到其他子系统中。目前，一个完整的会计信息系统内各个子系统间数据传递的方式大致有集中传递式、账务处理中心式和直接传递式三种。下面仅对账务处理中心式这一数据传递的方式进行介绍。

账务处理中心式是指各子系统对原始凭证进行汇总、处理后，编制出记账凭证直接传递到账务处理子系统，账务处理子系统对涉及成本、费用的凭证进行汇总后，传递到成本子系统。采用这种方式，相应地要求有关科目按产品设置明细科目，以便汇集直接费用，如图2所示。

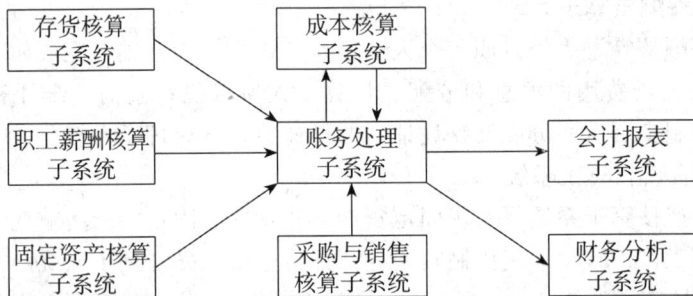

图2　子系统间数据传递关系（账务处理中心式）

系统管理

【职业能力目标】

掌握系统管理模块的主要功能；能完成企业核算账套的建立、修改、备份和恢复等操作；能够进行操作员的设置，并根据企业岗位分工和岗位职责完成操作员权限的设置；能对用友 U8⁺V13.0 系统使用中出现的系统运行问题进行简单维护；养成良好的会计职业道德。

【本情境与工作任务对照图】

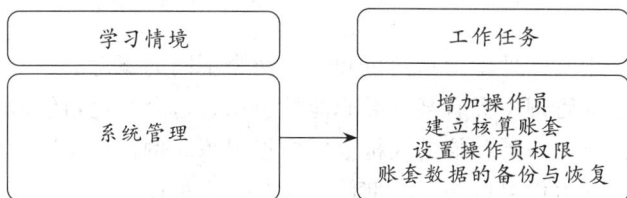

学习情境	工作任务
系统管理	增加操作员 建立核算账套 设置操作员权限 账套数据的备份与恢复

【系统介绍】

用友 U8 软件产品由多个子系统组成，各个子系统之间相互联系，共享数据，它们为同一个主体的不同层面服务，从而为企业的资金流、物流、信息流的统一管理和实时反映提供了有效的方法和工具。进行多个子系统的操作，需要一个平台来对它们进行集中管理，以保障整个会计信息系统有效运行，用友 U8 提供的这个操作平台就是系统管理。其优点是企业的信息化管理人员可以方便地进行管理，可以随时掌握企业的信息系统状态。系统管理的使用对象为企业的信息管理人员（即系统管理员 admin）、安全管理人员（即安全管理员 sadmin）、管理员用户或账套主管。

教学视频 1-0-1

会计软件运行的管理者——系统管理概述

【工作过程与岗位对照图】

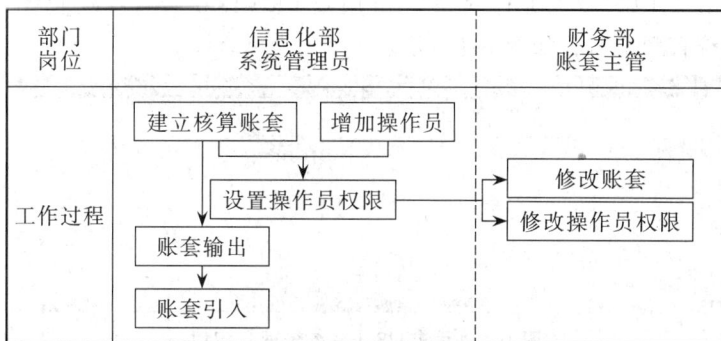

部门 岗位	信息化部 系统管理员	财务部 账套主管
工作过程	建立核算账套　增加操作员 ↓ 设置操作员权限 账套输出 ↓ 账套引入	修改账套 修改操作员权限

任务一   增加操作员

［任务内容］

新华公司财务部门共有四人：账套主管王志强（01）、会计李明轩（02）和张东明（03）以及出纳孙丹丹（04）。

［任务要求］

系统管理员（admin）完成企业账套操作员的设置。

［知识链接］

教学视频
1-1-1

取得登录账号
和密码——用
户管理

针对操作员，用友软件中包括角色和用户两个不同的概念。

角色是指在企业管理中拥有某一类职能的组织，这个角色组织既可以是实际的部门，也可以是由拥有同一类职能的人构成的虚拟组织。例如，实际工作中最常见的会计和出纳两个角色（他们可以是一个部门的人员，也可以不是一个部门但工作职能是一样的角色统称）。我们在设置角色后，可以定义角色的权限，如果用户被归属于此角色，那么该用户相应地具有该角色的权限。此功能的好处是方便控制操作员权限，可以依据职能统一进行权限的划分。

用户是指有权登录系统，对应用系统进行操作的人员，即通常意义上的"操作员"。每次登录应用系统，都要进行用户身份的合法性检查，只有设置了具体的用户之后，才能进行相关的操作。

教学视频
1-1-2

用户管理操
作演示

［工作示范］

1.系统管理的启动与注册

操作步骤：

（1）单击"开始"/"所有程序"/"用友 U8⁺ V13.0"/"系统服务"/"系统管理"，打开系统管理窗口，如图 1-1 所示。

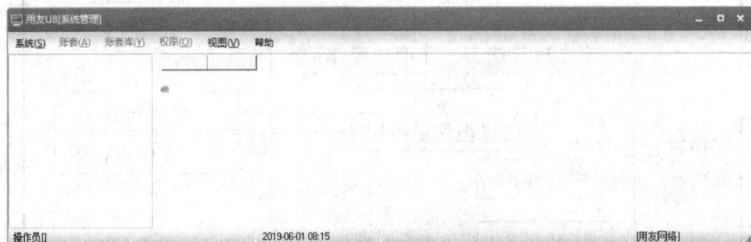

图 1-1   用友 U8［系统管理］窗口

（2）单击"系统"/"注册"，打开"登录"对话框，操作员文本框显示用友U8默认的系统管理员"admin"，密码默认为空，如图1-2所示。单击"登录"后进入系统管理模块。

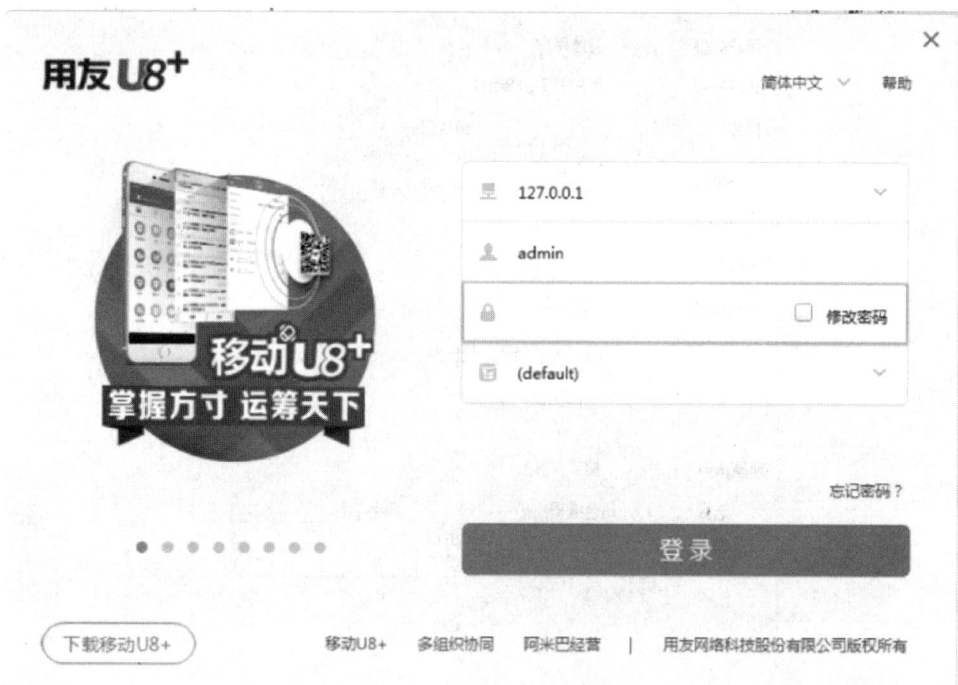

图1-2 系统管理员登录窗口

2.增加操作员

操作步骤：

（1）单击"权限"/"用户"，打开"用户管理"窗口，如图1-3所示。

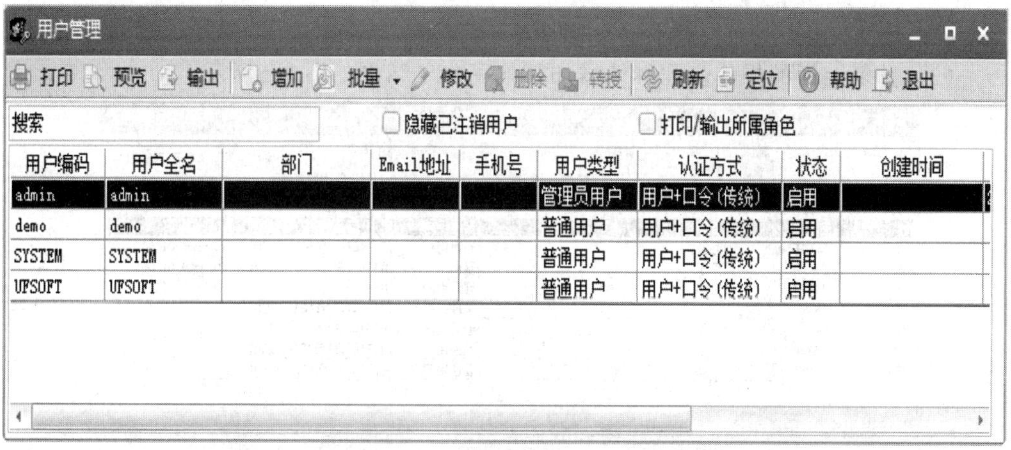

图1-3 "用户管理"窗口（1）

（2）单击"增加"按钮，打开"操作员详细情况"对话框，输入编号"01"、姓名"王志强"、所属部门"财务部"，如图1-4所示。单击"增加"按钮保存此用户信息。

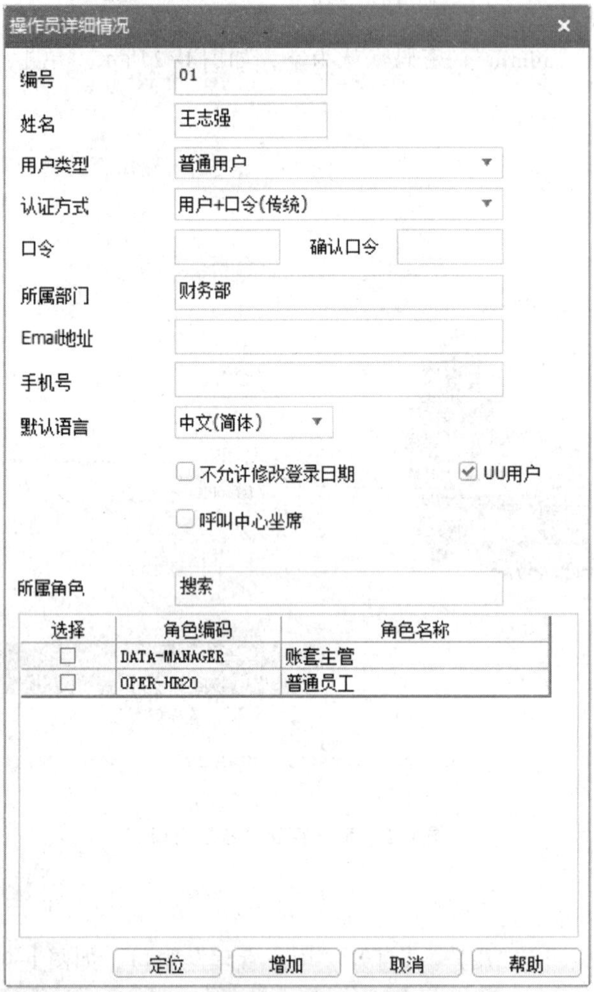

图 1-4   "操作员详细情况"对话框

（3）重复上面的操作步骤继续增加其他用户，结果如图 1-5 所示。

图 1-5   "用户管理"窗口（2）

栏目说明：

①编号：必须输入项，不能输入数字之外的非法字符，不能与系统内已存在的编号重复。

②姓名：必须输入项，不能输入数字、字母、汉字之外的非法字符。

③口令：为该用户进行系统登录时使用的口令，可为空，为保密起见，输入时以"*"显示。

④确认口令：不能输入非法字符。必须与前面输入的口令完全一致，否则不允许进行下一项内容的输入，也不允许保存该用户信息。

特别提示：

①角色设置可比照用户设置进行。

②用户和角色的设置可以不分先后顺序。

③若要修改用户信息，在"用户管理"窗口中，先单击选中要修改的用户，再单击"修改"按钮，进入"操作员详细情况"对话框进行修改。

④如需暂时停止使用该用户，可以单击"注销当前用户"按钮，之后该按钮变为"启用当前用户"。

⑤若要删除用户信息，在"用户管理"窗口中，先单击选中要删除的用户，再单击"删除"按钮，但已启用的用户不能删除。

⑥要想删除已定义角色的用户，需先删除用户的角色信息。

任务二　建立核算账套

［任务内容］

河北新华有限责任公司（简称新华公司）成立于2015年5月，2019年6月正式启用账套，账套号111，结账时间为每月最后一个自然日。新华公司位于石家庄市新华区友谊大街99号，是一家主要生产电子设备和通信器材的工业企业，法人代表李明刚，邮政编码为050000，税号为050011330228890。该企业遵循新会计制度设置科目，选择人民币（RMB）为记账本位币，有外币业务，进行经济业务处理时，需要对存货、客户和供应商进行分类。建账时会计科目编码级次为4-2-2-2，客户分类编码级次为2-2，供应商分类编码级次为2-2，存货分类编码级次为1-2-2，地区分类编码级次为2-2，收发类别编码级次为1-2，其他编码项目保持不变，数据精度保持系统默认设置。

［任务要求］

系统管理员（admin）完成企业核算账套的建立。

［工作示范］

操作步骤：

（1）单击"账套"/"建立"，打开"创建账套"对话框，如图1-6所示。

教学视频 1-2-1

维护我们的劳动成果——账套管理之基本理论

教学视频 1-2-2

维护我们的劳动成果——账套管理之操作讲解

教学视频 1-2-3

账套管理操作演示

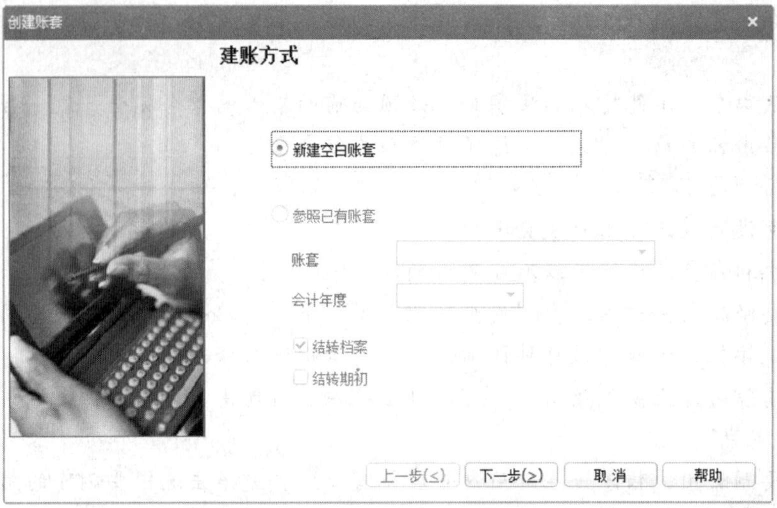

图 1-6　创建账套-建账方式

（2）单击"下一步"按钮，进入"账套信息"对话框，输入账套信息：账套号为
"111"，账套名称为"河北新华有限责任公司"，启用会计期为"2019年6月"，如图
1-7所示。

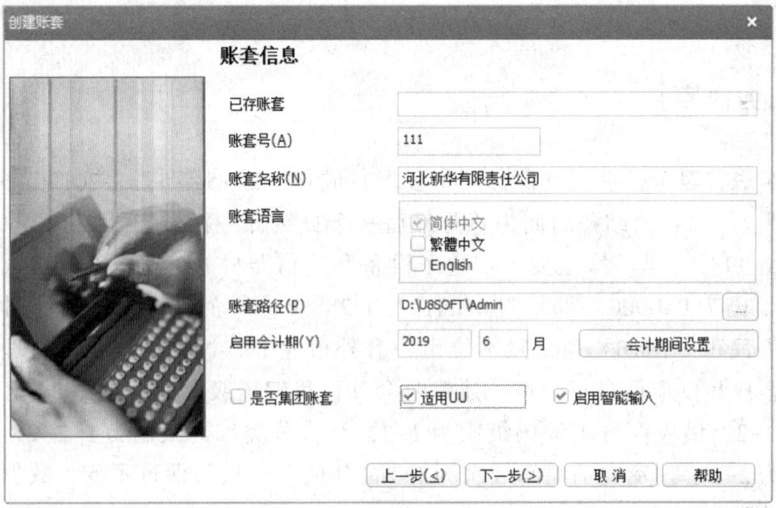

图 1-7　创建账套-账套信息

栏目说明：

①已存账套：系统将已存在的账套以下拉列表的形式显示，用户只能查看，通过
查看确定企业准备新建的账套号是否可用。

②账套号：必须输入项，用来输入新建账套的编号，取值范围为001～999，通
常998、999为系统演示账套号，用户尽量不要选用。

③账套名称：必须输入项，用来输入新建账套的名称，一般为企业（或内部独立
核算单位）名称，不能超过40个字符。

④账套路径：用来确定新建账套所要被保存的位置，用户可手动修改。

⑤启用会计期：必须输入项，用来输入新建账套将被启用的时间，系统默认为计

算机的系统时间。

（3）单击"下一步"按钮，进入"单位信息"对话框，输入单位信息，如图1-8所示。

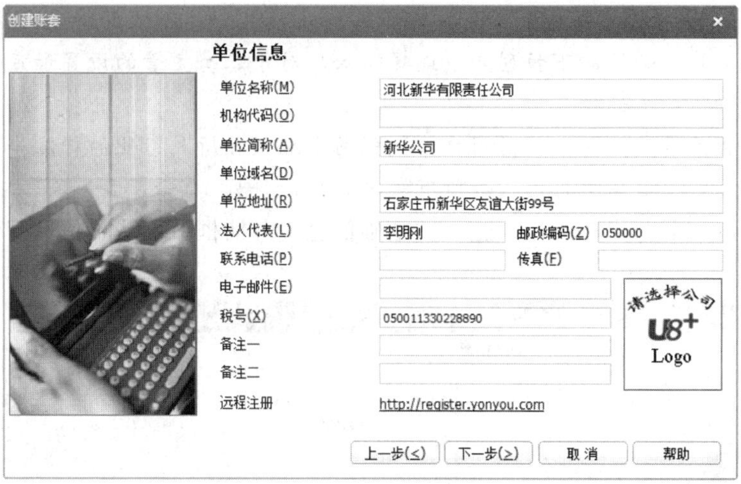

图1-8 创建账套-单位信息

栏目说明：

①单位名称：必须输入项，是用户单位的全称。单位全称只有在打印发票时使用，其他情况下全部使用简称。

②单位简称：用户单位的简称，最好输入。

③其他项目属于任选项。

（4）单击"下一步"按钮，进入"核算类型"对话框，输入单位基本核算信息，如图1-9所示。

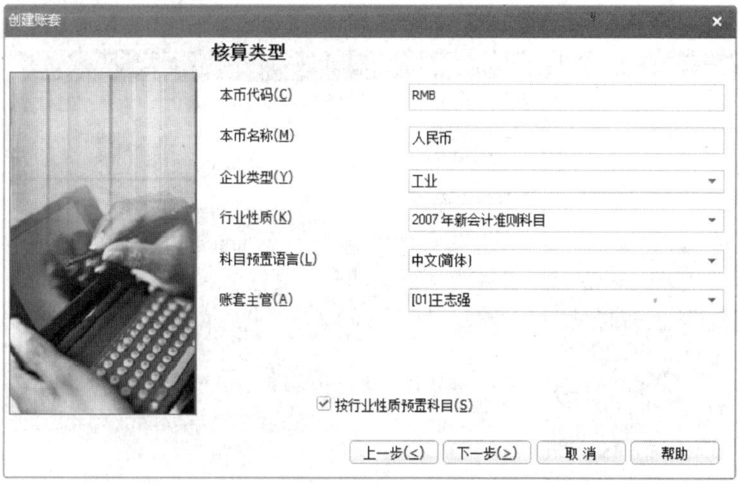

图1-9 创建账套-核算类型

栏目说明：

①本币代码：必须输入项，用来输入新建账套所用的记账本位币的代码。

②本币名称：必须输入项，用来输入新建账套所用的记账本位币的名称。

③企业类型：必须从下拉列表中选择输入。系统提供了工业、商业、医药流通三种类型。

④行业性质：必须从下拉列表中选择输入，为下一步是否"按行业性质预置科目"确定了科目范围，并且系统会根据所选行业预置一些行业的特定方法和报表。

⑤账套主管：必须从下拉列表中选择输入。对于账套主管的设置和定义将在后面详述，此处默认系统选择。

⑥按行业性质预置科目：若用户希望采用系统预置所属行业的标准一级科目，则选中该项；否则，由用户自己增加所有级次的会计科目。

（5）单击"下一步"按钮，进入"基础信息"对话框，确认单位基础信息，如图1-10所示。

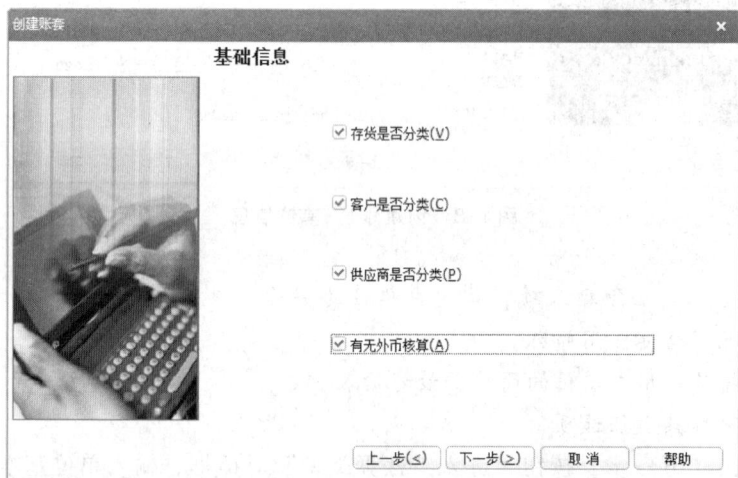

图1-10　创建账套-基础信息

（6）单击"下一步"按钮，进入"开始"对话框，如图1-11所示。

图1-11　创建账套-开始

（7）单击"完成"按钮，系统提示"可以创建账套了么?"，如图1-12所示。选择"是"，系统开始创建账套。

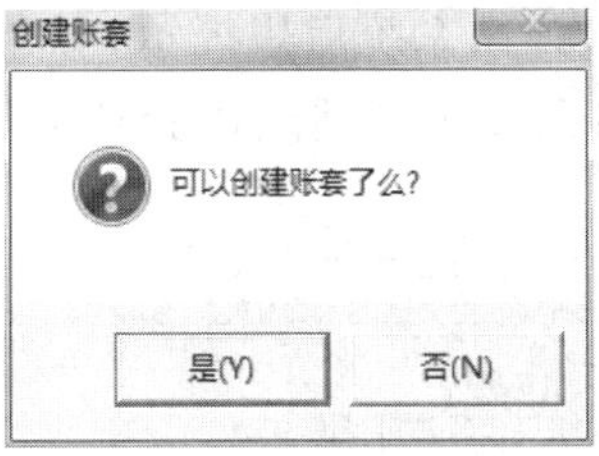

图1-12 "创建账套"确认对话框

（8）在"编码方案"对话框中，根据单位制订的编码方案进行设置，如图1-13所示。单击"确定"按钮保存，单击"取消"按钮关闭该对话框。

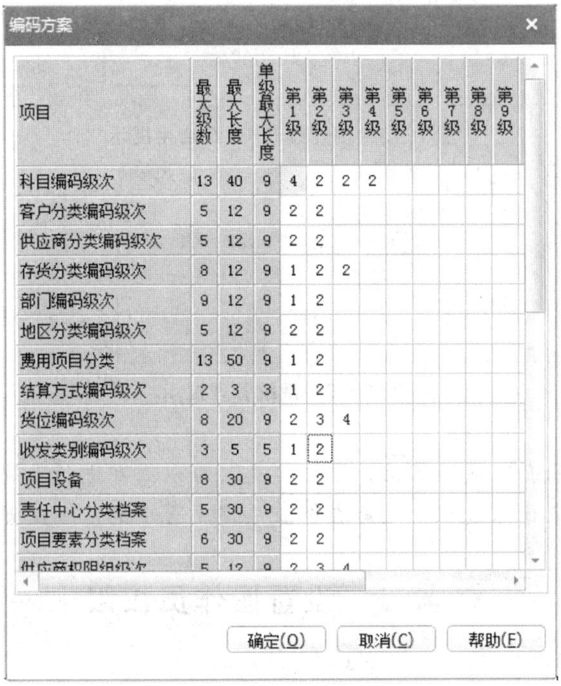

项目	最大级数	最大长度	单级最大长度	第1级	第2级	第3级	第4级	第5级	第6级	第7级	第8级	第9级
科目编码级次	13	40	9	4	2	2	2					
客户分类编码级次	5	12	9	2	2							
供应商分类编码级次	5	12	9	2	2							
存货分类编码级次	8	12	9	1	2	2						
部门编码级次	9	12	9	1	2							
地区分类编码级次	5	12	9	2	2							
费用项目分类	13	50	9	1	2							
结算方式编码级次	2	3	3	1	2							
货位编码级次	8	20	9	2	3	4						
收发类别编码级次	3	5	5	1	2							
项目设备	8	30	9	2	2							
责任中心分类档案	5	30	9	2	2							
项目要素分类档案	6	30	9	2	2							
供应商机构级次	5	12	9	2	3	4						

图1-13 "编码方案"窗口

（9）在"数据精度"对话框中，根据单位要求确定所有的小数位。此处采用系统默认，如图1-14所示。单击"确定"按钮。

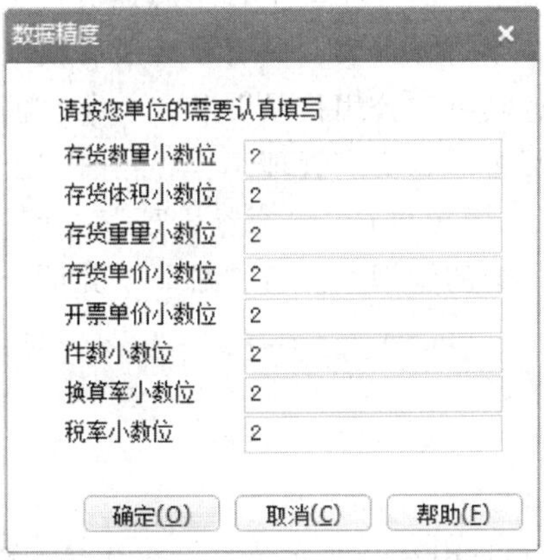

图1-14 "数据精度"对话框

（10）新账套创建成功后会弹出系统启用提示，如图1-15所示。此处单击"否"，暂不进行系统启用。系统会自动提示"请进入企业应用平台进行业务操作！"，如图1-16所示，单击"确定"退出。

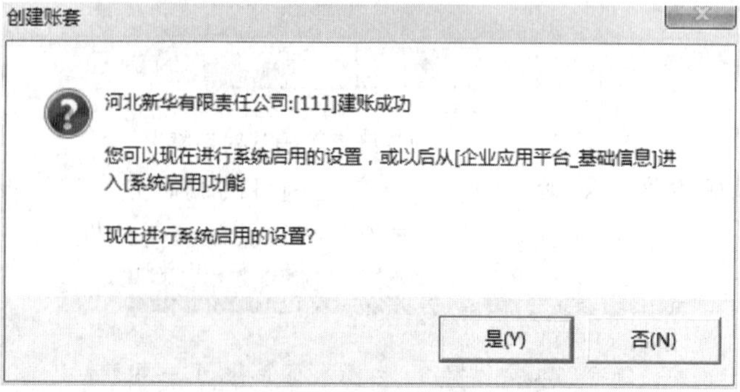

图1-15　创建账套-系统启用提示

图1-16　系统管理提示

特别提示：

在上述"创建账套"成功界面，单击"是"可以立即进行系统启用的设置，也可以单击"否"先结束建账过程，之后在企业应用平台中的基础设置中再进行设置。

任务三　设置操作员权限

［任务内容］

新华公司财务部分工如下：（1）账套主管王志强负责企业财务核算全面工作，负责审核记账凭证、对账、编制财务报表，具有系统所有模块的全部权限。（2）会计李明轩负责总账系统的使用，具有"公用目录"和"总账"模块的全部权限。（3）会计张东明负责往来核算、工资管理和资产管理工作，具有"公共单据""公用目录""应收款管理""应付款管理""固定资产""薪资管理""计件工资"模块的全部权限。（4）出纳孙丹丹负责货币资金的管理，具有"总账—凭证—出纳签字"的权限和"总账—出纳"的全部权限。

［任务要求］

系统管理员（admin）根据财务分工正确设置操作员权限。

教学视频
1-3-1

[知识链接]

随着经济的发展，用户对管理要求不断提高，越来越多的信息都表明权限管理必须向更细、更深的方向发展。用友ERP-U8提供集中权限管理，除了提供用户对各模块操作的权限之外，还相应提供了金额的权限管理和对于数据的字段级和记录级的控制，不同的组合方式将为企业的控制提供有效的方法。用友ERP-U8可以实现三个层次的权限管理。

获取系统使用通行证——权限管理

第一，功能级权限管理，该权限将提供划分更为细致的功能级权限管理功能，包括各功能模块相关业务的查看和分配权限。

第二，数据级权限管理，该权限可以通过两个方面进行权限控制：一个是字段级权限控制，另一个是记录级权限控制。

第三，金额级权限管理，该权限主要用于完善内部金额控制，实现对具体金额数量划分级别，对不同岗位和职位的操作员进行金额级别控制，限制他们制单时可以使用的金额数量，不涉及内部系统控制的不在管理范围内。

[工作示范]

操作步骤：

（1）在系统管理界面单击"权限"/"权限"，打开"操作员权限"窗口。

（2）设置账套主管。在"操作员权限"界面，从左侧的操作员列表中选择操作员"王志强"，从左上角的账套下拉列表中选择账套"［111］河北新华有限责任公司"，确保"账套主管"复选框呈选中状态，如图1-17所示。

教学视频
1-3-2

权限管理操作演示

图1-17　王志强权限设置窗口

（3）增加或修改操作员权限。在"操作员权限"界面，从左侧的操作员列表中选择操作员"李明轩"，从左上角的账套下拉列表中选择账套"［111］河北新华有限责任公司",单击"修改"按钮,选中"公用目录""总账",单击"保存"按钮,如图1-18所示。

图1-18　李明轩权限设置窗口

（4）重复上述操作,授予操作员张东明和孙丹丹相应的权限,如图1-19、图1-20所示。

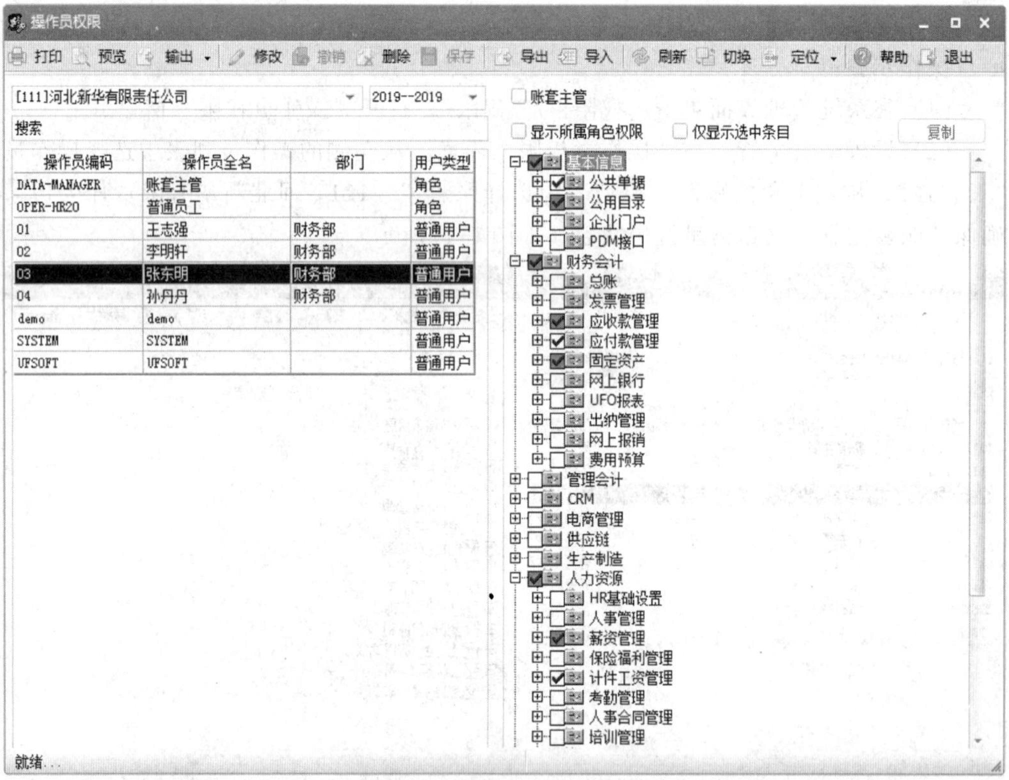

图1-19　张东明权限设置窗口

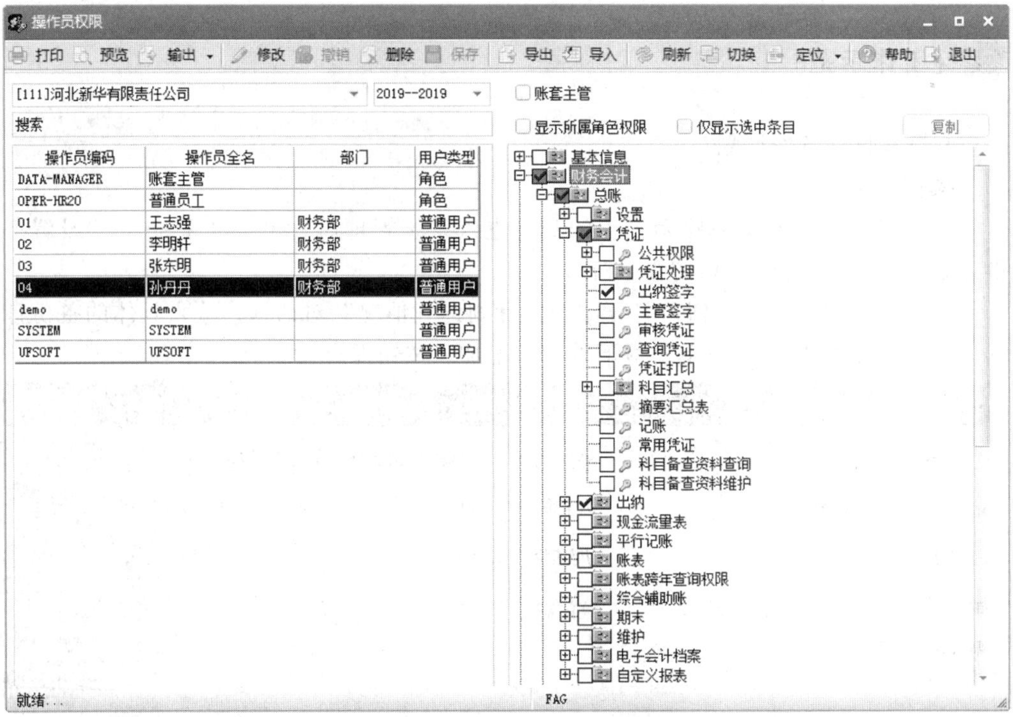

图1-20 孙丹丹权限设置窗口

特别提示：

①只有以系统管理员（admin）的身份注册才能给所有账套进行账套主管的权限分配。如果以账套主管的身份注册，只能分配所辖账套子系统的操作权限。

②一个账套可以有多个账套主管。

③在"系统管理"模块中分配的权限只是功能级权限，数据级权限和金额级权限的分配需在"企业应用平台"中进行，且这两种权限的分配必须在系统管理的功能级权限分配之后才能进行。

任务四 账套数据的备份与恢复

@ ［任务内容］

每周末新华公司账套进行自动数据备份，每月结账后将当月账套进行手工数据备份，并根据工作需要将备份数据恢复到用友系统中。

@ ［任务要求］

系统管理员（admin）设置账套自动备份计划，并按时进行账套手工备份与恢复。

教学视频
1-4-1

维护我们的劳动成果——账套管理之备份计划

教学视频
1-4-2

备份计划设置操作演示

[工作示范]

1.设置自动备份计划

操作步骤：

（1）以系统管理员或账套主管的身份进入系统管理后，单击“系统”/“设置备份计划”，打开“备份计划设置”窗口。

（2）单击“增加”按钮，打开“备份计划详细情况”对话框，输入具体的备份计划信息，如图1-21所示。单击最下端的“增加”按钮保存设置。

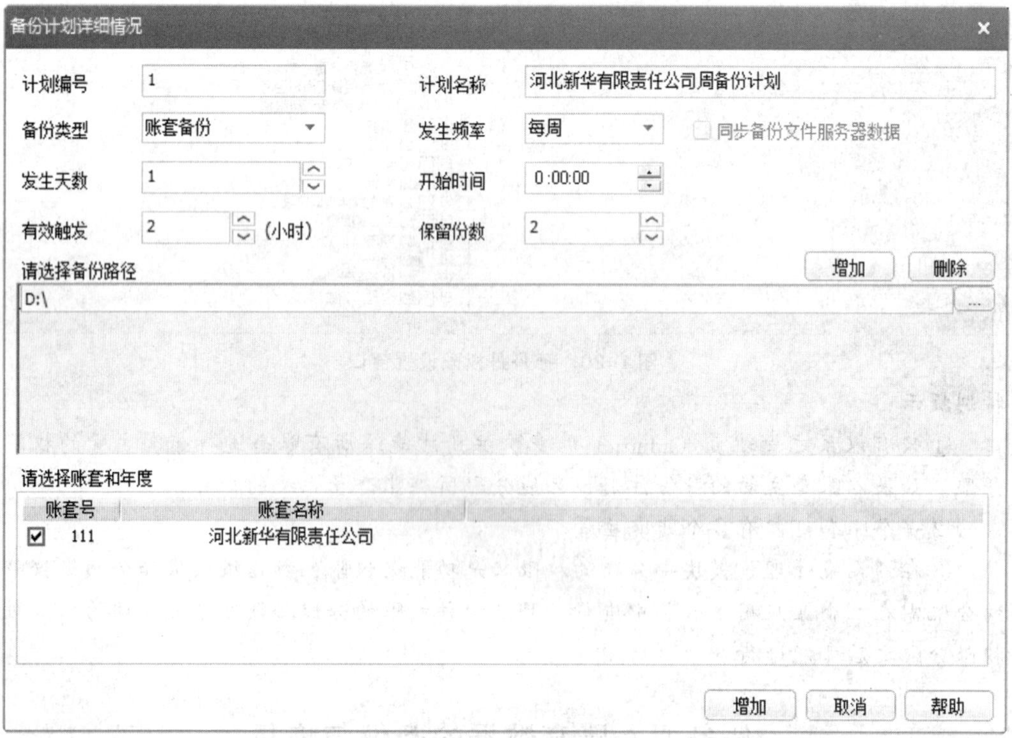

图1-21　“备份计划详细情况”对话框

栏目说明：

①计划编号：系统可以同时设置多个不同条件组合的计划，系统编号是这些计划的标识号，最大长度为12个字符。

②计划名称：可以对备份计划进行标称，最大长度为40个字符。

③备份类型：以系统管理员（admin）身份进入的可以进行选择，分为账套备份、账套库备份和账套库增量备份；以“账套主管”或“管理员用户”权限注册进入系统管理备份计划的，只能进行“账套库备份”或“账套库增量备份”。

④发生频率：系统提供“每天、每周、每月”的选择，即可以设置备份的周期。账套或账套库备份时表示备份执行周期，账套库增量备份时表示完整备份之后备份增量内容的周期。

⑤发生天数：系统根据发生频率，确认执行备份计划的确切天数。选择“每天”

为周期的设置，系统不允许选择发生天数；选择"每周"为周期的设置，系统允许选择的天数为"1～7"之间的数字（1代表星期日，2代表星期一，3代表星期二，4代表星期三，5代表星期四，6代表星期五，7代表星期六）；选择"每月"为周期的设置，系统运行选择的天数为"1～31"之间的数字，如果其中某月的时间日期不足设置的天数，系统则按最后一天进行备份。

⑥开始时间：指在知道的发生频率中的发生天数内的什么时间开始进行备份。

⑦有效触发：指在备份开始到某个时间点内，每隔一定时间进行一次触发检查，直到成功。此处不是检查的周期，而是检查的最终时间点。如遇网络或数据冲突无法备份时，以备份开始时间为准，在有效触发小时的范围内，系统可反复重新备份，直到备份完成。

⑧保留份数：指系统可以自动删除多于指定数值的备份文件数量，一旦有新的备份数据产生，则删除时间较早的多余备份文件，当数值为0时系统认为永不删除备份。

2.手工进行账套备份

操作步骤：

（1）单击"账套"/"输出"，打开"请选择账套备份路径"对话框，选择备份账套要存放的路径，如图1-22所示。

教学视频
1-4-3

手工账套备份
操作演示

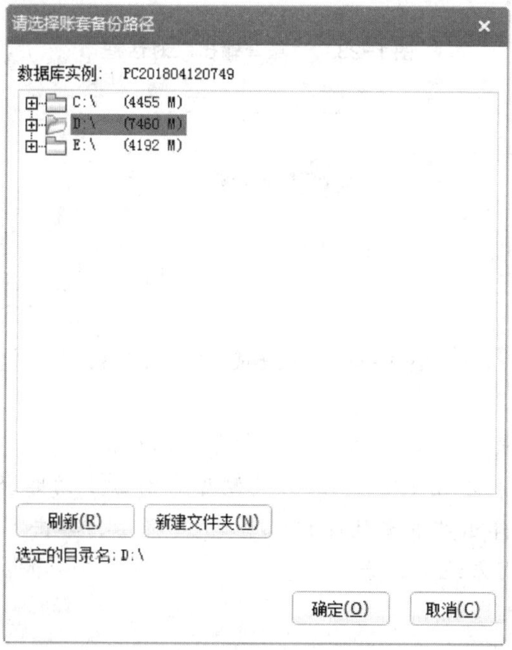

图1-22　"请选择账套备份路径"对话框

（2）单击"确定"按钮，打开"账套输出"对话框，选择需要输出的账套"111河北新华有限责任公司"，如图1-23所示。

（3）单击"确认"按钮，系统开始进行数据备份。数据复制完毕后，系统提示账套备份成功，如图1-24所示。单击"确定"按钮，关闭"账套输出"对话框。

图 1-23 "账套输出"对话框

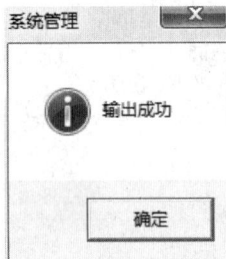

图 1-24 "输出成功"提示信息

特别提示:

①只有系统管理员(admin)才有权进行账套的输出。

②若要删除账套,在图 1-23 中,将"删除当前输出的账套"复选框同时选中,在输出完成后系统将弹出"真要删除该账套吗?"提示,单击"是"后系统将账套数据从用友 ERP-U8 应用系统中删除。

3.账套数据的恢复

操作步骤:

(1)以系统管理员身份进入系统管理界面,在系统管理界面单击"账套"/"引入",打开"账套引入"对话框,如图 1-25 所示。

(2)单击"选择备份文件"按钮,打开"请选择账套备份文件"对话框。选择要引入的账套数据备份文件,如图 1-26 所示。

(3)单击"确定"按钮,弹出系统提示信息,如图 1-27 所示。

图 1-25 "账套引入"对话框

图 1-26 "请选择账套备份文件"对话框

图 1-27 系统管理提示信息

（4）单击"确定"按钮，弹出"请选择账套引入的目录"对话框，如图1-28所示。

图1-28　"请选择账套引入的目录"对话框

（5）单击"确定"按钮，如果欲引入账套的账套号与系统内已有的账套号重复，系统将弹出提示信息，如图1-29所示。单击"否"，取消账套引入操作；单击"是"，返回"账套引入"对话框，如图1-30所示。

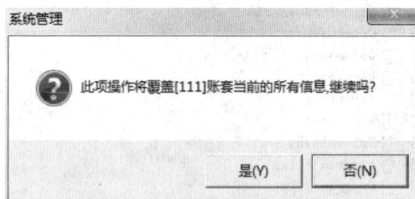

图1-29　系统管理提示信息

图1-30　"账套引入"对话框

（6）单击"确认"按钮，开始引入账套，稍后系统提示"引入成功"，如图1-31所示。单击"确定"按钮，关闭"账套引入"对话框。

图1-31　"引入成功"提示信息

[知识拓展]

教学视频
1-4-4

我是劳动成果
中的一员——
账套库管理

1.修改账套

用户可以通过系统提供的修改账套功能，查看和修改账套信息。只有账套主管可以修改其具有权限的年度账套中的信息，系统管理员无权修改账套。

以账套主管的身份登录，选择相应的账套，进入系统管理，单击"账套"/"修改"打开"修改账套"窗口，该窗口显示内容与"创建账套"窗口显示内容一致，只是部分数据不能修改。账套主管可根据企业的实际情况，对允许修改的数据进行修改。

2.账套库的管理

账套库是账套的下一级，账套由一个或多个账套库组成，一个账套库含有一年或多年的使用数据。一个账套对应一个经营实体或核算单位，账套中的某个账套库对应这个经营实体的某年度区间内的业务数据。

账套库的管理由账套主管负责，包括建立账套库、账套库初始化、清空账套库数据、引入账套库和输出账套库等。

账套库的建立是在已有账套库的基础上，通过新账套库建立，自动将老账套库的基本档案信息结转到新的账套库中。对于以前业务产品余额等信息需要在账套库初始化操作完成后，由老账套库自动转入新库的首年数据中。

账套库初始化就是将上一个账套库中相关模块的余额及其他信息结转到新账套库中。为了统计分析的规整性，每个账套库包含的数据都以年为单位，上一账套库的结束年+1就是新账套库的开始年。

有时，用户会发现某账套库中错误太多，或不希望将上年度的余额或其他信息全部转到下一年度，这时候，便可使用清空年度数据的功能。"清空"并不是指将账套库的数据全部清空，而是要保留一些基础信息、系统预置的科目、报表等。保留这些信息主要是为了方便用户使用清空后的账套库重新做账。

账套库操作中的引入和输出与账套操作中的引入和输出含义基本一致，都是对数据的恢复与备份，所不同的是账套库操作不是针对某个账套，而是针对账套中的某年度区间的账套库进行的。

同步测试

学习情境一

同步测试答案

一、单项选择题

1.（　　）有权在系统管理中建立企业核算账套。

A.企业老总　　　　　　B.系统管理员　　　　　　C.账套主管　　　　　　D.财务总监

2.（　　）有权在系统管理中修改企业核算账套。

A.企业老总　　　　　　B.系统管理员　　　　　　C.账套主管　　　　　　D.财务总监

3.清空账套库数据是指（　　）。

A.将账套库数据全部删除　　　　　　　　B.将账套库的发生额删除，只保留余额

C.将账套数据全部删除　　　　　　　　　D.保留一些信息，如基础设置等

4.创建账套时，可以设置的基础信息不包括（　　）。

A.存货是否分类　　　B.客户是否分类　　　C.供应商是否分类　　　D.人员是否分类

5.下列不属于系统管理主要功能的是（　　）。

A.对往来款项的统一管理　　　　　　　　B.对账套库的管理

C.对账套的统一管理　　　　　　　　　　D.对操作员及其功能权限实行统一管理

二、多项选择题

1.系统管理员可以进行的操作有（　　）。

A.创建账套　　　　　　B.修改账套　　　　　　C.增加用户　　　　　　D.进行系统启用

2.账套主管可以进行的操作有（　　）。

A.创建账套　　　　　　B.修改账套　　　　　　C.增加用户　　　　　　D.进行系统启用

3.在系统管理模块中可以进行的操作有（　　）。

A.增加操作员　　　　B.设置操作员权限　　　C.设置会计科目　　　D.创建账套

4.关于权限设置，下列说法中正确的有（　　）。

A.对某角色分配了权限，设置用户的时候，如果选择其归属这一个角色，则其自动具有该角色
的权限

B.功能权限、数据级权限和金额级权限的分配均在系统管理中设置

C.对于数据级权限和金额级权限的设置，必须在系统管理的功能权限分配之后才能进行

D.一个账套可以有多个账套主管

5.账套创建好后可以修改的信息有（　　）。

A.账套编号　　　　　　B.账套名称　　　　　　C.单位名称　　　　　　D.企业类型

三、判断题

1.系统管理模块只有系统管理员才可以登录，其他人都无权登录。　　　　　　　　（　　）

2.一个账套只能设置一个账套主管。　　　　　　　　　　　　　　　　　　　　（　　）

3.单位名称是区分系统内不同账套的唯一标志。　　　　　　　　　　　　　　　（　　）

4.账套主管自动拥有所辖账套所有模块的操作权限。　　　　　　　　　　　　　（　　）

5.账套输出和账套库输出的内容完全一样。　　　　　　　　　　　　　　　　　（　　）

综合实训

[实训内容]

1.石家庄正道轮胎有限公司企业财务部门共有四人：账套主管王强（111）、会计李华强（112）
和朱军勇（113）以及出纳田甜（114）。

2.公司核算账套信息如下：

石家庄正道轮胎有限公司（简称正道轮胎）成立于2016年1月，2019年7月正式启用账套，账
套号888，结账时间为每月最后一个自然日。正道轮胎位于石家庄市桥西区新石中路392号，是一

家以汽车轮胎产品研发制造为龙头的工业企业，法人代表张朋宇，邮政编码为050000，税号为050024540227665。该企业遵循新会计制度设置科目，选择人民币（RMB）为记账本位币，有外币业务，进行经济业务处理时，需要对存货、客户和供应商进行分类。建账时会计科目编码级次为4-2-2-2，客户分类编码级次为2-3，供应商分类编码级次为2-3，存货分类编码级次为2-2-3，其他编码项目保持不变，数据精度保持系统默认设置。

3.正道轮胎财务部分工如下：（1）账套主管王强负责企业财务核算全面工作，负责审核记账凭证、对账、编制财务报表，具有系统所有模块的全部权限。（2）会计李华强负责总账系统的使用，具有"公用目录设置"和"总账"模块的全部权限。（3）会计朱军勇负责往来核算、工资管理和资产管理工作，具有"公共单据""公用目录设置""总账—凭证—凭证处理""应收款管理""应付款管理""固定资产""薪资管理""计件工资管理"模块的全部权限。（4）出纳田甜负责货币资金的管理，具有"总账—凭证—出纳签字"的权限和"总账—出纳"的全部权限。

4.账套数据的备份与恢复要求

每周日正道轮胎账套进行自动数据备份，每月结账后将当月账套进行手工数据备份，并根据工作需要将备份数据恢复到用友系统中。

[实训要求]

系统管理员完成增加操作员、创建账套、设置操作员权限和账套数据备份工作。

基础信息设置

✖ 【职业能力目标】

掌握企业应用平台中基本信息设置、基础档案设置和数据权限设置的操作流程以及具体处理方法；能完成系统启用、编码方案、数据精度、机构人员基础档案、客商信息基础档案、存货基础档案、财务基础档案、收付结算基础档案、数据权限控制设置和数据权限分配等操作；会对系统操作中出现的问题进行简单维护；养成良好的会计职业道德。

✿ 【本情境与工作任务对照图】

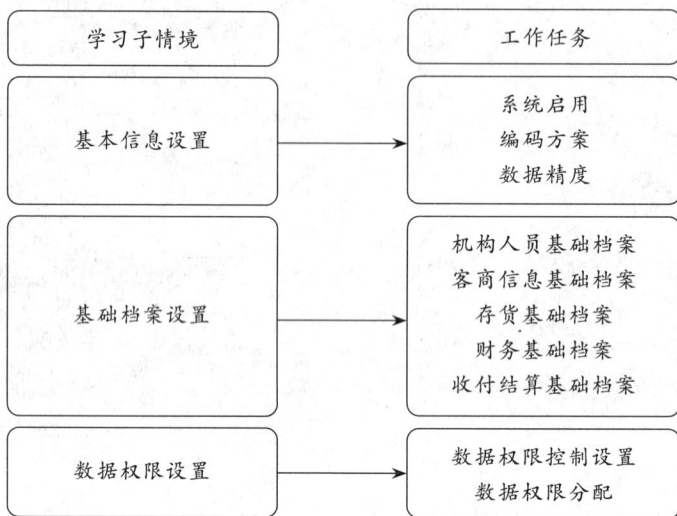

学习子情境		工作任务
基本信息设置	→	系统启用 编码方案 数据精度
基础档案设置	→	机构人员基础档案 客商信息基础档案 存货基础档案 财务基础档案 收付结算基础档案
数据权限设置	→	数据权限控制设置 数据权限分配

✖ 【系统介绍】

企业应用平台是一个以提供应用集成服务为核心的应用系统门户，简称门户。通过企业应用平台，企业员工可以通过单一的访问入口访问企业的各种信息，定义自己的业务工作，并设计自己的工作流程。

企业应用平台主要由三部分组成：导航（左侧）、桌面（中间）、辅助功能（边框）。导航区提供了各类可执行具体的功能，桌面区提供了快捷常用功能和快捷报表信息，边框区提供了辅助功能。

通过左侧导航区可以快速进入业务导航、常用功能、消息任务、报表中心、实施导航、企业互联、选项、注销、退出、导航栏隐藏/显示等相关功能。

业务导航功能主要分为三类：业务工作、基础设置和系统服务。业务工作主要是日常工作需要的功能集合，基础设置主要是初始化设置和基础档案管理等功能的集

教学视频
2-0-1

数据为王——
基础信息设置
概述

合，系统管理主要是管理员管理权限和授权等功能集合。

【工作过程与岗位对照图】

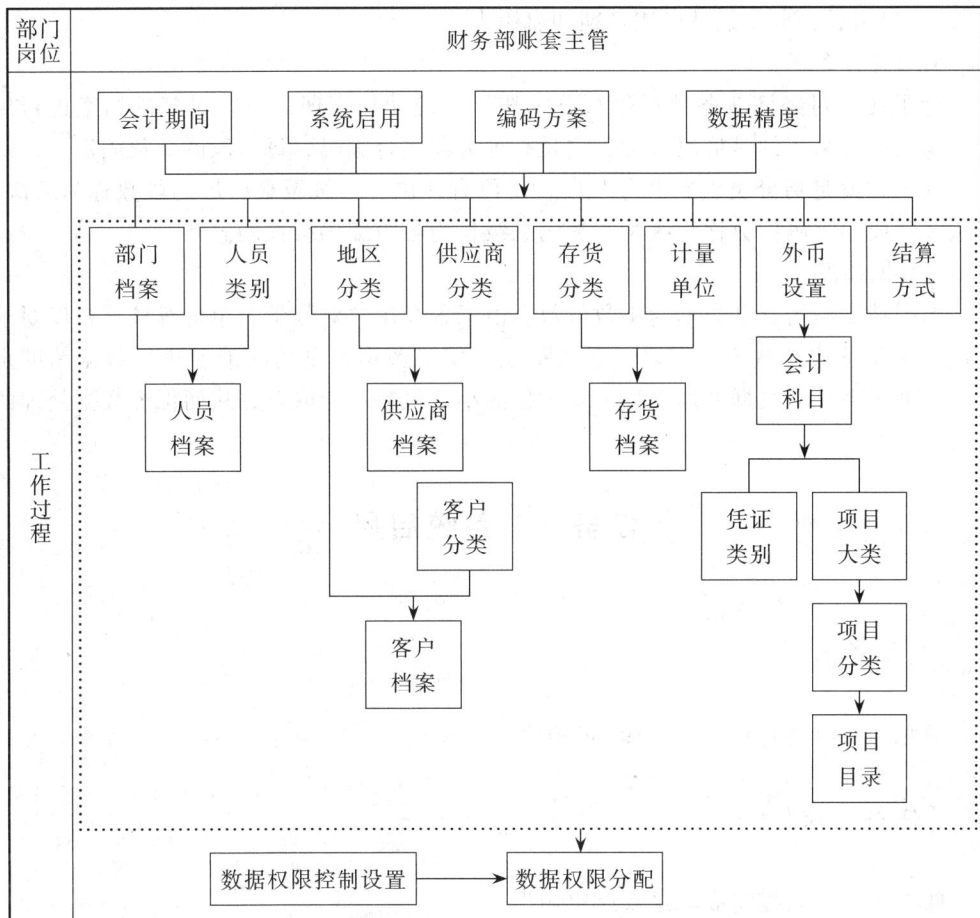

学习子情境一 基本信息设置

教学视频
2-1-1

给数据整理制
定个标准——
基本信息设置

教学视频
2-1-2

基本信息设置
操作演示

［知识链接］

基本信息设置包括会计期间、系统启用、编码方案和数据精度四部分。

其中，会计期间、编码方案和数据精度三部分在系统管理建立账套过程中已经设置完成，通过企业应用平台-基本信息可以集中修改，也可以在系统管理中由账套主管修改账套来实现。

系统启用在系统管理建立账套结束后和企业应用平台-基本信息中均可进行。

1.会计期间

企业的实际核算期间可能和正常的自然日期不一致，用友U8支持在一个账套中保存连续多年的业务数据。为支持不同年度定义各自的会计月历，本系统提供了设置会计期间的功能。

2.系统启用

要使用某个系统必须先启用此系统（UFO报表、现金流量表、公司对账等产品除外），启用后，自动记录启用日期和启用人。

3.编码方案

为了便于对经济业务数据进行分级核算、统计和管理，系统对基础档案进行编码，编码通常采用的是群码方案，这是一种分段组合编码，每一段的位数固定。

编码方案是指分类编码共分几段，每段有几位。一级至最底层的段数称为级次，每级或每段的编码位数称为级长。编码总级长为各级编码级长的总和。

4.数据精度

数据精度是指定义数据的小数位数。由于各个用户对数量、单价等核算精度要求不同，为了适应这些不同需求，系统提供自定义数据精度的功能。进行数据精度定义，有助于系统在数据处理过程中对数据的小数位数进行取舍，从而保证数据处理的一贯性。

任务一   系统启用

［任务内容］

总账系统启用时间为"2019-06-01"。

［任务要求］

账套主管王志强完成总账系统启用设置。

［工作示范］

操作步骤：

（1）单击"开始"/"所有程序"/"用友U8⁺V13.0"/"企业应用平台"，打开"用友U8⁺"登录对话框，操作员输入"01"，密码为空，选择账套"111河北新华有限责任公司"，操作日期修改为"2019-06-01"，如图2-1所示。

（2）单击"登录"按钮，打开"企业应用平台"窗口，单击"业务导航"下三角按钮，选择"经典树形"为当前的显示方式，并单击 ✦ 设置为嵌入式展现方式。如图2-2所示。

图2-1　企业应用平台登录界面

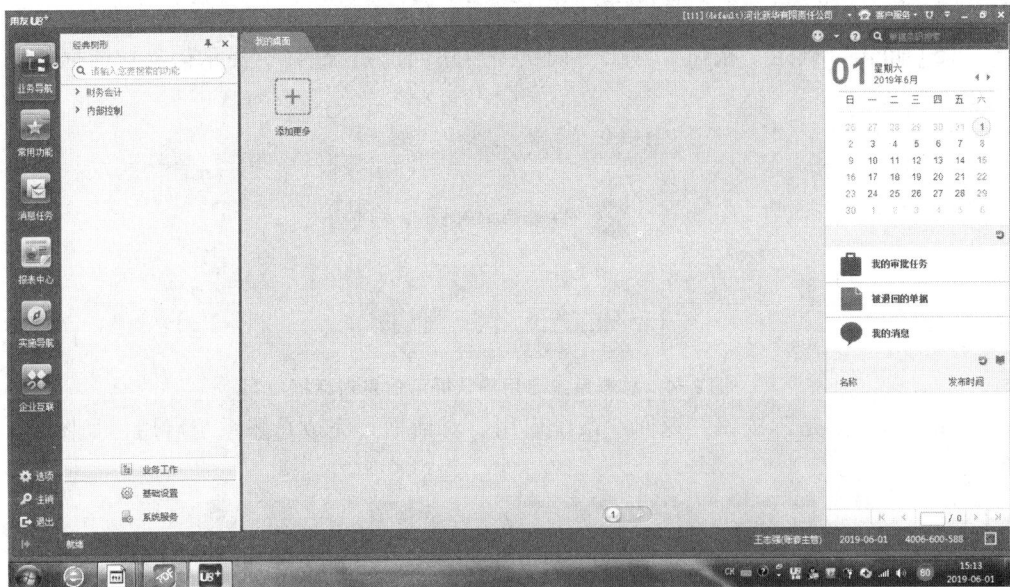

图2-2　企业应用平台"经典树形"嵌入式展示方式

特别提示：

①业务导航以层级结构显示U8各产品功能，显示方式包括经典树形、全景菜单、企业流程图和业务场景四种，可通过单击"业务导航"图标下三角按钮进行显示方式的切换。业务导航的显示方式具有记忆功能。经典树形是以树形菜单方式显示业务导航列表。

②导航面板有悬浮和嵌入两种展现方式，可通过 ![icon] 进行切换。展现方式也支持记忆功能。

（3）单击"基础设置"/"基本信息"/"系统启用"，打开"系统启用"对话框。

（4）单击"总账"左侧的复选框，打开"日历"对话框，设置日期为"2019年6月1日"，如图2-3所示。

图2-3　总账系统启用日期设置

（5）单击"确定"按钮，弹出"确实要启用当前系统吗？"提示信息对话框，如图2-4所示。

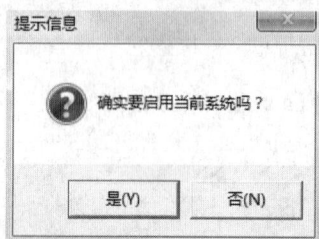

图2-4　总账系统启用确认提示信息对话框

（6）单击"是"按钮，返回"系统启用"对话框，完成总账系统启用，如图2-5所示。

图2-5　总账系统启用完成

特别提示：

①系统启用有两种方法：

方法1：系统管理员在"系统管理"中，创建一个新账套后自动进入系统启用界面，可以一气呵成完成创建账套和系统启用。

方法2：账套主管在"企业应用平台"窗口，通过"基础设置—基本信息—系统启用"，启用系统。

②只有系统管理员和账套主管才能启用系统。

③各系统的启用日期必须大于或等于账套的启用日期。

④所有系统进入时都要判断系统是否已经启用，未启用的系统不能登录。

⑤修改某系统的启用日期，只需再次单击该系统左侧的复选框，进行注销，重新设置即可。

任务二　编码方案

［任务内容］

修改"费用项目分类"的编码方案为"1—2—3"。

［任务要求］

账套主管王志强完成"费用项目分类"编码方案的修改。

［工作示范］

操作步骤：

单击"基础设置"/"基本信息"/"编码方案"，打开"编码方案"对话框，在"费用项目分类"编码方案的第3级的级长设置框中输入数字"3"，如图2-6所示。单击"确定"按钮，完成"编码方案"的修改。

特别提示：

①新建账套时，若勾选了"存货分类、客户分类、供应商分类"，则"编码方案"对话框显示所有需要进行编码方案设置的项目名称，项目的级次和级长可以修改。反之，若新建账套时没有勾选"存货分类、客户分类、供应商分类"，则"编码方案"对话框不显示客户分类、存货分类、供应商分类编码级次方案设置。

②编码方案的修改须满足系统对最大级数、最大长度和和单级最大长度的限制条件。

③编码方案的修改也可以由账套主管在系统管理中修改账套来实现。

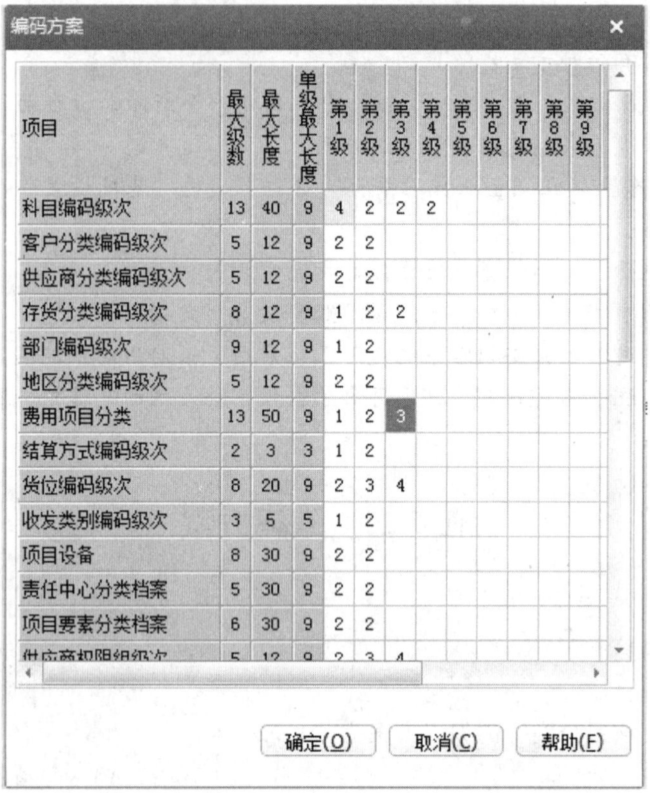

项目	最大级数	最大长度	单级最大长度	第1级	第2级	第3级	第4级	第5级	第6级	第7级	第8级	第9级
科目编码级次	13	40	9	4	2	2	2					
客户分类编码级次	5	12	9	2	2							
供应商分类编码级次	5	12	9	2	2							
存货分类编码级次	8	12	9	1	2	2						
部门编码级次	9	12	9	1	2							
地区分类编码级次	5	12	9	2	2							
费用项目分类	13	50	9	1	2	3						
结算方式编码级次	2	3	3	1	2							
货位编码级次	8	20	9	2	3	4						
收发类别编码级次	3	5	5	1	2							
项目设备	8	30	9	2	2							
责任中心分类档案	5	30	9	2	2							
项目要素分类档案	6	30	9	2	2							
供应商机阻组级次	5	12	9	2	3	4						

确定(O)　取消(C)　帮助(F)

图 2-6　编码方案修改对话框

任务三　数据精度

[任务内容]

修改"换算率"小数位为 3 位。

[任务要求]

账套主管王志强完成"换算率"数据精度的修改。

[工作示范]

操作步骤：

单击"基础设置"/"基本信息"/"数据精度"，打开"数据精度"对话框，将"换算率"小数位修改为数字"3"，如图 2-7 所示。单击"确定"按钮，完成"数据精度"修改。

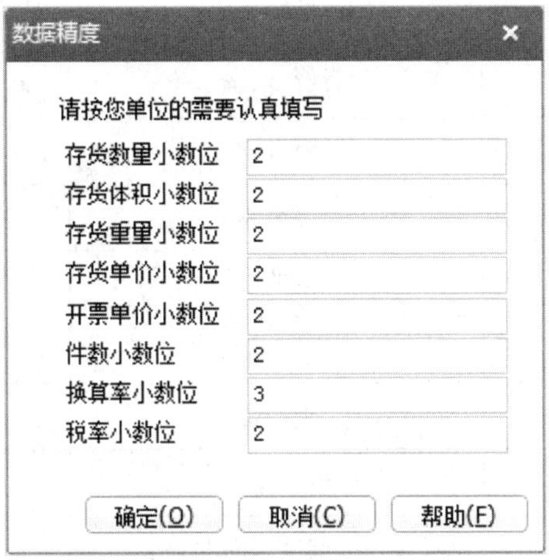

图2-7 数据精度修改对话框

特别提示：

数据精度的修改也可以由账套主管在系统管理中修改账套来实现。

学习子情境二 基础档案设置

[知识链接]

会计信息化系统中包含了众多的子系统，这些子系统共享各种基础档案。用户可在企业应用平台上对共享基础档案进行集中设置。

用友软件提供了丰富的基础档案设置功能，但启用的系统不同，可以进行的基础设置种类也会有所不同。在操作中发现无法查询到某些基础档案设置的功能菜单时，要首先返回"系统启用"完成相关系统的启用设置。

所有的基础档案设置，必须遵循一定的操作规则，如：编码的输入必须满足预先设定的编码规则，且不能重复。增加时必须遵循由上到下逐级进行的原则，先录上级才能录下级。删除时的顺序和录入的顺序完全相反，必须由下到上逐级进行，先删除下级，才能删除上级。此外，还要注意相关基础档案的录入顺序和账套建立时某些设置的关系。

本学习情境只涉及机构人员基础档案、客商信息基础档案、存货基础档案、财务基础档案、收付结算基础档案等最基本的基础档案设置。其前提是要完成总账系统的启用。

任务一 机构人员基础档案

[任务内容]

1.部门档案设置（见表2-1）

表 2-1   **部门档案设置**

部门编码	部门名称	负责人
1	财务部	王志强
2	办公室	李明刚
3	采购部	王思燕
4	销售部	李振东
5	生产部	
501	组装车间	吴启天
502	调试车间	张诚

2. 人员类别设置（见表 2-2）

表 2-2   **人员类别设置**

档案编码	档案名称
10101	行政人员
10102	采购人员
10103	销售人员
10104	车间管理人员
10201	生产人员（交换机）
10202	生产人员（路由器）
10203	生产人员（基站发射机）

3. 录入人员档案（见表 2-3）

表 2-3   **人员档案设置**

人员编码	人员姓名	性别	雇佣状态	人员类别	行政部门	是否业务员	是否操作员	对应操作员编码
101	王志强	男	在职	行政人员	财务部	是	是	01
102	李明轩	男	在职	行政人员	财务部	是	是	02
103	张东明	男	在职	行政人员	财务部	是	是	03
104	孙丹丹	女	在职	行政人员	财务部	是	是	04
201	李明刚	男	在职	行政人员	办公室	是	否	
202	周永芳	女	在职	行政人员	办公室	是	否	
301	王思燕	女	在职	采购人员	采购部	是	否	
401	李振东	男	在职	销售人员	销售部	是	否	

续表

人员编码	人员姓名	性别	雇佣状态	人员类别	行政部门	是否业务员	是否操作员	对应操作员编码
501	吴启天	男	在职	车间管理人员	组装车间	是	否	
502	张诚	男	在职	车间管理人员	调试车间	是	否	
901	李彩云	女	在职	生产人员(交换机)	组装车间	是	否	
902	陈颖	女	在职	生产人员(路由器)	组装车间	是	否	
903	赵明浩	男	在职	生产人员(基站发射机)	组装车间	是	否	
904	李健伟	男	在职	生产人员(交换机)	调试车间	是	否	
905	王磊	男	在职	生产人员(路由器)	调试车间	是	否	
906	李志	男	在职	生产人员(基站发射机)	调试车间	是	否	

教学视频 2-2-1

数据整理的重头戏——基础档案设置（机构人员）

[任务要求]

账套主管王志强完成部门档案、人员类别、人员档案等机构人员基础档案的设置。

[知识链接]

机构人员基础档案主要包括部门档案、人员类别和人员档案。在用友软件中，人员档案中的行政部门和人员类别均为必输项，所以只有首先录入部门档案和人员类别，才能录入人员档案。并且，部门档案中的负责人必须在录入完人员档案后，重新打开部门档案窗口，采用"修改"方式，参照选择录入。

1.部门档案

部门档案主要用于设置企业各个职能部门的信息。部门指某使用单位下辖的具有分别进行财务核算或业务管理要求的单元体，可以是现实中的部门机构，也可以是虚拟的核算单元。

2.人员类别

人员类别的设置便于对企业的人员进行分类和管理。新建账套系统预置正式工、合同工、实习生三个人员类别，用户可以自定义扩充人员类别。

人员类别与工资费用的分配、分摊有关，工资费用的分配及分摊是薪资管理系统的重要功能，不同的人员类别需要设置不同的入账科目。

3.人员档案

人员档案的主要功能是录入和维护人员的基础信息和各种子集信息。设置人员档案可以方便地进行个人往来核算和管理等操作。除了固定资产和成本核算两个子系统，其他子系统都可以使用人员档案。有些企业对职员没有核算和管理要求，可以不设人员档案。

教学视频
2-2-2

机构人员设置
操作演示

[工作示范]

1.部门档案设置

操作步骤：

（1）单击"基础设置"/"基础档案"/"机构人员"/"机构"/"部门档案"，打开"部门档案"窗口。单击"增加"按钮，依次录入部门编码"1"，部门名称"财务部"，如图2-8所示。单击"保存"按钮。

图2-8　"部门档案"窗口

栏目说明：

①部门编号：必须录入，必须符合部门编码的规则，不能与系统内已存在的部门编码重复。

②部门名称：必须录入，可以重复命名。

③负责人：非必输项，但在人员档案录入前，此栏无法输入或选择，在随后录入完人员档案后，再重新打开部门档案窗口，采用"修改"方式，参照选择录入部门负责人。

④其他均为非必输项，企业可根据实际情况选择录入。

特别提示：

①部门档案的录入，必须先录上级部门，再录下级部门。

②删除部门档案时，必须先删除下级部门，再删除上级部门。

（2）同理，继续录入其他部门信息。录入完成后的部门档案按照层级结构依次排列在"部门档案"窗口的左侧，如图2-9所示。

图2-9　部门档案设置完成列表

2.人员类别设置

操作步骤：

（1）单击"基础设置"/"基础档案"/"机构人员"/"人员"/"人员类别"，打开"人员类别"窗口，单击选择"人员类别"列表下的"正式工"，单击"增加"按钮，打开"增加档案项"对话框，依次录入档案编码"10101"，档案名称"行政人员"，如图2-10所示。

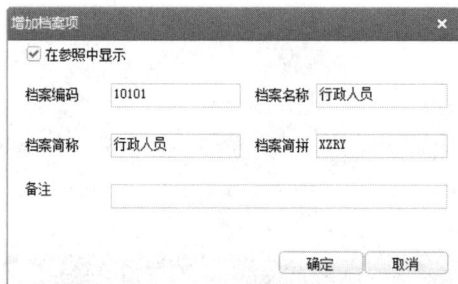

图2-10　"增加档案项"对话框

栏目说明：

　　①档案编码：人员类别编码不能为空，不能重复，同级档案编码长度相同。

　　②档案名称：人员类别名称不能为空，不能重复。

　　（2）单击"确定"按钮，继续录入其他人员类别信息，录入完成后的人员类别按照层级结构依次排列在"人员类别"窗口的左侧，如图2-11所示。

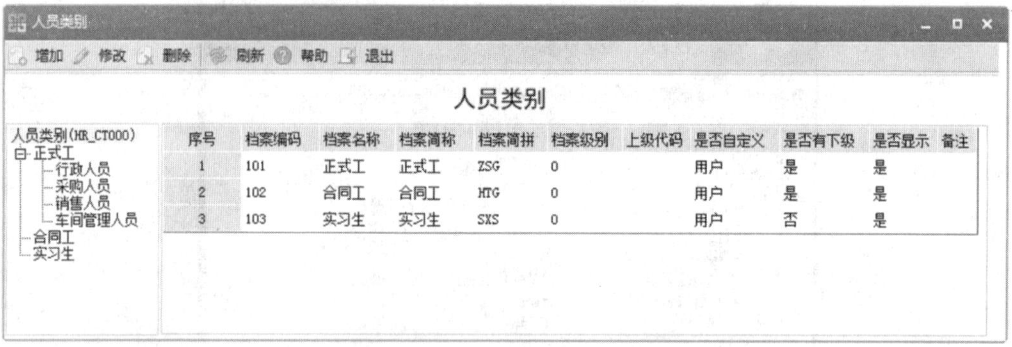

图2-11　人员类别设置完成列表

3.人员档案设置

操作步骤：

　　（1）单击"基础设置"/"基础档案"/"机构人员"/"人员"/"人员档案"，打开"人员列表"窗口，单击"增加"按钮，打开"人员档案"窗口，单击左侧导航栏"基本资料"/"基本信息"，依次录入人员编码"101"，姓名"王志强"，性别选择"男"，雇佣状态选择"在职"，人员类别选择"行政人员"，行政部门选择"财务部"，勾选是否"业务员"和是否"操作员"。操作员名称删除系统自动显示的"王志强"，重新从操作员档案中参照选择"王志强"，如图2-12所示。

图2-12　"人员档案"窗口

栏目说明：

①人员编码：必须录入，必须唯一。

②姓名：必须录入，可以重复。

③雇佣状态：必须录入，参照选择雇佣状态档案录入。

④人员类别：必须录入，参照人员类别档案选择录入。

⑤行政部门：必须录入，参照部门档案。

⑥性别：必须录入。

⑦人员档案可以设置基本信息、联系信息、银行信息和任职情况等基本资料。

（2）单击"保存"按钮，系统弹出"人员信息已改，是否同步修改操作员的相关信息？"提示对话框。单击"是"按钮，同步修改操作员信息，如图2-13所示。

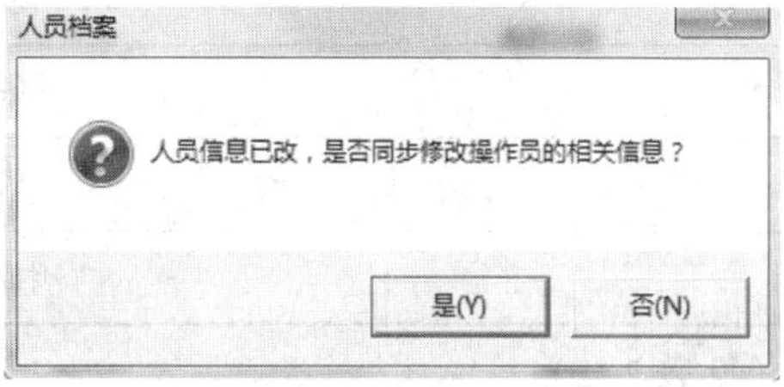

图2-13 人员档案同步修改操作员信息提示框

特别提示：

①操作时，单击参照按钮显示不出所需的信息，如行政部门、人员类别等，只要删除当前窗口默认的错误信息，再单击参照按钮，即可选择自己需要的信息。

②人员档案中的行政部门和人员类别均为必输项，所以在增加人员档案之前，必须首先完成部门档案和人员类别的设置。

③人员档案录入结束后，可以打开部门档案设置窗口，单击"修改"按钮，补充录入部门负责人。

（3）同理，继续输入其他人员档案信息，录入完成后的人员档案列表如图2-14所示。

图2-14 人员档案设置完成列表

任务二　客商信息基础档案

[任务内容]

1.地区分类设置（见表2-4）

表2-4　　　　　　　　　　　　地区分类设置

分类编码	分类名称
01	东北地区
02	华北地区
03	华南地区
04	中西部地区

2.供应商分类设置（见表2-5）

表2-5　　　　　　　　　　　　供应商分类设置

分类编码	分类名称
01	原料供应商
02	成品供应商

3.客户分类（见表2-6）

表2-6　　　　　　　　　　　　客户分类设置

分类编码	分类名称
01	批发客户
0101	大客户
0102	中小客户
02	零售客户

4.供应商档案设置（见表2-7）

表2-7　　　　　　　　　　　　供应商档案设置

编码	名　称	简称	所属分类	所属地区	地　址
0101	沈阳强盛有限公司	强盛	01	01	辽宁省沈阳市青年大街116号
0102	常州卓越有限公司	卓越	01	03	江苏省常州市金坛区南环二路69号
0201	石家庄东成有限公司	东成	02	02	河北省石家庄市中山路118号
0202	西安尚安有限公司	尚安	02	04	陕西省西安市新城区自强东路95号

5.客户档案设置（见表2-8）

表2-8　　　　　　　　　　　　　　　**客户档案设置**

编码	名称	简称	所属分类	所属地区	税号	地址	开户银行	账号	默认值
0101	北京启明有限公司	启明	0101	02	224500896569006	北京市王府井大街266号	工行光华路分理处	112589336734000465	是
0102	上海亚圣股份公司	亚圣	0102	03	668904500665676	上海市大沽路333号	建行大沽路支行	255677000922746609	是

［任务要求］

账套主管王志强完成地区分类、供应商分类、客户分类、供应商档案、客户档案等客商信息基础档案的设置。

［知识链接］

客商信息基础档案主要包括地区分类、供应商分类、客户分类、供应商档案、客户档案等。建立账套时，一旦勾选了客户或供应商分类，只有先设置客户分类和供应商分类，才能进行客户和供应商档案的设置。反之，建立账套时，没有勾选客户或供应商分类，说明企业没有对客户和供应商进行分类管理的要求，则可以直接设置客户和供应商档案，而不必再设置客户和供应商分类。

1.地区分类

从宏观角度说，不同地区人们的消费水平、物价水平等有很大差异，企业为了更好地管理客户和供应商，可以从自身管理要求出发，对客户、供应商的所属地区进行相应的分类，建立地区分类体系，以便对业务数据进行统计、分析，也便于制定不同政策和策略。企业在采购管理、销售管理、库存管理和应收应付款管理系统都会用到地区分类。企业可以根据实际需要进行分类。例如，可以按区、省、市进行分类，也可以按省、市、县进行分类。

2.客户分类/供应商分类

企业的往来客户和供应商比较多时，可以通过建立客户和供应商分类体系来完成分类管理。这样做，有利于对客户和供应商相关业务数据的统计与分析。具体分类可以将地区、客户和供应商的信誉度等作为依据。

3.供应商档案

对每一个被定义为供应商往来核算的会计科目，都要建立相应的供应商档案。建立供应商档案是为企业的采购管理、库存管理以及应付款管理服务的。在填制采购入库单、采购发票和进行采购结算、应付款结算和有关供应单位统计时，都会用到供应商档案。

4.客户档案

对每一个被划定为属于客户往来核算的会计科目，都要建立相应的客户档案。建

教学视频
2-2-3

数据整理的重头戏——基础档案设置（客商信息）

立客户档案是为了企业的销售管理、库存管理、应收款管理服务的。客户详细信息输入客户档案卡片中后，系统会自动生成客户档案列表。

教学视频
2-2-4

客商信息设置
操作演示

[工作示范]

1.地区分类设置

操作步骤：

（1）单击"基础设置"/"基础档案"/"客商信息"/"地区分类"，打开"地区分类"窗口。单击"增加"按钮，依次录入地区分类编码"01"和分类名称"东北地区"，如图2-15所示。单击"保存"按钮。

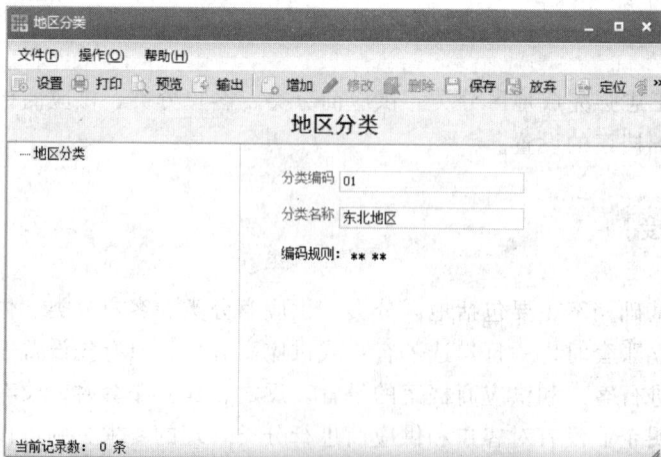

图2-15　地区分类设置

栏目说明：

①类别编码：符合编码级次原则。必须录入，必须唯一，不允许重复。

②类别名称：可以是汉字或英文字母，不能为空。

（2）同理，继续输入其他地区分类信息，录入完成后，地区分类按照层级结构依次排列在"地区分类"窗口的左侧，如图2-16所示。

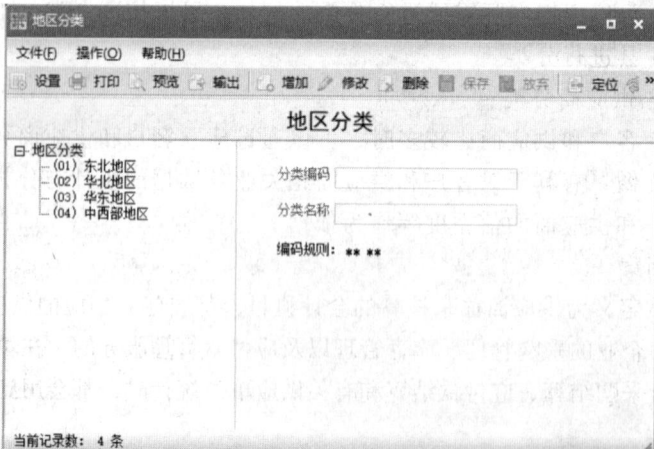

图2-16　地区分类设置完成列表

2.供应商分类设置

操作步骤：

（1）单击"基础设置"/"基础档案"/"客商信息"/"供应商分类"，打开"供应商分类"窗口。单击"增加"按钮，依次录入分类编码"01"和分类名称"原料供应商"，如图2-17所示。单击"保存"按钮。

图2-17　供应商分类设置

栏目说明：

①类别编码：供应商的类别编码是系统识别不同供应商的唯一标志，所以编码必须唯一，不能重复或修改。

②类别名称：供应商的类别名称是用户对供应商的信息描述，可以是汉字或英文字母，不能为空。

（2）同理，继续输入其他供应商分类信息，录入完成后，供应商分类按照层级结构依次排列在"供应商分类"窗口的左侧，如图2-18所示。

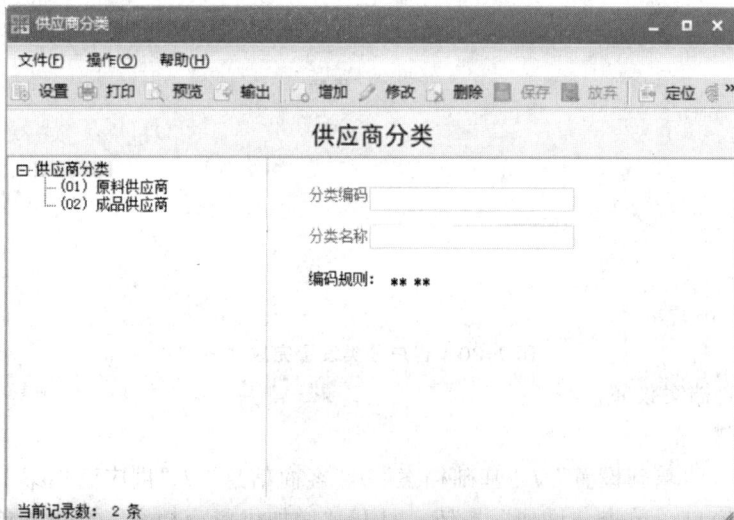

图2-18　供应商分类设置完成列表

3.客户分类设置

操作步骤：

（1）单击"基础设置"/"基础档案"/"客商信息"/"客户分类"，打开"客户分类"窗口。单击"增加"按钮，依次录入分类编码"01"和分类名称"批发客户"，如图2-19所示。单击"保存"按钮。

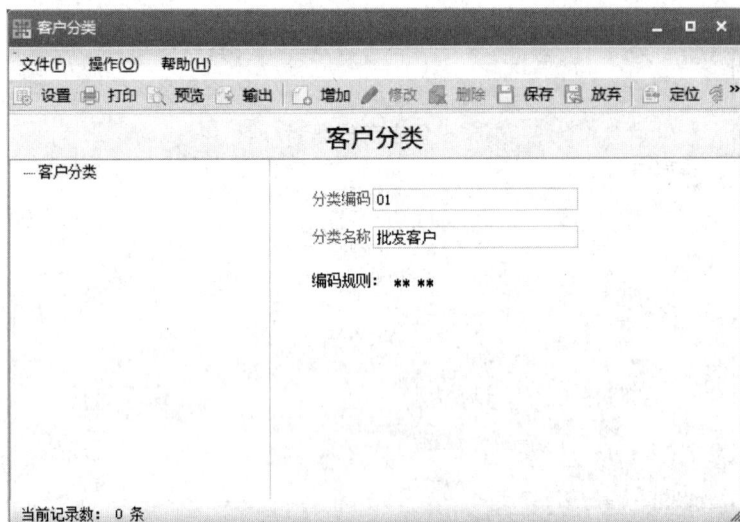

图2-19　客户分类设置

（2）同理，继续输入其他客户分类信息，录入完成后，客户分类按照层级结构依次排列在"客户分类"窗口的左侧，如图2-20所示。

图2-20　客户分类设置完成列表

4.供应商档案设置

操作步骤：

（1）单击"基础设置"/"基础档案"/"客商信息"/"供应商档案"，打开"供应商档案"窗口。单击"增加"按钮，打开"增加供应商档案"窗口，单击"基本"

页签，依次录入供应商编码"0101"，供应商名称"沈阳强盛有限公司"，供应商简称"强盛"，所属地区选择输入"01东北地区"，所属分类选择输入"01原料供应商"，如图2-21所示。

图2-21　供应商档案"基本"页签设置

栏目说明：

①供应商档案共设有"基本""联系""信用""其它""附件"五个页签，企业可以选择输入。所有页签中蓝色字体为必输项。

②"基本"页签中，供应商编码必须唯一，可用数字或字符表示，最多可输入20位数字或字母。

③"基本"页签中，供应商名称是供应商的全称。可以是汉字或英文字母，最多可写49个汉字或98个字符。用于销售发票的打印，即打印出来的销售发票的销售供应商栏目显示的内容为销售供应商的供应商名称。

④"基本"页签中，供应商简称可以是汉字或英文字母，最多可写30个汉字或60个字符。用于业务单据和账表的屏幕显示。例如，屏幕显示的销售发货单的供应商栏目中显示的内容为供应商简称。

⑤"基本"页签中，所属分类为供应商所属的类别，必须为末级类别。

⑥"基本"页签中，采购、服务、委外、国外四个复选框，是为了更好地明确供应商为企业提供的是具体货物还是技术服务、委外加工业务或国外业务。

⑦"其它"页签中，发展日期指企业与该供应商是何时建立供货关系的，可以准确反映企业与此供应商建立关系的相关信息。发展日期项系统默认为登录日期，一旦保存不能再修改。如果发展日期错误，可删除此供应商档案信息，重新录入。

（2）单击"联系"页签，录入地址"辽宁省沈阳市青年大街116号"，如图2-22所示。单击"保存并新增"按钮。

图2-22 供应商档案"联系"页签设置

（3）同理，继续输入其他供应商档案信息，录入完成后的供应商档案列表如图2-23所示。

图2-23 供应商档案设置完成列表

5.客户档案设置

操作步骤:

(1) 单击"基础设置"/"基础档案"/"客商信息"/"客户档案",打开"客户档案"窗口,单击"增加"按钮,打开"增加客户档案"窗口,单击"基本"页签,依次录入客户编码"0101"、客户名称"北京启明有限公司",客户简称"启明",所属地区选择输入"02 华北地区",所属分类选择输入"0101 大客户",税号"224500896569006",如图2-24所示。

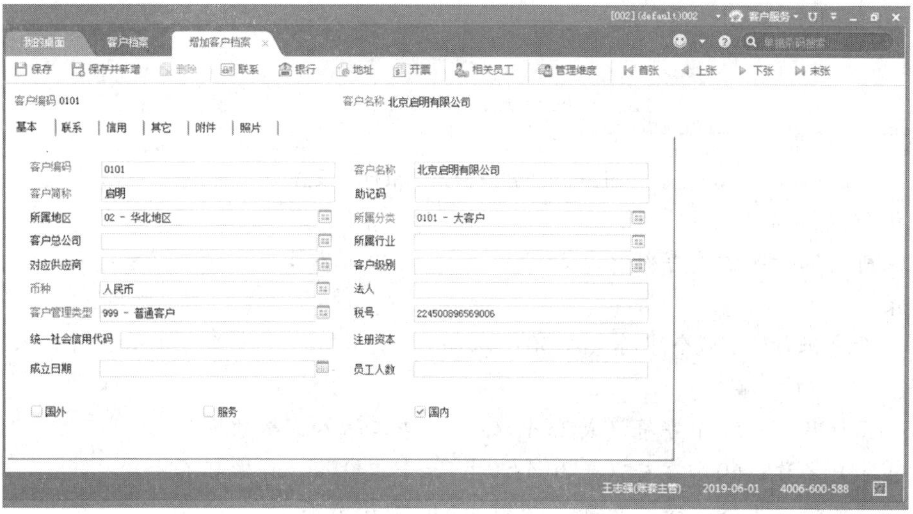

图2-24 客户档案"基本"页签设置

栏目说明:

客户档案共设置"基本""联系""信用""其它""附件""照片"6个页签,企业可以选择输入。所有页签中蓝色字体为必输项。

(2) 单击"联系"页签,录入地址"北京市王府井大街266号",如图2-25所示。

图2-25 客户档案"联系"页签设置

（3）单击工具栏中"银行"按钮，打开"客户银行档案"对话框，单击"增加"按钮，所属银行选择录入"中国工商银行"，依次输入开户银行"工行光华路分理处"，银行账号"112589336734000465"，默认值选择"是"，如图2-26所示。

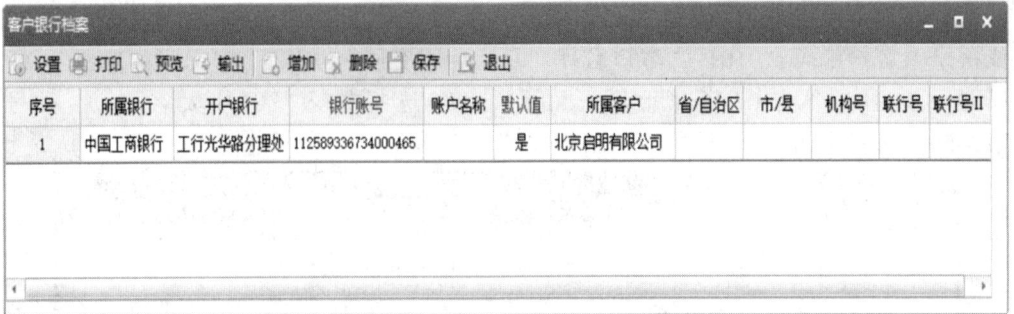

序号	所属银行	开户银行	银行账号	账户名称	默认值	所属客户	省/自治区	市/县	机构号	联行号	联行号Ⅱ
1	中国工商银行	工行光华路分理处	112589336734000465		是	北京启明有限公司					

图 2-26　客户档案"银行"设置

栏目说明：

①所属银行：50个字符（或25个汉字），可输可不输，可输入任意字符，参照银行档案。

②开户银行：100个字符（或50个汉字），手工输入，可输可不输，可输入任意字符。

③银行账号：50个字符（或25个汉字），手工输入，必须输入。

④账户名称：60个字符（或30个汉字），手工输入，可输可不输。

⑤默认值：下拉选择，是/否，必须输入，默认为否。

（4）单击"保存"按钮，单击"退出"按钮，关闭"客户银行档案"对话框。返回"增加客户档案"窗口，单击"保存并新增"按钮。

（5）同理，继续输入其他客户档案信息，录入完成后的客户档案列表如图2-27所示。

序号	选择	客户编码	客户名称	客户简称	地区名称	发展日期	联系人	电话	专管业务员名称	分管部门名称	潜在客户编码
1		0101	北京启明有限公司	启明	华北地区	2019-03-01					
2		0102	上海亚圣股份公司	亚圣	华东地区	2019-03-01					

图 2-27　客户档案设置完成列表

任务三　存货基础档案

@ [任务内容]

1.存货分类设置见表2-9。

表2-9　　　　　　　　　　　　存货分类设置

分类编码	分类名称
1	原材料
2	产成品
3	劳务类

2.计量单位设置见表2-10。

表2-10　　　　　　　　　　　　计量单位设置

计量单位组	编码	1
	名称	自然单位组
	类别	无换算率
计量单位	101	片
	102	平方厘米
	103	米
	104	台
	105	个
	106	架
	107	元

3.存货档案设置见表2-11。

表2-11　　　　　　　　　　　存货档案设置

存货编码	存货名称	存货分类	计量单位	存货属性	税率（%）
101	芯片	1	片	采购、生产耗用	13
102	pcb电路板	1	平方厘米	采购、生产耗用	13
103	线缆	1	米	采购、生产耗用	13

续表

存货编码	存货名称	存货分类	计量单位	存货属性	税率（%）
201	交换机	2	台	内销、外销、自制、计件	13
202	路由器	2	个	内销、外销、自制、计件	13
203	基站发射机	2	架	内销、外销、自制、计件	13
301	运输费	3	元	应税劳务	9

教学视频
2-2-5

数据整理的重
头戏——基础
档案设置(存货)

［任务要求］

账套主管王志强完成存货分类、计量单位和存货档案等存货基础档案的设置。

［知识链接］

存货基础档案主要包括存货分类、计量单位和存货档案。建立账套时，一旦勾选了存货分类，就只有先设置存货分类，才能进行存货档案的设置。反之，建立账套时，没有勾选存货分类，说明企业没有对存货分类管理的要求，则可以直接设置存货档案，而不必再设置存货分类。另外，存货都有计量单位，所以必须先录入计量单位，才能录入存货档案。

1.存货分类

有些企业存货种类较多，管理起来很不方便，因此可以对存货进行分类管理，便于企业对相关业务数据进行统计分析。通常按存货性质、用途或产地等方式对存货进行分类。

2.计量单位

计量单位设置包括存货的计量单位组和计量单位信息。必须首先增加计量单位组内容，才能在该分组下增加其具体的计量单位内容。

3.存货档案

存货档案主要用于设置企业在生产经营过程中使用的各类存货信息，目的是对这些存货进行资料管理、实物管理及业务数据的统计分析。随同发货单或发票一起开具的应税劳务等也应设置在存货档案中。

教学视频
2-2-6

存货设置操作
演示

［工作示范］

1.存货分类设置

操作步骤：

（1）单击"基础设置"/"基础档案"/"存货"/"存货分类"，打开"存货分类"窗口。单击"增加"按钮，依次录入分类编码"1"和分类名称"原材料"，如图2-

28所示。单击"保存"按钮。

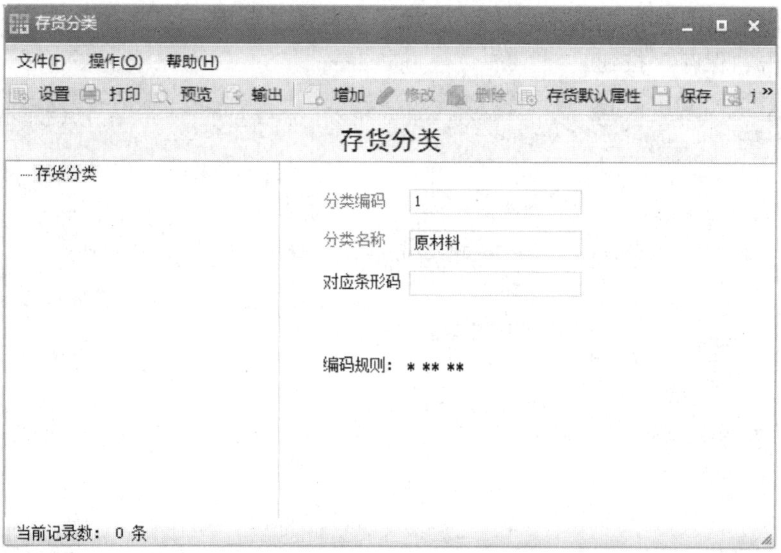

图2-28 存货分类设置

栏目说明：

①分类编码：必须唯一，必须按其级次的先后次序建立。存货分类最多可分8级，编码总长不能超过12位。

②分类名称：必须输入。

（2）同理，继续输入其他存货分类信息，录入完成后的存货分类按照层级结构依次排列在"存货分类"窗口的左侧，如图2-29所示。

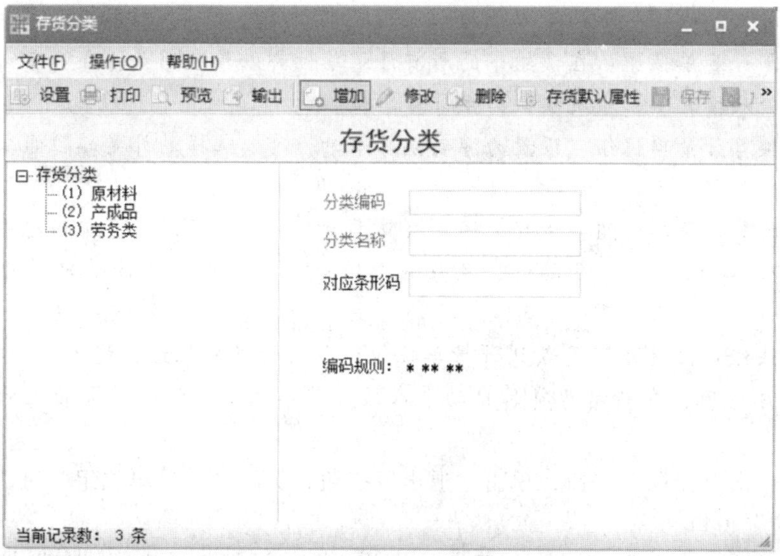

图2-29 存货分类设置完成列表

2.计量单位设置

操作步骤：

（1）单击"基础设置"/"基础档案"/"存货"/"计量单位"，打开"计量单位"

窗口。单击"分组"按钮，打开"计量单位组"对话框，依次录入计量单位组编码"1"，计量单位组名称"自然单位组"，计量单位组类别选择"无换算率"，如图 2-30 所示。单击"保存"按钮。

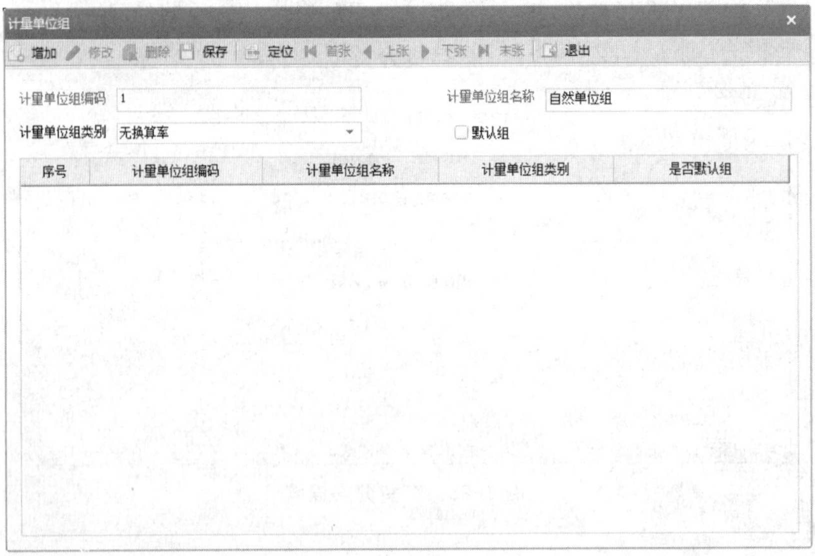

图 2-30　计量单位组设置

栏目说明：

①计量单位组编码：录入，保证唯一性。

②计量单位组名称：录入，保证唯一性。

③计量单位组类别：单选，选择内容为无换算、固定换算、浮动换算。存货档案中每一存货只能选择一个计量单位组。

无换算计量单位组：在该组下的所有计量单位都以单独形式存在，各计量单位之间不需要输入换算率，系统默认为主计量单位。

浮动换算计量单位组：设置为浮动换算率时，可以选择的计量单位组中只能包含两个计量单位。

固定换算计量单位组：设置为固定换算率时，可以选择的计量单位组中可以包含 2 个（含 2 个）以上的计量单位，且每一个辅助计量单位对主计量单位的换算率不为空。

④默认组：设置是否是默认计量单位组，所有计量单位组只能设置一个默认值。如果勾选该选项，在新增存货时自动带入该计量单位组和该组设置的主计量单位等信息。

（2）单击"保存"按钮，单击"退出"按钮，关闭"计量单位组"对话框，返回"计量单位"窗口。

（3）单击"单位"按钮，打开"计量单位"对话框，单击"增加"按钮，依次录入计量单位编码"101"，计量单位名称"片"，如图 2-31 所示。单击"保存"按钮。

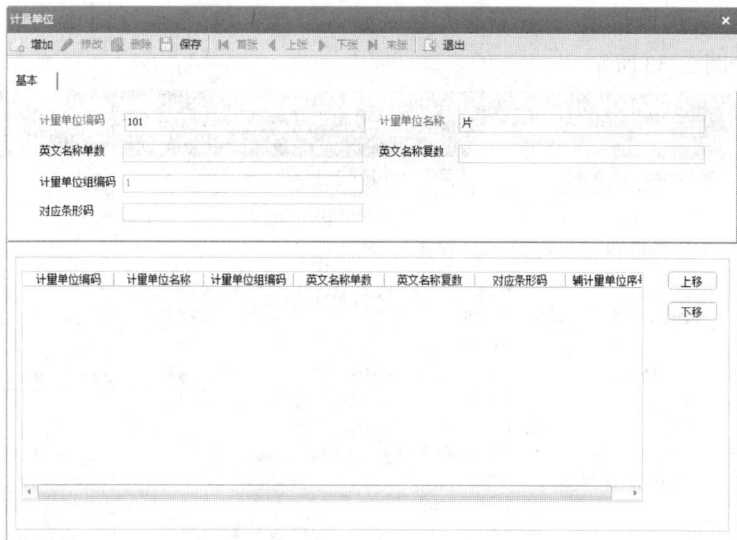

图2-31　计量单位设置

栏目说明：

①计量单位编码：录入，必填，保证唯一性。

②计量单位名称：录入，必填。

③计量单位组编码：根据用户建立计量单位时所在的计量单位组带入，不可修改。

④对应条形码：录入，可为空，可随时修改，保证唯一性。

特别提示：

必须先增加计量单位组，才能在该组下增加具体的计量单位内容。

（4）同理，继续输入其他计量单位信息，录入完成后的计量单位列表如图2-32所示。

图2-32　计量单位设置完成列表

3.存货档案设置

操作步骤：

（1）单击"基础设置"/"基础档案"/"存货"/"存货档案"，打开"存货档案"窗口。单击"增加"按钮，打开"增加存货档案"窗口，单击"基本"页签，依次录入存货编码"101"，存货名称"芯片"，存货分类选择输入"原材料"，计量单位组选择输入"自然单位组",计量单位选择输入"片",存货属性勾选"采购"和"生产耗用",如图2-33所示。

图2-33 存货档案"基本"页签设置

栏目说明:

①存货档案共设置"基本"、"控制"、"价格成本"、"计划"、"其它"、"图片"和"附件"7个页签,企业可以选择输入。所有页签中蓝色字体为必输项。

②"基本"页签中,存货编码为必输项,最多可输入60位数字或字符。

③"基本"页签中,存货名称为必输项,最多可输入255位汉字或字符。

④"基本"页签中,规格型号输入产品的规格编号,最多可输入255个汉字或字符。

⑤"基本"页签中,计量单位组和主计量单位是根据事先定义好的计量单位组进行选择,在自动带入计量单位组类别的同时,要对应选择本计量单位组下的计量单位。

⑥"基本"页签中,存货分类选择时,如果系统默认的不是用户需要的,就需要先删除当前存货类别,再参照选择需要的存货分类。

⑦"价格成本"页签中,税率为将来销售单据上或采购单据上某存货显示的销项税税率或进项税率。默认税率可修改,也可以输入小数位,小数位满足账套建立时设置的数据精度规则。

⑧存货属性是表明存货的来源、状态及用途的,可以多选。

（2）单击"价格成本"页签，分别修改进项税率和销项税率为13%，如图2-34所示。单击"保存并新增"按钮。

图2-34　存货档案"价格成本"页签设置

（3）同理，继续输入其他存货档案信息，关闭"增加存货档案"窗口，返回"存货档案"窗口。录入完成后的存货档案列表如图2-35所示。

图2-35　存货档案设置完成列表

任务四 财务基础档案

[任务内容]

1.外币设置见表2-12。

表2-12　　　　　　　　　　　　　　外币设置

币符	币名	汇率方式	记账汇率	汇率小数位
USD	美元	固定汇率	6.7112	4

2.会计科目设置。

（1）指定会计科目。指定"1001库存现金"为现金总账科目，"1002银行存款"为银行总账科目。

（2）修改会计科目见表2-13。

表2-13　　　　　　　　　　　　　　修改会计科目

科目编码	科目名称	辅助核算
1121	应收票据	客户往来
1122	应收账款	客户往来
1123	预付账款	供应商往来
1221	其他应收款	个人往来
1604	在建工程	项目核算
2201	应付票据	供应商往来
2202	应付账款	供应商往来
2203	预收账款	客户往来

（3）增加会计科目见表2-14。

表2-14　　　　　　　　　　　　　　增加会计科目

上级科目	科目编码	科目名称	科目类型	核算账类	余额方向
1002 银行存款	100201	农行存款	资产	日记账，银行账	
	100202	中行存款	资产	外币核算，币种：美元，日记账，银行账	
1403 原材料	140301	芯片	资产	数量核算，单位：片	
	140302	pcb电路板	资产	数量核算，单位：平方厘米	
	140303	线缆	资产	数量核算，单位：米	

续表

上级科目	科目编码	科目名称	科目类型	核算账类	余额方向
1405 库存商品	140501	交换机	资产	数量核算，单位：台	
	140502	路由器	资产	数量核算，单位：个	
	140503	基站发射机	资产	数量核算，单位：架	
2202 应付账款	220201	应付供应商	负债	供应商往来	
	220202	应付暂估款	负债	供应商往来(不受控)	
2211 应付职工薪酬	221101	工资	负债		
	221102	职工福利	负债		
	221103	社会保险费	负债		
	221104	住房公积金	负债		
	221105	工会经费	负债		
	221106	职工教育经费	负债		
2221 应交税费	222101	应交增值税	负债		
	22210101	进项税额	负债		借
	22210103	已交税金	负债		借
	22210104	转出未交增值税	负债		借
	22210107	销项税额	负债		贷
	22210109	进项税额转出	负债		贷
	22210110	转出多交增值税	负债		贷
	222102	未交增值税	负债		贷
	222103	预交增值税	负债		借
	222104	待抵扣进项税额	负债		借
	222106	应交所得税	负债		
	222108	应交城市维护建设税	负债		
	222109	应交教育费附加	负债		
	222110	应交地方教育费附加	负债		
	222113	应交个人所得税	负债		

续表

上级科目	科目编码	科目名称	科目类型	核算账类	余额方向
4104 利润分配	410401	提取法定盈余公积金	权益		
	410402	提取任意盈余公积	权益		
	410403	提取法定公益金	权益		
	410404	应付利润	权益		
	410411	未分配利润	权益		
5001 生产成本	500101	基本生产成本	成本		
	50010101	直接材料	成本	项目核算	
	50010102	直接人工	成本	项目核算	
	50010103	制造费用	成本	项目核算	
5101 制造费用	510101	折旧费	成本类		
	510102	工资及福利费	成本类		
	510109	其他费用	成本类		
6001 主营业务收入	600101	交换机	损益	数量核算，单位：台	
	600102	路由器	损益	数量核算，单位：个	
	600103	基站发射机	损益	数量核算，单位：架	
6115 资产处置损益			损益		
6401 主营业务成本	640101	交换机	损益	数量核算，单位：台	
	640102	路由器	损益	数量核算，单位：个	
	640103	基站发射机	损益	数量核算，单位：架	
6601 销售费用	660101	水电费	损益		
	660102	办公费	损益		
	660103	差旅费	损益		
	660104	折旧费	损益		
	660105	业务招待费	损益		
	660106	工资	损益		

续表

上级科目	科目编码	科目名称	科目类型	核算账类	余额方向
6601 销售费用	660107	工会经费	损益		
	660108	职工福利费	损益		
	660109	职工教育经费	损益		
	660110	社会保险	损益		
	660111	住房公积金	损益		
	660112	广告费	损益		
	660199	其他	损益		
6602 管理费用	660201	水电费	损益	部门核算	
	660202	办公费	损益	部门核算	
	660203	差旅费	损益	部门核算	
	660204	折旧费	损益	部门核算	
	660205	业务招待费	损益	部门核算	
	660206	工资	损益	部门核算	
	660207	工会经费	损益	部门核算	
	660208	职工福利费	损益	部门核算	
	660209	职工教育经费	损益	部门核算	
	660210	社会保险	损益	部门核算	
	660211	住房公积金	损益	部门核算	
	660212	研发费用	损益		
	660299	其他	损益		
6603 财务费用	660301	汇兑损益	损益		
	660302	利息	损益		
	66030201	利息收入	损益		
	66030202	利息费用	损益		
	660303	手续费	损益		
	660304	现金折扣	损益		
	660399	其他	损益		
6702 信用减值损失			损益		

3.凭证类别设置见表2-15。

表2-15　　　　　　　　　　　凭证类别设置

类别字	类别名称	限制类型	限制科目
收	收款凭证	借方必有	1001，1002
付	付款凭证	贷方必有	1001，1002
转	转账凭证	凭证必无	1001，1002

4.项目大类设置。

（1）自定义项目大类设置见表2-16。

表2-16　　　　　　　　　　自定义项目大类设置

新项目大类名称	"建造工程"，属于普通项目"
定义项目级次	1-2
定义项目栏目	增加"预计完工日期"，日期型
项目结构	默认
核算科目	在建工程

（2）使用存货目录定义项目大类。

核算科目：生产成本/基本生产成本/直接材料，生产成本/基本生产成本/直接人工，生产成本/基本生产成本/制造费用。

5.项目分类设置见表2-17。

表2-17　　　　　　　　　　项目分类设置

分类编码	分类名称	分类编码	分类名称
1	建筑工程	102	自建仓库
101	自建厂房	2	设备安装

6.项目目录设置见表2-18。

表2-18　　　　　　　　　　项目目录设置

项目编号	项目名称	是否结算	所属分类码	预计完工日期
01	1号厂房	否	101	2019-12-31
02	频谱分析仪	否	2	2019-03-18

教学视频
2-2-7

数据整理的重
头戏——基础
档案设置（财
务1外币）

@　[任务要求]

账套主管王志强完成外币、会计科目、凭证类别、项目大类、项目分类、项目目录等财务基础档案设置。

教学视频
2-2-8

数据整理的重
头戏——基础
档案设置（财
务2会计科目）

教学视频
2-2-9

数据整理的重
头戏——基础
档案设置（财
务3凭证类别）

教学视频
2-2-10

数据整理的重
头戏——基础
档案设置（财
务4项目核算）

⚙ ［知识链接］

财务基础档案主要包括外币设置、会计科目、凭证类别、项目大类、项目分类和项目目录等。

对于有外币核算的会计科目，必须首先完成外币设置和会计科目设置后，才能进行凭证类别和项目大类的设置。项目大类定义好之后，才能设置项目分类和项目目录。

1.外币设置

只要企业的经济业务涉及外币核算时，就有必要对汇率进行设置和管理，汇率管理是专为外币核算服务的。通过外币设置功能，可以对本账套所使用的外币进行定义，在"填制凭证"中所用的汇率也应先在此进行定义，以便制单时调用，减少录入汇率的次数和差错。

对于使用固定汇率（即使用月初或年初汇率）作为记账汇率的用户，在填制每月的凭证前，应预先在此录入该月的记账汇率，否则在填制该月外币凭证时，将会出现汇率为零的错误，对于使用变动汇率（即使用当日汇率）作为记账汇率的用户，在填制凭证前，应预先在此录入当日的记账汇率。

2.会计科目

会计科目是对企业具体经济业务涉及的会计对象进行分类核算的目录，也是填制记账凭证、登记账簿、编制报表的基础。会计科目设置的完整与否，直接影响到会计工作的顺利与否。同时，会计科目设置的层级深度也会直接影响会计核算的详细、准确程度。对于会计信息系统而言，会计科目的设置是用户应用系统的基础，它是实施各个会计手段的前提。因此，科目设置的完整性、详细程度对于财务工作而言尤其重要。

用户可以根据业务的需要，方便地增加、复制、修改、删除、查询、打印、输出和指定会计科目。

3.凭证类别

为了方便会计核算、管理、记账和汇总，通常可以将会计凭证进行分类，即凭证类别设置。

系统提供了五种分类方式：记账凭证；收款、付款、转账凭证；现金、银行、转账凭证；现金收款、现金付款、银行收款、银行付款、转账凭证；自定义凭证。不同的分类方式对会计科目的限制不同，但都不会影响企业记账结果。企业可以根据自己的实际情况，选择其中之一使用。

4.项目大类

企业在实际业务处理中会对多种类型的项目进行核算和管理，例如在建工程、对外投资、技术改造项目、项目成本管理、合同等；可以将具有相同特性的一类项目定义成一个项目大类，如将存货、成本对象、现金流量、项目成本等作为核算的项目大类。

5.项目分类

企业在处理实际业务时，为了便于统计，可对同一项目大类下的项目进行进一步划分，这就需要进行项目分类的定义。例如，项目管理大类下可以细分为基建项目和维修项目。定义项目分类前，必须首先完成项目大类设置。

6.项目目录

项目目录也称项目档案，是某一项目分类下的档案信息。只有完成项目大类和项目分类设置，才能进行项目目录的设置。

教学视频
2-2-11

外币设置操作
演示

[工作示范]

1.外币设置

操作步骤：

单击"基础设置"/"基础档案"/"财务"/"外币设置"，打开"外币设置"对话框。依次录入币符"USD"，币名"美元"，汇率小数位数修改为"4"，选择第一种"折算方式"，单击"确认"按钮，选择"固定汇率"，输入6月份的记账汇率"6.7112"，如图2-36所示。

图2-36　外币设置

栏目说明：

①币符及币名：所定义外币的符号及其名称，币符和币名均为必输项。

②汇率小数位：定义外币的汇率小数位数，系统默认为5位。

③折算方式：分为直接汇率与间接汇率两种，用户可以根据外币的使用情况选定汇率的折算方式。直接汇率即外币×汇率=本位币，间接汇率即外币÷汇率=本位币。

④外币最大误差：在记账时，如果外币×（或÷）汇率－本位币>最大折算误差，则系统给予提示，系统默认最大折算误差为0.00001，即不相等时就提示。如果用户希望在制单时不提供最大折算误差提示，可以将最大折算误差设为一个比较大的数值，如1 000 000即可。

⑤固定汇率与浮动汇率：选固定汇率即可录入各月的月初汇率，选浮动汇率即可录入所选月份的各日汇率。

⑥记账汇率：在平时制单时，系统自动显示此汇率，如果用户使用固定汇率（月

初汇率），则记账汇率必须输入，否则制单时汇率为0。

⑦调整汇率：也称月末汇率。在期末计算汇兑损益时用，平时可不输，等期末可输入期末时汇率，用于计算汇兑损益，本汇率不作其他用途。

特别提示：

此处仅供用户录入固定汇率与浮动汇率，并不决定在制单时使用固定汇率还是浮动汇率，在"选项"中的"汇率方式"的设置决定制单使用固定汇率还是浮动汇率。

2.会计科目设置

（1）指定会计科目

操作步骤：

①单击"基础设置"/"基础档案"/"财务"/"会计科目"打开"会计科目"窗口，单击工具栏"指定科目"按钮，打开"指定科目"对话框，单击左侧"现金科目"单选按钮，在中间"待选科目"栏单击选择"1001库存现金"，单击 > 按钮，"1001库存现金"自动显示在右侧已选科目中，如图2-37所示。

教学视频
2-2-12

会计科目设置
操作演示

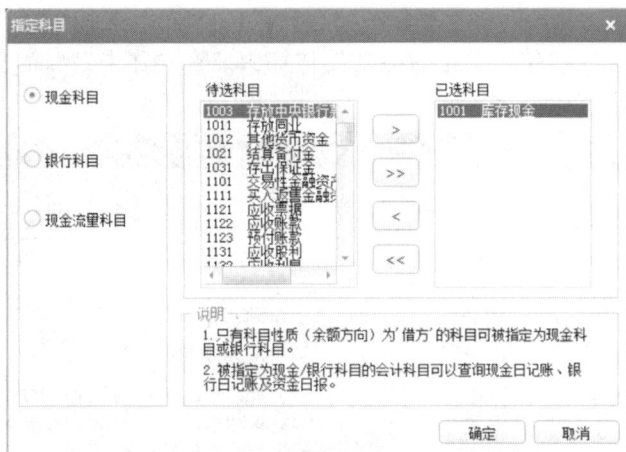

图2-37　指定会计科目-现金科目

②同理，继续指定"银行科目"为"1002银行存款"，如图2-38所示。单击"确定"按钮，返回会计科目窗口。

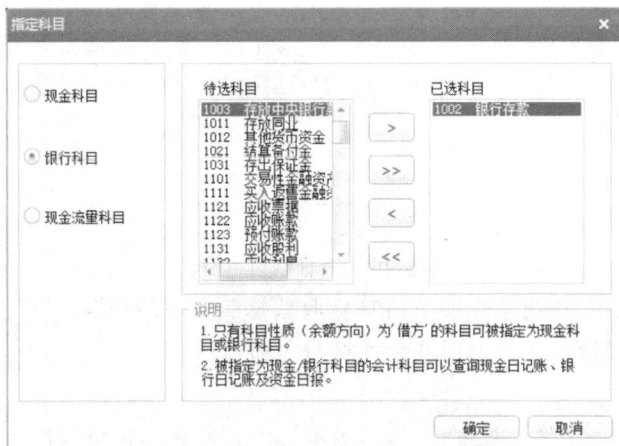

图2-38　指定会计科目-银行科目

特别提示：

①指定科目是指定出纳的专管科目。

②只有指定科目后，才能执行后续的出纳签字功能，才能查看库存现金和银行存款日记账。

③指定"现金流量科目"后，填制凭证时系统会自动弹出输入现金流量项目的窗口。

④"现金科目"、"银行科目"和"现金流量科目"可以同时指定多个会计科目。

⑤被指定为"现金科目"的会计科目，自动更新为日记账科目；被指定为"银行科目"的会计科目，自动更新为日记账和银行账科目。

（2）修改会计科目

操作步骤：

①单击"基础设置"/"基础档案"/"财务"/"会计科目"，打开"会计科目"窗口，单击选择要修改的会计科目"1121应收票据"。

②单击工具栏"修改"按钮，打开"会计科目_修改"对话框。

③单击"修改"按钮，单击右侧辅助核算中"客户往来"前的复选框，如图2-39所示。

图2-39　会计科目-修改

④单击"确定"按钮，完成"1121应收票据"科目的修改。

⑤单击"返回"按钮，返回"会计科目"窗口。

特别提示：

①"会计科目_修改"对话框中，"确定"和"修改"按钮为同一个，科目处于编辑状态时为"确定"按钮，科目处于非编辑状态时为"修改"按钮。

②修改为客户往来辅助核算的会计科目，受控系统自动显示为应收系统，说明该科目只能在应收系统使用。总账系统若使用该科目，可以在受控系统的下三角按钮中选择空白选项，即该科目不受控任何系统，或者在选项中选择"可以使用应收系统受控科目"。

③同一会计科目可以同时设置多种辅助核算，但要注意辅助核算选择的互斥性，例如客户往来辅助核算和个人、供应商往来辅助核算就是互斥的。

⑥同理，继续修改其他会计科目。

（3）增加会计科目

操作步骤：

①单击"基础设置"/"基础档案"/"财务"/"会计科目"，打开"会计科目"窗口，单击"增加"按钮，打开"新增会计科目"对话框，输入科目编码"100201"；输入科目名称"农行存款"，如图2-40所示。单击"确定"按钮。

②单击"增加"按钮，继续增加其他会计科目。

图2-40 新增会计科目

特别提示：

①会计科目编码长度及每段位数必须符合会计科目编码规则"4-2-2-2"结构。

②外币核算科目，录入时要选择"外币核算"复选框并选择对应的币种。

③有数量核算的科目，录入时账页格式要选择"数量金额式"并选择"数量核算"复选框，同时输入计量单位。

④有辅助核算项的科目，录入时要选择对应的辅助核算项，并注意是否受控于某系统。

⑤"主营业务收入"、"主营业务成本"和"库存商品"同时设为数量金额核算时，且会计科目的结构相同时，可以实现对"期末/定义转账凭证"的销售成本结转的定义和凭证生成。

[技能拓展]

1.复制会计科目

如果新增会计科目与某一已设置好的会计科目相似，就可以使用科目复制功能复制增加新科目，在新科目上略作修改即可，不用重新设置所有项。

例如，增加会计科目任务（表2-14）中，生产成本—基本生产成本下设"直接材料"、"直接人工"和"制造费用"三个三级科目，且这三个科目相似。增加"直接材料"后，就可以使用复制功能分别增加"直接人工"和"制造费用"两个科目。

操作步骤：

（1）在"会计科目"窗口，单击选择"50010101直接材料"科目，单击工具栏中"复制"按钮的下三角按钮，选择"复制"功能，打开"新增会计科目"对话框，修改科目编码为"50010102"，科目名称为"直接人工"，如图2-41所示。单击"确定"按钮，完成科目的复制。

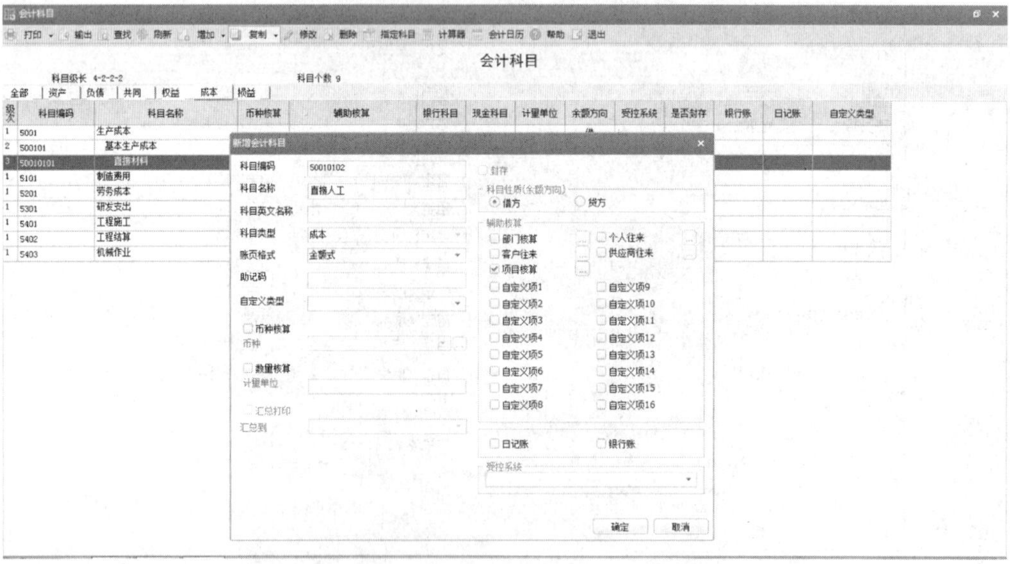

图2-41　新增会计科目-复制

（2）同理，继续完成"制造费用"科目的复制。

2.成批复制会计科目

在新增会计科目过程中可能会遇到新增会计科目的下级科目与一个已设置好的科目的下级明细科目类似，在这种情况下如果设置一批新下级明细科目，非常浪费时间和人力，所以U8产品为用户提供了成批复制下级明细科目的功能。可以将本账套或其他账套中的相似的下级科目复制给某一科目，减少重复设置的工作量，并提高正确率和一致性。但原科目和需要复制科目的目标科目的级次必须相同。

例如，增加会计科目任务（表2-14）中，"库存商品"、"主营业务收入"和"主营业务成本"三个科目的结构完全相同，在完成"库存商品"二级科目的增加后，就可以采用成批复制的方法增加"主营业务收入"和"主营业务成本"的二级科目。

操作步骤：

（1）在"会计科目"窗口，单击工具栏中"复制"按钮的下三角按钮，选择"成批复制"功能，打开"成批复制"对话框，依次录入原科目编码为"1405"，目标科目编码为"6001"，单击"数量核算"复选框，如图2-42所示。

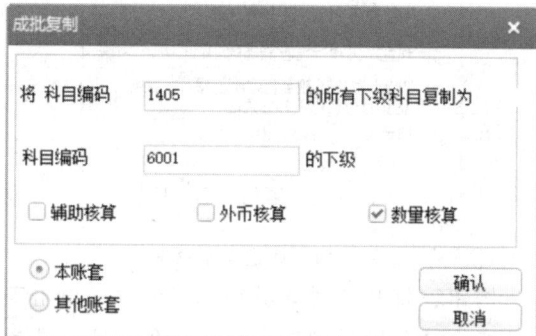

图2-42 新增会计科目-成批复制

（2）单击"确认"按钮，完成科目的成批复制，如图2-43所示。

图2-43 新增会计科目-成批复制完成

特别提示：

成批复制功能会同时复制原科目的余额方向，当目标科目和原科目的余额方向不一致时，要修改目标科目的余额方向。

（3）依次选择"主营业务收入"下的三个二级科目，单击工具栏中的"修改"按钮，修改余额方向为"贷方"。

（4）同理，继续完成"主营业务成本"科目的成批复制。

3.凭证类别设置

操作步骤：

（1）单击"基础设置"/"基础档案"/"财务"/"凭证类别"，打开"凭证类别预置"对话框。选中"收款凭证 付款凭证 转账凭证"复选框，如图2-44所示。

教学视频
2-2-13

凭证类别设置
操作演示

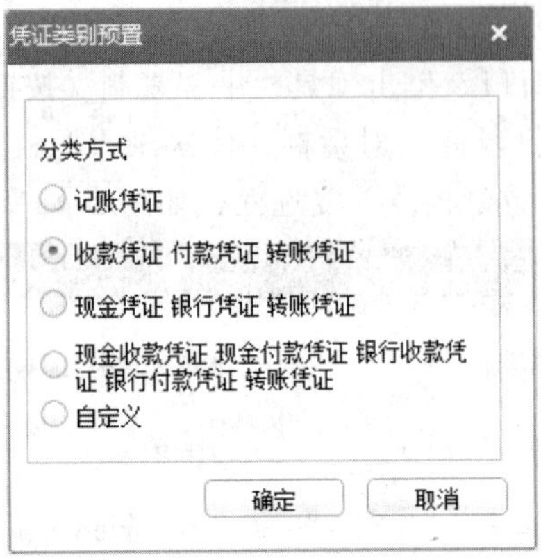

图2-44　凭证类别预置

（2）单击"确定"按钮，打开"凭证类别"对话框。单击工具栏"修改"按钮，单击选择收款凭证行，双击"限制类型"右侧下三角按钮，选择"借方必有"，单击"限制科目"参照按钮，连续参照输入"1001"和"1002"。

（3）同理，继续设置付款凭证和转账凭证的"限制类型"和"限制科目"，设置完成后的凭证类别如图2-45所示。

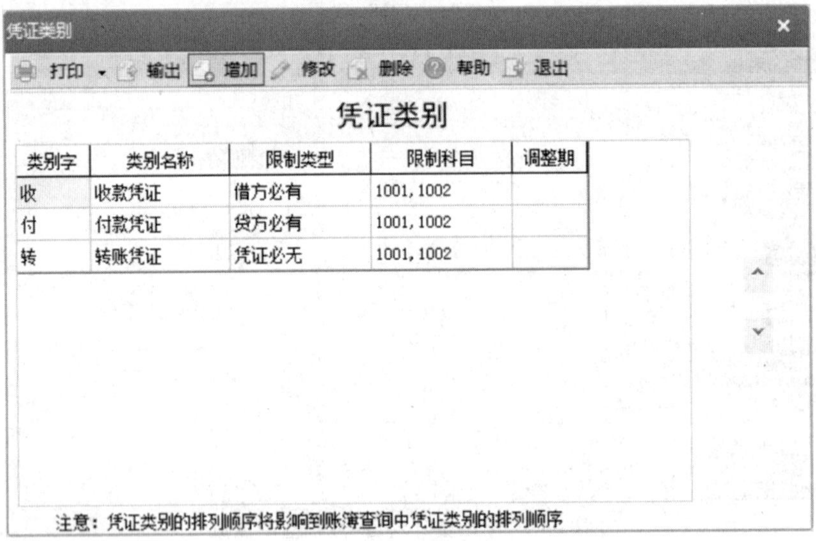

图2-45　凭证类别设置完成

栏目说明：

系统共有7种限制类型供选择：

①借方必有：制单时，此类凭证借方至少有一个限制科目有发生额。

②贷方必有：制单时，此类凭证贷方至少有一个限制科目有发生额。

③凭证必有：制单时，此类凭证无论借方还是贷方至少有一个限制科目有发生额。

④凭证必无：制单时，此类凭证无论借方还是贷方不可有一个限制科目有发生额。

⑤无限制：制单时，此类凭证可使用所有合法的科目限制科目由用户输入，可以是任何级次的科目，科目之间用逗号分割，数量不限，也可参照输入，但不能重复录入。

⑥借方必无：金额发生在借方的科目集必须不包含借方必无科目。可在凭证保存时检查。

⑦贷方必无：金额发生在贷方的科目集必须不包含贷方必无科目。可在凭证保存时检查。

特别提示：

①凭证类别的限制科目既可以是一级科目，也可以是明细科目。若限制科目为非末级科目，则在制单时，其所有下级科目都将受到同样的限制。

②对凭证类别的限制类型和限制科目进行设置，目的是让系统提供自动纠错功能，一旦凭证录入时凭证类别选择错误，系统会给出相应提示信息。

③若选择了记账凭证的凭证类别，则不需要设置限制类型和限制科目。

④已使用的凭证类别不能删除，也不能修改类别字。

⑤表格右侧的上下箭头按钮可以调整凭证类别的前后顺序，它将决定明细账中凭证的排列顺序。例如，如果凭证类别设置中凭证类别的排列顺序为收、付、转，那么，在查询明细账、日记账时，同一日的凭证将按照收、付、转的顺序进行排列。

4.项目大类设置

（1）自定义项目大类设置

操作步骤：

①单击"基础设置"/"基础档案"/"财务"/"项目大类"，打开"项目大类"窗口。

②单击工具栏中"增加"按钮，打开"项目大类定义_增加"对话框。输入新项目大类名称"建造工程"，属性为系统默认的"普通项目"，如图2-46所示。

教学视频
2-2-14

项目核算设置
操作演示

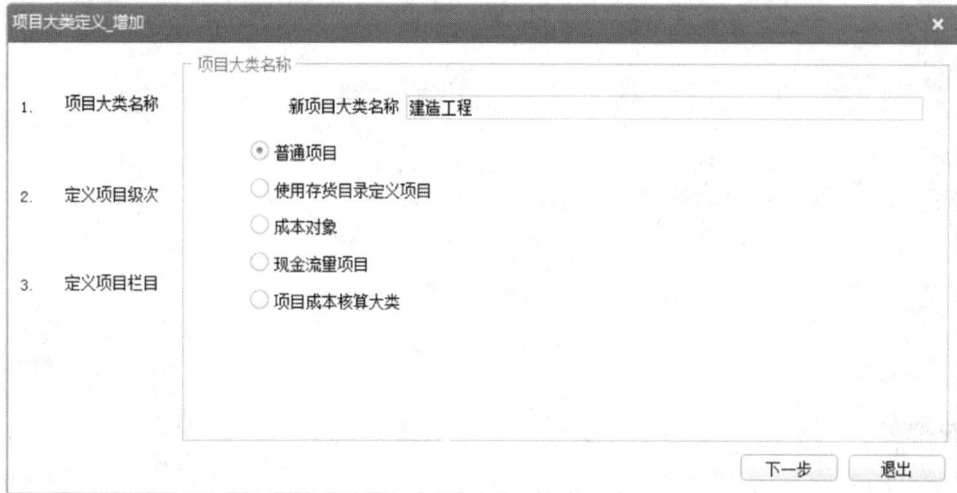

图2-46 项目大类定义_增加-项目大类名称

栏目说明：

新增项目大类的属性，系统提供5个可选项：普通项目、使用存货目录定义项目、成本对象、现金流量项目和项目成本核算大类。

特别提示：

项目大类名称不同于会计科目名称，它是该类项目的一个总称。

③单击"下一步"按钮，修改项目级次为1-2，如图2-47所示。

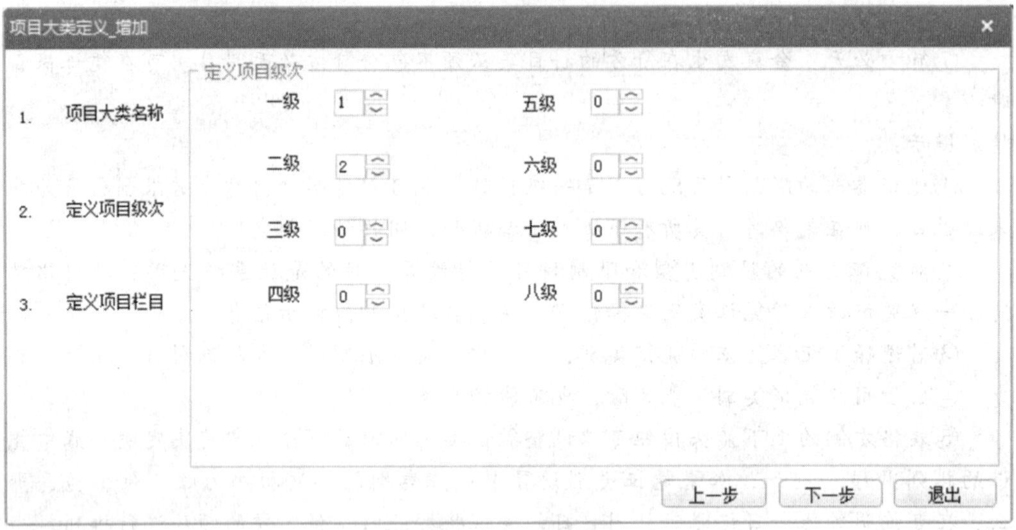

图2-47 项目大类定义_增加-定义项目级次

栏目说明：

定义项目级次：定义项目编码规则，项目分类共有8级，总长度22位，单级级长不能超过9位。只有在这里定义了项目级次和编码原则，才能进行项目分类定义。

④单击"下一步"按钮，单击"增加"按钮，在项目栏目标题中输入"预计完工日期"，类型选择"日期"，采用系统默认类型长度"10"，如图2-48所示。单击"完成"按钮，返回"项目大类"窗口。

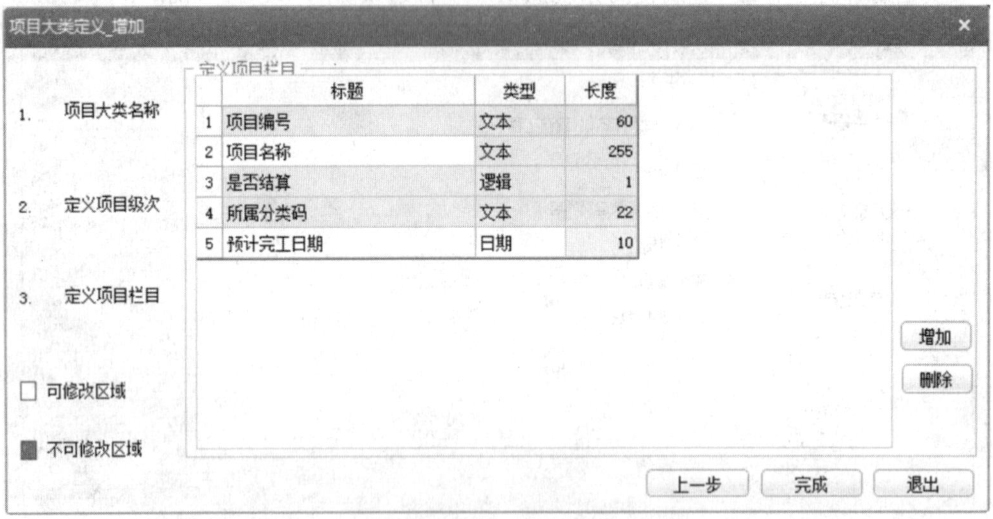

图2-48 项目大类定义_增加-定义项目栏目

栏目说明：

定义项目栏目，可单击"增加""删除"按钮增加或删除自定义项目栏目。显示白色背景的为可修改内容，灰色背景处为不可修改内容。

⑤在"项目大类"窗口，在项目大类中选择"建造工程"。

⑥单击"核算科目"页签，在"待选科目"栏选中"1604 在建工程"，单击 >

按钮，结果如图2-49所示。单击"保存"按钮，完成项目大类的设置。

图2-49 指定项目大类核算科目

特别提示：

①指定项目大类核算科目前，必须首先选择项目大类的名称。

②只有设为"项目核算"辅助核算的会计科目才能被指定为项目大类核算科目。

③一个项目大类可以指定多个核算科目，一个核算科目只能被一个项目大类所指定。

④"项目结构"页签，用于定义项目大类时的项目栏目的内容显示，可在此处进行项目栏目的修改。

（2）使用存货目录定义项目大类

操作步骤：

①单击"基础设置"/"基础档案"/"财务"/"项目大类"，打开"项目大类"窗口。

②单击"增加"按钮，打开"项目大类定义_增加"对话框，选择"使用存货目录定义项目"，如图2-50所示。

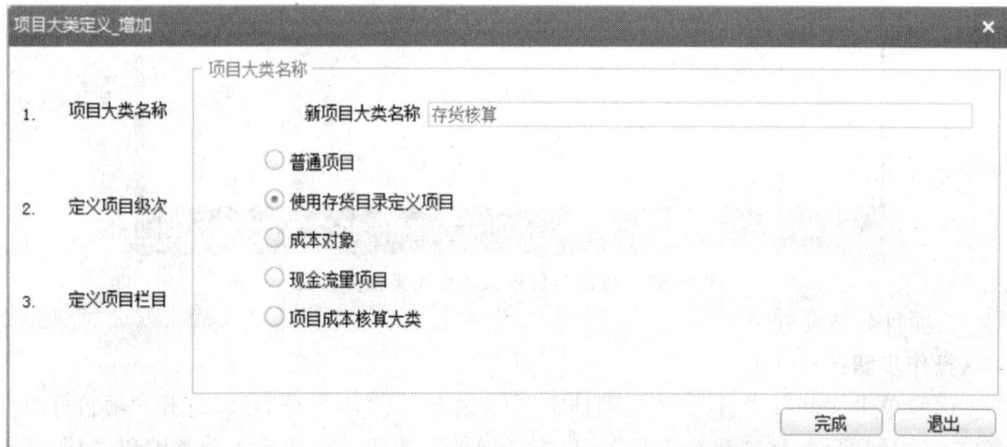

图2-50 项目大类定义_增加-使用存货目录定义项目

特别提示：

存货核算项目目录定义后，项目分类和项目目录都不需要设置，存货分类就是项目分类，存货档案就是项目目录。

③单击"完成"按钮，系统弹出"预置完毕"的信息提示，如图2-51所示。单击"确定"按钮。

图2-51　预置完毕信息提示

④单击"退出"按钮，返回"项目大类"窗口，在项目大类中选择"存货核算"。

⑤单击"核算科目"页签，单击 >> 按钮，如图2-52所示。单击"保存"按钮，完成存货核算项目大类的设置。

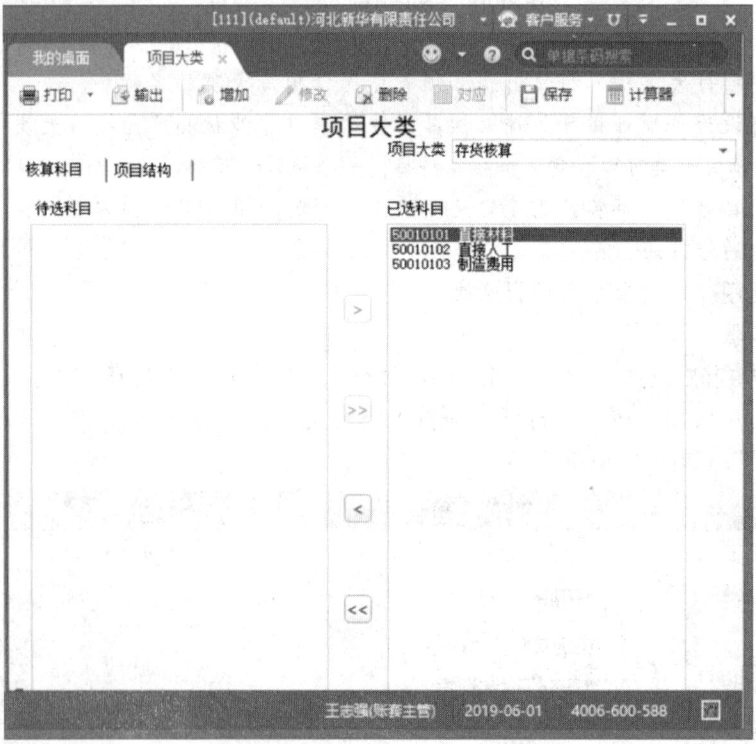

图2-52　指定存货核算项目大类核算科目

5.项目分类设置

操作步骤：

（1）单击"基础设置"/"基础档案"/"财务"/"项目分类"，打开"项目分类"窗口。选择项目大类"建造工程"，单击"增加"按钮，依次输入分类编码"1"，分类名称"建筑工程"，如图2-53所示。单击"保存"按钮。

图2-53　项目分类设置

特别提示：

①必须先增加项目大类，才能设置项目分类。

②增加项目分类前，必须首先选择项目大类名称。

③项目编码规则就是增加项目大类时定义的项目级次，项目分类的设置必须满足预先设定的编码规则。

（2）同理，继续输入其他项目分类信息，录入完成后的项目分类按照层级结构依次排列在"项目分类"窗口的左侧，如图2-54所示。单击"保存"按钮。

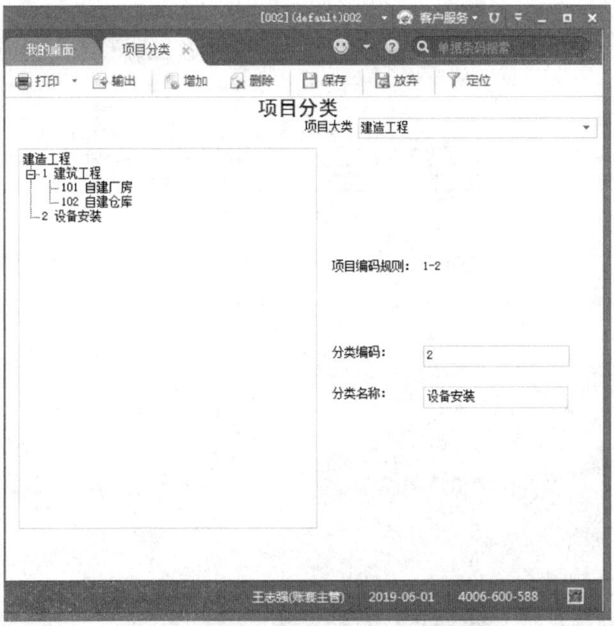

图2-54　项目分类设置完成列表

6.项目目录设置

操作步骤：

（1）单击"基础设置"/"基础档案"/"财务"/"项目目录"，打开"查询条件-项目目录"对话框，选择项目大类"建造工程"，如图2-55所示。

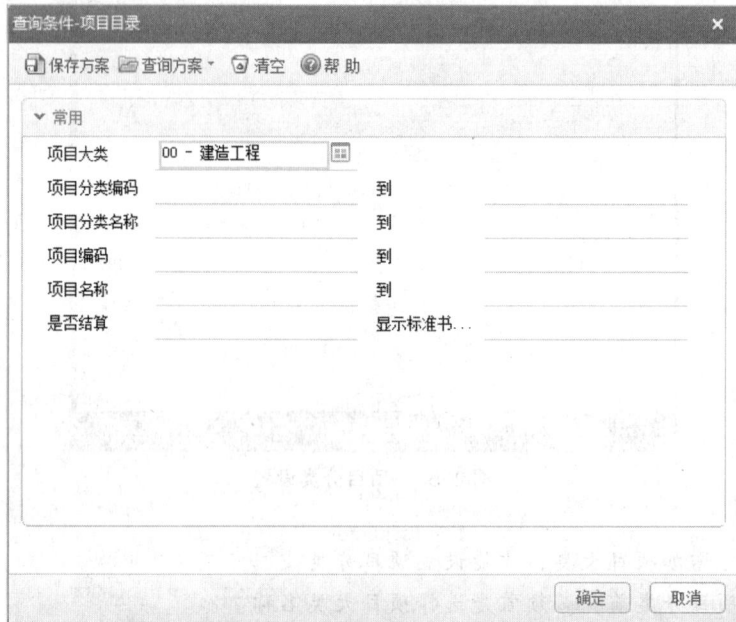

图2-55 查询条件-项目目录

（2）单击"确定"按钮，打开"项目目录"窗口。单击"增加"按钮，依次录入项目编号"01"，项目名称"1号厂房"，所属分类码"101"，预计完工日期"2019-12-31"，如图2-56所示。

图2-56 项目目录设置

特别提示：

①必须首先完成项目大类和项目分类的设置，才能进行项目档案的设置。

②设置项目目录前，必须正确选择项目大类名称。

③如果标识为"Y"，则结算后的项目不能再使用。

（3）同理，继续输入其他项目目录信息，录入完成后的项目目录列表如图2-57所示。

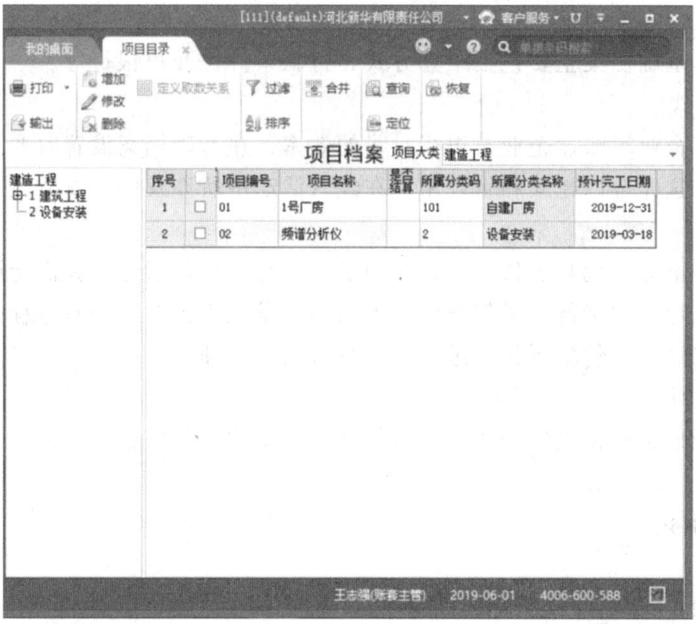

图2-57　项目目录设置完成列表

任务五　收付结算基础档案

［任务内容］

结算方式设置见表2-19。

表2-19　　　　　　　　　　　结算方式设置

编码	名称	是否票据管理	对应票据类型
1	现金	否	
2	支票	是	
201	现金支票	是	现金支票
202	转账支票	是	转账支票
3	委托收款	否	
4	商业汇票	是	商业汇票
5	网银	否	
9	其他	否	

[任务要求]

账套主管王志强完成结算方式设置。

[知识链接]

收付结算基础档案主要包括结算方式、付款条件、开户银行等。

1.结算方式

为了提高企业对账、企业与银行对账的效率，在基础档案设置时要进行银行结算方式的设置，这样可以建立和管理用户在经营活动中所涉及的结算方式。

2.付款条件

付款条件也称为现金折扣，是企业为了鼓励客户早日偿还货款而允诺的在一定期限内给予的规定折扣优待。付款条件设置的作用是便于企业对经营过程中与往来核算单位协议规定的收、付款折扣优惠方法进行有效的管理。

3.开户银行

开户银行是企业在收付结算中对应的开户银行的有关信息。

[工作示范]

操作步骤：

（1）单击"基础设置"/"基础档案"/"收付结算"/"结算方式"，打开"结算方式"窗口。单击"增加"按钮，依次输入结算方式编码"1"；结算方式名称"现金"，如图2-58所示。单击"保存"按钮。

图2-58　结算方式设置

栏目说明：

①结算方式编码：用以标识某结算方式。用户必须按照结算方式编码级次的先后顺序来进行录入，录入值必须唯一。

②结算方式名称：用户根据企业的实际情况，必须录入所用结算方式的名称，录入值必须唯一。结算方式名称最多可写12个字符。

③票据管理标志：用户可根据实际情况，通过单击复选框来选择该结算方式下的票据是否要进行票据管理。

④适用零售："适用零售"值为"是"的结算方式才下发给零售系统。

⑤对应票据类型：提供四种票据类型供用户选择，分别是现金支票、转账支票、普通支票、商业汇票。

⑥对应网报支付方式：用户可以根据内部要求修改结算方式显示名称，支持现金、限额票据和非限额票据三种方式。非票据管理时，对应网报支付方式为现金。票据管理时，对应网报支付方式能选择限额票据、非限额票。

（2）同理，继续输入其他结算方式信息，录入完成后的结算方式按照层级结构依次排列在"结算方式"窗口的左侧，如图2-59所示。

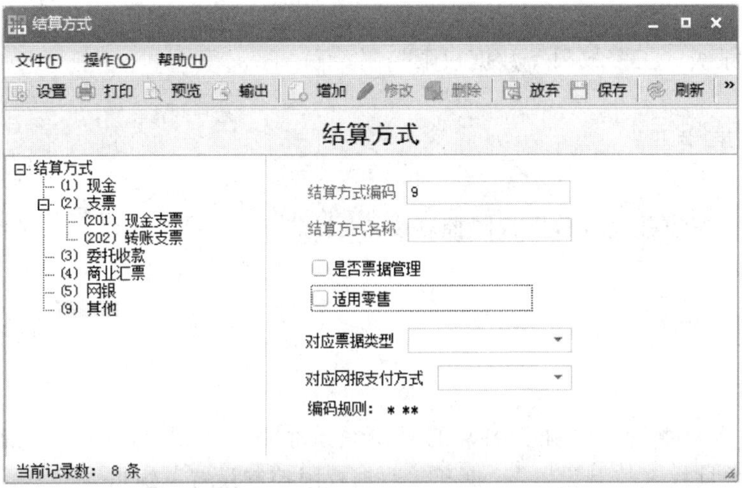

图 2-59 结算方式设置完成列表

学习子情境三 数据权限设置

[知识链接]

数据权限管理包括数据权限控制设置和数据权限分配两个方面。

1.数据权限控制设置

数据权限控制设置是数据权限分配的前提，用户可以根据需要选择进行权限控制的业务对象。数据权限的控制分为记录级和字段级两个层次，分别对应系统中的"记录级"和"字段级"两个页签。

其中，"记录级"页签含有两类对象：业务对象和维度对象。业务对象就是受权限控制的目标对象。维度对象本身不是业务内容，而是业务对象的管理维度。例如，客户档案可以按地区、按行业进行管理，地区、行业就可以成为客户的管理维度，它们就是维度对象。

2.数据权限分配

必须在系统管理中定义角色或用户并分配完功能级权限后，才能进行"数据权限分配"。数据权限分配包括记录权限分配、字段权限分配和维度控制方式。

记录权限分配：对普通业务对象和维度对象进行权限分配。使用的前提：在"数据权限控制设置"中选择控制至少一个记录级业务对象。

字段权限分配：对单据中包含的字段进行权限分配。

维度控制方式：对各个维度控制对象在各个管理维度上设置维度控制方式。

任务一　数据权限控制设置

教学视频
2-3-1

不同角度、不同认知——数据权限设置

@ [任务内容]

取消记录级"工资权限"数据权限控制。

@ [任务要求]

账套主管王志强完成数据权限控制设置。

[工作示范]

教学视频
2-3-2

数据权限设置操作演示

操作步骤：

（1）以账套主管王志强（01）的身份登录企业应用平台，单击"系统服务"/"权限"/"数据权限控制设置"，打开"数据权限控制设置"窗口。

（2）单击"记录级"页签，单击选择"工资权限"业务对象所在行，单击取消"是否控制"复选框中的"√"，如图2-60所示。单击"确定"按钮，取消记录级"工资权限"数据权限控制设置完成。

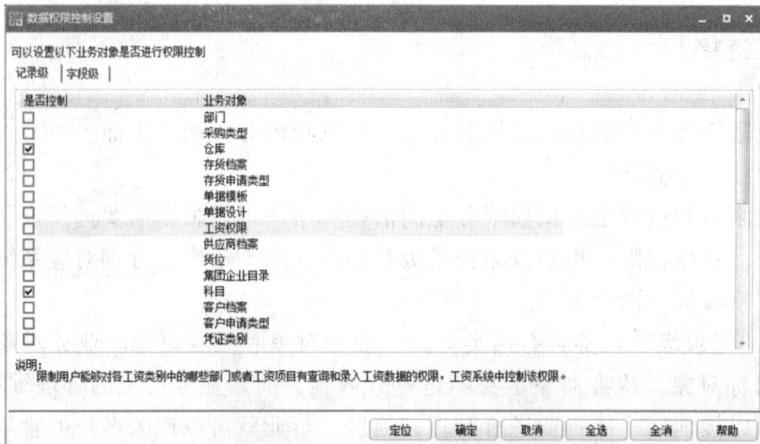

图2-60　数据权限控制设置

任务二　数据权限分配

@ ［任务内容］

张东明可以查询、删改、审核、弃审、撤销自己填制的单据。

@ ［任务要求］

账套主管王志强完成数据权限分配设置。

［工作示范］

操作步骤：

（1）登录企业应用平台，单击"系统服务"/"权限"/"数据权限分配"，打开"权限浏览"窗口。

（2）在"用户及角色"列表中，单击选择用户"03 张东明"，单击选择"记录"数据权限控制类型，在业务对象下三角按钮中选择"用户"，如图 2-61 所示。

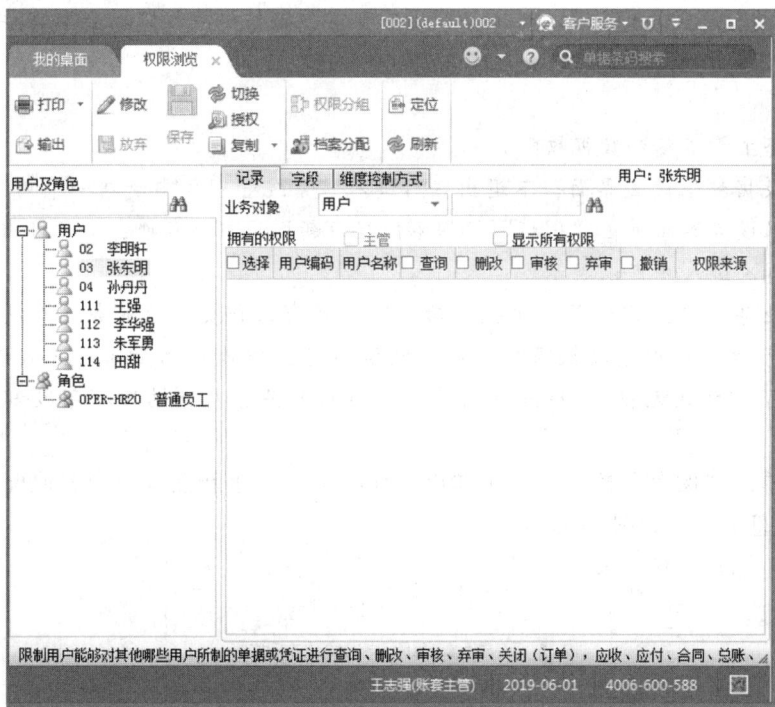

图 2-61　数据权限分配设置

（3）单击工具栏中"授权"按钮，打开"记录权限设置"对话框，在左侧禁用区，单击选择用户"03 张东明"，单击 > 按钮，如图 2-62 所示。

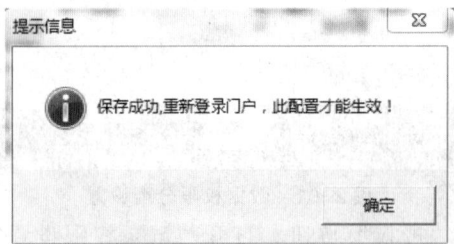

图 2-62　记录权限设置

栏目说明：

系统自动默认勾选查询、删改、审核、弃审、撤销记录权限。如不需要设置某记录权限，可单击对应的复选框，取消勾选。

特别提示：

①账套主管不参加数据权限分配。

②在数据权限设置界面，不退出然后进入"系统管理"中新增一个用户或角色，在数据权限设置界面单击"刷新"按钮不能显示新增用户或角色，必须退出数据权限设置界面再次进入才可以显示。

③对业务对象启用记录权限控制后，默认所有操作员对此业务对象没有任何权限；对业务对象启用字段权限控制后，默认所有操作员对此业务对象有读写权限，如果勾选了"默认无权"，则默认所有操作员对此业务对象的所有字段都没有任何权限。

（4）单击"保存"按钮，系统弹出"保存成功，重新登录门户，此配置才能生效！"的信息提示，如图 2-63 所示。

图 2-63　记录权限设置保存成功提示

（5）单击"确定"按钮，关闭"记录权限设置"对话框，返回"权限浏览"窗口，右侧可以观察到设置好的记录权限清单。

同步测试

一、单项选择题

1.指定会计科目是指定（ ）专管科目。

A.账套主管 　　　　B.出纳 　　　　C.系统管理员 　　　　D.会计

2.所有系统的启用日期都（ ）账套的建立日期。

A.只能晚于 　　　　B.只能早于 　　　　C.晚于或等于 　　　　D.早于或等于

3.设置凭证类别时，收款凭证的"限制类型"应设定为（ ）。

A.借方必有 　　　　B.贷方必有 　　　　C.凭证必无 　　　　D.凭证必有

4.以下不属于存货基础档案设置的是（ ）。

A.存货分类 　　　　B.计量单位 　　　　C.存货档案 　　　　D.项目目录

5.若科目编码级次定义为3-2-1，则下列不正确的科目编码描述是（ ）。

A.102011 　　　　B.102101 　　　　C.1020101 　　　　D.102110

二、多项选择题

1.在用友ERP-U8系统中，凭证类别的限制类型有（ ）。

A.借方必有 　　　　B.贷方必无 　　　　C.贷方必有 　　　　D.借方必无

2.记账凭证进行分类时，系统提供的凭证分类方式有（ ）。

A.现金收款、现金付款、银行收款、银行付款、转账凭证

B.现金、银行、转账凭证

C.记账凭证

D.收款、付款、转账凭证

3.属于财务基本档案设置的是（ ）。

A.外币设置 　　　　B.会计科目设置 　　　　C.凭证类别 　　　　D.项目目录

4.以下有关部门档案和人员档案的说法中正确的有（ ）。

A.必须先增加部门档案才能增加人员档案

B.必须先增加人员档案才能增加部门档案

C.部门档案和人员档案的增加没有先后顺序

D.部门档案中的负责人在增加部门档案时无法录入，必须在增加人员档案后，通过修改的方式
　　补充录入

5.增加项目目录前，需要完成的操作有（ ）。

A.定义项目大类名称 　　B.指定核算科目 　　C.定义项目级次 　　D.设置项目分类

三、判断题

1.删除会计科目，应先删除上一级科目，然后再删除本级科目。 （ ）

2.只有账套主管和系统管理员才能启用系统。 （ ）

3.建立账套时，勾选了客户分类，则必须先录入客户分类才能录入客户档案。 （ ）

4.基础档案的设置必须遵循预先设定的编码方案中的级次和各级编码长度的设定。 （ ）

5.项目目录中标为已结算的项目不能再继续使用。 （ ）

综合实训

[实训内容]

一、基本信息

总账系统启用时间为"2019-07-01"。

二、机构人员基础档案

1.部门档案设置（见表2-20）

表2-20 部门档案设置

部门编码	部门名称	负责人
1	综合部	张朋宇
2	财务部	王强
3	生产部	
301	一车间	王立辉
302	二车间	高超
4	采购部	邓玲
5	销售部	高雅静
6	仓储部	周瑞雪

2.人员类别设置（见表2-21）

表2-21 人员类别设置

档案编码	档案名称
10101	行政人员
10102	采购人员
10103	销售人员
10104	车间管理人员
10105	生产人员 YH 型
10106	生产人员 EH 型

3.人员档案设置（见表2-22）

表2-22 人员档案设置

人员编码	人员姓名	性别	雇佣状态	人员类别	行政部门	是否业务员	是否操作员	对应操作员编码
201	王强	男	在职	行政人员	财务部	是	是	111
202	李华强	男	在职	行政人员	财务部	是	是	112
203	朱军勇	男	在职	行政人员	财务部	是	是	113
204	田甜	女	在职	行政人员	财务部	是	是	114
101	张朋宇	男	在职	行政人员	综合部	是	否	
102	高贵玲	女	在职	行政人员	综合部	是	否	

续表

人员编码	人员姓名	性别	雇佣状态	人员类别	行政部门	是否业务员	是否操作员	对应操作员编码
401	邓玲	女	在职	采购人员	采购部	是	否	
501	高雅静	女	在职	销售人员	销售部	是	否	
30101	王立辉	男	在职	车间管理人员	一车间	是	否	
30201	高超	男	在职	车间管理人员	二车间	是	否	
30102	高琳琳	女	在职	生产人员YH型	一车间	是	否	
30103	孙思芳	女	在职	生产人员YH型	一车间	是	否	
30104	胡自强	男	在职	生产人员YH型	一车间	是	否	
30202	李振伟	男	在职	生产人员EH型	二车间	是	否	
30203	王军磊	男	在职	生产人员EH型	二车间	是	否	
30204	陈志朋	男	在职	生产人员EH型	二车间	是	否	
601	周瑞雪	女	在职	行政人员	仓储部	是	否	

三．客商信息基础档案

1.供应商分类设置（见表2-23）

表2-23　　　　　　　　　　供应商分类设置

分类编码	分类名称
01	外地供应商
02	本地供应商

2.客户分类设置（见表2-24）

表2-24　　　　　　　　　　客户分类设置

分类编码	分类名称
01	外地客户
02	本地客户

3.供应商档案设置（见表2-25）

表2-25 供应商档案设置

编码	名称	简称	所属分类	地址
0101	广东金润有限公司	广东金润	01	广东省广州市天河区龙口西路16号
0102	山西顺捷材料厂	山西顺捷	01	山西省晋城市城区府南巷436号
0201	石家庄鑫鹏厂	石家庄鑫鹏	02	河北省石家庄市光华路65号
0202	河北顶新有限公司	河北顶新	02	河北省石家庄市裕华区湘江道1号

4.客户档案设置（见表2-26）

表2-26 客户档案设置

编码	名称	简称	所属分类	开户银行	账号	税号	地址
0101	江苏中通贸易有限公司	江苏中通	01	苏州建行工业园区支行	365477002245748908	325611320664378	江苏省苏州市苏州工业园区
0102	上海理诚贸易有限公司	上海理诚	01	交通银行上海嘉定支行	310069231266571220	913101140623115	上海市嘉定工业区叶城路232号
0201	石家庄正新工程有限公司	石家庄正新	02	农行栾城冶河分理处	503289456731200433	921302396555042	河北省石家庄市栾城区北留营村
0202	石家庄万通贸易有限公司	石家庄万通	02	工行和平东路支行	622256456109012354	130202445712023	河北省石家庄市长安区和平东路128号

四、存货基础档案

1.存货分类设置（见表2-27）

表2-27 存货分类设置

分类编码	分类名称
01	材料类
02	成品类

2.计量单位设置（见表2-28）

表2-28 计量单位设置

计量单位组	编码	1
	名称	自然单位组
	类别	无换算率
计量单位	101	台
	102	个
	103	条

3.存货档案设置（见表2-29）

表2-29 存货档案设置

存货编码	存货名称	存货分类	计量单位	存货属性	税率（%）
101	钢丝圈（YH型）	1	包	采购、生产耗用	13
102	内胎面（YH型）	1	个	采购、生产耗用	13
103	外胎面（YH型）	1	个	采购、生产耗用	13
104	叶轮（YH型）	1	个	采购、生产耗用	13
105	轴承（HRB6304型）	1	个	采购、生产耗用	13
106	轮辋（A型）	1	个	采购、生产耗用	13
107	钢丝圈（EH型）	1	包	采购、生产耗用	13
108	内胎面（EH型）	1	个	采购、生产耗用	13
109	外胎面（EH型）	1	个	采购、生产耗用	13
110	叶轮（EH型）	1	个	采购、生产耗用	13
111	轴承（HRB6308型）	1	个	采购、生产耗用	13
112	轮辋（C型）	1	个	采购、生产耗用	13
201	子午线轮胎（YH型）	2	条	内销、外销、自制、计件	13
202	子午线轮胎（EH型）	2	条	内销、外销、自制、计件	13

五.财务基础档案

1.外币设置（见表2-30）

表2-30 外币设置

币符	币名	汇率方式	记账汇率	汇率小数位
USD	美元	固定汇率	6.7223	4

2.会计科目设置

（1）指定会计科目。指定"1001库存现金"为现金总账科目，"1002银行存款"为银行总账科目。

（2）修改会计科目见表2-31。

表2-31 修改会计科目

科目编码	科目名称	辅助核算
1121	应收票据	客户往来
1122	应收账款	客户往来
1123	预付账款	供应商往来
1221	其他应收款	个人往来
1403	原材料	项目核算、数量核算，个
1405	库存商品	项目核算、数量核算，条
2201	应付票据	供应商往来
2202	应付账款	供应商往来
2203	预收账款	客户往来
6001	主营业务收入	项目核算、数量核算，条
6401	主营业务成本	项目核算、数量核算，条

（3）增加会计科目见表2-32。

表2-32 增加会计科目

上级科目	科目编码	科目名称	科目类型	核算账类	余额方向
1001 银行存款	100201	工行存款	资产	日记账，银行账	
	100202	中行存款	资产	外币核算，币种（美元），日记账，银行账	
2202 应付账款	220201	应付供应商	负债	供应商往来	
	220202	应付暂估款	负债	供应商往来(不受控)	
2211 应付职工薪酬	221101	工资	负债		
	221102	职工福利	负债		
	221103	社会保险费	负债		
	221104	住房公积金	负债		
	221105	工会经费	负债		
	221106	职工教育经费	负债		

续表

上级科目	科目编码	科目名称	科目类型	核算账类	余额方向
2221 应交税费	222101	应交增值税	负债		
	22210101	进项税额	负债		借
	22210103	已交税金	负债		借
	22210104	转出未交增值税	负债		借
	22210107	销项税额	负债		贷
	22210109	进项税额转出	负债		贷
	222102	未交增值税	负债		贷
	222106	应交所得税	负债		
	222108	应交城市维护 建设税	负债		
	222109	应交教育费附加	负债		
	222110	应交地方教育费附加	负债		
	222113	应交个人所得税	负债		
4104 利润分配	410401	提取法定盈余公积金	权益		
	410402	提取任意盈余公积	权益		
	410403	提取法定公益金	权益		
	410411	未分配利润	权益		
5001 生产 成本	500101	基本生产成本			
	50010101	直接材料		项目核算	
	50010102	直接人工		项目核算	
	50010103	制造费用		项目核算	
5101 制造 费用	510101	折旧费	成本		
	510102	工资及福利费	成本		
	510109	其他费用	成本类		

续表

上级科目	科目编码	科目名称	科目类型	核算账类	余额方向
6601 销售 费用	660101	水电费	损益		
	660102	办公费	损益		
	660103	差旅费	损益		
	660104	折旧费	损益		
	660105	业务招待费	损益		
	660106	工资	损益		
	660107	工会经费	损益		
	660108	职工福利费	损益		
	660109	职工教育经费	损益		
	660110	社会保险	损益		
	660111	住房公积金	损益		
	660112	广告费	损益		
	660199	其他	损益		
6602 管理 费用	660201	水电费	损益	部门核算	
	660202	办公费	损益	部门核算	
	660203	差旅费	损益	部门核算	
	660204	折旧费	损益	部门核算	
	660205	业务招待费	损益	部门核算	
	660206	工资	损益	部门核算	
	660207	工会经费	损益	部门核算	
	660208	职工福利费	损益	部门核算	
	660209	职工教育经费	损益	部门核算	
	660210	社会保险	损益	部门核算	
	660211	住房公积金	损益	部门核算	
	660212	研发费用	损益		
	660299	其他	损益		

续表

上级科目	科目编码	科目名称	科目类型	核算账类	余额方向
6603 财务费用	660301	汇兑损益	损益		
	660302	利息	损益		
	66030201	利息收入	损益		
	66030202	利息费用	损益		
	660304	现金折扣	损益		
	660399	其他	损益		
6702 信用减值损失			损益		

3. 凭证类别设置（见表2-33）

表2-33　　　　　　　　　　**凭证类别**

类别字	类别名称	限制类型	限制科目
记	记款凭证	无	无

4. 项目大类设置

使用存货目录定义项目大类"存货核算"，核算科目：生产成本—基本生产成本—直接材料、生产成本—基本生产成本—直接人工、生产成本—基本生产成本—制造费用、原材料、库存商品、主营业务收入和主营业务成本。

六、收付结算基础档案

结算方式设置见表2-34。

表2-34　　　　　　　　　　**结算方式设置**

编码	名称	是否票据管理	对应票据类型
1	现金	否	
2	现金支票	是	现金支票
3	转账支票	是	转账支票
4	商业汇票	是	商业汇票
5	网银	否	
9	其他	否	

七、数据权限设置

1. 数据权限控制设置

去掉"工资权限"控制。

2.数据权限分配

朱军勇可以查询、删改、审核、弃审、撤销自己填制的单据。

[**实训要求**]

账套主管王强完成基本信息、机构人员基础档案、客商信息基础档案、存货基础档案、财务基础档案、收付结算基础档案、数据权限设置等实训内容。

学习情境三

财务处理

❋【职业能力目标】

掌握总账系统的操作流程和账务处理业务的具体处理方法；能够根据财务制度和企业管理要求进行总账初始化设置、凭证处理、出纳管理、账表管理、期末处理等操作；能灵活处理业务中出现的各种问题；能进行独立思考和学习，具有团队合作精神。

❋【本情境与工作任务对照图】

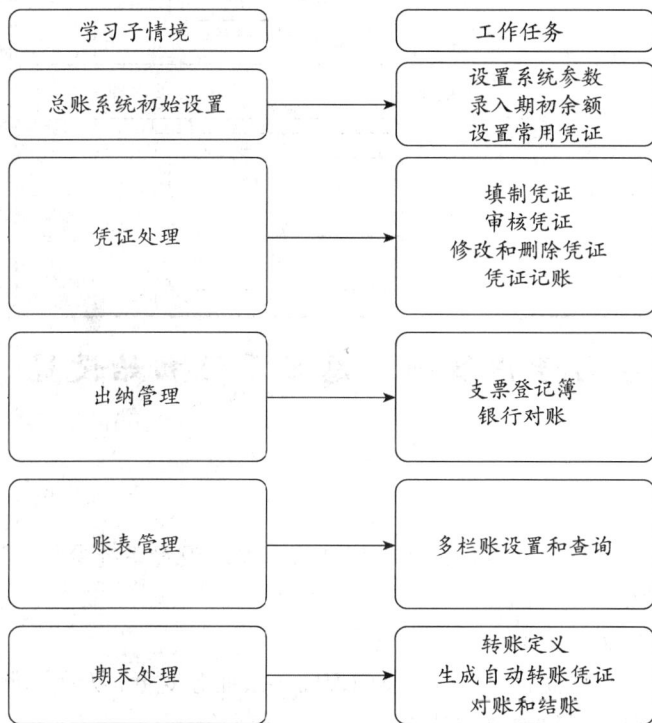

学习子情境	工作任务
总账系统初始设置	设置系统参数 录入期初余额 设置常用凭证
凭证处理	填制凭证 审核凭证 修改和删除凭证 凭证记账
出纳管理	支票登记簿 银行对账
账表管理	多栏账设置和查询
期末处理	转账定义 生成自动转账凭证 对账和结账

❋【系统介绍】

总账系统（即账务处理系统）是财务软件的核心部分，是其他子系统间数据传递的桥梁，其他子系统生成的凭证传递到总账系统后统一进行审核记账。总账系统的基本功能包括：系统初始化、凭证处理、出纳管理、账表管理和期末处理。总账系统在满足企业实际会计核算流程的基础上，还添加了最完备的辅助管理功能。

教学视频
3-0-1

核心模块——
总账系统概述

【工作过程与岗位对照图】

部门 岗位	财务部 账套主管	财务部 总账会计	财务部 出纳

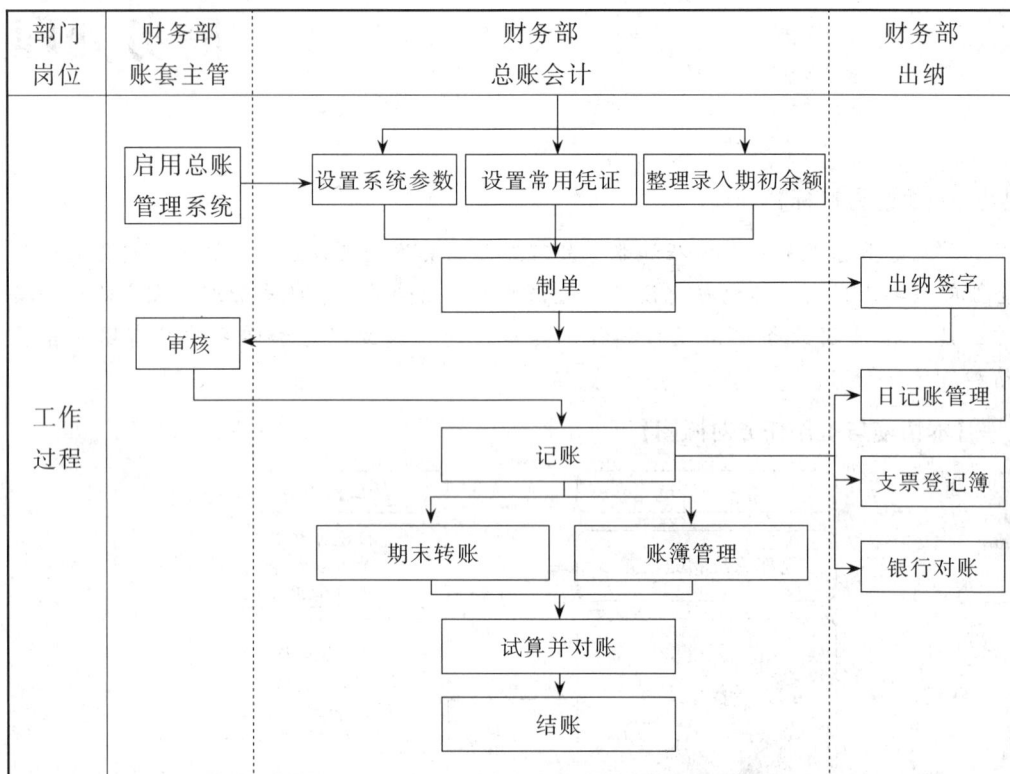

学习子情境一 总账系统初始设置

[知识链接]

总账系统初始设置包括根据财务制度和管理要求设置系统参数、设置常用凭证、整理录入期初余额。

1.设置系统参数

系统在建立新的账套后，由于具体情况需要或业务变更，发生一些账套信息与核算内容不符的情况，可以通过此功能进行账簿选项的调整和查看。可对"凭证""账簿""凭证打印""预算控制""权限""其他""自定义项核算"7个部分内容的操作控制进行修改。

2.设置常用凭证

在企业中，会计业务都有其规范性，因而在日常填制凭证的过程中，经常会有许多凭证完全相同或部分相同，如果将这些常用的凭证存储起来，在填制会计凭证时可随时调用，必将大大提高业务处理的效率。

3．整理录入期初余额

为保证会计数据的连贯性，初次使用总账系统时，需要整理启用系统时间点的期初数据，并将其录入总账系统中。录入完毕后通过试算来检验数据的正确性。

任务一 设置系统参数

［任务内容］

新华公司根据公司财务制度和管理要求，总账系统参数设置如下：

支票控制；不允许修改或废除他人填制的凭证、凭证审核控制到操作员、出纳凭证必须经由出纳签字；其他按系统默认。

教学视频
3-1-1

管理需求的体现——总账参数设置

［任务要求］

会计李明轩完成总账系统参数设置。

［工作示范］

1．参数设置

操作步骤：

（1）单击"开始"/"所有程序"/"用友 U8⁺V13.0"/"企业应用平台"，操作员输入李明轩的编号"02"，账套选择"111 河北新华有限责任公司"，操作日期为"2019-06-01"，登录用友 U8⁺V13.0 企业应用平台窗口，如图 3-1 所示。

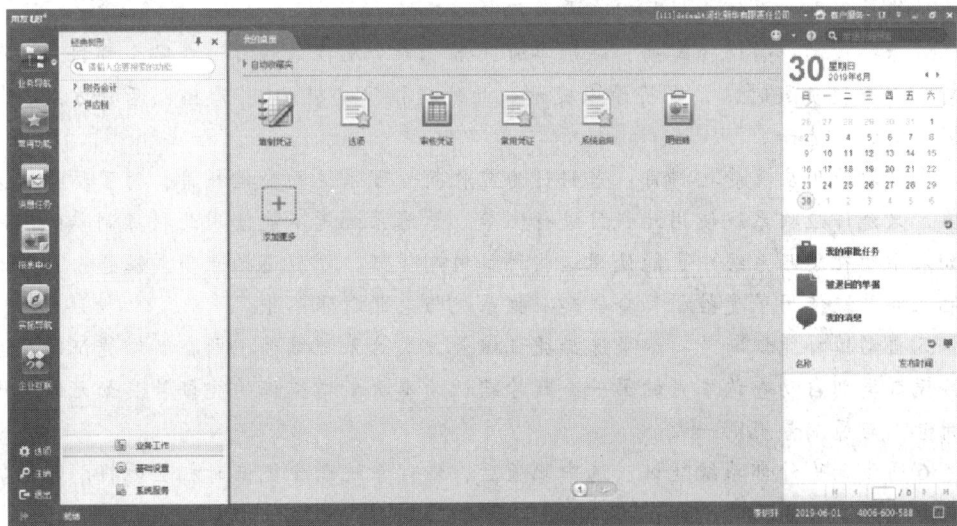

教学视频
3-1-2

设置系统参数操作演示

图 3-1 企业应用平台窗口

（2）在"业务导航"/"业务工作"中单击"财务会计"/"总账"/"设置"/

"选项"，打开"选项"对话框，选中"凭证"页签，单击"编辑"按钮，选中"支票控制"复选框，其他按照系统默认值处理，如图3-2所示。

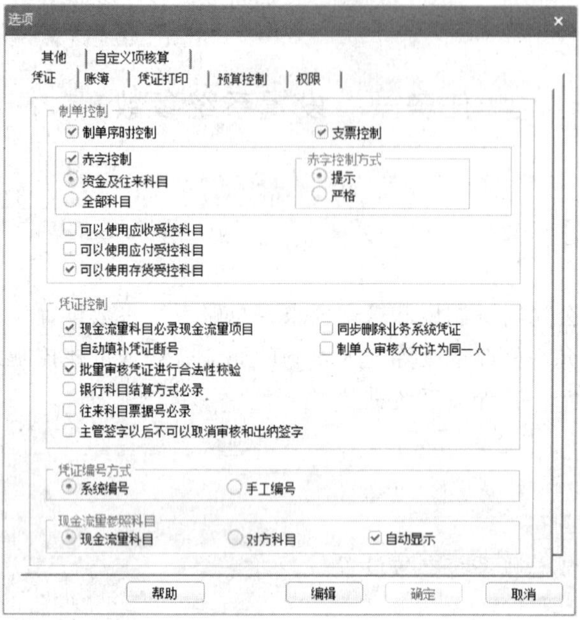

图3-2　选项-凭证

栏目说明：

①制单序时控制：此项和"系统编号"选项联用，制单时凭证编号必须按日期顺序排列，若1月25日编制25号凭证，则1月26日只能开始编制26号凭证，即制单序时。如果有特殊需要可以将其改为不序时制单。

②支票控制：若选择此项，在制单时使用银行科目编制凭证时，系统针对票据管理的结算方式进行登记，如果录入支票号在支票登记簿中已存，系统提供登记支票报销的功能；否则，系统提供登记支票登记簿的功能。

③赤字控制：若选择此项，在制单时，当"资金及往来科目"或"全部科目"的最新余额出现负数时，系统将予以提示。此处提供了"提示""严格"两种方式，可根据需要进行选择。

④可以使用应收受控科目：若科目为应收款管理系统的受控科目，为了防止重复制单，只允许应收系统使用此科目进行制单，总账系统是不能使用此科目制单的。所以如果希望在总账系统中也能使用这些科目填制凭证，则应选择此项。注意：总账和其他业务系统使用了受控科目会引起应收系统与总账对账不平。

⑤自动填补凭证断号：如果选择凭证编号方式为系统编号，则在新增凭证时，系统按凭证类别自动查询本月的第一个断号默认为本次新增凭证的凭证号。如无断号则为新号，与原编号规则一致。

⑥同步删除外部系统凭证：选中此项后，外部系统删除凭证时相应地将总账的凭证同步删除。否则，将总账凭证作废，不予删除。

（3）选中"权限"页签，然后选中"凭证审核控制到操作员"和"出纳凭证必须经由出纳签字"两个复选框，取消"允许修改、作废他人填制的凭证"复选框，其他按照系统默认值处理，如图 3-3 所示。单击"确定"后完成参数设置。

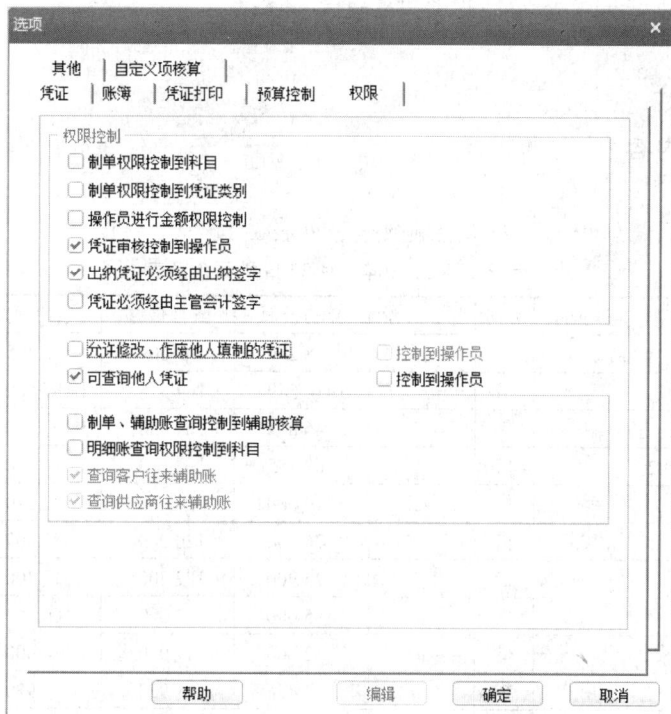

图 3-3 选项-权限

栏目说明：

①制单权限控制到科目：要在系统管理的"功能权限"中设置科目权限，再选择此项，权限设置有效。选择此项，则在制单时，操作员只能使用具有相应制单权限的科目制单。

②允许修改、作废他人填制的凭证：若选择了此项，在制单时可修改或作废别人填制的凭证，否则不能修改。

③制单权限控制到凭证类别：要在系统管理的"功能权限"中设置凭证类别权限，再选择此项，权限设置有效。选择此项，则在制单时，只显示此操作员有权限的凭证类别。同时在凭证类别参照中按人员的权限过滤出有权限的凭证类别。

④操作员进行金额权限控制：选择此项，可以对不同级别的人员进行金额大小的控制，例如财务主管可以对 20 万元以上的经济业务制单，一般财务人员只能对 10 万元以下的经济业务制单，这样可以减少由于不必要的责任事故带来的经济损失。

⑤凭证审核控制到操作员：如只允许某操作员审核其本部门操作员填制的凭证，则应选择此选项。

⑥出纳凭证必须经由出纳签字：若要求现金、银行科目凭证必须由出纳人员核对签字后才能记账，则选择此选项。

⑦凭证必须经由主管会计签字：如要求所有凭证必须由主管签字后才能记账，则选择此选项。

任务二　录入期初余额

@ ［任务内容］

经过整理后，新华公司期初余额数据表见表3-1至表3-11。

表3-1　　　　　　　　**新华公司2019年5月31日科目余额表**　　　　　　　单位：元

科目名称	方向	币别计量	年初余额	累计借方	累计贷方	期初余额
库存现金（1001）	借		8 296	8 609.55	8 405.55	8 500
银行存款（1002）	借		2 414 589	1 164 356	1 187 560	2 391 385
农行存款（100201）	借		2 346 804	1 164 356	1 187 560	2 323 600
中行存款（100202）	借		67 785	0	0	67 785
	借	美元	10 000	0	0	10 000
应收票据（1121）	借		76 300	120 000	185 000	11 300
应收账款（1122）	借		25 900	182 200	117 200	90 900
预付账款（1123）	借		5 000	97 000	100 000	2 000
其他应收款（1221）	借		12 000	17 000	14 000	15 000
坏账准备（1231）	贷		454.5	920	920	454.5
原材料（1403）	借		285 200	320 000	320 000	285 200
芯片（140301）	借		1 200	60 000	60 000	1 200
	借	片	80	4 000	4 000	80
pcb电路板（140302）	借		4 000	200 000	200 000	4 000
	借	平方厘米	10 000	500 000	500 000	10 000
线缆（140303）	借		280 000	60 000	60 000	280 000
	借	米	10 000	450 000	450 000	10 000
库存商品（1405）	借		144 000	3 654 900	3 654 900	144 000
交换机（140501）	借		100 000	998 200	998 200	100 000
	借	台	100	1 000	1 000	100
路由器（140502）	借		30 000	156 700	156 700	30 000
	借	个	200	13 000	13 000	200
基站发射机（140503）	借		14 000	2 500 000	2 500 000	14 000
	借	架	2	400	400	2
固定资产（1601）	借		28 845 000	0	0	28 845 000
累计折旧（1602）	贷		5 302 211.98	0	13 5954.15	5 438 166.13
在建工程（1604）	借		0	60 000	37 000	23 000
短期借款（2001）	贷		977 000	1 200 000	1 223 000	1 000 000
应付票据（2201）	贷		27 120	74 580	61 020	13 560
应付账款（2202）	贷		150 590	902 825	916 385	164 150
应付供应商（220201）	贷		150 590	902 825	916 385	164 150
预收账款（2203）	贷		5 000	22 500	22 500	5 000
应付职工薪酬（2211）	贷		0	776 655.3	776 655.3	0

续表

科目名称	方向	币别计量	年初余额	累计借方	累计贷方	期初余额
工资（221101）	贷		0	596 226.25	596 226.25	0
职工福利（221102）	贷		0	39 500	39 500	0
社会保险费（221103）	贷		0	69 654	69 654	0
住房公积金（221104）	贷		0	56 400	56 400	0
工会经费（221105）	贷		0	8 500	8 500	0
职工教育经费（221106）	贷		0	6 375.05	6 375.05	0
应交税费（2221）	贷		74 155.2	1 779 205.3	1 779 205.3	74 155.2
应交增值税（222101）	贷		0	1 408 272.5	1 408 272.5	0
进项税额（22210101）	借		1 151 257.5	383 752.5	0	1 535 010
转出未交增值税（22210104）	借		3 073 560	1 024 520	0	4 098 080
销项税额（22210107）	贷		4 224 817.5	0	1 408 272.5	5 633 090
未交增值税（222102）	贷		66 210	331 050	331 050	66 210
应交城市维护建设税（22108）	贷		4 634.7	23 173.5	23 173.5	4 634.7
应交教育费附加（222109）	贷		1 986.3	9 931.5	9 931.5	1 986.3
应交地方教育费附加（22110）	贷		1 324.2	6 621	6 621	1 324.2
应交个人所得税（222113）	贷		0	156.8	156.8	0
长期借款（2501）	贷		5 000 000	0	0	5 000 000
实收资本（4001）	贷		15 000 000	0	0	15 000 000
资本公积（4002）	贷		170 799.17	0	0	170 799.17
盈余公积（4101）	贷		414 500	0	35 500	450 000
本年利润（4103）	贷		0	120 545	120 545	0
利润分配（4104）	贷		4 694 454.15	4 209 871.96	4 015 417.81	4 500 000
提取法定盈余公积金（10401）	贷		19 445.42	421 087.2	401 641.78	0
未分配利润（410411）	贷		4 675 008.73	3 788 784.76	3 613 776.03	4 500 000
生产成本（5001）	借		0	3 654 900	3 654 900	0
基本生产成本（500101）	借		0	3 654 900	3 654 900	0
直接材料（50010101）	借		0	1 827 450	1 827 450	0
直接人工（50010102）	借		0	1 461 960	1 461 960	0
制造费用（50010103）	借		0	365 490	365 490	0
制造费用（5101）	借		0	172 268	172 268	0
折旧费（510101）	借		0	48 023	48 023	0
职工薪酬（510102）	借		0	124 245	124 245	0
主营业务收入（6001）	贷		0	6 366 500	6 366 500	0
交换机（600101）	贷		0	1 177 500	1 177 500	0
	贷	台	0	1 000	1 000	0
路由器（600102）	贷		0	2 089 000	2 089 000	0
	贷	个	0	13 000	13 000	0
基站发射机（600103）	贷		0	3 100 000	3 100 000	0
	贷	架	0	400	400	0

科目名称	方向	币别计量	年初余额	累计借方	累计贷方	期初余额
主营业务成本（6401）	借		0	3 654 900	3 654 900	0
交换机（640101）	借		0	998 200	998 200	0
	借	台	0	1 000	1 000	0
路由器（640102）	借		0	156 700	156 700	0
	借	个	0	13 000	13 000	0
基站发射机（640103）	借		0	2 500 000	2 500 000	0
	借	架	0	400	400	0
其他业务成本（6402）	借		0	370 776	370 776	0
销售费用（6601）	借		0	121 202.5	121 202.5	0
水电费（660101）	借		0	500	500	0
办公费（660102）	借		0	1 000	1 000	0
差旅费（660103）	借		0	25 000	25 000	0
折旧费（660104）	借		0	4 800	4 800	0
业务招待费（660105）	借		0	8 000	8 000	0
工资（660106）	借		0	49 000	49 000	0
工会经费（660107）	借		0	980	980	0
职工福利费（660108）	借		0	6 860	6 860	0
职工教育经费（660109）	借		0	735	735	0
社会保险（660110）	借		0	12 827.5	12 827.5	0
住房公积金（660111）	借		0	6 500	6 500	0
广告费（660112）	借		0	5 000	5 000	0
管理费用（6602）	借		0	444 581.55	444 581.55	0
水电费（660201）	借		0	500	500	0
办公费（660202）	借		0	1 200	1 200	0
差旅费（660203）	借		0	8 000	8 000	0
折旧费（660204）	借		0	5 600	5 600	0
业务招待费（660205）	借		0	5 000	5 000	0
工资（660206）	借		0	289 000	289 000	0
工会经费（660207）	借		0	5 780	5 780	0
职工福利费（660208）	借		0	40 460	40 460	0
职工教育经费（660209）	借		0	4 335.05	4 335.05	0
社会保险（660210）	借		0	46 806.5	46 806.5	0
住房公积金（660211）	借		0	37 900	37 900	0
财务费用（6603）	借		0	451.54	451.54	0
汇兑损益（660301）	借		0	124	124	0
利息（660302）	借		0	-172.46	-172.46	0
利息收入（66030201）	借		0	-2 092.46	-2 092.46	0
利息费用（66030202）	借		0	1 920	1 920	0
手续费（660303）	借		0	500	500	0

表3-2　　　　　新华公司2019年5月31日应收票据明细余额表　　　　　单位：元

日期	凭证号	客户	摘要	方向	金额	票据号	票据日期
2019-05-24	转-50	亚圣	销售路由器	借	11 300	28551122	2019-05-24

表3-3　　　　　新华公司2019年5月31日应收账款明细余额表　　　　　单位：元

日期	凭证号	客户	摘要	方向	金额	票据号	票据日期
2019-05-13	转-10	启明	销售交换机	借	90 400	13222890	2019-05-13
2019-05-13	转-11	启明	销售交换机代垫运费	借	500		

表3-4　　　　　新华公司2019年5月31日其他应收款明细余额表　　　　　单位：元

日期	凭证号	部门	职员	摘要	方向	金额
2019-05-22	转-45	办公室	李明刚	出差借款	借	5 000
2019-05-28	转-63	销售部	李振东	出差借款	借	10 000

注意：表3-1中其他应收款的累计借方和累计贷方金额是李明刚的数据。

表3-5　　　　　新华公司2019年5月31日应付票据明细余额表　　　　　单位：元

日期	凭证号	供应商	摘要	方向	金额	票据号	票据日期
2019-05-20	转-40	东成	购买pcb电路板	贷	13 560	67679980	2019-05-20

表3-6　　　　　新华公司2019年5月31日应付账款-应付供应商明细余额表　　　　　单位：元

日期	凭证号	供应商	摘要	方向	金额	票据号	票据日期
2019-05-13	转-23	强盛	购买线缆	贷	141 250	22483356	2019-05-13
2019-05-13	转-24	强盛	购买线缆包装整理费	贷	300		
2019-05-23	转-50	东成	购买线缆	贷	22 600	44551121	2019-05-23

注意：表3-1中应付账款的累计借方和累计贷方金额是供应商强盛的数据。

表3-7　　　　　新华公司2019年5月31日预收账款明细余额表　　　　　单位：元

日期	凭证号	供应商	摘要	方向	金额
2019-05-17	转-33	亚圣	基站发射机定金	贷	5 000

表3-8　　　　　新华公司2019年5月31日预付账款明细余额表　　　　　单位：元

日期	凭证号	客户	摘要	方向	金额
2019-05-17	转-35	东成	芯片定金	借	2 000

表3-9　　　　　新华公司2019年5月31日在建工程期初余额表　　　　　单位：元

科目	项目	方向	金额
在建工程	1号厂房	借	23 000

表3-10　　　　　新华公司2019年5月31日生产成本累计借贷方余额表　　　　　单位：元

科目	项目	累计借贷方金额相等	科目	项目	累计借贷方金额相等	科目	项目	累计借贷方金额相等
直接材料	芯片	1 096 470	制造费用	芯片	219 294	直接人工	芯片	877 176
	Pcb电路板	487 320		Pcb电路板	97 464		Pcb电路板	389 856
	线缆	243 660		线缆	48 732		线缆	194 928

表3-11　　　新华公司2019年5月31日管理费用明细科目的累计借贷方余额表　　　单位：元

科目	部门	累计借贷方金额相等	科目	部门	累计借贷方金额相等	科目	部门	累计借贷方金额相等
水电费	财务部	300	业务招待费	财务部		职工教育经费	财务部	1 734
	办公室	100		办公室	5 000		办公室	867.05
	采购部	100		采购部			采购部	1 734
办公费	财务部	600	工资	财务部	100 000	社会保险	财务部	18 722
	办公室	400		办公室	89 000		办公室	9 362.5
	采购部	200		采购部	100 000		采购部	18 722
差旅费	财务部		工会经费	财务部	2 312	住房公积金	财务部	15 160
	办公室	500		办公室	1 156		办公室	7 580
	采购部	300		采购部	2 312		采购部	15 160
折旧费	财务部	2 600	职工福利费	财务部	16 184			
	办公室	2 000		办公室	8 092			
	采购部	2 000		采购部	16 184			

教学视频
3-1-3

数据连续
性——期初余
额的录入

@ ［任务要求］

　　会计李明轩完成期初余额的录入，并进行试算平衡。

◎ ［知识链接］

　　如果是第一次使用总账系统，必须使用期初余额功能输入科目余额。如果在年初建账，启用的总账系统可以直接录入年初余额，如图3-4所示。如果是年中建账，比如是5月份开始使用总账系统，建账月份为5月，可以录入5月初的期初余额以及1—4月的借、贷方累计发生额，系统将自动计算年初余额，如图3-5所示。

图3-4　年初启用总账的期初余额窗口

图 3-5 年中启用总账的期初余额窗口

总账系统期初余额按照三种情况进行设置，即末级科目期初余额、非末级科目期初余额、辅助科目期初余额。末级科目期初余额的格式有普通格式、外币核算格式、数量核算格式。辅助科目期初余额的格式包括客户往来核算格式、供应商往来核算格式、个人往来核算格式、部门核算格式、项目核算格式。非末级科目期初余额的格式是不可编辑状态，因为只要求录入最末级科目的余额和累计发生数，上级科目的余额和累计发生数由系统自动计算。

[工作示范]

1.末级科目的期初余额录入

操作步骤：

（1）以会计李明轩（02）的身份登录企业应用平台，操作日期为"2019-06-01"。

（2）单击"财务会计"/"总账"/"期初"/"期初余额"，打开"期初余额录入"窗口，如图3-6所示。

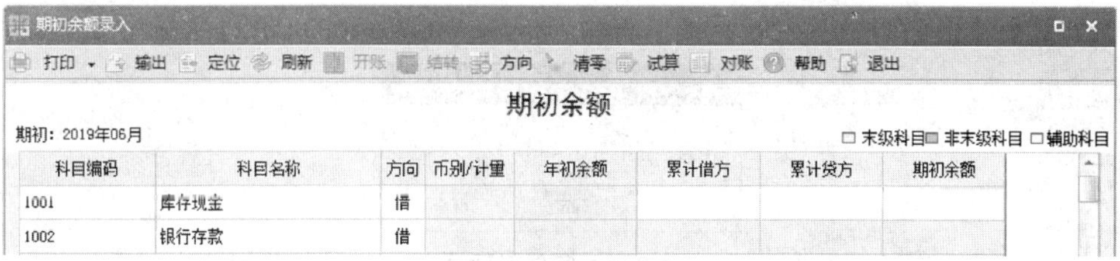

教学视频
3-1-4

录入期初余额
操作演示

图 3-6 期初余额录入窗口

特别提示：

末级科目期初余额单元格的颜色为白色或蓝色，可以直接编辑；非末级科目期初余额单元格的颜色为灰色，不可编辑，由计算机自动计算得出；辅助科目期初余额单元格的颜色为黄色，根据不同的辅助核算对应不同的余额窗口。

（3）找到"库存现金"科目的"累计借方"单元格，双击将光标激活为编辑状态，输入金额"8 609.55"元，然后依次输入"累计贷方"和"期初余额"的金额，最后回车，系统将自动计算出库存现金的年初余额数。结果如图3-7所示。

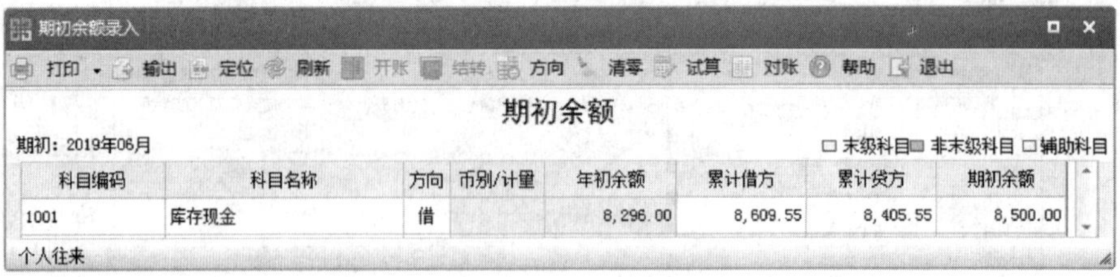

图3-7 库存现金期初余额

特别提示：

如果输入错误数据或错误单元格，删除或直接修改即可。

（4）同理，根据表3-1，依次输入明细科目"农行存款"和"中行存款"对应的"累计借方"、"累计贷方"和"期初余额"的金额，以及"中行存款"科目美元币的金额，回车，系统将自动计算"银行存款"科目的金额，如图3-8所示。

图3-8 银行存款期初余额

特别提示：

如果某科目为数量、外币核算，可以录入期初数量、外币余额。但必须先录入本币余额，再录入数量、外币余额。

（5）单击工具栏的"定位"按钮，进入"定位"对话框，在"科目"栏中输入科目编码"1231"或科目名称"坏账准备"，如图3-9所示。然后单击"确定"按钮，系统将坏账准备科目放置首行，然后再输入金额，如图3-10所示。

图3-9 定位对话框

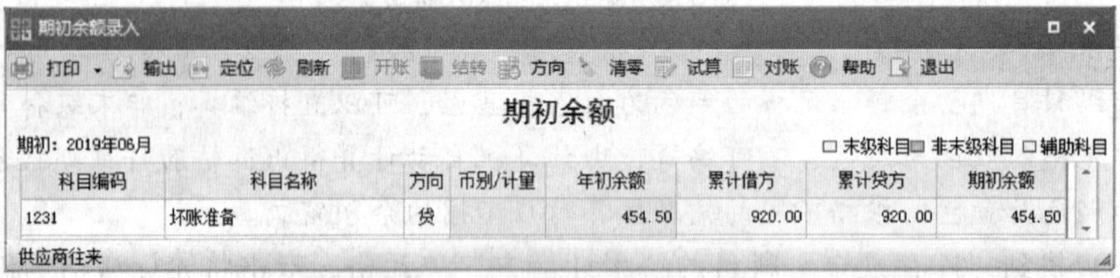

图3-10 坏账准备期初余额

特别提示:

①可以利用定位功能,快速查找并定位会计科目。

②每个科目的余额方向由科目性质确定,按"方向"按钮可修改科目的余额方向(即科目性质)。只能调整一级科目的余额方向,且该科目及其下级科目尚未录入期初余额。当一级科目方向调整后,其下级科目也随一级科目相应调整方向。例如,调整预付账款余额方向,由借方调整为贷方。单击"方向"按钮,系统打开方向调整对话框,如图3-11所示。最后单击"是"即可调整。

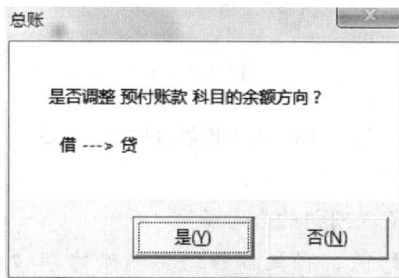

图3-11　期初余额方向调整

(6)同理,参照表3-1完成其他不带辅助核算的末级科目的期初余额输入。

2.辅助科目的期初余额录入

操作步骤:

(1)定位并双击"应收账款"科目所在的行,打开"辅助期初余额"编辑窗口,单击工具栏"往来明细"按钮,打开"期初往来明细"窗口,如图3-12所示。

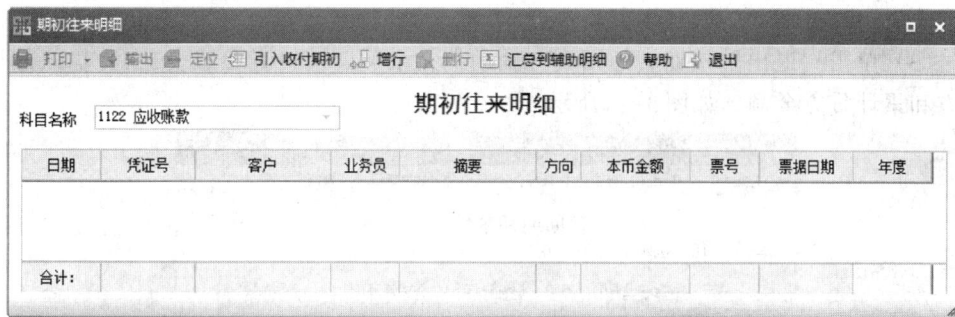

图3-12　期初往来明细

特别提示:

①当需要跟踪往来未两清记录以便日后的往来两清时,单击"往来明细"进入"期初往来明细"窗口输入。录入完成后,尚未录入当前客户(供应商)的期初余额时,可按"汇总"按钮,自动汇总并给出当前客户(或供应商)的辅助期初余额。

②在录入辅助核算期初余额之前,必须先设置各辅助核算目录。

(2)单击"增行"按钮,屏幕增加一条新的期初明细,按顺序输入各项内容,在最后一栏回车后系统将自动新增一行记录,可继续输入下一条数据。参照表3-3输入具体信息(注意:客户信息和方向,单击文本框中的参照按钮进行选择)。输入信息完成后,单击工具栏"汇总到辅助明细"按钮,然后再单击"确定"按钮,完成往来明细数据输入,如图3-13所示。

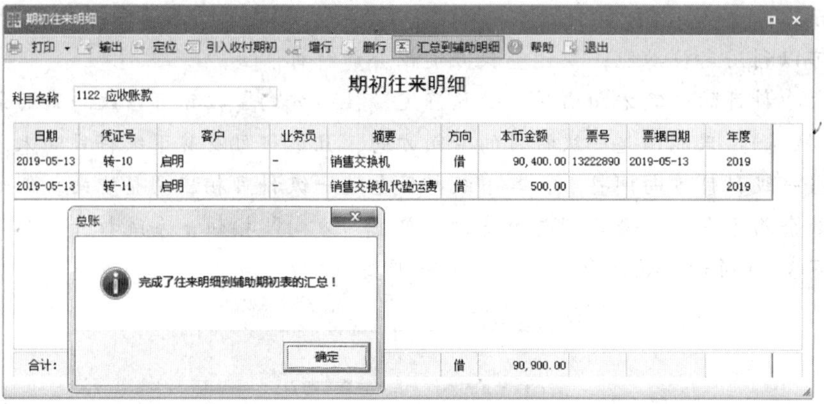

图3-13　应收账款期初往来明细

特别提示：

①屏幕下端的状态栏显示期初的合计数。

②要删除某一期初明细时，将光标移到要删除的期初明细上，单击"删行"按钮，经确认后即可。

③按"定位"按钮可对辅助期初明细进行查找定位。

④如果输入过程中发现某项输入错误，可按"ESC"键取消当前项的输入，将光标移到需要修改的编辑项上，直接输入正确的数据即可。如果想放弃整行增加数据，在取消当前输入后，再按"ESC"键即可。

⑤在输入"客户""供应商""部门""个人""项目""自定义"等项信息时，单击"参照"按钮或"F2"可参照输入。

（3）单击"退出"按钮，返回到"辅助期初余额"窗口，参照表3-1，输入累计借方和累计贷方金额，如图3-14所示。

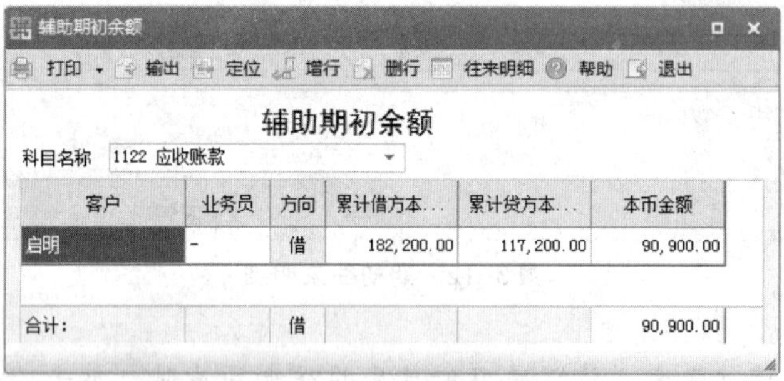

图3-14　应收账款辅助期初余额

特别提示：

单击"科目名称"文本框中的下拉选择框可选择相同辅助账类的其他科目录入期初余额。若为项目核算科目，则可选择相同项目大类的其他科目录入期初余额。

（4）单击"退出"按钮，返回"期初余额"窗口，完成应收账款的期初余额录入，如图3-15所示。

（5）参照表3-2、表3-5、表3-6、表3-7、表3-8，完成应收票据、应付票据、应付账款、预收账款、预付账款往来科目的余额输入。操作方法与应收账款余额输入方法相同，此处不再赘述。

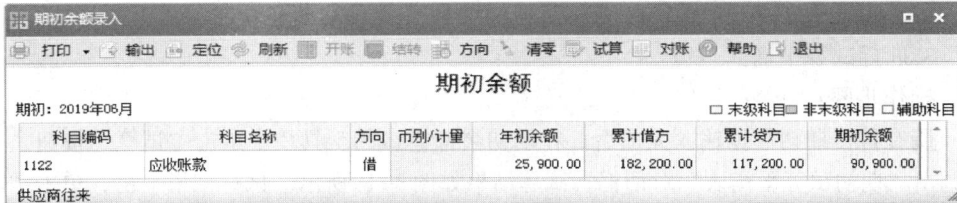

图 3-15　期初余额录入返回

（6）定位并双击"其他应收款"科目所在的行，打开"辅助期初余额"编辑窗口，单击工具栏"往来明细"按钮，打开"期初往来明细"窗口，然后参照表 3-4 输入详细信息（注意：部门、个人从文本框中的参照按钮中进行选择）。操作方法与应收账款余额输入方法相同，此处不再赘述。输入完成后数据如图 3-16 所示。

图 3-16　其他应收款期初往来明细

（7）单击"汇总到辅助明细"按钮，进行明细汇总，然后退出返回到"辅助期初余额"窗口，参照表 3-1 输入累计借方和累计贷方金额，完成其他应收款的期初余额录入，如图 3-17 所示。

图 3-17　其他应收款往来明细

（8）定位并双击"在建工程"科目所在的行，进入"辅助期初余额"编辑窗口，单击"增行"按钮，参照表 3-1 和表 3-9 完成在建工程的期初余额录入，如图 3-18 所示。

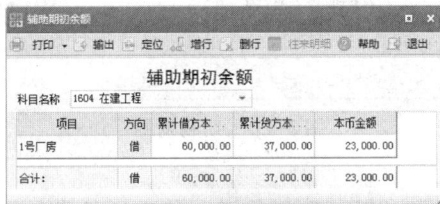

图 3-18　在建工程期初余额

（9）参照表3-10和表3-11完成其他辅助核算科目的期初余额录入。

3.进行试算平衡

操作步骤：

所有科目期初数据输入完成后，在期初余额窗口的工具栏中单击"试算"按钮，系统调出"期初试算平衡表"对话框，试算结果如图3-19所示。试算结果平衡，单击"确定"按钮完成期初余额录入工作。如果不平衡，进行数据核对，直至试算平衡为止。

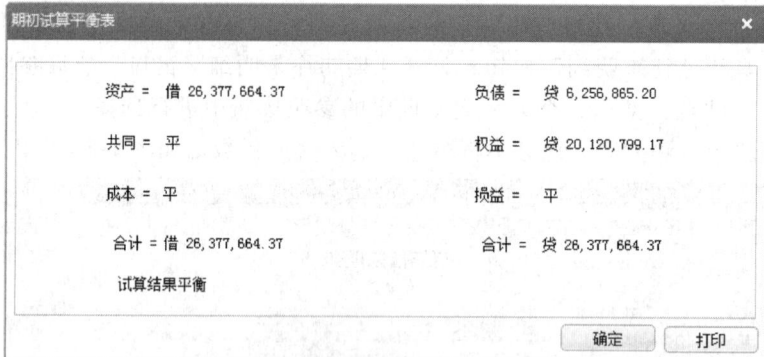

图3-19　期初试算平衡表

栏目说明：

①试算：显示期初试算平衡表，显示试算结果是否平衡；如果不平，重新调整至平衡后再进行下一步工作。

②清零（期初余额清零）：当此科目的下级科目的期初数据互相抵消，使本科目的期初余额为零时，清除此科目的所有下级科目的期初数据。已存在记账凭证时此按钮置灰。

③如果初次使用，对系统不太熟悉，在进行期初设置时的一些不经意的修改，可能会导致总账与辅助账、总账与明细账核对有误，系统提供对期初余额进行对账的功能，可以及时做到账账核对，并可尽快修正错误的账务数据。进入期初余额后按"对账"按钮。操作方法：单击"开始"按钮，进入"期初对账"对话框，然后单击"开始"按钮，系统自动进行对账，如图3-20所示。

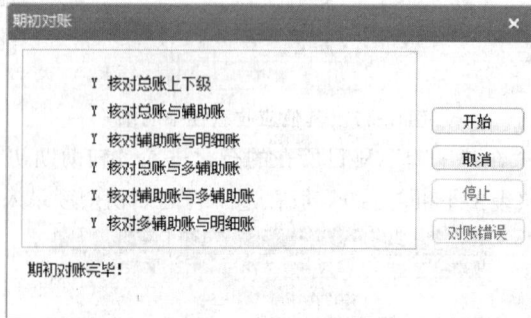

图3-20　期初对账

特别提示：

①期初余额试算不平衡，可以填制凭证，但不能记账。

②记账后，期初余额只能浏览，为可读状态，不可修改。

任务三　设置常用凭证

@ ［任务内容］

常用凭证信息见表3-12。

表3-12　　　　　　　　　　　常用凭证　　　　　　　　　　单位：元

详细信息	编码：001；　说明：提取现金；　凭证类别：付；　附单据数：1			
	摘　要（说明）	科目编码	借方金额	贷方金额
	提取现金	1001	10 000	
		100201（结算方式201）		10 000

@ ［任务要求］

会计李明轩完成常用凭证设置。

［工作示范］

操作步骤：

（1）单击"总账"/"设置"/"常用凭证"，打开"常用凭证"对话框，然后单击工具栏的"增加"按钮，根据表3-12输入常用凭证的编码、说明、凭证类别和附单据数。

（2）单击工具栏的"详细"按钮，进入详细信息输入界面，然后单击"增行"按钮，根据表3-12接着输入其他信息，结果如图3-21所示。

教学视频
3-1-5

设置常用凭证
操作演示

图3-21　常用凭证详细编辑框

栏目说明：

①录入分录时，必须输入摘要说明和会计科目。会计科目可以录入非末级科目。

②如果会计科目有辅助核算，则打开辅助信息录入窗口，可录入辅助信息。

③如果借贷方金额或辅助信息在定义常用凭证时还不能确定，则可以留到填制凭证时再输入。

特别提示：

①编号和凭证类别必须输入。编号不能重复。

②不能只定义凭证主要信息，却不定义凭证分录内容。

③只有具有常用凭证控制权限的操作员才能操作。

④在调用常用凭证时，如果不修改直接保存凭证，此时由被调用的常用凭证生成的凭证不受任何权限的控制，例如包括不受金额权限控制、不受辅助核算及辅助项内容的限制等。

学习子情境二　凭证处理

［知识链接］

教学视频
3-2-1

日常数据的源
头——记账凭
证介绍

总账日常业务处理包括凭证处理、出纳管理和账簿查询、打印等工作。其中，凭证处理包括填制凭证、修改和删除凭证、查询凭证、审核凭证和凭证记账。以下介绍填制凭证、审核凭证和凭证记账。

1.填制凭证

记账凭证是总账系统处理的起点，也是所有查询数据的最主要的来源。日常业务处理首先从填制凭证开始。

2.审核凭证

教学视频
3-2-2

日常数据的源
头——软件中
填制凭证的
特色

对制单人填制的记账凭证进行合法性检查，审核凭证包括：出纳签字、主管签字和审核员审核三个方面。

3.凭证记账

凭证经审核签字后，即可用来登记总账和明细账、日记账、部门账、往来账、项目账以及备查账等。

任务一　填制凭证

［任务内容］

新华公司6月份发生如下经济业务：

1.6月3日，收到员工李彩云违纪罚款200元。原始单据如图3-22所示。

2.6月5日，出纳孙丹丹从农业银行提取现金10 000元备用（现金支票号1030131001820483）。原始单据如图3-23所示。

3.6月6日，财务部报销购买办公用品款1 130元，以现金支付。（注意：填制此业务时，由于总账会计的疏忽，将"管理费用"科目金额填写为"10 000.00"元）。原始单据如图3-24、图3-25所示。

收 款 收 据　No. 00022357

2019 年 06 月 03 日

现金收讫

今 收 到　李彩云

文 来　违纪罚款

金额（大写）　零 拾 零 万 零 仟 贰 佰 零 拾 零 元 零 角 零 分

¥　200.00　　　　收款单位（公章）财务专用章

核准　　　会计 李明轩　　记账　　　　出纳 孙丹丹　　经办人

第三联　交财务

图 3-22　收款收据

中国农业银行
现金支票存根

10301310
01820483

附加信息

_____

_____

出票期日　2019 年 06 月 05 日

收款人：	河北新华公司
金　额：	¥10,000.00
用　途：	提取备用金

单位主管　　　会计

图 3-23　现金支票存根

费用报销单

报销部门：财务部　　　　　　　　　报销日期： 2019 年 06 月 06 日

事由	项目	金额		
购买办公用品	打印纸	1,130.00	总经理	陈志
			部门主管	
				王志强
金额合计（大写）： 壹仟壹佰叁拾元整		小写：¥1,130.00　元	报销人	李明轩
核实金额（大写）： 壹仟壹佰叁拾元整		小写：¥1,130.00　元		
已借/付款金额：　¥1,130.00　元	应退金额：　¥0.00　元	应补金额：　¥0.00　元		

注：1、此报销单用于：费用报销（除差旅费）、采购报账、外协报账、运输费报销、资产购置；2、签字流程：报销人·部门负责人·会计·总经理·财务流程。

会计 李明轩　　　　　　会计主管　　　　　　　　出纳 孙丹丹

图 3-24　费用报销单

图 3-25　打印纸增值税专用发票

4.6 月 10 日，销售部李振东报销差旅费 4 796 元，余款交还现金 5 204 元。原始单据如图 3-26 至图 3-30 所示。

图 3-26　差旅费报销单

图 3-27　去程飞机票

航空运输电子客票行程单
ITINERARY/RECEIPT OF E-TICKET FOR AIR TRANSPORT
印刷序号：SERIAL NUMBER: 75050348621

旅客姓名 NAME OF PASSENGER：李振东
有效身份证件号码 ID.NO.：140105197308182716
签注 ENDORSEMENTS/RESTRICTIONS (CARBON)：不得转签

	承运人 CARRIER	航班号 FLIGHT	座位等级 CLASS	日期 DATE	时间 TIME	客票级别/客票类别 FARE BASIS	客票生效日期 NOT VALID BEFORE	有效截止日期 NOT VALID AFTER	免费行李 ALLOW
自 FROM 上海	TY								
至 TO 石家庄		MU4127	B	2019-06-09	18:10	Y			20KG
至 TO									
至 TO									

至 TO
票价 FARE：CNY ¥1,200.00　机场建设费 AIRPORT TAX：CN ¥50.00　燃油附加费 FUEL SURCHARGE：YQ　合计 TOTAL：CNY ¥1,250.00
电子客票号码 E-TICKET NO.：584534214648　验证码 CK.：6497　提示信息 INFORMATION　保险费 INSURANCE
销售单位代号 AGENT CODE：FU02356743553　填开单位 ISSUED BY：上海航空公司　填开日期 DATE OF ISSUE
验真网址：WWW.TRAVELSKY.COM　服务热线：400-815-8888　短信验真：发送JP至10669018

图 3-28　返程飞机票

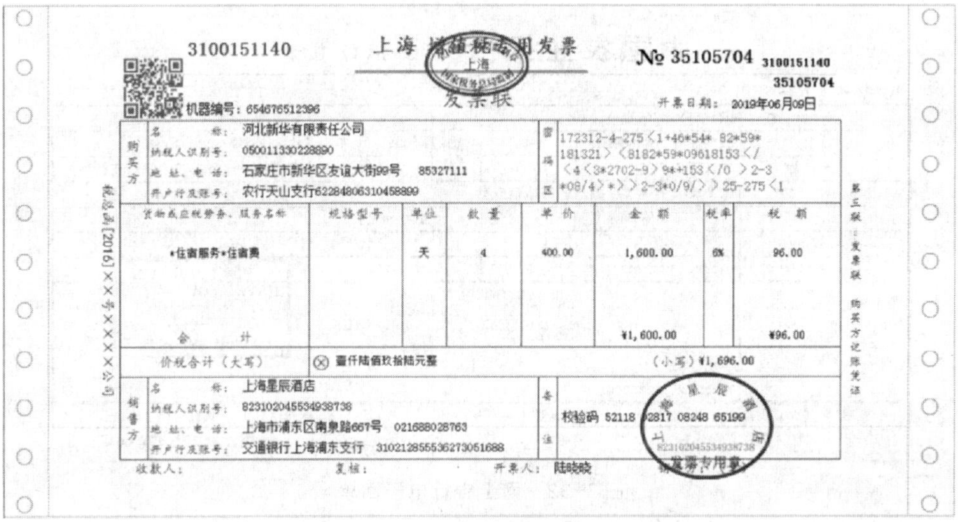
3100151140　上海增值税专用发票　№ 35105704　3100151140　35105704
机器编号：654676512396　发票联　开票日期：2019年06月09日

购买方　名　　称：河北新华有限责任公司
纳税人识别号：050011330228890
地址、电话：石家庄市新华区友谊大街99号　85327111
开户行及账号：农行天山支行62284806310458899
密码区：172312-4-275<1+46*54* 82*59* 181321><8182*59*09618153</ <4<3*2702-9>9*+153</0 >2-3 *08/4>*>>2-3*0/9/>>25-275<1

货物或应税劳务、服务名称	规格型号	单位	数量	单价	金额	税率	税额
*住宿服务*住宿费		天	4	400.00	1,600.00	6%	96.00
合　计					¥1,600.00		¥96.00

价税合计（大写）⊗壹仟陆佰玖拾陆元整　（小写）¥1,696.00

销售方　名　　称：上海星辰酒店
纳税人识别号：823102045534938738
地址、电话：上海市浦东区南泉路667号　021688028763
开户行及账号：交通银行上海浦东支行　31021285553627305l688
备注：校验码 52118 82817 08248 65199
收款人：　复核：　开票人：陆晓晓
第三联：发票联　购买方记账凭证

图 3-29　住宿费增值税专用发票

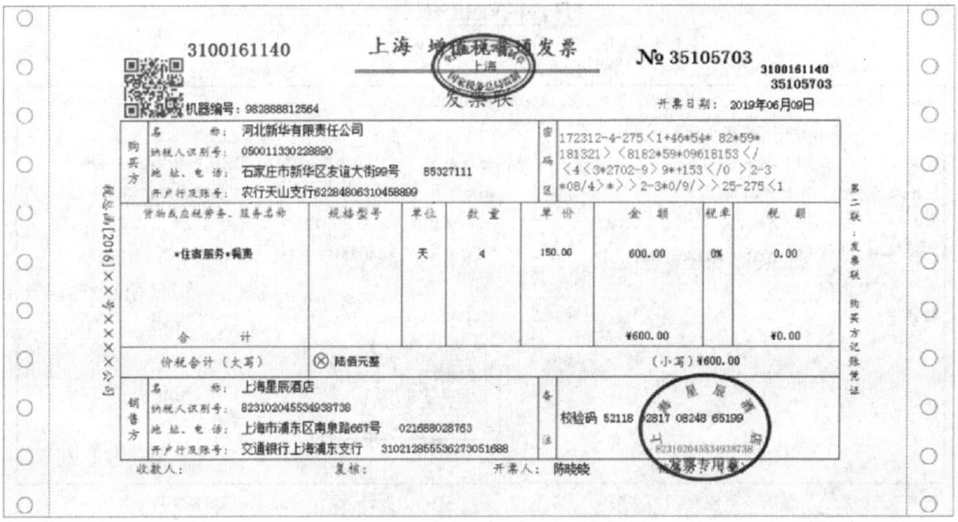
3100161140　上海增值税普通发票　№ 35105703　3100161140　35105703
机器编号：982888812564　发票联　开票日期：2019年06月09日

购买方　名　　称：河北新华有限责任公司
纳税人识别号：050011330228890
地址、电话：石家庄市新华区友谊大街99号　85327111
开户行及账号：农行天山支行62284806310458899
密码区：172312-4-275<1+46*54* 82*59* 181321><8182*59*09618153</ <4<3*2702-9>9*+153</0 >2-3 *08/4>*>>2-3*0/9/>>25-275<1

货物或应税劳务、服务名称	规格型号	单位	数量	单价	金额	税率	税额
*住宿服务*餐费		天	4	150.00	600.00	0%	0.00
合　计					¥600.00		¥0.00

价税合计（大写）⊗陆佰元整　（小写）¥600.00

销售方　名　　称：上海星辰酒店
纳税人识别号：823102045534938738
地址、电话：上海市浦东区南泉路667号　021688028763
开户行及账号：交通银行上海浦东支行　31021285553627305l688
备注：校验码 52118 82817 08248 65199
收款人：　复核：　开票人：陆晓晓
第二联：发票联　购买方记账凭证

图 3-30　餐费增值税专用发票

5.6月13日，支付1号厂房勘察费15 900元。原始单据如图3-31、图3-32所示。

图3-31　勘察费增值税专用发票

图3-32　网上银行电子回单

6.6月15日，缴纳上月各项税费。原始单据如图3-33、图3-34所示。

图3-33　增值税缴税付款凭证

中国农业银行

电子缴税付款凭证

缴税日期: 2019 年 06 月 15 日		凭证字号: 20100011

纳税人全称及纳税人识别号:河北新华有限责任公司050011330228890

付款人全称:河北新华有限责任公司

付款人账号:62284806310458899	征收机关名称: 国家税务总局石家庄市新华区税务局
付款人开户行: 农行天山支行	收款国库(银行)名称: 国家金库石家庄市新华区支库
小写(合计)金额: ¥7,945.20 元	缴款书交易流水号: 67211693
大写(合计)金额: 柒仟玖佰肆拾伍元贰角整	税票号码: 664023175487513074

税(费)种名称	所属日期		实缴金额(单位:元)
城建税	20190501	20190531	¥4,634.70
教育费附加	20190501	20190531	¥1,986.30
地方教育附加	20190501	20190531	¥1,324.20

中国农业银行
农行天山支行
2019.06.15
业务受理专用章

第 次打印	打印时间: 2019 年 06 月 15 日

客户回单联 验证码: 731471 复核: 郭亮 记账:

图3-34 其他税缴税付款凭证

7.6月16日,向启明公司售出基站发射机2架(不含税单价为9 000元/架)、路由器100个(不含税单价为200元/个),税率13%,价税款合计42 940元,价税款已存入银行。原始单据如图3-35、图3-36、图3-37所示。

出 库 单							No. 41690661	

购货单位: 北京启明有限公司　　　　2019 年 06 月 16 日

编号	品 名	规 格	单位	数 量	单 价	金 额	备 注
1	基站发射机		架	2			
2	路由器		个	100			
	合			计			

仓库主管: 赵达 记账: 保管: 经手人: 制单:

图3-35 出库单

图3-36 销售发票

中国农业银行 网上银行电子回单

电子回单号码：79778563066

付款人	户 名	北京启明有限公司	收款人	户 名	河北新华有限责任公司
	账 号	112589336734000465		账 号	62284806310458899
	开户银行	工行光华路分理处		开户银行	农行天山支行
金 额		人民币(大写)：肆万贰仟玖佰肆拾元整			¥42,940.00 元
摘 要		销售产品	业务种类		
用 途					
交易流水号		85482775628375			2019-06-16

备注：

验证码：43384780

记账网点	484	记账柜员	063	记账日期	2019年06月16日

打印日期：2019年06月16日

图 3-37　银行进账电子回单

8.6 月 20 日，收到投资人追加投资 100 000 美元转账支票一张，票号 44540809，款项存入中行账户。当天即期汇率是 6.7112。原始单据如图 3-38、图 3-39 所示。

投资协议书

（ 2019 ） 第 8 号文

★

投资单位(甲方)	王建国	受资单位(乙方)	河北新华有限责任公司
地址		地址	石家庄市新华区友谊大街99号
账号	6217586657832489775	账号	6013825003322667899
开户银行	中国银行北京东直门支行	开户银行	中行天山支行
投资金额	美元壹拾万整		USD100,000
协议条款	略		

甲方签章：王建国　　　　　　　　　乙方签章：

图 3-38　投资协议书

图3-39 投资款进账单

9.6月21日，收到存款利息。原始单据如图3-40所示。

图3-40 利息清单

10.6月30日，转出本月未交增值税。原始单据如图3-41所示。

未交增值税计算表

2019年6月30日

单位：元

项目	进项税额	销项税额	进项税额转出	本月未交增值税
增值税	928 880	996 500	130	67 750
合计	928 880	996 500	130	67 750

审核：李明轩　　　　　　　　　　　　　　　　　　　　制单：李明轩

图3-41 未交增值税计算表

11.6月30日，以现金支付采购部本月水费，金额300元。（注意：为了学习修改凭证，业务11是增加的虚拟业务，故无原始单据）

12.6月30日，以现金支付销售部本月水费，金额400元。（注意：为了学习修改凭证，业务12是增加的虚拟业务，故无原始单据）

[任务要求]

会计李明轩完成所有记账凭证的填制。

[工作示范]

教学视频
3-2-3

填制凭证操作
演示

1. "业务1" 凭证的填制（无辅助核算）

操作步骤：

（1）以会计李明轩（02）的身份登录企业应用平台，登录日期为"2019-06-30"。

（2）单击"总账"/"凭证"/"填制凭证"，打开"填制凭证"页签。

（3）单击工具栏上"增加"按钮，参照业务1原始单据，凭证字选择"收款凭证"；制单日期改为"2019-06-03"；附单据数为"1"；摘要栏输入"收员工罚款"；科目名称选择或输入"1001（库存现金）"；借方金额输入"200"，然后回车，进入第二行进行编辑。

（4）第二行的摘要根据第一行自动填制，科目名称选择或输入"6301（营业外收入）"，贷方金额输入"200"。最后单击"保存"按钮，系统自动弹出"凭证已成功保存"，单击"确定"按钮，完成业务1凭证的填制，如图3-42所示。

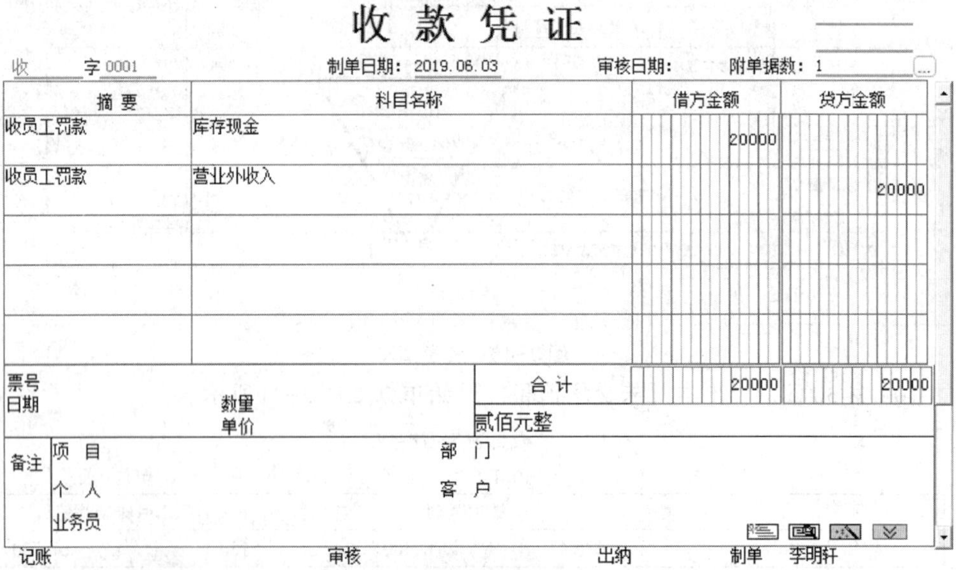

收 款 凭 证

摘 要	科目名称	借方金额	贷方金额
收员工罚款	库存现金	20000	
收员工罚款	营业外收入		20000
	合 计	20000	20000

收 字 0001　制单日期：2019.06.03　审核日期：　附单据数：1

票号
日期　　数量　单价　　　　　　　贰佰元整

备注　项目　　　　部门
　　　个人　　　　客户
　　　业务员

记账　　　　　审核　　　　　出纳　　　　制单 李明轩

图3-42　业务1记账凭证

栏目说明：

①凭证编号：为何种凭证第几号。如果在"选项"中选择"系统编号"，则由系统按时间顺序自动编号；否则，为手工编号。系统规定每页凭证可以有五笔分录，当某号凭证不只一页的时候，系统将自动在凭证号后标上几分之一，如："转-0001号0002/0003"表示转账凭证第0001号凭证共有三张分单，当前光标所在分录在第二张

分单上。

②制单日期：为填制凭证的日期。系统自动取当前业务日期（登录系统软件日期）为记账凭证填制的日期，可修改。

③附单据数：为依据原始凭证的张数。

④凭证自定义项：用户根据需要输入凭证自定义项，位置在"附单据数"上方，单击凭证右上角的输入框输入，如图3-43所示。

收 款 凭 证

总第0090

收　字 0002		制单日期：2019.06.03	审核日期：	附单据数：	
摘 要		科目名称		借方金额	贷方金额

图3-43　凭证自定义项

⑤余额：可查询当前科目的最新余额一览表。

⑥插分：插入一条分录。可按快捷键为"Ctrl+I"。

⑦删分：删除光标当前行分录。可按快捷键"Ctrl+D"。

2."业务2"凭证的填制（调入常用凭证、银行账辅助核算）

操作步骤：

（1）在填制凭证窗口按"F4"键，或者在工具栏"增加"按钮里，单击下拉三角选择按钮，然后再单击"调用常用凭证"按钮，系统打开"调用常用凭证"对话框，如图3-44所示。

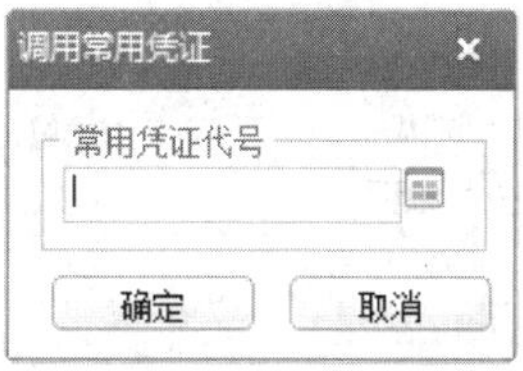

图3-44　调用常用凭证

（2）在常用凭证代号文本框中，输入"001"或者单击选择按钮，进入"常用凭证"编辑框，如图3-45所示。选定提取现金所在行，再单击工具栏"选入"按钮。

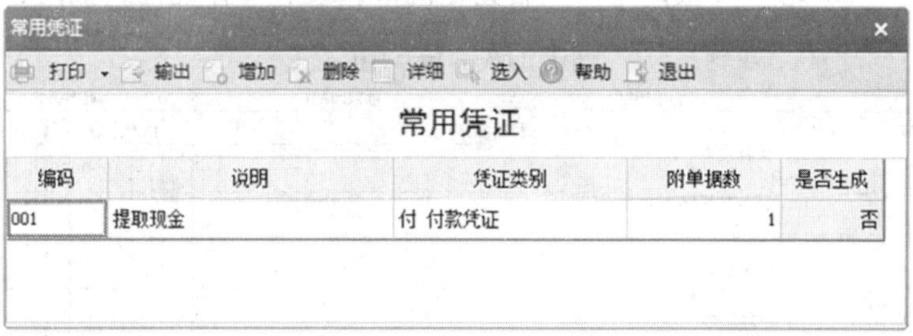

图3-45　常用凭证选择

（3）凭证生成后，可修改凭证日期，然后选定银行存款所在行，同时按下"Ctrl"键和"S"键（或双击凭证体"票号日期"区域）打开"辅助项"对话框。参照业务2原始单据填写辅助项信息，如图3-46所示。单击"确定"按钮返回。

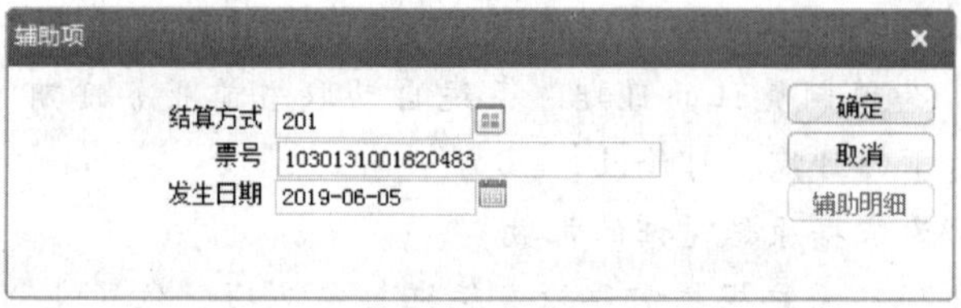

图 3-46　银行账辅助项

（4）系统弹出"此支票尚未登记，是否登记"信息提示，如图 3-47 所示。单击"是"按钮，进入下一步。

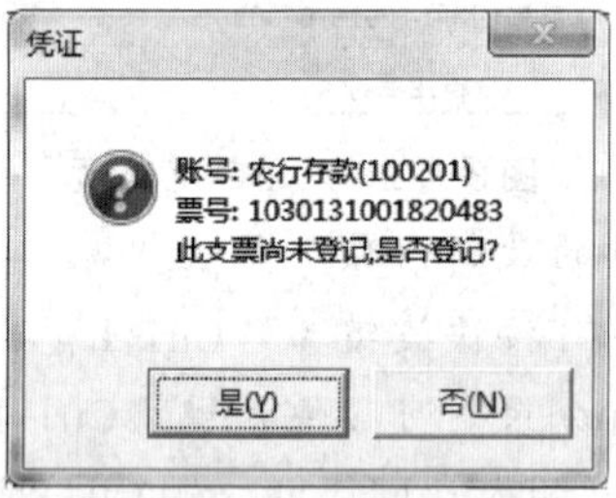

图 3-47　支票登记提示

（5）系统打开"票号登记"窗口，将信息填写完整，如图 3-48 所示。

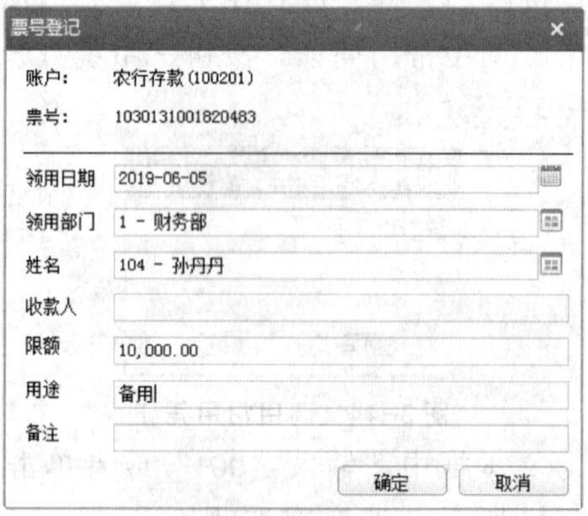

图 3-48　票号登记

（6）单击"确定"按钮，返回填制凭证窗口，最后保存凭证，如图 3-49 所示。

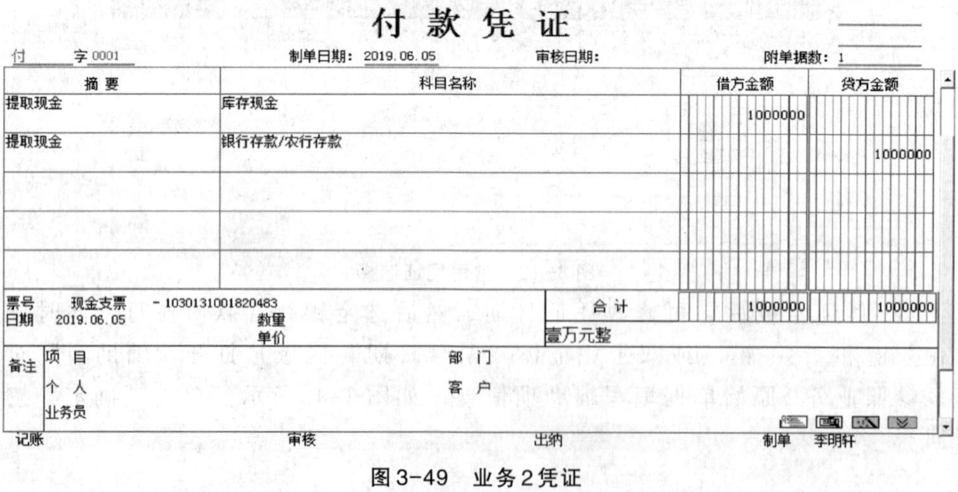

图 3-49　业务 2 凭证

特别提示：

①如果希望在制单时也可进行支票登记，则应在“选项”中设置“支票控制”选项。这样在制单时，如果所输入的结算方式应使用支票登记簿，在输入支票号后，系统则会自动勾销支票登记簿中未报销的支票，并将报销日期填上制单日期。若支票登记簿中未登记该支票，系统将显示票号登记对话框，供使用者将该支票内容登记到支票登记簿中，同时填上报销日期。

②红字金额以负数形式输入。如果方向不符，可按空格键调整金额方向。

③输入凭证分录的摘要，按“F2”键或参照按钮输入常用摘要，但常用摘要的选入不会清除原来输入的内容。

④“Ctrl+s”键：录入、查询辅助核算（只对总账凭证有效）。

⑤“F4”键：调用常用凭证。

⑥在金额处按“=”键，系统将根据借贷方差额自动计算此行分录的金额。例如，填制某张凭证时，前两行分录为借100和借200，在录入第三行分录的金额时，将光标移到贷方，按下“=”键，系统自动填写“300”。

⑦保存凭证可以按“保存”按钮，还可以按“F6”键保存。

3.“业务3”凭证的填制（部门辅助核算）

操作步骤：

（1）单击“增加”按钮，参照业务3原始单据进行填制。注意：在选择“管理费用/办公费”回车后，系统打开辅助项选择框，单击浏览选择按钮，选择“财务部”，如图3-50所示。

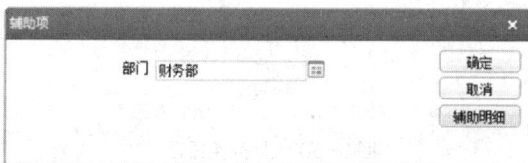

图3-50　部门辅助核算

（2）部门选择后，单击“确定”按钮，返回填制凭证窗口，接着完成业务3凭证的填制，如图3-51所示。

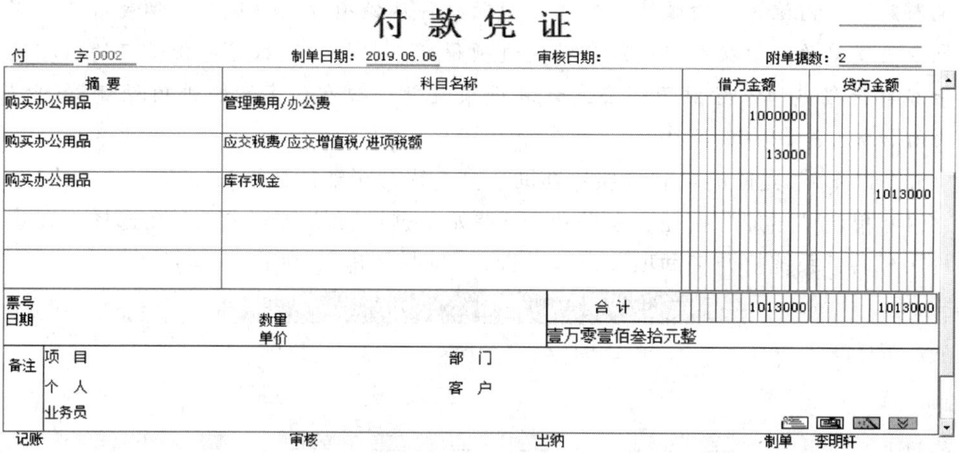
付款凭证

付　字 0002　制单日期：2019.06.06　审核日期：　附单据数：2

摘要	科目名称	借方金额	贷方金额
购买办公用品	管理费用/办公费	1000000	
购买办公用品	应交税费/应交增值税/进项税额	13000	
购买办公用品	库存现金		1013000
票号 日期	数量 单价 合计	1013000	1013000
	壹万零壹佰叁拾元整		

备注　项　目　部　门
个　人　客　户
业务员

记账　审核　出纳　制单　李明轩

图3-51　业务3凭证

特别提示:

发票上打印的金额是 1 000 元,此处假设会计李明轩疏忽将"管理费用/办公费"金额输入为"10 000",是为了将来修改凭证使用。

4."业务 4"凭证的填制(个人辅助核算)

(1)单击"增加"按钮,参照业务 4 原始单据进行填制。注意:在选择"其他应收款"回车后,系统打开辅助项选择框,按照原始单据信息填制完整,如图 3-52 所示。

图 3-52　个人往来辅助核算

(2)个人往来辅助信息填完后,单击"确定"按钮,返回填制凭证窗口,按"="键生成其他应收款金额,最后单击"保存"按钮,完成业务 4 凭证的填制,如图 3-53 所示。

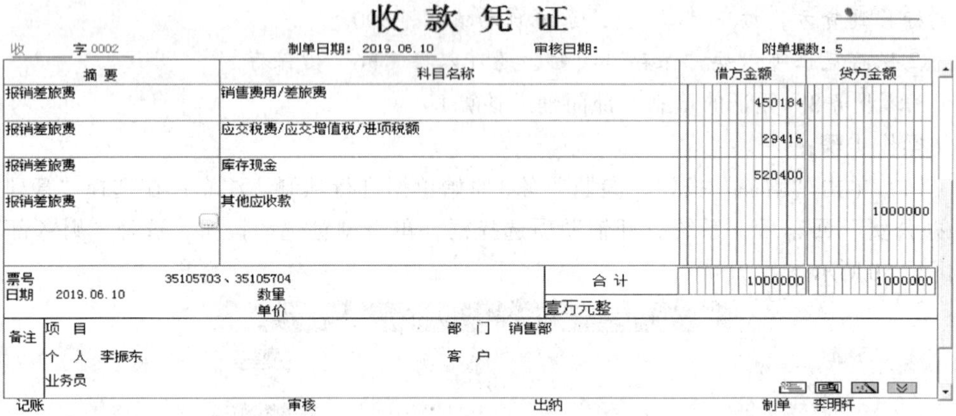

图 3-53　业务 4 凭证

特别提示:

本业务进项税金额=1 200/(1+9%)×9%×2+96=294.16 元。根据《关于深化增值税改革有关政策的公告》(财政部 税务总局 海关总署公告 2019 年第 39 号)第六条,纳税人购进国内旅客运输服务,其进项税额允许从销项税额中抵扣。纳税人未取得增值税专用发票的,暂按照以下规定确定进项税额:取得注明旅客身份信息的航空运输电子客票行程单的,按照下列公式计算进项税额:航空旅客运输进项税额=(票价+燃油附加费)÷(1+9%)×9%。

5."业务 5"凭证的填制(项目辅助核算、银行账辅助核算)

(1)单击"增加"按钮,参照业务 5 原始单据进行填制。注意:在选择"在建工程"回车后,系统打开辅助项选择框,选择"1 号厂房",如图 3-54 所示。

图 3-54　项目辅助核算

（2）项目名称选择后，单击"确定"按钮，返回填制凭证窗口，接着完成业务5凭证的填制，如图3-55所示。

付　款　凭　证

摘　要	科目名称	借方金额	贷方金额
付　字 0003	制单日期：2019.06.13　审核日期：　　　附单据数：2		
支付1号厂房勘察费	在建工程	1500000	
支付1号厂房勘察费	应交税费/应交增值税/进项税额	90000	
支付1号厂房勘察费	银行存款/农行存款		1590000
	合　计	1590000	1590000

票号　　　　　　　　　　数量
日期　－　　　　　　　　单价
　　　　　　　　　　　　　壹万伍仟玖佰元整

备注　项　目　1号厂房　　　部　门
　　　个　人　　　　　　　客　户
　　　业务员

记账　　　　　审核　　　　　出纳　　　　　制单 李明轩

图3-55　业务5凭证

特别提示：

保存后，光标自动切换到"用户自定义项"位置，辅助项核算信息自动为第一行分录信息，第三行银行存款辅助核算信息隐藏。如果要查询银行存款辅助核算信息，需要定位到第三行，辅助信息就会显示在相应的位置上，如果需要修改，按住"Ctrl+S"键进入辅助项对话框，直接修改即可。

6."业务6"凭证的填制（银行账辅助核算）

按照业务6原始单据进行填制，完成业务6凭证的填制，如图3-56所示。

付　款　凭　证

摘　要	科目名称	借方金额	贷方金额
付　字 0004	制单日期：2019.06.15　审核日期：　　　附单据数：2		
缴纳各税费	应交税费/未交增值税	6621000	
缴纳各税费	应交税费/应交城市维护建设税	463470	
缴纳各税费	应交税费/应交教育费附加	198630	
缴纳各税费	应交税费/应交地方教育费附加	132420	
缴纳各税费	银行存款/农行存款		7415520
	合　计	7415520	7415520

票号　其他　－20100010、20100011　　数量
日期　2019.06.15　　　　　　　　　　单价
　　　　　　　　　　　　　柒万肆仟壹佰伍拾伍元贰角整

备注　项　目　　　　　　　部　门
　　　个　人　　　　　　　客　户
　　　业务员

记账　　　　　审核　　　　　出纳　　　　　制单 李明轩

图3-56　业务6凭证

7."业务7"凭证的填制（数量金额式核算）

（1）单击"增加"按钮，参照业务7原始单据进行填制。注意：在选择"主营业务收入/基站发射机"回车后，系统打开辅助项编辑框，根据原始单据数量输入"2"，单价输入"9 000"，如图3-57所示。

（2）单击"确定"按钮，接着完成业务7凭证的填制，如图3-58所示。

8."业务8"凭证的填制（外币辅助核算）

（1）单击"增加"按钮，参照业务8原始单据进行填制。在选择"银行存款/中

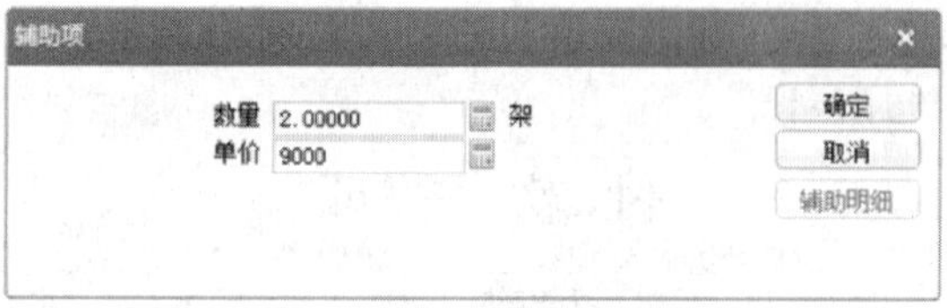
辅助项
数量 2.00000 架
单价 9000
确定
取消
辅助明细

图3-57 数量金额式核算

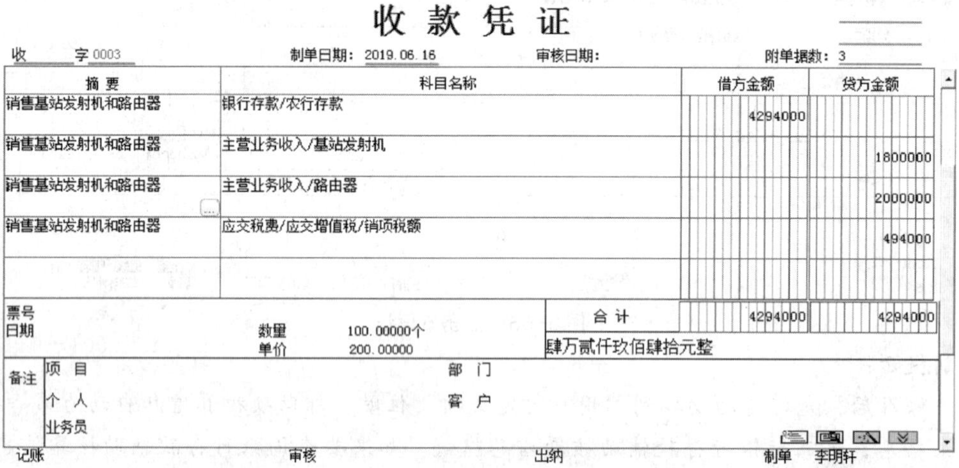
收款凭证
收 字 0003
制单日期：2019.06.16
审核日期：
附单据数：3
摘要
科目名称
借方金额
贷方金额
销售基站发射机和路由器 银行存款/农行存款 4294000
销售基站发射机和路由器 主营业务收入/基站发射机 1800000
销售基站发射机和路由器 主营业务收入/路由器 2000000
销售基站发射机和路由器 应交税费/应交增值税/销项税额 494000
票号
日期
数量 100.00000个
单价 200.00000
合计 4294000 4294000
肆万贰仟玖佰肆拾元整
备注 项目 部门
个人 客户
业务员
记账 审核 出纳 制单 李明轩

图3-58 业务7凭证

行存款”回车后，系统打开辅助项编辑框，根据原始单据将辅助项信息填完整。在辅助项编辑框单击“确定”按钮，系统自动给出外币汇率。注意：在金额处填上“100 000”美元，如图3-59所示，然后回车，系统自动计算出人民币金额。

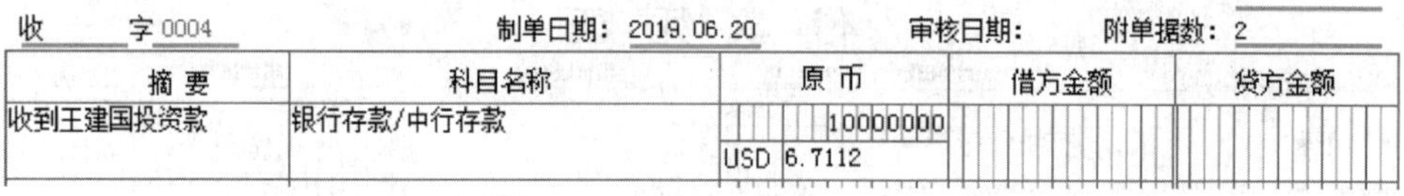
收 字 0004
制单日期：2019.06.20
审核日期：
附单据数：2
摘要
科目名称
原币
借方金额
贷方金额
收到王建国投资款 银行存款/中行存款 10000000
USD 6.7112

图3-59 外币金额输入

（2）回车，接着完成业务8凭证的填制，如图3-60所示。

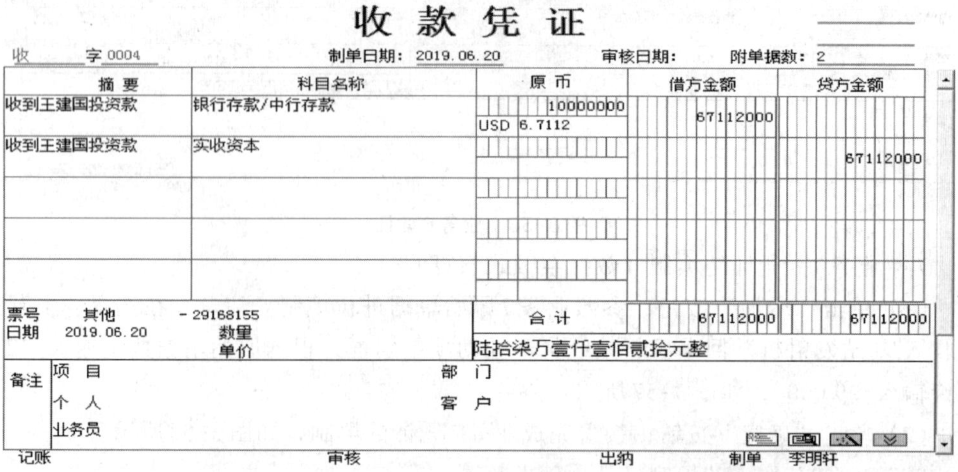
收款凭证
收 字 0004
制单日期：2019.06.20
审核日期：
附单据数：2
摘要
科目名称
原币
借方金额
贷方金额
收到王建国投资款 银行存款/中行存款 10000000 USD 6.7112 67112000
收到王建国投资款 实收资本 67112000
票号 其他 - 29168155
日期 2019.06.20
数量
单价
合计 67112000 67112000
陆拾柒万壹仟壹佰贰拾元整
备注 项目 部门
个人 客户
业务员
记账 审核 出纳 制单 李明轩

图3-60 业务8凭证

特别提示：

基础档案中的"外币设置"使用固定汇率作为记账汇率，且6月份记账汇率是"6.7112"，所以填制凭证时，系统自动带出。

9."业务9"凭证的填制（银行辅助核算、红字金额）

单击"增加"按钮，参照业务9原始单据进行填制，如图3-61所示。

收　款　凭　证

收　　字 0005		制单日期：2019.06.21	审核日期：	附单据数：1	
摘　要	科目名称			借方金额	贷方金额
收到利息	银行存款/农行存款				209246
收到利息	财务费用/利息/利息收入				209246

票号 其他 　-		合　计		
日期 2019.06.21	数量 单价			
备注	项　目		部　门	
	个　人		客　户	
	业务员			

记账　　　　　审核　　　　　出纳　　　　　制单 李明轩

图3-61　业务9凭证

特别提示：

①要将"财务费用-利息-利息收入"贷方发生额调整到借方以负数表示，因为在编制利润表时，财务费用一般取其借方发生额，为避免报表取数错误，对于"财务费用"贷方发生额的业务要将其调整为借方发生额。

②"财务费用"借方红字金额的录入方法有两种：一是在借方直接按"="键；二是在借方输入负数金额。

10."业务10"凭证的填制（无辅助核算）

单击"增加"按钮，参照业务10原始单据进行填制，如图3-62所示。

转　账　凭　证

转　　字 0001		制单日期：2019.06.30	审核日期：	附单据数：1	
摘　要	科目名称			借方金额	贷方金额
转出本月未交增值税	应交税费/应交增值税/转出未交增值税			6775000	
转出本月未交增值税	应交税费/未交增值税				6775000

票号		合　计	6775000	6775000
日期	数量 单价	陆万柒仟柒佰伍拾元整		
备注	项　目		部　门	
	个　人		客　户	
	业务员			

记账　　　　　审核　　　　　出纳　　　　　制单 李明轩

图3-62　业务10凭证

11."业务11"凭证的填制（虚设业务，修改使用）

单击"增加"按钮，按照业务11数据填制凭证，如图3-63所示。

付 款 凭 证

付　字 0005　　　　　　制单日期：2019.06.30　　　　　审核日期：　　附单据数：

摘　要	科目名称	借方金额	贷方金额
支付采购部水费	管理费用/水电费	30000	
支付采购部水费	库存现金		30000

票号 日期	数量 单价	合　计	30000	30000
		叁佰元整		

备注	项　目		部　门 采购部
	个　人		客　户
	业务员		

记账　　　　　　审核　　　　　　出纳　　　　　制单 李明轩

图3-63　业务11凭证

12."业务12"凭证的填制（虚设业务，修改使用）

单击"增加"按钮，按照业务12数据填制凭证，如图3-64所示。

付 款 凭 证

付　字 0006　　　　　　制单日期：2019.06.30　　　　　审核日期：　　附单据数：

摘　要	科目名称	借方金额	贷方金额
支付销售部水费	销售费用/水电费	40000	
支付销售部水费	库存现金		40000

票号 日期	数量 单价	合　计	40000	40000
		肆佰元整		

备注	项　目		部　门
	个　人		客　户
	业务员		

记账　　　　　　审核　　　　　　出纳　　　　　制单 李明轩

图3-64　业务12凭证

任务二　审核凭证

@ ［任务内容］

按照以下条件分别进行签字和审核。

1.对6月份所有收款凭证、付款凭证进行出纳签字。

2.对6月份所有凭证进行审核，发现6月6日填制的记账凭证金额有错，进行标错处理，其他凭证进行审核签字。

[任务要求]

6月30日，出纳孙丹丹对收、付款凭证进行签字，账套主管王志强对所有凭证进行审核签字。

[知识链接]

1.出纳签字：出纳凭证涉及企业现金的收入与支出，故应加强对出纳凭证的管理。出纳人员可通过出纳签字功能对制单员填制的带有现金及银行相关科目的凭证进行检查核对，主要核对出纳凭证的出纳科目的金额是否正确，审查认为错误或有异议的凭证，应交与填制人员修改后再核对。

教学视频 3-2-4

保证数据准确性——凭证的审核

2.审核凭证：审核凭证是审核员按照财会制度，对制单员填制的记账凭证进行检查核对，主要审核记账凭证是否与原始凭证相符，会计分录是否正确。审查认为错误或有异议的凭证，应打上出错标记，同时可写入出错原因并交给填制人员修改后再审核。

[工作示范]

1.出纳签字

操作步骤：

（1）以出纳孙丹丹（04）的身份登录企业应用平台，操作日期为"2019-06-30"。

（2）在"业务导航"中，单击"财务会计"/"总账"/"凭证"/"出纳签字"，打开"出纳签字"查询条件对话框，如图3-65所示。

教学视频 3-2-5

审核凭证操作演示

图3-65 出纳签字查询条件

（3）直接单击"确定"按钮，打开"出纳签字列表"页签，如图3-66所示。

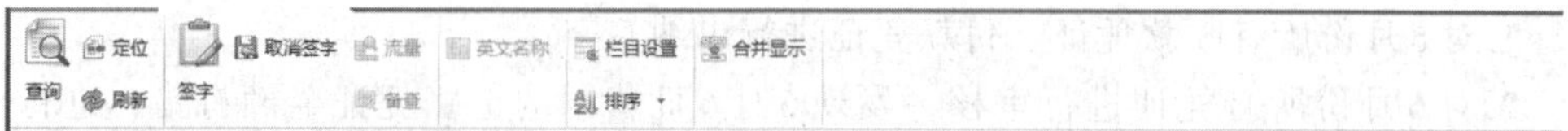

图 3-66　出纳签字列表

（4）在出纳签字列表中，勾选第一行第一列的选择框，系统将所有凭证打上"√"，如图 3-67 所示。

图 3-67　出纳签字选择

（5）单击工具栏"签字"按钮，系统进入自动签字状态，签字后系统打开签字情况提示框。单击"确定"，系统弹出"是否重新刷新凭证列表数据"提示，单击"是"，完成出纳签字并显示签字列表，如图 3-68 所示。

图 3-68　签字后凭证列表

特别提示：

①凭证下方出纳处显示当前操作员姓名，表示这张凭证出纳员已签字。

②若想对已签字的凭证取消签字，单击"取消"按钮。取消签字只能由出纳自己进行。

③已签字的凭证，不能填写票据，只能在取消签字后才能进行。已签字的凭证，不能被修改、删除，只能在取消签字后才能进行。

2.审核凭证

操作步骤：

（1）以账套主管王志强（01）的身份登录企业应用平台，操作日期为"2019-06-

30"。在"业务导航"中，单击"财务会计"/"总账"/"凭证"/"审核凭证"，打开"凭证审核"查询条件对话框。直接单击"确定"按钮，打开"凭证审核列表"页签。

（2）经过检查，发现6月6日购买办公用品金额有错误。对此业务进行勾选，然后单击工具栏"标错"按钮，系统打开"填写凭证错误原因"窗口，在文本框中输入"金额填写错误"，如图3-69所示。

凭证审核列表

	制单日期	凭证编号	摘要	借方金额合计	贷方金额合计	制单人	审核人	审核日期	记账人	出纳签字人
☐	2019-06-03	收 - 0001	收员工罚款	200.00	200.00	李明轩				孙丹丹
☐	2019-06-10	收 - 0002	报销差旅费	10,000.00						孙丹丹
☐	2019-06-16	收 - 0003	销售基站发射机	42,940.00						孙丹丹
☐	2019-06-20	收 - 0004	收到王建国投资款	671,120.00						孙丹丹
☐	2019-06-21	收 - 0005	收到利息	0.00						孙丹丹
☐	2019-06-05	付 - 0001	提取现金	10,000.00						孙丹丹
☑	2019-06-06	付 - 0002	购买办公用品	10,130.00						孙丹丹
☐	2019-06-13	付 - 0003	支付1号厂房勘察费	15,900.00						孙丹丹
☐	2019-06-15	付 - 0004	缴纳各税费	74,155.20						孙丹丹
☐	2019-06-30	付 - 0005	支付采购部水费	300.00						孙丹丹
☐	2019-06-30	付 - 0006	支付销售部水费	400.00						孙丹丹
☐	2019-06-30	转 - 0001	转出本月未交增	67,750.00	67,750.00	李明轩				
合计				902,895.20	902,895.20					

（填写凭证错误原因窗口：金额填写错误 *内容不大于255个字符 确定 取消）

图3-69 审核标错

（3）单击"确定"按钮，刷新列表。然后选择所有凭证进行审核，审核后如图3-70所示。

凭证审核列表

	制单日期	凭证编号	摘要	借方金额合计	贷方金额合计	制单人	审核人	审核日期
☐	2019-06-03	收 - 0001	收员工罚款	200.00	200.00	李明轩	王志强	2019-06-30
☐	2019-06-10	收 - 0002	报销差旅费	10,000.00	10,000.00	李明轩	王志强	2019-06-30
☐	2019-06-16	收 - 0003	销售基站发射机	42,940.00	42,940.00	李明轩	王志强	2019-06-30
☐	2019-06-20	收 - 0004	收到王建国投资款	671,120.00	671,120.00	李明轩	王志强	2019-06-30
☐	2019-06-21	收 - 0005	收到利息	0.00	0.00	李明轩	王志强	2019-06-30
☐	2019-06-05	付 - 0001	提取现金	10,000.00	10,000.00	李明轩	王志强	2019-06-30
☐	2019-06-06	付 - 0002	购买办公用品	10,130.00	10,130.00	李明轩		
☐	2019-06-13	付 - 0003	支付1号厂房勘察费	15,900.00	15,900.00	李明轩	王志强	2019-06-30
☐	2019-06-15	付 - 0004	缴纳各税费	74,155.20	74,155.20	李明轩	王志强	2019-06-30
☐	2019-06-30	付 - 0005	支付采购部水费	300.00	300.00	李明轩	王志强	2019-06-30
☐	2019-06-30	付 - 0006	支付销售部水费	400.00	400.00	李明轩	王志强	2019-06-30
☐	2019-06-30	转 - 0001	转出本月未交增	67,750.00	67,750.00	李明轩	王志强	2019-06-30
合计				902,895.20	902,895.20			

图3-70 审核后凭证列表

特别提示：

①审核人和制单人不能是同一个人。

②若想对已审核的凭证取消审核，单击"取消"按钮取消审核。取消审核签字只能由审核人自己进行。

③凭证一经审核，就不能被修改、删除，只有被取消审核签字后才可以进行修改或删除。

④审核人除了要具有审核权外，还需要有对待审核凭证制单人所制凭证的审核权，这个权限在"基础设置"的"数据权限"中设置。

⑤作废凭证不能被审核，也不能被标错。

⑥已标错的凭证不能被审核，若想审核，需先取消标错后才能审核。已审核的凭证不能标错。

[知识拓展]

对照式审核：主要是满足金融、证券等一些特殊行业的需要，通过对凭证的二次录入，达到系统自动审核凭证的目的。通过此项功能可满足对金额有特别控制的企业或单位的要求，确保经济业务处理不会发生输入错误。单击"对照式审核"，再次录入凭证，单击"对照检查"或"审核"按钮，原有凭证和待审核凭证对照检查，可查看全部凭证、已审核凭证和审核发现有错误的凭证。审核完毕，继续进行下一张凭证的录入。

任务三　修改和删除凭证

教学视频
3-2-6

有错就改——
凭证的修改

[任务内容]

按照以下条件分别进行凭证的修改或删除。

1.对带有"错误"标志的凭证（付款凭证0002号）进行修改，将10 000元修改为1 000元。

2.将6月30日支付采购部水电费的业务凭证进行作废、删除。

[任务要求]

6月30日，会计李明轩进行凭证的修改和删除，出纳和账套主管配合工作。

[知识链接]

在填制凭证过程中，由于某种原因，可能会出现错误，这个时候需要进行凭证的修改。凭证修改分为四种情形：直接修改、取消签字后修改、作废和删除、记账后红字冲销。

1.直接修改：在签字之前（出纳签字、审核员签字和主管签字三者中至少一种情况出现）发现凭证有错误，进入错误凭证直接修改就可以了。

2.取消签字后修改：若记账凭证已经签字，才发现有问题，需要签字人取消签字，然后填制人进入错误凭证直接修改。修改后，再重新进行签字。

3.作废和删除：发现凭证有错误，直接将错误凭证进行作废。作废后，还可以从系统中彻底删除这张作废的凭证。填制人再根据正确信息重新填制凭证。

4.记账后红字冲销：执行记账功能后，如果发现凭证有错误，采用红字冲销法和补充登记法对凭证进行修改。

[工作示范]

1.取消签字再修改凭证

操作步骤：

（1）以出纳孙丹丹（04）的身份登录企业应用平台，登录日期为"2019-06-30"。单击"总账"/"凭证"/"出纳签字"，打开"出纳签字"查询条件对话框。

（2）设置查询条件，"凭证标志"选择"有错凭证"。单击"确定"按钮，打开"出纳签字列表"页签。

（3）勾选有错凭证，单击工具栏"取消签字"按钮，系统弹出取消签字情况提示，单击"确定"，刷新列表。错误凭证取消了出纳签字。

（4）以会计李明轩（02）的身份登录企业应用平台，登录日期为"2019-06-30"。单击"总账"/"凭证"/"查询凭证"，打开"凭证查询"对话框。设置查询条件，"凭证标志"选择"有错凭证"，如图3-71所示。

教学视频
3-2-7

修改和删除凭证操作演示

图3-71　凭证查询条件

（5）单击"确定"按钮，进入查询凭证列表窗口，双击错误凭证所在行，调出错误凭证，如图3-72所示。

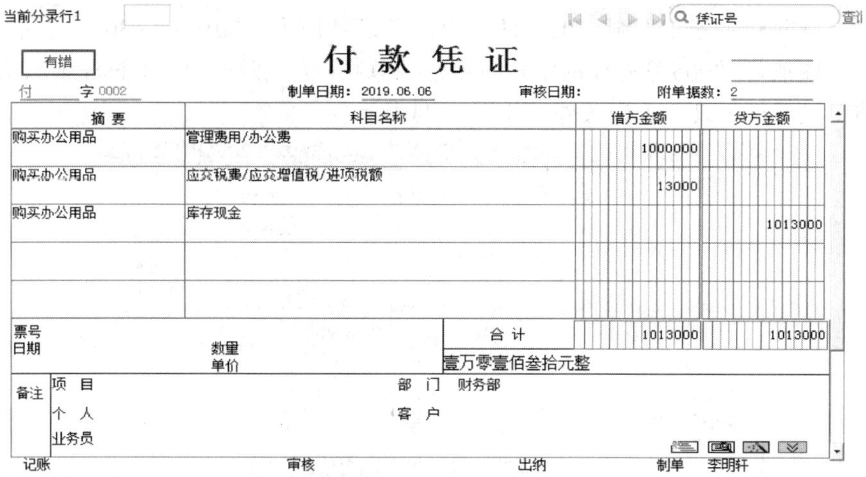

图3-72　错误凭证

（6）单击工具栏"修改"按钮，修改金额，修改正确后保存凭证，如图3-73所示。

（7）最后，对此凭证进行重新出纳签字和审核。操作方法不再赘述。

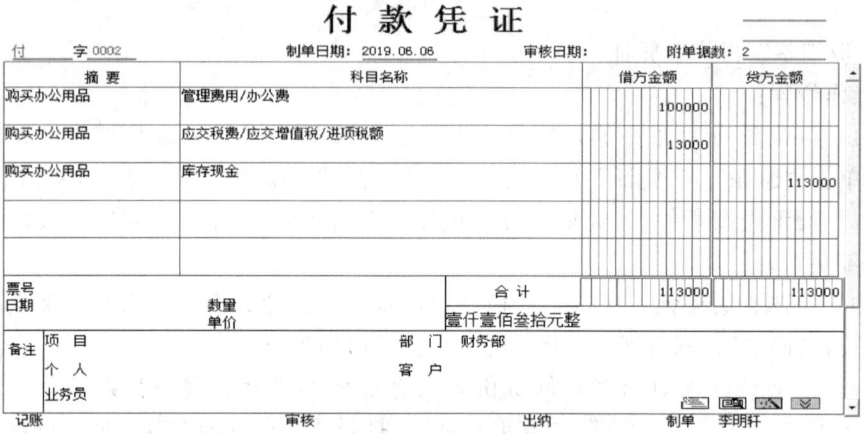

图3-73　修改凭证

特别提示：

①若在"选项"中设置了"制单序时"选项，那么在修改制单日期时，不能在上一编号凭证的制单日期之前。1月份编制的凭证不能将制单日期改为2月份的日期。

②若在"选项"中设置了"不允许修改、作废他人填制的凭证"选项，则不能修改他人填制的凭证。

③如果某笔涉及银行科目的分录已录入支票信息，并对该支票做过报销处理，修改该分录，将不影响"支票登记簿"中的内容。

④外部系统传过来的凭证不能在总账系统中进行修改，只能在生成该凭证的系统中进行修改。

2.作废并删除凭证

操作步骤：

（1）以出纳孙丹丹（04）的身份登录企业应用平台，登录日期为"2019-06-30"。对6月30日支付采购部水费的凭证（付-0005）执行取消出纳签字操作。

（2）以账套主管王志强（01）的身份，登录日期为"2019-06-30"，登录企业应用平台，取消付-0005号凭证的审核。单击"总账"/"凭证"/"审核凭证"，在"凭证审核"对话框中设置查询条件，如图3-74所示。

图3-74　凭证审核条件选择

（3）单击"确定"按钮，进入凭证审核列表页签，选中此凭证，然后单击工具栏"弃审"按钮，取消审核并刷新列表。

（4）以会计李明轩（02）的身份登录企业应用平台，登录日期为"2019-06-30"。单击"总账"/"凭证"/"填制凭证"，在凭证编辑窗口，单击右上角"查询"按钮，系统会打开查询条件对话框，"凭证类别"选择"付款凭证"，选中"月份"复选框，"凭证号"文本框中输入"0005"，然后单击"确定"按钮，系统调出此凭证。

（5）单击工具栏"作废"按钮，然后再单击"整理"按钮，系统打开期间选择框，选择"2019.06"，然后单击"确定"按钮，系统打开作废凭证表，双击删除文本框或单击"全选"按钮，如图3-75所示。

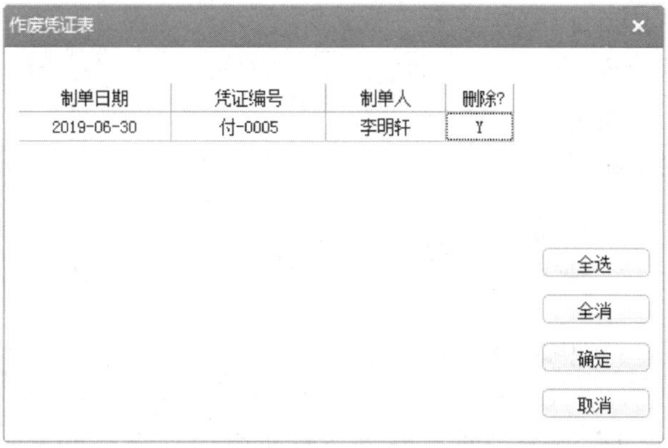

制单日期	凭证编号	制单人	删除?
2019-06-30	付-0005	李明轩	Y

全选
全消
确定
取消

图3-75　作废凭证表

（6）单击"确定"按钮，系统打开提示框，选择"按凭证号重排"，然后单击"是"。系统弹出"是否还需整理凭证断号"提示，单击"是"，完成凭证的删除和整理。

特别提示：

①作废凭证仍保留凭证内容及凭证编号，只在凭证左上角显示"作废"字样。

②作废凭证不能修改，不能审核。在记账时，不对作废凭证进行数据处理，相当于一张空凭证。在账簿查询时，也查不到作废凭证的数据。

③若当前凭证已作废，单击工具栏上的"作废/恢复"按钮，可取消作废标志，并将当前凭证恢复为有效凭证。

④有些作废凭证不想保留，可以通过凭证整理功能将这些凭证彻底删除，并利用留下的空号对未记账凭证重新编号。

⑤只能对未记账凭证作凭证整理。

任务四　凭证记账

@ ［任务内容］

1.对所有的凭证进行记账。

2.将6月30日支付销售部水电费的业务凭证进行红字冲销。

教学视频
3-2-8

为你点赞——
凭证的记账

[任务要求]

6月30日，会计李明轩进行凭证记账和红字冲销操作。

[知识链接]

记账是由有记账权限的操作员发出指令，计算机自动、成批进行的合法性检验、登记账簿系列操作。记账必须满足以下条件：

（1）期初余额必须试算平衡。

（2）凭证必须审核。

（3）上月凭证必须记账。

（4）上月必须结账。

[工作示范]

教学视频
3-2-9

凭证记账操作
演示

1.对所有凭证进行记账

操作步骤：

（1）以会计李明轩（02）的身份登录企业应用平台，登录日期为"2019-06-30"。单击"总账"/"凭证"/"记账"按钮，打开"记账"对话框，如图3-76所示。

记账选择				
● 2019.06月份凭证		○ 其他月份调整期凭证		
期间	类别	未记账凭证	已审核凭证	记账范围
2019.06	收	1-5	1-5	
2019.06	付	1-5	1-5	
2019.06	转	1-1	1-1	

全选　全消　记账　记账报告　　　　退出

图3-76　记账对话框

栏目说明：

①记账范围：选择记账范围，可输入连续编号范围，例如"1-4"表示1号至4号凭证；也可输入不连续编号，例如"5，6，9"，表示第5号、6号、9号凭证为此次要记账的凭证。如果不选择范围，系统对所有凭证进行记账。

②记账报告：显示记账报告，是经过合法性检验后的提示信息，例如此次要记账的凭证中有些凭证没有审核或未经出纳签字，属于不能记账的凭证，可根据提示修改后，再记账。

③记账：系统开始登录总账、明细账、辅助账等有关账簿。

④其他月份调整期凭证：如需要对非当前登录会计月的调整期凭证记账，可选中"其他调整期"选项并选择凭证范围，单击"记账"按钮记账。

（2）单击"记账"按钮，第一次记账过程中出现"期初试算平衡表"，单击"确定”按钮。系统开始执行自动记账，如图3-77所示。

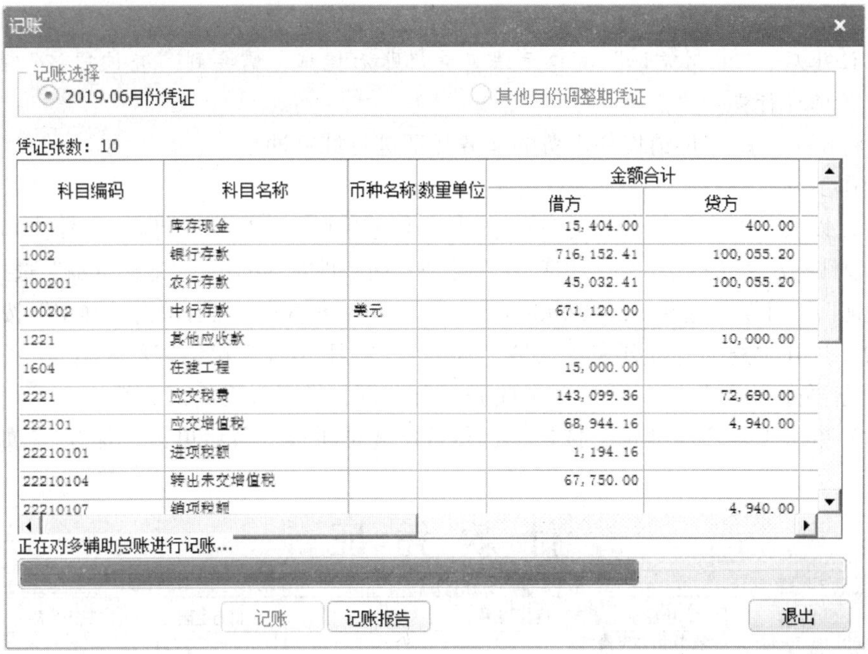

科目编码	科目名称	币种名称	数量单位	金额合计	
				借方	贷方
1001	库存现金			15,404.00	400.00
1002	银行存款			716,152.41	100,055.20
100201	农行存款			45,032.41	100,055.20
100202	中行存款	美元		671,120.00	
1221	其他应收款				10,000.00
1604	在建工程			15,000.00	
2221	应交税费			143,099.36	72,690.00
222101	应交增值税			68,944.16	4,940.00
22210101	进项税额			1,194.16	
22210104	转出未交增值税			67,750.00	
22210107	销项税额				4,940.00

图3-77　自动记账

（3）系统自动记账完毕，单击“确定”按钮，然后可以单击“预览”按钮，查看或打印科目汇总表，如图3-78所示。

科目汇总表

凭证张数：10

科目编码	科目名称	币种名称	数量单位	金额合计		原币合计		数量合计
				借方	贷方	借方	贷方	借方
1001	库存现金			15,404.00	400.00			
1002	银行存款			716,152.41	100,055.20	100,000.00		
100201	农行存款			45,032.41	100,055.20			
100202	中行存款	美元		671,120.00		100,000.00		
1221	其他应收款				10,000.00			
1604	在建工程			15,000.00				
2221	应交税费			143,099.36	72,690.00			
222101	应交增值税			68,944.16	4,940.00			
22210101	进项税额			1,194.16				
22210104	转出未交增值税			67,750.00				
22210107	销项税额				4,940.00			
222102	未交增值税			66,210.00	67,750.00			
222108	应交城市维护建设税			4,634.70				
222109	应交教育费附加			1,986.30				
222110	应交地方教育费附加			1,324.20				
4001	实收资本				671,120.00			
6001	主营业务收入				38,000.00			
600102	路由器		个		20,000.00			
600103	基站发射机		架		18,000.00			
6301	营业外收入				200.00			
6601	销售费用			4,901.84				
660101	水电费			400.00				
660103	差旅费			4,501.84				
6603	财务费用			-2,092.41				

单位：河北新华有限责任公司　　制表：李明轩　　打印日期：2019-06-30

图3-78　科目汇总表

特别提示：

①在记账过程中，不得中断退出。

②在第一次记账时，若期初余额试算不平衡，系统将不允许记账。

③所选范围内的凭证如有不平衡凭证，系统将列出错误凭证，并重选记账范围。

④记账后，"填制凭证"窗口无法查看记账后凭证，需要到"查询凭证"窗口对记账后凭证进行查询。

2.将6月30日支付销售部水费的业务凭证进行红字冲销

操作步骤：

（1）以会计李明轩（02）的身份登录企业应用平台，登录日期为"2019-06-30"。单击"总账"/"凭证"/"查询凭证"，在凭证查询条件对话框中，"记账范围"选择"已记账凭证"，"日期"选择"2019-06-30"至"2019-06-30"，然后单击"确定"按钮。

（2）打开"查询凭证列表"页签，查询到"6月30日支付销售部水电费"的业务凭证号为"付-0005"号，然后双击此凭证所在行，打开查询凭证页签。

（3）单击工具栏"冲销"按钮，进行红字凭证生成，然后单击"保存"，如图3-79所示。

付 款 凭 证

付 字 0006	制单日期：2019.06.30	审核日期：	附单据数：

摘 要	科目名称	借方金额	贷方金额
[冲销2019.06.30 付-0005号凭证]支付销售部	销售费用/水电费	40000	
[冲销2019.06.30 付-0005号凭证]支付销售部	库存现金		40000

票号 日期	数量 单价	合 计	40000	40000
		负肆佰元整		

备注	项 目	部 门	
	个 人	客 户	
	业务员		

记账	审核	出纳	制单 李明轩

图3-79 红字冲销凭证

特别提示：

冲销生成的红字凭证，在系统中显示为红色字体。只有在打印时才以负数显示。

（4）出纳孙丹丹（04）对红字凭证进行出纳签字，账套主管王志强（01）对红字凭证进行审核，会计李明轩（02）对红字凭证进行记账。

学习子情境三 出纳管理

[知识链接]

出纳管理是账务处理系统为辅助出纳人员的管理工作而提供的一套核算和管理功

能。它主要包括日记账的查询、支票登记簿的管理及进行银行对账等内容。

1.日记账

日记账包括库存现金日记账和银行存款日记账，要求在系统初始化时，指定"库存现金"科目为现金科目，"银行存款"科目为银行科目。

2.资金日报表

资金日报表是反映"库存现金"科目和"银行存款"科目当日借贷方发生额及余额情况的报表。

3.支票登记簿

支票登记簿用来详细登记支票领用人、领用日期等信息。只有在基础档案的结算方式中设置"票据结算"标志、在总账系统"选项"中选择"支票控制"，并在"会计科目"中已指定银行总账的科目才能使用支票登记簿。

4.银行对账

银行对账是企业货币资金管理的主要内容，是财务人员的最基本工作之一。为了能够准确掌握银行存款的实际金额，及时了解实际可动用的货币资金数额，防止记账差错的发生，企业必须定期将银行存款日记账与银行出具的对账单进行核对，并编制银行存款余额调节表。银行对账采用自动对账和手工对账相结合的方式，主要包括输入银行对账期初数据、输入银行对账单、银行对账、输入余额调节表、查询对账勾对情况、核销已达账等工作。

任务一　支票登记簿

［任务内容］

1.查询6月5日开出的现金支票。

2.登记6月28日采购部王思燕领用农行转账支票购买芯片原材料，预计金额6 215元，票号：32247656。

3.6月30日，采购部王思燕到财务部进行报销，会计李明轩填制记账凭证并告知孙丹丹在填制凭证时，对支票进行了报销处理，孙丹丹进行查询。并对此业务凭证进行出纳签字、审核和记账。

［任务要求］

6月28日，出纳孙丹丹进行支票登记的查询和增加。6月30日，会计李明轩填制凭证，出纳孙丹丹签字，账套主管王志强审核，会计李明轩记账。

［工作示范］

1.查询现金支票，领用登记转账支票

教学视频
3-3-1

重要的东西要
特殊对待——
支票登记

操作步骤：

（1）出纳孙丹丹（04）登录企业应用平台，单击"总账"/"出纳"/"支票登记簿"，打开"银行科目选择"对话框，科目选择"农行存款"。

（2）单击"确定"按钮，打开"支票登记簿"页签，可以查看到支票信息，如图3-80所示。

支票登记簿

科目：农行存款(100201)　　　　　　　　　　　　　　　　　　　　　　支票张数：1(其中：已报1 未报0)

领用日期	领用部门	领用人	支票号	预计金额	用途	汇...	汇...	...	报销日期	实际金额	领用部门编码
2019.06.05	财务部	孙丹丹	1030131001820483	10,000.00	备用				2019.06.30	10,000.00	1

预计未报金额　　　0.00 科目截止余额　　借 2266577.21　　　　　　　□已报销 □未报销

图3-80　支票登记簿

栏目说明：

①预计未报金额：为所有未报销支票的预计未报金额合计。以外币科目支票登记时，这里显示外币金额。

②报销日期：不能在领用日期之前。支票登记簿中的报销日期栏，一般是由系统自动填写的，但对于有些已报销但由于人为原因而造成系统未能自动填写报销日期的支票，用户可进行手工填写，将光标移到报销日期栏，然后写上报销日期。

③实际金额：实际报销金额。以外币科目支票登记时，这里显示外币金额。

（3）单击"增加"按钮，登记转账支票。领用日期为"2019.06.28"，领用部门选择"采购部"，领用人选择"王思燕"，支票号输入"1030131003247656"，预计金额输入"6 215"元，用途输入"购买原材料"，输入完成后，单击"保存"按钮，如图3-81所示。最后单击"退出"按钮，退出支票登记簿。

支票登记簿

科目：农行存款(100201)　　　　　　　　　　　　　　　　　　　　　　支票张数：2(其中：已报1 未报1)

领用日期	领用部门	领用人	支票号	预计金额	用途	汇...	汇...	...	报销日期	实际金额	领
2019.06.05	财务部	孙丹丹	1030131001820483	10,000.00	备用				2019.06.30	10,000.00	
2019.06.28	采购部	王思燕	1030131003247656	6,215.00	购买原材料						

预计未报金额　　6,215.00 科目截止余额　　借 2266577.21　　　　　　　□已报销 □未报销

图3-81　登记转账支票

2.业务员报销，会计填制凭证，对支票进行报销操作

操作步骤：

（1）会计李明轩（02）登录系统，根据业务员拿来的单据填制凭证，借方科目为"原材料/芯片"，数量为"275"，单价为"20"；借方科目为"应交税费/应交增值税/进项税额"，金额为"715"；贷方科目为"银行存款/农行存款"，结算方式为"转账支票"，票号为"32247656"，票据日期"2019.06.28"，金额为"6 215"。

（2）单击"保存"按钮，系统提示"此支票已登记过，是否报销？"，单击"是"，如图3-82所示，会计李明轩对此支票就做了报销操作。如果单击"否"，出纳孙丹丹就在支票登记簿窗口进行报销操作，报销日期输入"2019.06.30"，实际金额"6 215"，刷新界面后此支票就为报销状态。

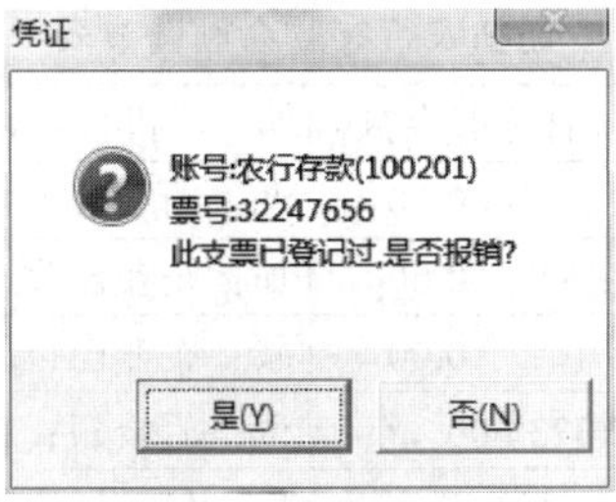

图3-82 报销提示

（3）单击"保存"按钮，对凭证进行保存，如图3-83所示。

付 款 凭 证

付 字 0007	制单日期：2019.06.30	审核日期：		附单据数：3
摘 要	科目名称		借方金额	贷方金额
购买芯片原材料	原材料/芯片		550000	
购买芯片原材料	应交税费/应交增值税/进项税额		71500	
购买芯片原材料	银行存款/农行存款			621500

票号 日期	-	数量	275.00000片	合 计	621500	621500
		单价	20.00000	陆仟贰佰壹拾伍元整		

备注	项 目		部 门	
	个 人		客 户	
	业务员			

记账	审核	出纳	制单 李明轩

图3-83 支票报销凭证

（4）对上述记账凭证，出纳孙丹丹进行出纳签字，账套主管王志强进行审核，会计李明轩进行记账。

特别提示：

①当支票支出后，经办人持原始单据（发票）到财务部门报销，会计人员据此填制记账凭证，当在系统中录入该凭证时，系统要求录入该支票的结算方式和支票号。在系统填制完成该凭证后，系统自动在支票登记簿中将该号支票写上报销日期，该号支票即为已报销。

②将光标移到需要修改的数据项上可直接修改支票登记簿内容。

③支票登记簿中报销日期为空时，表示该支票未报销，否则系统认为该支票已报销。

④已报销的支票不能进行修改。若想取消报销标志，只要将光标移到报销日期处，按空格键后删掉报销日期即可。

任务二 银行对账

[任务内容]

根据银行对账单进行银行对账，参考数据见表3-13、图3-84所示。

表 3-13   期初农行存款余额调节表

单位日记账项目	单位日记账余额	银行对账单项目	银行对账单余额
调整前余额：	2 323 600.00	调整前余额：	2 327 200.00
加：银行已收，企业未收	0.00	加：企业已收，银行未收	0.00
减：银行已付，企业未付	0.00	减：企业已付，银行未付	3 600.00
调整后余额：	2 323 600	调整后余额：	2 323 600

未达账项具体信息：2019 年 5 月 28 日，购买一批芯片，企业已经支付货款（转账支票、票号：32247642），并填制了付款凭证（0025），银行还未收到转账信息。

中国农业银行
AGRICULTURALBANK OF CHINA
中国农业银行（石家庄市分行）明细对账单

账号：Account No	6228480631045889923	单位名称：Account Name	河北新华有限责任公司
开户行：Opening Bank	天山支行	币种：Currency	人民币

重要提示：为保障贵单位账户资金安全，请及时核对账务。如有疑问，请及时与开户分行联系。

20190630
财务专用章（2）

第9页
Page

上页余额：238100.00
Balance on the previous page

日期 Date	摘要 Abstract	凭证种类 Voucher Type	凭证号码 Voucher No.	借方发生额 Debit Amount	贷方发生额 Credit Amount	借/贷标志 Debit/Credit Mark	余额 Balance	传票号 Voucher number
06/05	备用金	现金支票	1030131001820483	10000.00		贷	2317200.00	TS080702301
06/06	到账	转账支票	32247642	3600.00		贷	2301300.00	TS080703612
06/13	付款	网银	45292853721	15900.00		贷	2285400.00	TS080704216
06/15	缴纳税费	其他	201100010、201100011	74155.20		贷	2211244.80	TS080716027
06/16	销售	网银	79776563066		42940.00	贷	2254184.80	TS080725549
06/21	利息	其他			2092.41	贷	2256277.21	TS080731442

图 3-84   银行对账单

教学视频
3-3-3

账实核对——
银行对账

[任务要求]

6 月 30 日，出纳孙丹丹进行银行对账。

[工作示范]

1.录入银行对账期初数据

操作步骤：

（1）6 月 30 日，出纳孙丹丹登录系统，单击"总账"/"出纳"/"银行对账"/"银行对账期初录入"，打开"银行科目选择"对话框，科目选择"农行存款"。

教学视频
3-3-4

银行对账操作
演示

（2）单击"确定"按钮，打开"银行对账期初"对话框。在单位日记账的"调整前余额"文本框中输入"2 323 600.00"元，然后回车，系统自动计算出调整后余额。在银行对账单的"调整前余额"文本框中输入"2 327 200.00"元，然后回车，系统自动计算出调整后余额。

（3）单击"日记账期初未达项"按钮，进入"企业方期初"编辑窗口。

（4）单击"增加"按钮，按照表 3-13 信息设置完成，如图 3-85 所示。

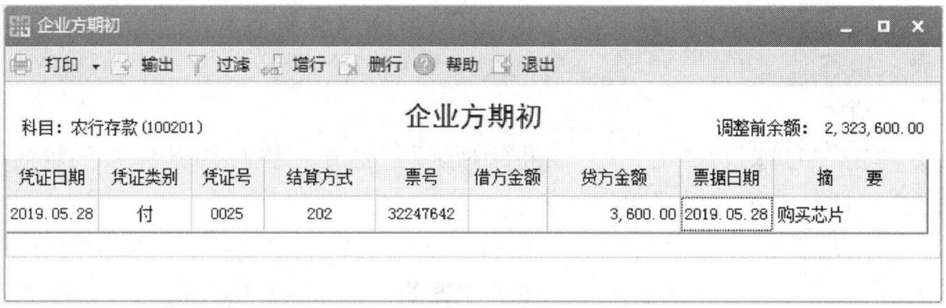

图 3-85 未达账项

（5）单击"退出"按钮，然后返回到银行对账期初对话框，系统自动计算出调整后余额，如图 3-86 所示。

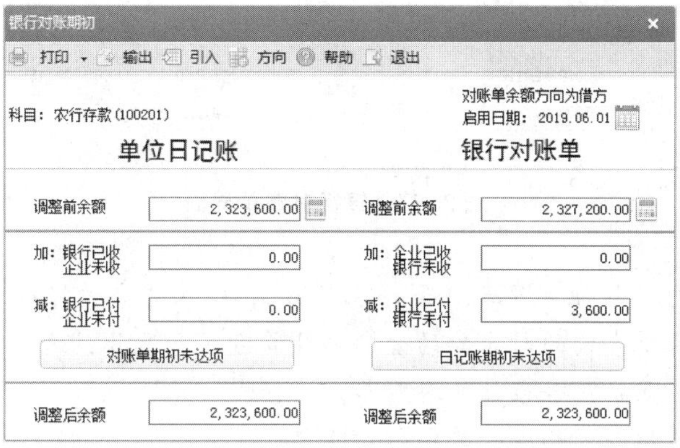

图 3-86 银行对账期初

特别提示：

①单位日记账与银行对账单的"调整前余额"应分别为启用日期时该银行科目的科目余额及银行存款余额；"期初未达项"分别为上次手工勾对截止日期到启用日期前的未达账项；"调整后余额"分别为上次手工勾对截止日期的该银行科目的科目余额及银行存款余额。若录入正确，则单位日记账与银行对账单的调整后余额应平衡。

②录入的银行对账单、单位日记账的期初未达项的发生日期不能晚于或等于此银行科目的启用日期。

③"银行对账期初"功能是用于第一次使用银行对账模块前录入日记账及对账单未达项，在开始使用银行对账之后一般不再使用。

④在录入完单位日记账、银行对账单期初未达项后，请不要随意调整启用日期，尤其是向前调，这样可能会造成启用日期后的期初数不能再参与对账。

⑤若某银行科目已进行过对账，在期初未达项录入中，对于已勾对或已核销的记录不能再修改。

⑥银行对账单余额方向为借方时，借方发生表示银行存款增加，贷方发生表示银行存款减少；反之，借方发生表示银行存款减少，贷方发生表示银行存款增加。系统默认银行对账单余额方向为借方，按［方向］按钮可调整银行对账单余额方向。已进行过银行对账勾对的银行科目不能调整银行对账单余额方向。

⑦在执行对账功能之前，应将［银行期初］中的［调整后余额］调平（即单位日记账的调整后余额=银行对账单的调整后余额），否则，在对账后编制"银行存款余

额调节表"时，会造成银行存款与单位银行账的账面余额不平。

2.录入银行对账单

操作步骤：

（1）单击"总账"/"出纳"/"银行对账"，打开"银行科目选择"对话框。单击"确定"，打开"银行对账单"页签。

（2）单击增行，参照图3-84输入银行对账单信息。完成后如图3-87所示。

科目：农行存款(100201)　　　　　　　　　　**银行对账单**　　　　　　　　　　对账单账面余额:2,268,577.21

日期	结算方式	票号	备注	借方金额	贷方金额	余额
2019.06.05	201	1030131001820483			10,000.00	2,317,200.00
2019.06.06	202	32247642			3,600.00	2,313,600.00
2019.06.13	5	45292653721			15,900.00	2,297,700.00
2019.06.15	9	201100010、201100011			74,155.20	2,223,544.80
2019.06.16	5	79778563066		42,940.00		2,266,484.80
2019.06.21	9				2,092.41	2,268,577.21

图3-87　银行对账单界面

栏目说明：

①单击"过滤"按钮，显示"条件录入窗"，输入要查询银行对账单的起止日期和借贷方向；录入要查询的对账单的金额、计算方式和票号，这三项可输可不输。单击"确定"按钮，显示符合条件的对账单。

②按"删除"按钮可删除一笔银行对账单。

③单击"引入"显示"银行对账单接口管理"界面。

特别提示：

①银行对账单是银行的日记账，企业的资产恰恰是银行的负债。所以二者的方向正好相反，在录入时反方向录入即可。

②每录完一条信息后，单击工具栏中"保存"按钮，系统即可自动计算当日余额。只有保存后才能刷新余额。

③在此功能中显示的银行对账单为启用日期之后的对账单。

3.银行对账

操作步骤：

（1）单击"总账"/"出纳"/"银行对账"，打开"银行科目选择"对话框。单击"确定"，打开"银行对账"页签。

（2）单击工具栏"对账"按钮，系统打开自动对账条件选择框，将"日期相差之内"复选框中的"√"去掉，然后单击"确定"。系统进行自动对账，结果如图3-88所示。

科目：100201（农行存款）

	单位日记账						银行对账单					
票据日期	结算方式	票号	方向	金额	两清	凭证号数	摘要	日期	结算方式	票号	备注	方向	金额	两清	对账序号
2019.06.16	5	7977856306	借	42,940.00	◇	收-0003	销售基站发射机和配	2019.06.05	201	1030131001		贷	10,000.00	◇	2019063000002
2019.06.21	9		借	2,092.41	◇	收-0005	收到利息	2019.06.06	202	32247642		贷	3,600.00	◇	2019063000003
2019.06.05	201	1030131001	贷	10,000.00	◇	付-0001	提取现金	2019.06.13	5	45292653721		贷	15,900.00	◇	2019063000004
2019.06.13	5	45292653721	贷	15,900.00	◇	付-0003	支付1号厂房勘察费	2019.06.15	9	201100010		贷	74,155.20		
2019.06.15	9	201100010、	贷	74,155.20	◇	付-0004	缴纳各税费	2019.06.16	5	7977856306		借	42,940.00	◇	2019063000005
2019.06.28	202	32247656	贷	6,215.00	◇	付-0007	购买芯片原材料	2019.06.21	9			借	2,092.41		2019063000001
2019.05.28	202	32247642	贷	3,600.00	◇	付-0025	购买芯片								

图3-88　自动对账结果

（3）对6月15日缴纳税费这笔业务进行手工对账。双击这笔业务单位日记账和银行对账单的"两清"文本框，系统进行勾选，然后单击工具栏的"保存"按钮，结果如图3-89所示。

科目：100201（农行存款）

图3-89 对账结果

特别提示：

①银行对账采用自动对账与手工对账相结合的方式。

②自动对账是计算机根据对账依据自动进行核对、勾销，对于已核对上的银行业务，系统将自动在银行存款日记账和银行对账单双方写上两清标志，并视为已达账项，对于在两清栏未写上两清符号的记录，系统则视其为未达账项。

③手工对账是对自动对账的补充，使用完自动对账后，可能还有一些特殊的已达账没有对出来，而被视为未达账项，为了保证对账更彻底正确，还可用手工对账来进行调整。

④自动对账需要对账的资料全部录入完毕，才可进行。对账时，首先依据"票号+方向+金额"方式进行自动对账，其次是依据"方向+金额"进行自动对账。

⑤对账条件中的方向、金额相同是必选的条件，对账截止日期可输可不输。

⑥对于已达账项，系统自动在单位日记账和银行对账单双方的"两清"栏打上圆圈作为标记。两清栏中 ⊙ 图标表示银企双方账项一致，两清栏中没有该图标的表示未达账项。两清栏中 Y 图标也表示银企双方账项一致，此图标是手工对账的结果。

4.输出余额调节表

操作步骤：

单击"总账"/"出纳"/"银行对账"/"余额调节表查询"，打开"银行余额调节表"页签，可以单击"详细"进行查询，也可以打印输出，如图3-90所示。

图3-90 详细余额调节表

特别提示：

余额调节表是系统自动编制的。对账完成后，计算机自动整理汇总未达账和已达账，生成银行余额调节表。

学习子情境四　账表管理

⚙ ［知识链接］

企业发生的经济业务，经过制单、审核、记账操作以后，就形成了会计账簿。账务处理系统中的账表管理主要包括日记账、总账、明细账、余额表及辅助账的管理等。在总账系统中，提供了强大的查询功能，整个系统还有效地实现了总账、明细账、凭证联查功能。

此外，账簿查询还提供未记账凭证的模拟记账功能，使企业能随时了解各科目的最新余额和明细情况，对部门、项目信息反映及时，费用控制更加可靠。

任务　多栏账设置和查询

@ ［任务内容］

按照以下要求进行多栏账设置与查询。

1.定义"管理费用"多栏账，要求"自动编制、分析栏目后置"，并进行查询。

2.定义"应交增值税"多栏账，要求"自动编制、修改进项税额已交税金和转出未交增值税的方向、分析栏目前置"，并进行查询。

@ ［任务要求］

教学视频
3-4-1

灵活多样的账
簿——多栏账
设置和查询

6月30日，会计李明轩定义"管理费用"和"应交增值税"多栏账，并进行查询。

⚙ ［知识链接］

多栏账是总账系统中一个很重要的功能，用户可以使用本功能设计企业需要的多栏明细账，按明细科目保存为不同的多栏账名称，在以后的查询中只需要选择多栏明细账直接查询即可。由于其具有方便快捷、自由灵活的特性，故可按明细科目自由设置不同样式的多栏账。

📒 ［工作示范］

教学视频
3-4-2

多栏账设置和
查询操作演示

1.定义"管理费用"多栏账并查询

操作步骤：

（1）单击"总账"/"账表"/"科目账"/"多栏账"，打开"多栏账"设置窗口。

（2）单击"增加"按钮，打开"多栏账定义"对话框，从核算科目下拉框中选择

"管理费用"，然后单击"自动编制"按钮，系统自动带入明细科目。然后再单击"选项"按钮，选择"分析栏目后置"，设置如图3-91所示。

图3-91 管理费用多栏账定义

栏目说明：

①自动编制：按"自动编制"按钮，系统将根据所选核算科目的下级科目自动编制多栏账分析栏目。例如，核算科目为管理费用，执行自动编制，系统将自动把管理费用的下级科目设为多栏账分析栏目，分析方向与科目性质相同。建议先进行自动编制再进行手动调整，可提高录入效率。

②手动编制：按"增加栏目"按钮可自行增加栏目，选择栏目后按"删除栏目"按钮可删除该栏目，双击表中栏目或按空格键可编辑修改栏目。按⬆和⬇按钮可调整栏目的排列顺序。

③方向：确定分析所选科目的分析方向，是借方分析还是贷方分析。借方分析即分析科目的借方发生额，贷方分析即分析科目的贷方发生额。

④分析方式：若选按金额分析，则系统只输出其分析方向上的发生额；若选按余额分析，则系统对其分析方向上的发生额按正数输出，其相反发生额按负数输出。例如，550201科目为借方分析，若选择金额方式，系统只输出其借方发生额；若选择余额方式，系统将其借方发生额按正数输出，其贷方发生额按负数输出。

⑤选项：对多栏账格式进行设置。多栏账共有两种输出格式：分析栏目前置式、分析栏目后置式。分析栏目前置是将分析栏目放在余额列之前进行分析，如增值税多栏账可采用这种方式。分析栏目后置是将分析栏目放在余额列之后进行分析，与手工多栏账保持一致。

特别提示：

①多栏账名称不能重复定义。

②如果选择了"分析栏目后置"，则所有栏目的分析方向必须相同。若选择"借方分析"，则分析方向必须为"借"；若选择"贷方分析"，则分析方向必须为"贷"。

③如果选择了"分析栏目后置"，则所有栏目的分析内容必须相同，且不能输出外币及数量。若按金额分析，则需全按金额分析；若按余额分析，则需全按余额分析。

④栏目中的科目不能重复定义。

（3）单击"确定"按钮，返回"多栏账"编辑窗口。然后单击"查询"按钮，打开"多栏账查询"对话框，如图3-92所示。

图3-92　管理费用多栏账查询条件

（4）单击"确定"按钮，打开"管理费用多栏账"页签，如图3-93所示。

图3-93　管理费用多栏账

2.定义"应交增值税"多栏账，并进行查询

操作步骤：

（1）在"多栏账"设置窗口，单击"增加"按钮，打开"多栏账定义"对话框。从核算科目下拉框中选择"应交增值税"，单击"自动编制"，然后单击"选项"按钮，选择"分析栏目前置"。

（2）在"栏目定义"区域，双击进项税额的"方向栏"，从下拉列表中选择"借"方，同理将"已交税金""转出未交增值税"的方向进行调整，结果如图3-94所示。

图3-94　应交增值税多栏账设置

（3）设置完成后，单击"确定"按钮，进行应交增值税多栏账查询，方法同前，不再赘述。

学习子情境五　期末处理

◉ ［知识链接］

教学视频
3-5-1

月底好忙
啊——总账期
末业务介绍

期末处理业务是在完成记账工作的基础上进行的，在每个会计期的期末都要完成一些特定的工作，主要包括转账业务、对账及结账等。由于各会计期间的许多期末业务都具有较强的规律性，利用软件进行财务核算和管理，不但提高了工作效率，而且加强了财务核算的规范性。

一、转账定义

转账分为外部转账和内部转账。外部转账是指将其他专项核算子系统生成的凭证转入总账系统中。内部转账是指在总账系统内部将某个或某几个会计科目中的余额或本期发生额结转到一个或多个会计科目中去。

转账定义包括自定义结转、对应结转、销售成本结转、汇兑损益结转和期间损益结转等。

1.自定义结转

教学视频
3-5-2

分类处理——
期末转账定义
和机制凭证

自定义转账主要是解决企业自身情况所需的转账凭证设置问题。由于各个企业情况不同，核算方法也不尽相同，特别是对各类成本费用分配结转方式的差异，必然会造成各个企业转账定义的差异。为适应该需要，系统提供了自行定义转账凭证的功能。

首次使用总账系统，应先进行"转账定义"，即设置自动转账分录。定义好转账分录后，在以后各月只需要调用"转账生成"功能，就可以自动生成转账凭证。设置自动转账分录就是将凭证的摘要、会计科目、借贷方向以及金额计算公式存入计算机中的一项操作。

2.对应结转

当两个或多个上级科目的下级科目及辅助项有一一对应关系时，可将其余额按一定比例进行对应结转，可一对一结转，也可一对多结转。本功能只结转期末余额。

3.销售成本结转

销售成本结转是指期末将已售商品的成本结转至"主营业务成本"的过程，本系统提供了自动结转销售成本的功能，系统要求"库存商品"、"主营业务收入"和"主营业务成本"三个科目都必须设置为"数量"核算，且三个科目的下级科目结构要一一对应或者辅助核算项相同。

当期销售成本=当期销售商品数量×商品单位成本（销售成本计算公式）

公式中的"当期销售商品数量"取自主营业务（商品销售）收入项目下某商品的数量。

公式中"商品单位成本"取自"库存商品"项目下某商品的平均成本或单价。

4.汇兑损益结转

汇兑损益结转用于期末自动计算外币账户的汇兑损益，并在转账生成中自动生成转账凭证。

5.期间损益结转

期间损益结转用于一个会计期间终了后将损益类科目的余额结转到本年利润科目中去，从而及时反映企业利润的盈亏情况。

二、转账生成

在转账定义完成以后，就可以进行转账生成操作了，每月月末只需执行本功能就可快速生成转账凭证（机制凭证）。一定要注意，由于转账是按照已记账的数据进行计算的，所以在进行月末转账工作之前，请务必对所有未记账凭证进行记账，否则生成的转账凭证数据可能有误。特别是对于一组相关转账分录，必须按顺序依次进行转账生成、审核、记账。

三、对账

为保证数据的正确性与完整性，期末结账前要做好对账工作。它主要是通过核对总账与明细账、总账与辅助账数据来完成账账核对。一般来说，实行计算机记账，只要凭证输入正确，计算机就不会发生对账不符的情况。但为了防止计算机病毒和非法操作对数据的破坏，应经常使用本功能进行对账，并且应定期进行，至少每月在结账前进行一次。

四、结账

每月月末都要进行结账工作。在实行软件管理之后，结账工作就简单多了。结账就是一种成批数据处理的操作，每月只结账一次。结账前应该对会计数据做好备份工作。结账后，如果出现数据被破坏的情况，可以使用反结账功能，取消结账。

任务一　转账定义

［任务内容］

1.进行自定义转账设置：计提城市维护建设税（7%）、教育费附加（3%）及地方教育附加（2%）。

2.进行对应结转设置：将"本年利润"余额结转到"利润分配/未分配利润"。

3.进行销售成本结转。

4.进行汇兑损益结转，期末调整汇率，当天的即期汇率是6.7725。

5.进行期间损益结转。

［任务要求］

6月30日，会计李明轩按要求进行转账定义。

[工作示范]

1.自定义转账设置

操作步骤：

（1）以会计李明轩（02）的身份登录系统，单击"总账"/"期末"/"转账定义"/"自定义转账"，打开"自定义转账设置"窗口。

（2）单击"增加"按钮，打开"转账目录"对话框，转账序号输入"0001"号，转账说明输入"计提各项税费"，凭证类别选择"转账凭证"，设置如图3-95所示。

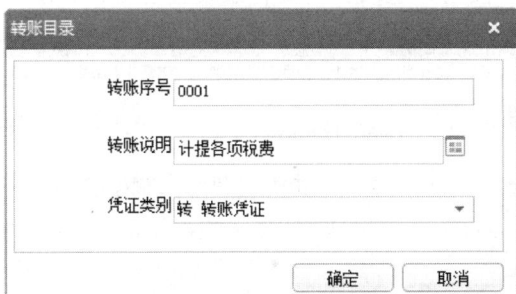

图3-95　转账目录

栏目说明：

①转账序号：该张转账凭证的代号，转账编号不是凭证号，转账凭证的凭证号在每月转账时自动产生。一张转账凭证对应一个转账编号，转账编号可任意定义，但只能输入数字0—9，不能重号。

②转账说明：就是摘要，可单击"多选"按钮或按"F2"键参照常用摘要录入，亦可手工输入。

③凭证类别：定义该张转账凭证的凭证类别。

（3）单击"确定"按钮，在"自定义转账设置"窗口，单击"增行"按钮，摘要栏系统自动带出，科目选择"6403税金及附加"，方向选择"借"，金额公式要单击文本框中的选择按钮，系统打开"公式向导"，然后选择"取对方科目计算结果"，如图3-96所示。

图3-96　公式向导（一）

（4）单击"下一步"按钮，打开公式向导第二步，如图3-97所示。

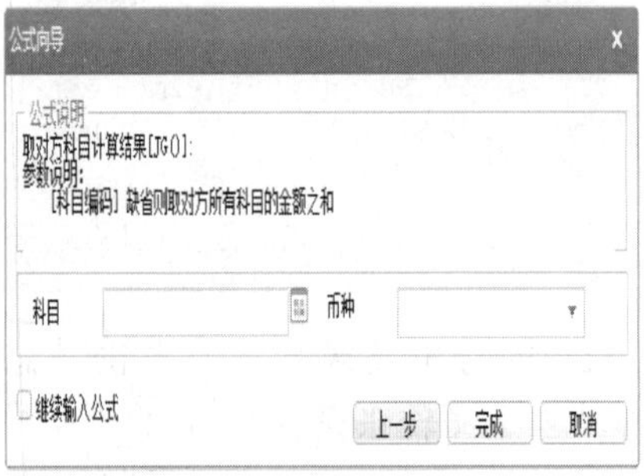

图 3-97 公式向导（二）

（5）单击"完成"按钮，返回自定义转账设置窗口，如图 3-98 所示。

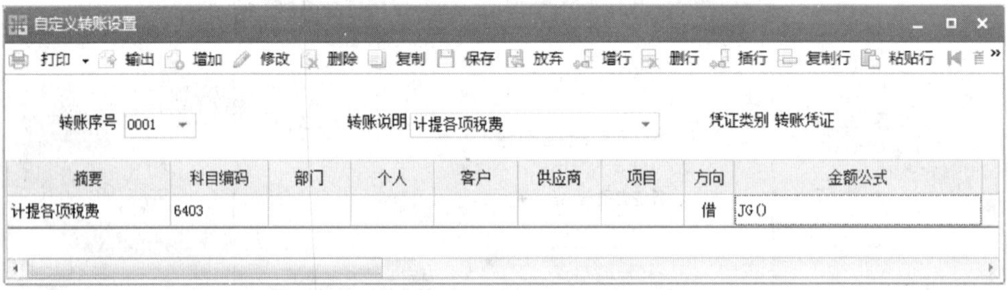

图 3-98 借方科目信息完成

栏目说明：

①科目编码：录入每笔转账凭证分录的科目编码。

②部门：当输入的科目为部门核算科目，如要按某部门进行结转时，则需在此指定部门，若此处不输入，即表示按所有部门进行结转。对于非部门核算科目，此处不必输入。

③项目：当输入的科目为项目核算科目时，如要按某项目结转时，则需在此指定项目，若此处不输入，即表示按所有项目进行结转，若此处输入为项目分类，则表示按此项目分类所有项目进行结转。对于非项目核算科目，此处不必输入。

④个人：当输入的科目为个人往来科目时，如要按某个人结转时，则需在此指定个人，若此处不输，即表示按所有个人结转，若只输入部门不输入个人，则表示按该部门下所有个人结转。对于非个人往来科目，此处不必输入。

⑤客户：当输入的科目为客户往来科目，要按某客户结转时，则需在此指定客户，若此处不输入，即表示按所有客户进行结转。对于非客户往来科目，此处不必输入。

⑥供应商：当输入的科目为供应商往来科目，要按某供应商结转时，则需在此指定供应商，若此处不输入，即表示按所有供应商进行结转。对于非供应商往来科目，此处不必输入。

⑦方向：输入转账数据发生的借贷方向。

⑧金额公式：单击█可参照录入计算公式，也可直接输入转账函数公式。

（6）单击"增行"按钮，在第二行接着输入，科目编码选择"222108应交城市维护建设税"，方向选择"贷"，金额公式参照公式向导，选择"贷方发生额"，如图 3-99 所示。

（7）单击"下一步"按钮，打开"公式向导"第二步，科目选择"222102未交增值税"，选择左下角"继续输入公式"复选框，运算符选择"乘"，然后单击"下一步"，如图 3-100 所示。

图 3-99　贷方公式向导（一）

图 3-100　贷方公式向导（二）

栏目说明：

①科目编码可以为非末级科目。

②期间、方向由函数确定，若按年取数，则期间为"年"，若按月取数，则期间为"月"。

③若科目有辅助核算，则需要输入辅助项，且各辅助项必须为末级。

（8）单击"下一步"按钮，公式名称选择"常数"，如图 3-101 所示。

图 3-101　贷方公式向导（三）

（9）单击"下一步"按钮，"常数"栏输入"0.07"，如图 3-102 所示。

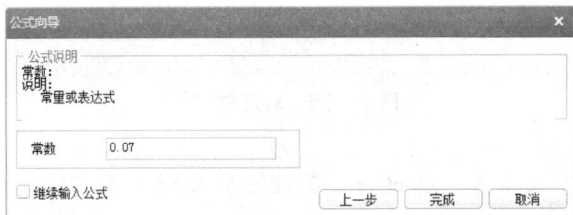

图 3-102　贷方公式向导（四）

（10）单击"完成"按钮，返回到"自定义转账设置"窗口，如图3-103所示。

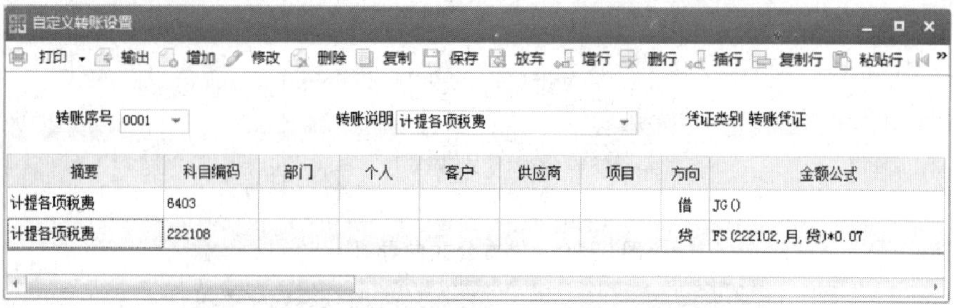

图3-103　计提城市维护建设税转账设置

（11）同理，增行将教育费附加和地方教育附加设置完成，如图3-104所示。

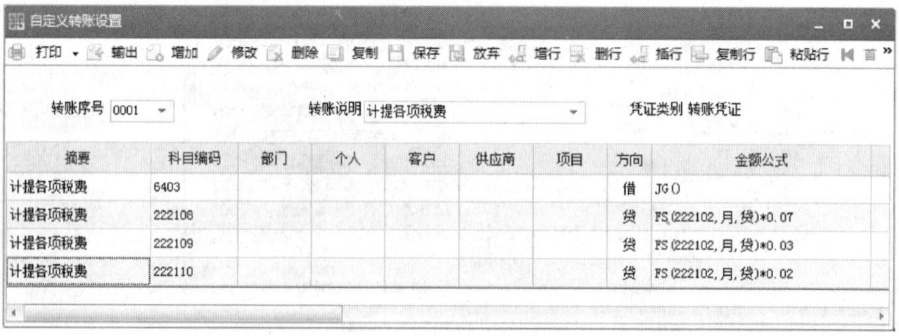

图3-104　自定义转账设置

2.对应结转设置

操作步骤：

单击"总账"/"期末"/"转账定义"/"对应结转"，打开"对应结转设置"窗口。单击"增加"按钮，编号输入"0001"，摘要输入"结转本年利润"，凭证类别选择"转账凭证"，转出科目选择"4103本年利润"。然后单击"增行"按钮，转入科目选择"410411利润分配/未分配利润"，结转系数输入"1"，最后单击"保存"完成对应结转设置，如图3-105所示。

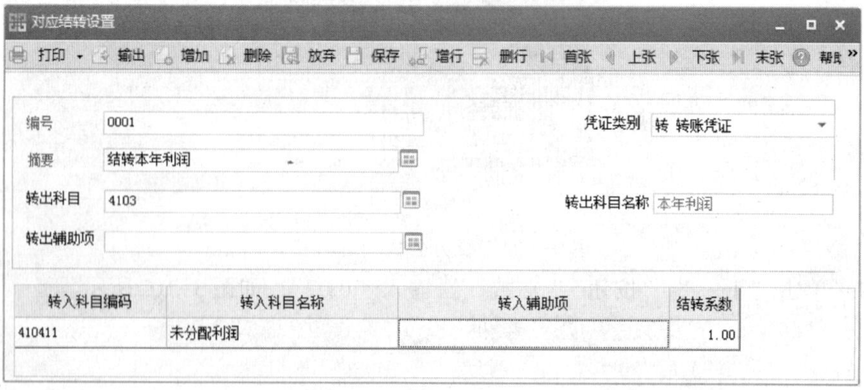

图3-105　对应结转

特别提示：

①一张凭证可定义多行，转出科目及辅助项必须一致，转入科目及辅助项可不相同。

②转出科目与转入科目必须有相同的科目结构，但转出辅助项与转入辅助项可不相同。

3.销售成本结转设置

操作步骤：

（1）单击"总账"/"期末"/"转账定义"/"销售成本结转"，打开"销售成本结转设置"对话框。

（2）凭证类别选择"转账凭证"，库存商品科目选择"1405库存商品"，商品销售收入科目选择"6001主营业务收入"，商品销售成本科目选择"6401主营业务成本"，然后单击"确定"按钮完成销售成本结转设置，如图3-106所示。

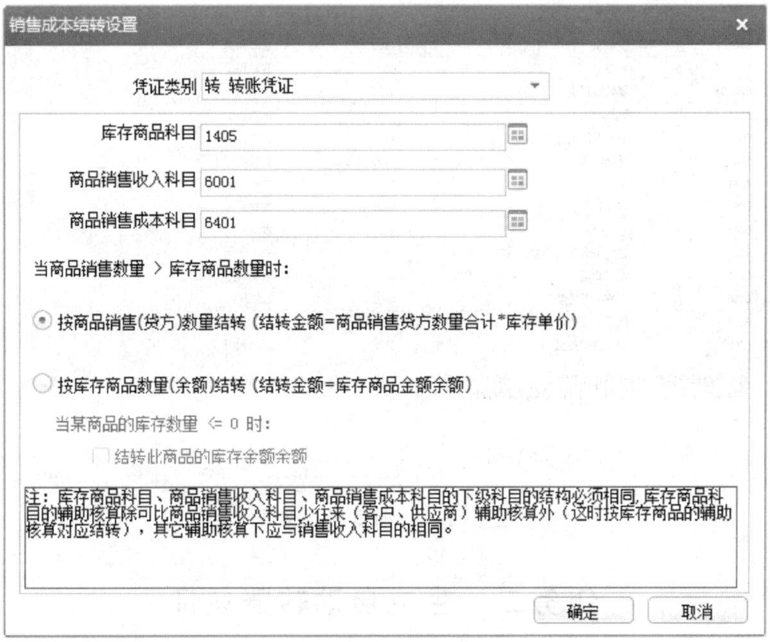

图3-106　销售成本结转

4.汇兑损益结转

操作步骤：

单击"总账"/"期末"/"转账定义"/"汇兑损益结转"，打开"汇兑损益结转设置"对话框。汇兑损益入账科目选择"660301财务费用/汇兑损益"，双击选择"是否计算汇兑损益"，结果如图3-107所示。单击"确定"按钮保存设置。

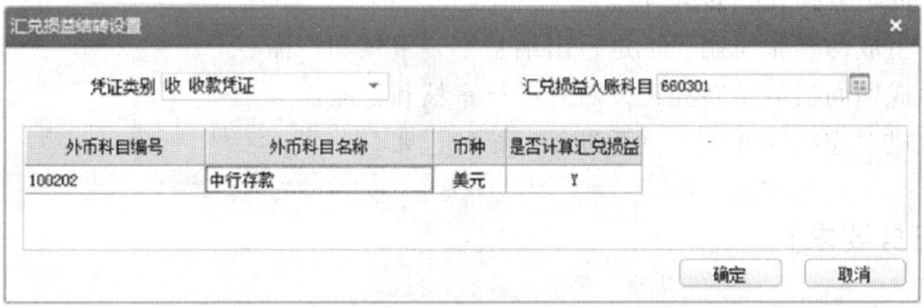

图3-107　汇兑损益结转设置

特别提示:

凭证类别可以按照系统默认值设定,生成凭证时根据情况再选择。

5.期间损益结转

操作步骤:

单击"总账"/"期末"/"转账定义"/"期间损益",打开"期间损益结转设置"对话框。凭证类别选择"转账凭证",本年利润科目选择"4103本年利润",如图3-108所示。单击"确定"按钮保存设置。

图3-108 期间损益结转

任务二 生成自动转账凭证

[任务内容]

1.生成自定义结转凭证。

2.生成销售成本结转凭证。

3.生成汇兑损益结转凭证。

4.对生成的三张机制凭证进行出纳签字、审核和记账。

5.生成期间损益结转凭证,然后进行审核和记账。

6.生成对应结转凭证,然后进行审核和记账。

[任务要求]

会计李明轩进行自动转账凭证的生成和记账,出纳孙丹丹进行签字,账套主管王志强负责审核。

[知识链接]

转账定义完成后，每月月末只需执行转账生成功能即可自动生成转账凭证（称为机制凭证），在此生成的转账凭证将自动追加到未记账凭证中去。

自动转账凭证可以分为独立自动转账分录和相关自动转账分录（或凭证）。独立自动转账分录是指与其他转账分录没有数据源关系的分录，它可以在任何时候生成转账凭证；相关自动转账分录是指与其他转账分录有数据源关系的分录，它只能在相关的前置转账业务入账后才能使用，否则系统取数时就会发生差错。同一张转账凭证年度内可根据需要多次生成，但每月一般只需要结转一次。

[工作示范]

教学视频
3-5-4

生成自动转账
凭证操作演示

1.生成自定义结转凭证

操作步骤：

（1）以会计李明轩（02）的身份登录系统，单击"总账"/"期末"/"转账生成"，打开"转账生成"对话框。选择"自定义转账"，双击选择"是否结转"（或单击"全选"按钮），如图3-109所示。

图3-109 自定义转账生成

（2）单击"确定"按钮，系统自动生成机制凭证，单击"保存"，如图3-110所示。

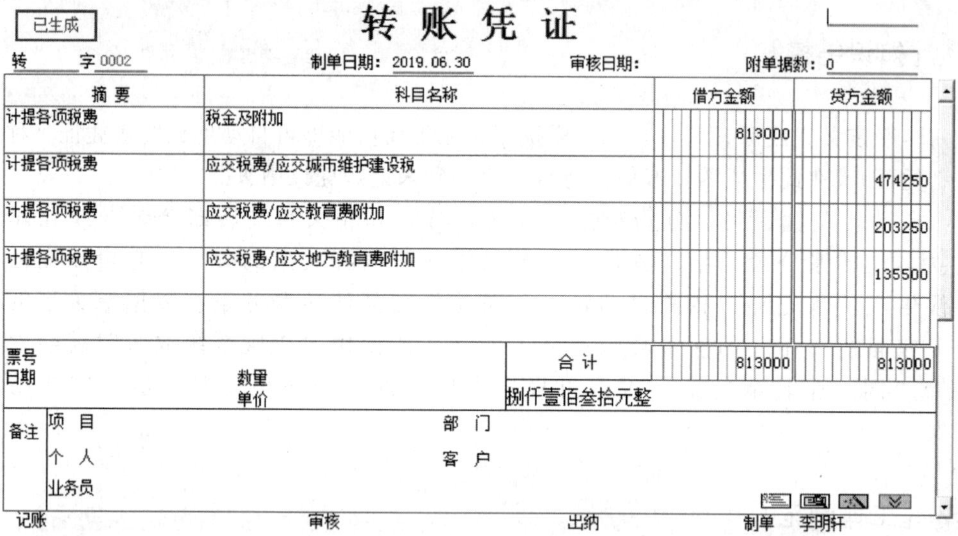

图 3-110　计提各项税费机制凭证

2.生成销售成本结转凭证

操作步骤：

（1）在"转账生成"对话框中，选择"销售成本结转"，如图 3-111 所示。

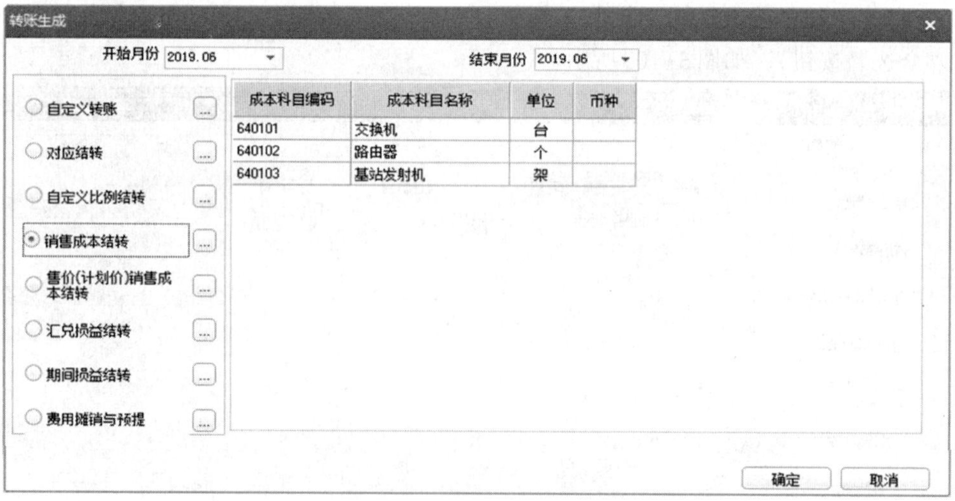

图 3-111　销售成本转账生成

（2）单击"确定"按钮，系统弹出"2019.06 月或之前月有未记账凭证，是否继续结转？"提示，如图 3-112 所示。

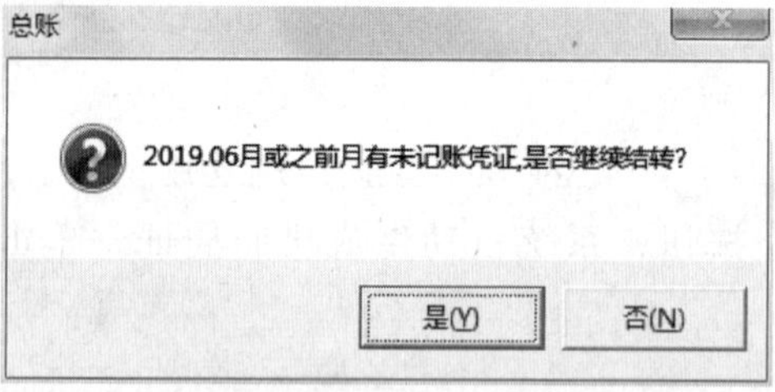

图 3-112　结转提示

特别提示：

由于转账是按照已记账的数据进行计算的，只要在执行转账生成时有未记账凭证，系统就会进行提示。当用户确认未记账凭证与正要生成的凭证业务无关时，方可继续结转。

（3）单击"是"按钮，打开"销售成本结转一览表"对话框，单击"确定"按钮，系统自动生成结转凭证，单击"保存"，如图3-113所示。

图3-113　销售成本机制凭证

3.生成汇兑损益结转凭证

操作步骤：

（1）先将调整汇率输入"外币设置"中。在"业务导航"/"基础设置"中，单击"基础档案"/"财务"/"外币设置"，打开"外币设置"对话框。在6月份调整汇率栏中输入"6.7225"，输入完成后回车，如图3-114所示。

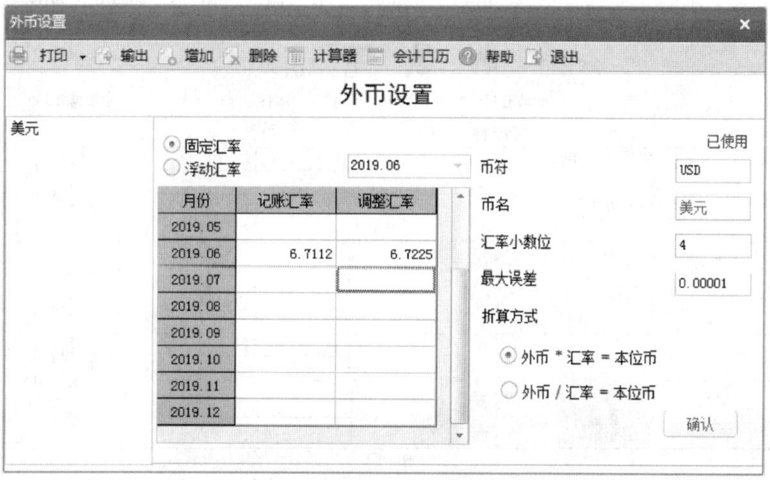

图3-114　调整汇率

（2）再生成汇兑损益结转凭证。单击"总账"/"期末"/"转账生成"，打开"转账生成"对话框。选择"汇兑损益结转"，外币币种选择"美元USD"，双击选择

"是否结转",如图3-115所示。

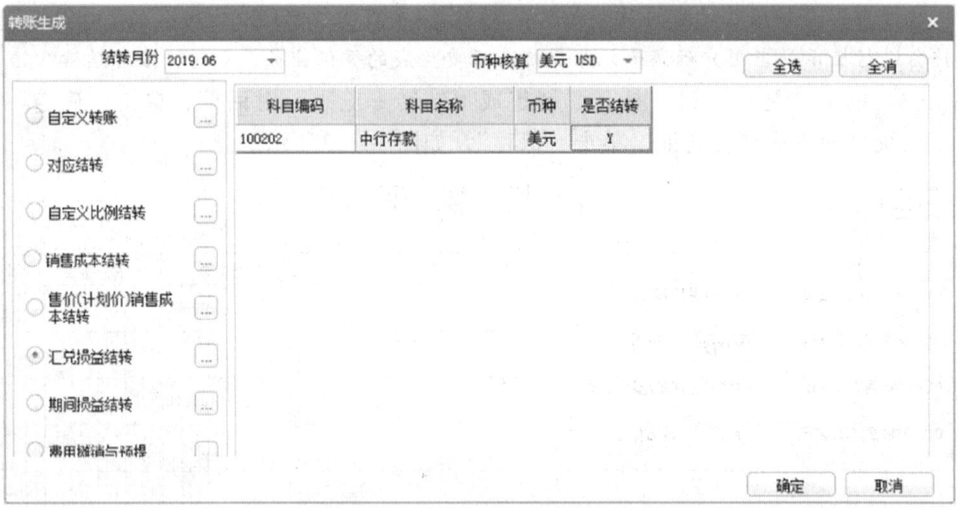

图3-115 汇兑损益转账生成

(3)单击"确定"按钮,系统弹出"2019.06月或之前月有未记账凭证,是否继续结转?"提示,单击"是"按钮,打开"汇兑损益试算表",如图3-116所示。

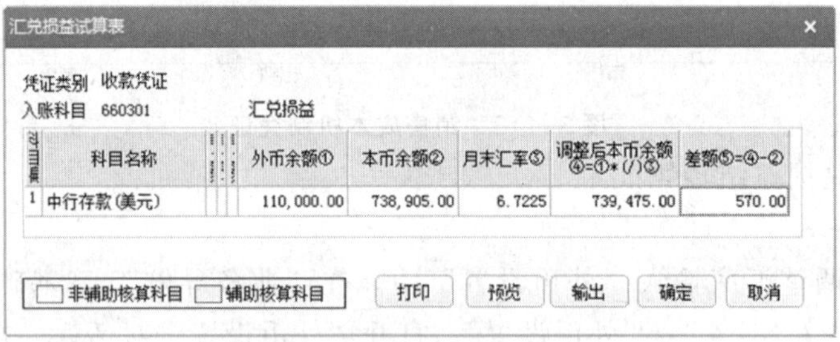

图3-116 汇兑损益试算表

(4)单击"确定"按钮,系统自动生成结转凭证,单击"保存"按钮,如图3-117所示。

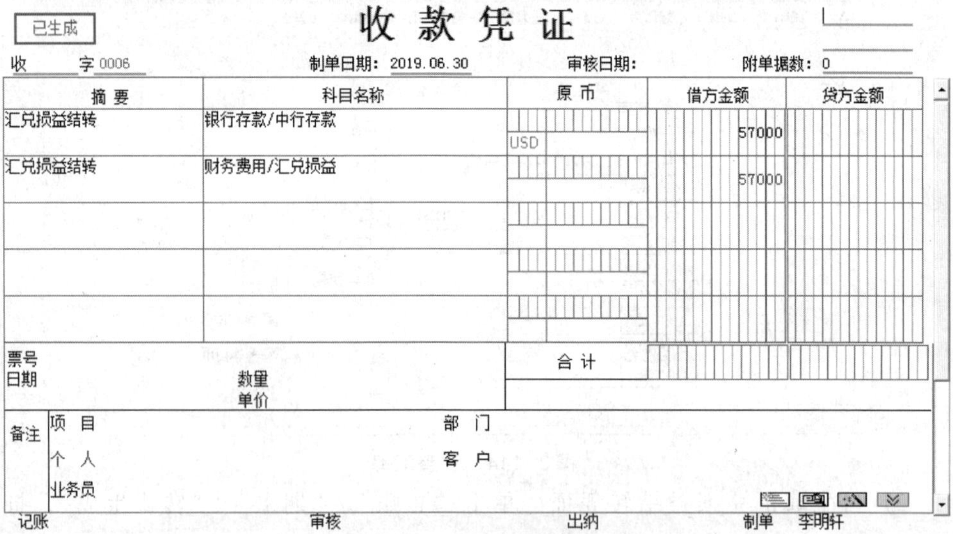

图3-117 汇兑损益机制凭证

4.对生成的三张机制凭证进行出纳签字、审核和记账

操作步骤:

(1)出纳孙丹丹登录系统,进行汇兑损益凭证的签字。

(2)账套主管王志强登录系统,对三张机制凭证进行审核。

(3)总账会计李明轩登录系统,对三张机制凭证进行记账。

5.生成期间损益结转凭证,然后审核和记账

操作步骤:

(1)以会计李明轩(02)的身份登录系统,在"转账生成"对话框中,选择"期间损益结转",单击"类型"下拉列表框,选择"收入"类,然后单击"全选"按钮,如图3-118所示。

图3-118 收入类科目结转

(2)单击"确定"按钮,系统自动生成收入类科目结转凭证,单击"保存"按钮,如图3-119所示。

图3-119 期间损益机制凭证(一)

（3）然后进行支出类科目选择和凭证的生成。在"转账生成"对话框中，选择"期间损益结转"，单击"类型"下拉列表框，选择"支出"类，单击"全选"按钮。单击"确定"按钮后生成的凭证如图3-120所示。

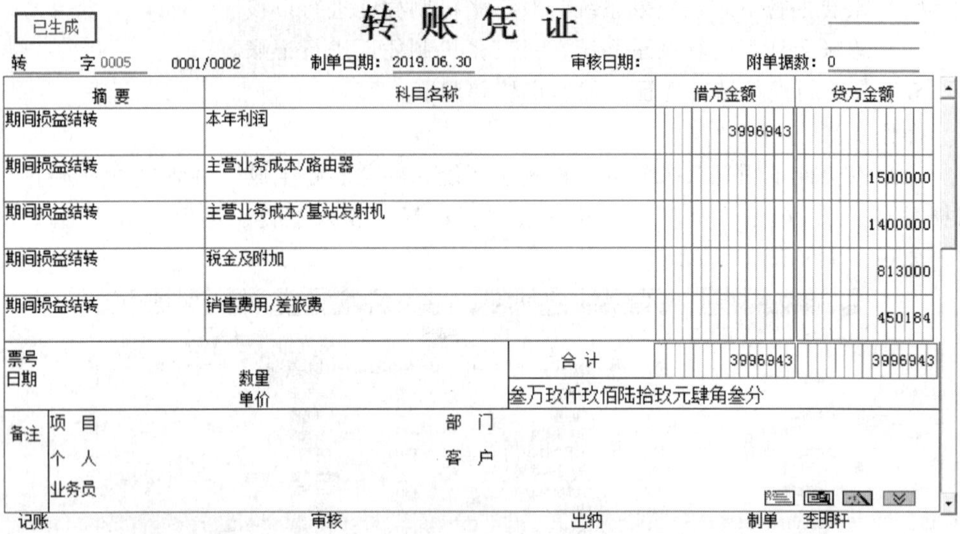

已生成	转 账 凭 证			

转　字 0005　　0001/0002　　制单日期：2019.06.30　　审核日期：　　附单据数：0

摘　要	科目名称	借方金额	贷方金额
期间损益结转	本年利润	3996943	
期间损益结转	主营业务成本/路由器		1500000
期间损益结转	主营业务成本/基站发射机		1400000
期间损益结转	税金及附加		813000
期间损益结转	销售费用/差旅费		450184

票号 日期　　数量 单价　合计　3996943　3996943

叁万玖仟玖佰陆拾玖元肆角叁分

备注　项目　部门
个人　客户
业务员

记账　　　审核　　　出纳　　　制单 李明轩

图3-120　期间损益机制凭证（二）

（4）账套主管王志强登录系统，对期间损益结转的两张凭证进行审核。

（5）总账会计李明轩登录系统，对期间损益结转的两张凭证进行记账。

6.生成对应结转凭证，然后审核和记账

操作步骤：

（1）在"转账生成"对话框中，选择"对应结转"，单击"全选"按钮，单击"确定"后，系统自动生成对应结转凭证，如图3-121所示。

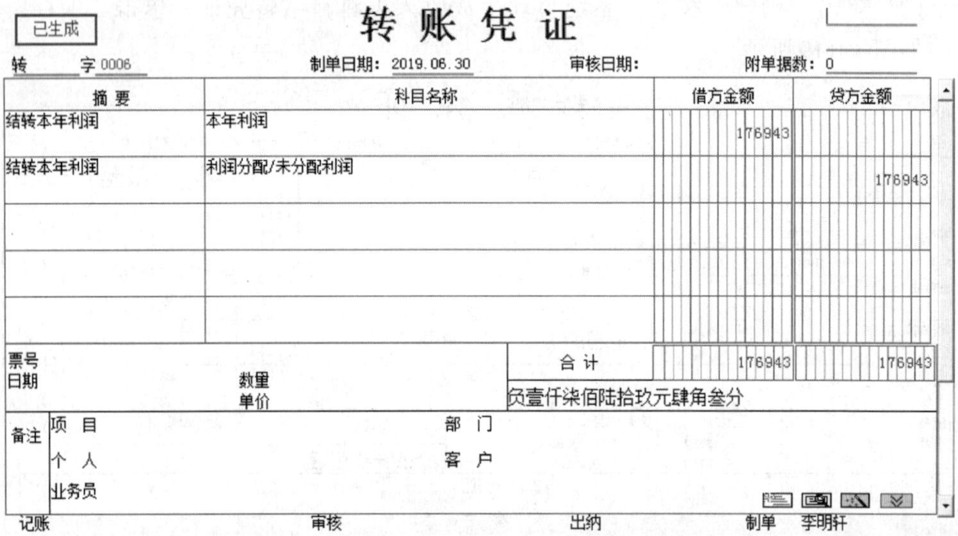

已生成	转 账 凭 证			

转　字 0006　　制单日期：2019.06.30　　审核日期：　　附单据数：0

摘　要	科目名称	借方金额	贷方金额
结转本年利润	本年利润	176943	
结转本年利润	利润分配/未分配利润		176943

票号 日期　　数量 单价　合计　176943　176943

负壹仟柒佰陆拾玖元肆角叁分

备注　项目　部门
个人　客户
业务员

记账　　　审核　　　出纳　　　制单 李明轩

图3-121　对应结转机制凭证

（2）账套主管王志强登录系统，进行对应结转的机制凭证的审核。

（3）总账会计李明轩登录系统，进行对应结转的机制凭证的记账。

任务三　对账和结账

[任务内容]

1. 进行对账和试算。
2. 进行结账和反结账。

[任务要求]

会计李明轩按照要求进行期末对账和结账。

教学视频
3-5-5
对账和结账操作演示

[工作示范]

1. 对账和试算

操作步骤：

（1）以会计李明轩（02）的身份登录系统，单击“总账”/“期末”/“对账”，打开“对账”对话框。

（2）定位6月份对应的“是否对账”文本框中，单击“选择”按钮，结果如图3-122所示。

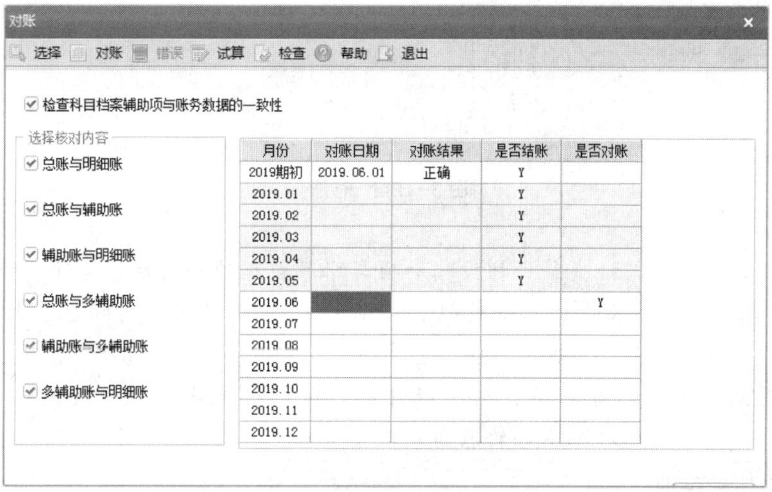
对账
选择 对账 错误 试算 检查 帮助 退出
检查科目档案辅助项与账务数据的一致性
选择核对内容
总账与明细账
总账与辅助账
辅助账与明细账
总账与多辅助账
辅助账与多辅助账
多辅助账与明细账
月份 对账日期 对账结果 是否结账 是否对账
2019期初 2019.06.01 正确 Y
2019.01 Y
2019.02 Y
2019.03 Y
2019.04 Y
2019.05 Y
2019.06 Y
2019.07
2019.08
2019.09
2019.10
2019.11
2019.12

图3-122　对账月份的选择

（3）单击“试算”按钮，进行试算平衡，结果如图3-123所示。

（4）单击“确定”按钮，返回到对账界面。单击“对账”按钮，进行对账检查，结果如图3-124所示。

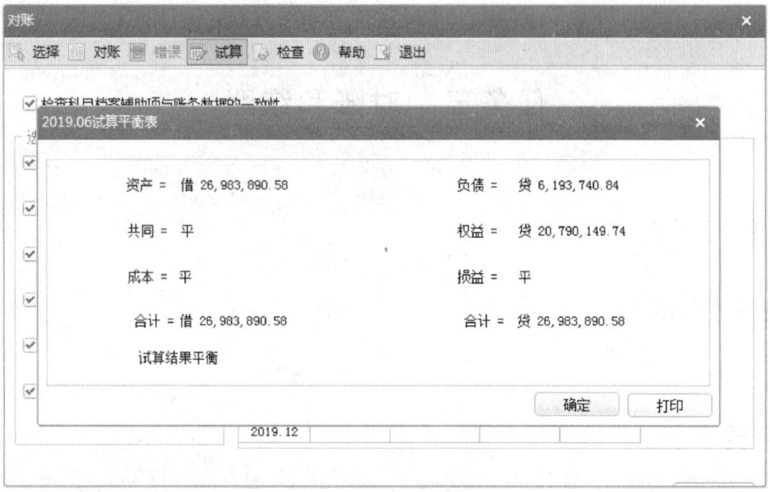

图 3-123　期末试算平衡

图 3-124　对账

特别提示：

①系统默认选中"检查科目档案辅助项与账务数据的一致性"选项，否则只检查明细账、总账与辅助账的数据一致性，不再检查科目档案与明细账、辅助账的一致性。

②若对账结果为账账不符，则对账月份的对账结果处显示"错误"，单击"错误"按钮，可查看引起账账不符的原因。

2.结账和反结账

操作步骤：

（1）单击"总账" / "期末" / "结账"，打开"结账"对话框，选择6月份所在行，如图 3-125 所示。

（2）单击"下一步"，进入"核对账簿"，单击"对账"按钮，系统显示核对结果，如图 3-126 所示。

图 3-125　选择结账月份

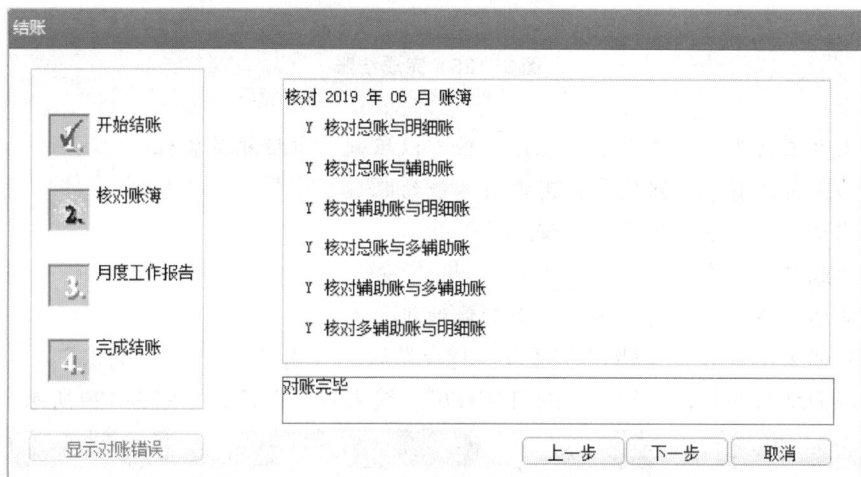

图 3-126　核对账簿

（3）单击"下一步"，显示"月度工作报告"，如图3-127所示。

图 3-127　月度工作报告

（4）单击"下一步"，进入"完成结账"，如图3-128所示。单击"结账"按钮，完成结账。

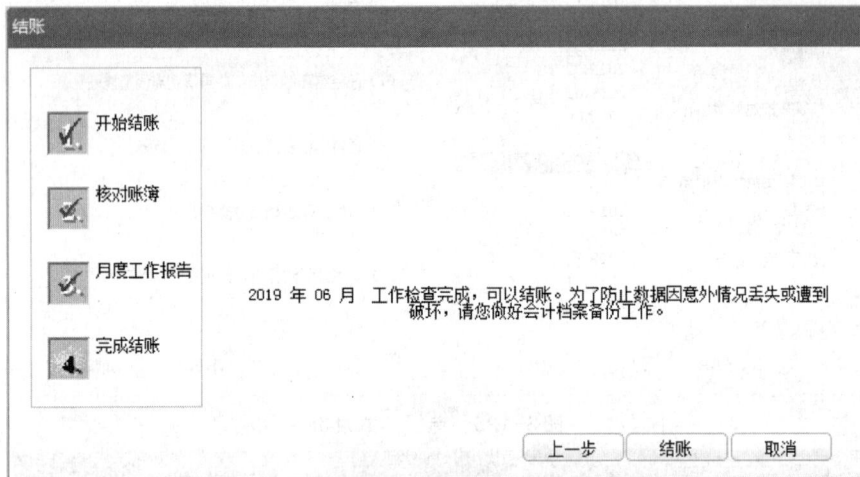

图3-128　完成结账

特别提示：

①上月未结账，则本月不能记账，但可以填制、审核相关凭证。

②如本月还有未记账凭证，则本月不能结账。

③已结账月份不能再填制凭证。

④结账只能由有结账权的人进行。

⑤若总账与明细账对账不符，则不能结账。

（5）如果出现非正常错误，可以进行反结账。单击"总账"/"期末"/"结账"，选择要取消结账的月份，按"Ctrl+Shift+F6"，输入口令即可，如图3-129所示。

图3-129　反结账

特别提示：

反结账操作由拥有此权限的人来执行。

同步测试

学习情境三

同步测试答案

一、单项选择题

1.发现已记账的凭证有错误时，可用（　　）修改错误。

A.红字冲销法　　　　　B.删除该凭证　　　　　C.直接修改　　　　　D.以上三项都不对

2.账务处理系统（总账系统）中，凭证输入和审核应由（　　）完成。

A.一个人　　　　　　　B.两个人　　　　　　　C.经理　　　　　　　D.计算机

3.账务处理系统中，（　　）的凭证可以记账。

A.已审核　　　　　　　B.未审核　　　　　　　C.已存盘　　　　　　D.无错误

4.账务处理系统中，执行了（　　）功能后，不能再输入本期凭证。

A.记账　　　　　　　　B.审核　　　　　　　　C.结账　　　　　　　D.查询

5.使用财务软件，以下工作可以由计算机自动完成的是（　　）。

A.填制凭证　　　　　　B.审核凭证　　　　　　C.出纳签字　　　　　D.记账

二、多项选择题

1.已经标错的凭证不能进行（　　）。

A.审核　　　　　　　　B.修改　　　　　　　　C.记账　　　　　　　D.出纳签字

2.账页格式一般有（　　）。

A.金额式　　　　　　　B.外币金额式　　　　　C.数量金额式　　　　D.数量外币式

3.系统提供的辅助账包括（　　）。

A.客户往来辅助账　　　　　　　　　　　B.供应商往来辅助账

C.个人往来辅助账　　　　　　　　　　　D.部门、项目辅助账

4.在总账系统中，为了加强企业的银行支票管理，往往需要建立"支票登记簿"，以详细记录支票的领用、报销等情况。而支票登记簿的建立和使用，应在满足以下条件（　　）等的基础上进行。

A.已在"设置/科目备查资料"功能中设定相关科目备查项

B.已在"设置/结算方式"功能中设定"票据结算"标志

C.已在"设置/会计科目"功能中指定银行总账科目

D.已在"设置/选项"功能中选择"支票控制"选项

5."查询"凭证可查到（　　）。

A.未记账凭证　　　　　B.有错记账凭证　　　　C.已记账凭证　　　　D.作废记账凭证

三、判断题

1.如果审核后的记账凭证有错误，可以直接进行修改。　　　　　　　　　　　　　（　　）

2.账务处理系统中，自动转账所产生的记账凭证也需要经审核后才能记账。　　　　（　　）

3.凭证记账后，总账期初余额仍然可以进行修改。　　　　　　　　　　　　　　　（　　）

4.期末机制凭证的生成，不用考虑先后顺序。　　　　　　　　　　　　　　　　　（　　）

5.记账凭证的填制时间不能超前计算机系统日期但是可以早于系统启用日期。　　　（　　）

综合实训

[实训内容]

石家庄正道轮胎有限公司（简称"正道轮胎"）总账核算管理要求及期初数据信息如下：

1.系统参数要求。

根据公司财务制度和总账系统默认参数，会计李华强将总账系统参数设置为支票控制，不允许修改或废除他人填制的凭证，其他均按系统默认值进行设置。

2.2019年7月的期初数据见表3-14至表3-23。

表 3-14 　　　　　　　　正道轮胎 2019 年 6 月 30 日期初余额表 　　　　　　　　单位：元

科目名称	辅助核算项	方向	币别/计量	期初余额
库存现金（1001）	日记账	借		5 000
银行存款（1002）	银行账、日记账	借		2 485 768
工行存款 （100201）	银行账、日记账	借		2 485 768
中行存款 （100202）	银行账、日记账	借	美元	
应收票据（1121）	客户往来	借		52 884
应收账款（1122）	客户往来	借		27 885
预付账款（1123）	客户往来	借		2 000
其他应收款（1221）	个人往来	借		8 000
坏账准备（1231）		贷		139.43
原材料（1403）	项目核算、数量核算	借		1 031 500
库存商品（1405）	项目核算、数量核算	借	条	798 000
固定资产（1601）		借		5 280 000
累计折旧（1602）		贷		857 950
短期借款（2001）		贷		300 000
应付票据（2201）	供应商往来	贷		56 500
应付账款（2202）	供应商往来	贷		34 000
应付供应商（220201）	供应商往来	贷		34 000
应付暂估款（220202）				
预收账款（2203）	供应商往来	贷		5 000
应交税费（2221）		贷		64 810.4
应交增值税（222101）		贷		0
进项税额（22210101）		借		2 221 090
转出未交增值税（22210104）		借		2 335 970
销项税额（22210107）		贷		4 557 060
未交增值税（222102）		贷		57 420
应交城市维护建设税（222108）		贷		4 019.4
应交教育费附加（222109）		贷		1 722.6
应交地方教育费附加（222110）		贷		1 148.4
应交个人所得税（222113）		贷		500
长期借款（2501）		贷		1 000 000
实收资本（股本）（4001）		贷		3 000 000
资本公积（4002）		贷		786 637
盈余公积（4101）		贷		326 000
利润分配（4104）		贷		326 000.17
未分配利润（410405）		贷		326 000.17

表3-15　　　　　**正道轮胎2019年6月30日应收票据明细余额表**　　　　单位：元

日期	凭证号	客户	摘要	方向	金额	票据号	票据日期
2019-06-28	记-110	上海理诚	销售子午线轮胎（EH型）	借	52 884	1123324554560089	2019-06-28

表3-16　　　　　**正道轮胎2019年6月30日应收账款明细余额表**　　　　单位：元

日期	凭证号	客户	摘要	方向	金额	票据号	票据日期
2019-06-22	记-89	江苏中通	销售子午线轮胎（YH型）	借	27 685	22331121	2019-06-22
2019-06-22	记-90	江苏中通	销售子午线轮胎（YH型）代垫运费	借	200		

表3-17　　　　　**正道轮胎2019年6月30日预付账款明细余额表**　　　　单位：元

日期	凭证号	供应商	摘要	方向	金额	票据号	票据日期
2019-06-25	记-95	广东金润	叶轮（YH型）定金	借	2 000	21520034702	2019-06-25

表3-18　　　　　**正道轮胎2019年6月30日其他应收款明细表**　　　　单位：元

日期	凭证号	部门	个人	摘要	方向	期初余额
2019-06-20	记-65	综合部	高贵玲	出差借款	借	6 000
2019-06-27	记-103	采购部	邓玲	出差借款	借	2 000

表3-19　　　　　**正道轮胎2019年6月30日原材料明细表**　　　　单位：元

存货编号/代码	存货名称	单价或单位成本	数量	金额
101	钢丝圈（YH型）	90.00	2 000	180 000
102	内胎面（YH型）	20.00	1 200	24 000
103	外胎面（YH型）	60.00	1 200	72 000
104	叶轮（YH型）	10.00	1 200	12 000
105	轴承（HRB6304型）	13.00	2 000	26 000
106	轮辋（A型）	5	5 000	25 000
107	钢丝圈（EH型）	150.00	3 000	450 000
108	内胎面（EH型）	30.00	1 000	30 000
109	外胎面（EH型）	100.00	1 000	100 000
110	叶轮（EII型）	15.00	1 000	15 000
111	轴承（HRB6308型）	30.00	3 000	90 000
112	轮辋（C型）	15	5 000	7 500
合计				1 031 500

表3-20　　　　　**正道轮胎2019年6月30日库存商品明细表**　　　　单位：元

商品编号/代码	商品名称	单位成本	数量	金额
201	子午线轮胎（YH型）	350	1 000	350 000
202	子午线轮胎（EH型）	560	800	448 000
合计			1 800	798 000

表3-21 　　　　　　正道轮胎2019年6月30日应付票据明细余额表　　　　　　单位：元

日期	凭证号	供应商	摘要	方向	金额	票据号	票据日期
2019-06-26	记-97	山西顺捷	购买外胎面（EH型）	贷	56 500	2232991267120056	2019-06-26

表3-22 　　　　正道轮胎2019年6月30日应付账款-应付供应商明细余额表　　　　单位：元

日期	凭证号	供应商	摘要	方向	金额	票据号	票据日期
2019-06-13	记-23	石家庄鑫鹏	购买内胎面（EH型）	贷	33 900	88900023	2019-06-13
2019-06-13	记-24	石家庄鑫鹏	购买内胎面（EH型）搬运费	贷	100		

表3-23 　　　　　　正道轮胎2019年6月30日预收账款明细余额表　　　　　　单位：元

日期	凭证号	供应商	摘要	方向	金额	票据号	票据日期
2019-06-27	记-100	石家庄正新	子午线轮胎（EH型）定金	贷	5 000	23326770091	2019-06-27

3.正道轮胎2019年7月发生经济业务如下，原始票据略。

（1）销售部7月1日购买办公用品220元，以现金支付。附单据2张（单据为普通发票的发票联和现金收据）。

（2）财务部出纳田甜7月2日从工行提取人民币现金5 000元备用，现金支票号码XJ001，附单据1张（单据为现金支票存根联）。进行支票登记并报销。

（3）华联集团7月4日将其投资款存入中国银行。本公司取得（转讫）进账单20 000美元。附单据1张（单据为进账单）。

（4）采购部邓玲7月7日到财务部领取工行转账支票一张，支票号ZZ001，预计金额5 650元，用于物资采购。出纳在支票登记簿上进行登记，注明用途、金额、领用时间、领用部门、领用人等相关信息。

（5）7月11日，采购部邓玲从石家庄鑫鹏厂采购生产用叶轮YH型400个，单价（不含税）12.50元/个，金额5 000元，增值税税率13%。货款以工行存款支付，转账支票号ZZ001。材料验收入库。进行支票报销。附单据2张（单据为增值税专用发票的发票联和转账支票存根联）。

（6）7月20日用工行转账支票ZZ002支付综合部张朋宇业务招待费3 000元给光明渔港，附单据3张（单据为服务业发票1张和支票存根联）。做支票登记并报销。

（7）7月22日综合部高贵玲报销往返深圳的飞机票款和会议费共计5 800元，交回剩余款现金200元。附单据4张（单据为差旅费汇总报销单）。

（8）7月23日，江苏中通购买子午线轮胎（YH型）500个，单价（不含税）800元/个，金额400 000元，增值税税率13%。货款以现金支付。附单据2张（出库单和增值税专用发票联）。

（9）7月28日，现金支付生产车间水电费800元，属于生产产品耗费。附单据数1张（费用统计表）。

4.出纳签字、账套主管进行凭证审核、总账会计进行记账操作。

5.进行银行对账。

（1）银行对账期初数据。

正道轮胎银行账的启用日期为2019年7月1日，工行人民币账户企业日记账调整前余额为2 485 768元，银行对账单调整前余额为2 525 768元，未达账项一笔，系2019年6月29日银行代企业收到新华装饰厂还款40 000元，企业未获得进账通知单。

（2）银行对账单信息（见表3-24）。

开户行名称：工商银行裕华路支行

账号：0326662220003336710

户名：石家庄正道轮胎有限公司

表3-24 **正道轮胎银行对账单**

借贷标志	发生额（元）	对方账号	摘要	入账日期	凭证号	余额（元）
贷			上年结转	2019.06.30		2 485 768.00
借	5 000			2019.07.02	XJ001	2 480 768.00
借	5 650			2019.07.12	ZZ001	2 475 118.00
借	3 000			2019.07.21	ZZ002	2 472 118.00

6.查询日记账、银行账；查询各种明细账。

7.相关财务人员完成期末业务处理。

定义自动转账凭证：

（1）自定义结转制造费用。其中，YH型子午线轮胎负担60%，EH型子午线轮胎负担40%。

（2）汇兑损益结转定义。期末美元对人民币汇率为6.1259。

（3）销售成本结转定义。

（4）期间损益结转定义。

[实训要求]

1.会计李华强设置总账系统参数、录入期初余额。

2.会计李华强填制记账凭证。

3.会计李华强定义并生成自动转账凭证。

4.出纳田甜对所有出纳凭证进行签字。

5.账套主管王强审核所有记账凭证。

6.会计李华强登记账簿。

7.会计李华强定义应交增值税、管理费用多栏账。

8.出纳田甜完成出纳管理工作（登记支票登记簿、银行对账、查询日记账）。

9.会计李华强完成期末结账。

报表管理

【职业能力目标】

掌握UFO报表系统的操作流程和具体处理方法；能完成报表格式设置、报表公式设置、自定义报表模板、调用报表模板、生成报表数据、审核、舍位平衡、表页管理、透视、汇总等操作；会对系统操作中出现的问题进行简单维护；养成良好的会计职业道德。

【本情境与工作任务对照图】

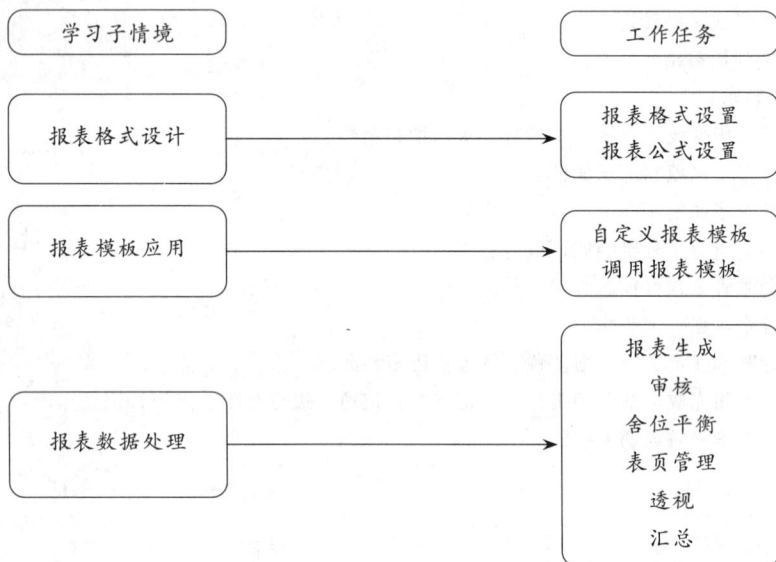

教学视频
4-0-1

报表编制专家——UFO报表系统概述

学习子情境		工作任务
报表格式设计	→	报表格式设置 报表公式设置
报表模板应用	→	自定义报表模板 调用报表模板
报表数据处理	→	报表生成 审核 舍位平衡 表页管理 透视 汇总

【系统介绍】

UFO报表系统是在Windows下运行的电子表格软件，采用面向对象的开发思想，操作起来更自然、更方便，只要掌握Windows的基本操作，就可以操作报表管理软件，适用于各行业的财务、人事、计划、统计、税务、物资等部门。丰富的文件管理、格式管理、数据处理、图形功能、打印功能可以生成并打印各种要求的报表，并可联查明细账，完全实现了三维立体表的四维处理能力。报表模板功能简化了报表格式设计工作，可轻松生成复杂报表，如模板不能满足需要，还可自定义模板。强大的二次开发功能，可以让开发者在短时间内开发出专用系统。

（一）【工作过程与岗位对照图】

部门 岗位	财务部账套主管
工 作 过 程	

启动 UFO 报表，新建报表

表 尺寸	组合 单元	区域 画线	行高 列宽	报表 项目	单元 属性	设置 关键字

单元公式	审核公式	舍位平衡公式

表页管理	自定义模板	→	调用报表模板

录入关键字

报表生成

审核	舍位平衡	透视	汇总

报表图形处理

打印报表

退出 UFO 报表

学习子情境一　报表格式设计

[知识链接]

UFO 报表将含有数据的报表分为两个部分来处理，即报表格式设计工作与报表数据处理工作。报表格式设计工作和报表数据处理工作是在不同的状态下进行的，实现状态切换的是"编辑"菜单中的"格式/数据状态"功能。

报表格式设计，包括报表格式设置和报表公式设置两部分，均需在格式状态下进行。

报表系统常用的概念如下：

1.格式状态和数据状态

在格式状态下设置报表的格式和公式，但不能进行数据的录入和计算。在格式状态下所做的操作对本报表所有的表页都发生作用。格式状态下，看到的是报表的格式，报表的数据全部隐藏。

在数据状态下管理报表的数据，如：录入关键字的值、输入数据、生成报表数据、增加或删除表页、审核、舍位平衡、制作图形、汇总、透视、合并报表等。在数据状态下不能修改报表的格式，看到的是报表的全部内容，包括格式和数据。

2.单元

单元是组成报表的最小单位，单元名称由所在行、列标识。行号用数字1—9999表示，列标用字母A—IU表示。例如：D22表示第4列第22行的那个单元。

3.单元类型

单元类型有数值单元、字符单元和表样单元三种。

数值单元是报表的数据，在格式状态下设置，在数据状态下输入。数值单元的内容可是 $1.7×（10E-308）～1.7×（10E+308）$ 之间的任何数（15位有效数字），数字可以直接输入或由单元中存放的单元公式运算生成。建立一个新表时，所有单元的类型缺省为数值。

字符单元是报表的数据，在格式状态下设置，在数据状态下输入。字符单元的内容可以是汉字、字母、数字及各种键盘可输入的符号组成的一串字符，字符单元的内容也可由单元公式生成。

表样单元是报表的格式，表样在格式状态下输入和修改，在数据状态下不允许输入和修改。表样单元是定义一个没有数据的空表所需的所有文字、符号或数字。一旦单元被定义为表样，那么在其中输入的内容对所有表页都有效。

4.区域

区域由一张表页上的一组单元组成，自起点单元至终点单元是一个完整的长方形矩阵。在 UFO 报表中，区域是二维的，最大的区域是一个二维表的所有单元（整个表页），最小的区域是一个单元。

5.组合单元

组合单元由相邻的两个或更多的单元组成，这些单元必须是同一种单元类型（表样、数值、字符），UFO报表在处理任务时将组合单元视为一个单元。用户可以组合同一行相邻的几个单元，也可以组合同一列相邻的几个单元，还可以把一个多行、多列的平面区域设为一个组合单元。组合单元的名称可以用区域的名称或区域中单元的名称来表示。例如：把B2到B3定义为一个组合单元，这个组合单元可以用"B2""B3"或"B2：B3"表示。

6.表页

一个 UFO 报表最多可容纳 99 999 张表页，每一张表页是由许多单元组成的。一个报表中的所有表页具有相同的格式，但其中的数据不同。表页在报表中的序号在表页的下方以标签的形式出现，称为"页标"，页标用"第 1 页"至"第 99 999 页"表示。

7.二维表和三维表

确定某一数据的要素称为"维"。在一张有方格的纸上写一个数字，这个数字的位置可以通过行和列（二维）来描述。如果将一张有方格的纸称为表，那么这张表就是二维表，通过行（横轴）和列（纵轴）可以找到这张二维表中任何位置的数据。

如果将多张不同的二维表叠在一起，要找到其中的某一个数据，其要素需要增加一个，即表页号（Z轴），这一叠表称为一个三维表。

如果将多个不同的三维表放在一起，要从多个三维表中找到一个数据，同时需要增加一个要素，即表名。三维表中的表间操作即称为"四维运算"。

8.关键字

一个 UFO 报表的各个表页代表着不同的经济含义。例如：主管单位把其 30 个下属单位的利润表组成一个报表文件，每个单位的利润表占一张表页。为了在这 30 张表页中迅速找到特定单位，有必要为每张表页设置一个标记，例如把单位名称设为标记，这个标记就是关键字。关键字是游离于单元之外的特殊数据单元，可以唯一标识一个表页，用于在大量表页中快速选择表页。

9.固定区和可变区

固定区是组成一个区域的行数和列数的数量是固定的数目。一旦设定好以后，在固定区域内其单元总数是不变的。

可变区是屏幕显示一个区域的行数或列数是不固定的数字，可变区的最大行数或最大列数是在格式设计中设定的。在一个报表中只能设置一个可变区，或是行可变区或是列可变区，行可变区是指可变区中的行数是可变的，列可变区是指可变区中的列数是可变的。设置可变区后，屏幕只显示可变区的第一行或第一列，其他可变行列隐藏在表体内。在以后的数据操作中，可变行列数随着需要而增减。

有可变区的报表称为可变表。没有可变区的表称为固定表。本情境只介绍固定表的格式设计。

任务一　报表格式设置

［任务内容］

设置货币资金表，样式见表4-1。

表4-1   货币资金表

单位名称：   年   月   日   单位：元

项目	期初余额	借方发生额	贷方发生额	期末余额
库存现金				
银行存款				
合计				

制表人：

教学视频
4-1-1

一劳永逸编报表——报表格式设置

1. 表尺寸：7行5列。

2. 组合单元：第一行按行组合。

3. 区域画线：A3：E6画细实线的网线。

4. 行高列宽：第1行行高11，其他行行高为7。第A列列宽为50，其他列列宽为35。

5. 报表项目：A3、B3、C3、D3、E3单元依次输入"项目""期初余额""借方发生额""贷方发生额""期末余额"，A4、A5、A6单元依次输入"库存现金""银行存款""合计"，E2单元输入"单位：元"，D7单元输入"制表人："。

6. 单元属性：E7单元设为字符型单元类型；标题设置为黑体18号字，A3：E7设置为宋体12号字；标题及A3：E6设置为水平及垂直方向居中；E2、D7、E7单元设置为水平方向居右，垂直方向居下。

7. 设置关键字：A2、B2、C2、D2单元依次设置为关键字"单位名称""年""月""日"，关键字"日"向左偏移30。

8. 将定义好格式的"货币资金表"，以"货币资金表.rep"命名保存在预设的路径为"D：\UFO报表"的文件夹中。

@ [任务要求]

账套主管王志强完成报表格式设置，并保存报表。

[知识链接]

报表格式设置主要包括：表尺寸设置、组合单元设置、区域画线设置、行高设置、列宽设置、报表项目录入、单元属性设置、关键字设置等内容。

1. 设置表尺寸

设置表尺寸就是定义报表的行数和列数。

2. 定义组合单元

把几个单元作为一个单元使用，即合并单元格。组合单元可按行组合，也可按列组合，还可按整体组合。

3. 区域画线

对表格中表体部分可画表格线。

4.定义行高和列宽

可根据需要调整报表的行高和列宽，行高和列宽的单位为毫米。

5.录入报表项目

输入报表项目包括表头、表体和表尾（关键字、值除外）。在格式状态下定义了单元内容的格式自动默认为表样型。

6.设置单元属性

单元属性是指单元的字体、字号、颜色、图案、对齐方式及单元存放数据的类型等。

7.设置关键字

关键字在格式状态下设置，关键字的值则在数据状态下录入。每个报表可以定义多个关键字，UFO报表共提供了"单位名称""单位编号""年""季""月""日""日期"7个关键字和一个自定义关键字。

关键字的位置不合适，可以用偏移量来调整。在调整时，可以通过输入正或负的数值来调整。负的数值表示向左移，正的数值表示向右移动。关键字偏移量单位为"像素"。

［工作示范］

教学视频
4-1-2

报表格式设置
操作演示

1.启动UFO报表系统，新建报表

操作步骤：

（1）以操作员"01王志强"身份，操作日期为"2019-06-30"，登录企业应用平台。在"业务导航"/"业务工作"中，单击"财务会计"/"UFO报表"，进入"UFO报表"窗口，系统自动打开"日积月累"对话框，如图4-1所示。单击"关闭"按钮，关闭日积月累对话框。

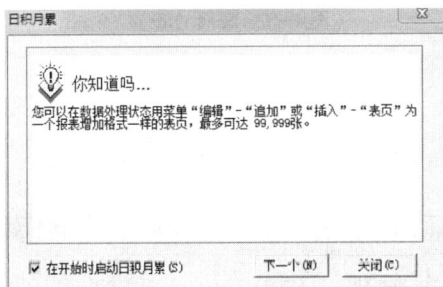

图4-1　日积月累提示

栏目说明：

①"日积月累"对话框中，单击"下一个"按钮，可以查看更多的报表知识。

②"日积月累"对话框中，单击"关闭"按钮后，可以通过在"UFO报表"窗口单击"帮助"/"日积月累"进行查看。

③"日积月累"对话框中，若不勾选"在开始时启动日积月累"复选框，则再次进入"UFO报表"窗口时，系统不再出现"日积月累"对话框。

（2）单击"文件"／"新建"，建立一张空白报表，报表名系统自动默认"re-port1"。新文件创建之后，自动进入格式状态，内容为空，如图4-2所示。

图4-2　空白UFO报表

2.设置表尺寸

操作步骤：

单击"格式"／"表尺寸"，打开"表尺寸"对话框。在"行数"框中输入"7"，在"列数"框中输入"5"，如图4-3所示。单击"确认"按钮。

图4-3　表尺寸设置

3.定义组合单元

操作步骤：

选中第一行，单击"格式"／"组合单元"，打开"组合单元"对话框。如图4-4所示，选择"按行组合"。

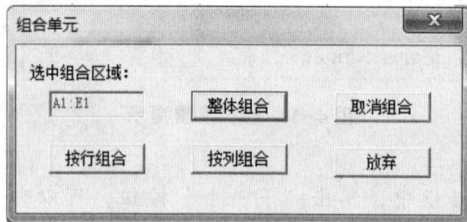

图4-4　组合单元

特别提示：

设置组合单元前，必须首先选中需要组合的区域。

栏目说明：

区域组合方式有三种：整体组合、按行组合、按列组合。按行组合是把选中的若干行设置为组合单元；按列组合是把选中的若干列设置为组合单元；整体组合是把选中的区域设置为组合单元。"取消组合"可把选中后的组合单元恢复为区域。

4.区域画线

操作步骤：

选中"A3：E6"区域，单击"格式"/"区域画线"，打开"区域画线"对话框，画线类型选择网线，样式选择细实线，如图4-5所示。单击"确认"按钮，所选区域画上了表格线。

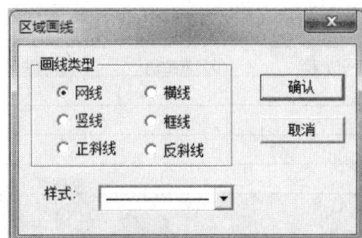

图4-5 区域画线

特别提示：

①如果想删除区域中已经设置的表格线，在区域画线对话框中选择相应的画线类型后，样式选择为"空线"即可。

②"单元属性"对话框中的"边框线"选项，也可设置区域表格线（但不能设置框线和斜线）。

5.定义行高和列宽

操作步骤：

（1）选中第一行，单击"格式"/"行高"，打开"行高"对话框，输入行高（毫米）为11，如图4-6所示，单击"确认"按钮。

图4-6 行高设置

（2）同理，选中其他所有行，设置其他行行高为7。

（3）选中第一列，单击"格式"/"列宽"，打开"列宽"对话框，输入列宽（毫米）为50，如图4-7所示，单击"确认"按钮。

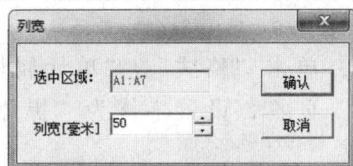

图4-7 列宽设置

（4）同理，选中其他所有列，设置其他列列宽为35。

6.录入报表项目

操作步骤：

选中A1组合单元，在单元中输入"货币资金表"。同理，输入除关键字以外的其他报表项目，如图4-8所示。

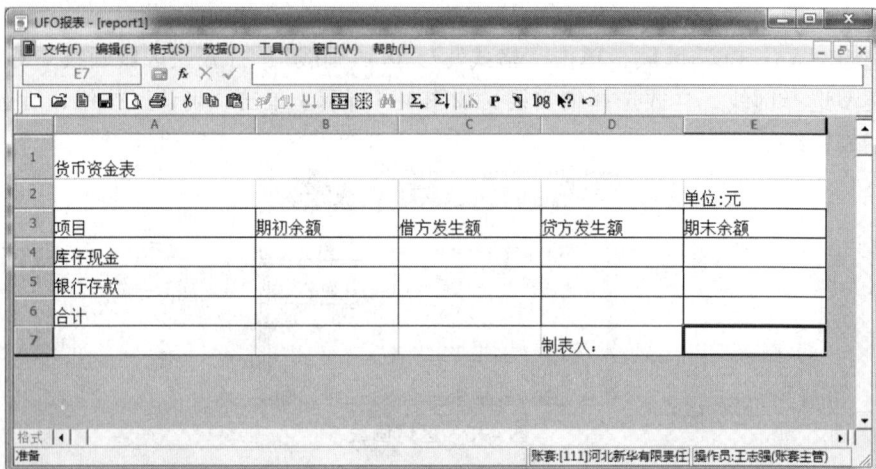

图4-8　录入报表项目

特别提示：

通常，单位名称、年、月、日不作为表间项目录入，而将它们作为关键字进行设置。

7.设置单元属性

操作步骤：

（1）选中"E7"单元格，单击"格式"/"单元属性"，打开"单元格属性"对话框，单击"单元类型"页签，选择"字符"选项，如图4-9所示。单击"确定"按钮。

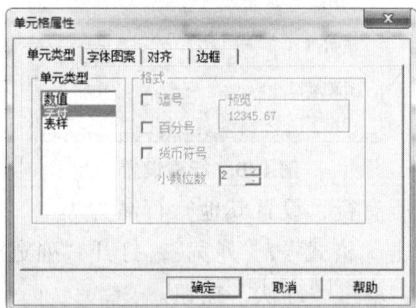

图4-9　单元格属性-单元类型

（2）选中A1组合单元，单击"格式"/"单元属性"，打开"单元格属性"对话框，单击"字体图案"页签，设置字体为"黑体"，字号为"18"号，如图4-10所示。

图4-10 单元格属性-字体图案

（3）单击"对齐"页签，水平方向和垂直方向均选择"居中"，如图4-11所示。单击"确定"按钮。

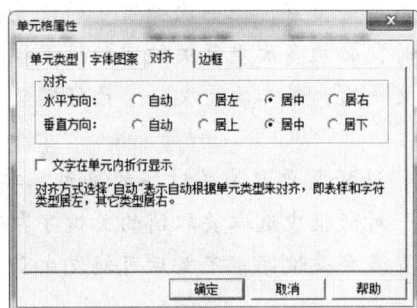

图4-11 单元格属性-对齐

（4）同理，设置其他各单元格的单元属性。

特别提示：

①字符单元和数值单元输入后，只对本表页有效，表样单元输入后对所有表页有效。

②如果报表中的"制表人"均为同一人，可考虑将E7单元设定为"表样型"单元属性，以减轻录入"制表人姓名"的工作量。

8.设置关键字

操作步骤：

（1）选中A2单元格，单击"数据"/"关键字"/"设置"，打开"设置关键字"对话框，选择"单位名称"，如图4-12所示。单击"确定"按钮。

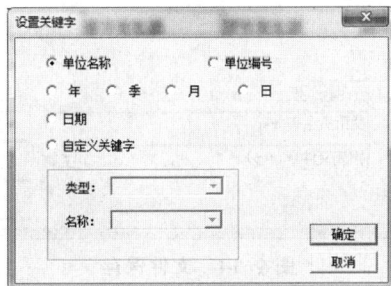

图4-12 设置关键字

（2）同理，依次在B2、C2、D2单元格设置关键字"年""月""日"。

（3）选中D2单元格，单击"数据"/"关键字"/"偏移"，打开"定义关键字偏移"对话框，在关键字"日"选项录入"-30"，如图4-13所示。单击"确定"按钮。

图4-13　关键字偏移设置

特别提示：

①每个报表可以定义多个关键字，但一次关键字的设置操作，只能设置一个关键字。需要设置多个关键字时，必须多次重复关键字的设置操作。

②每个关键字只能定义一次，第二次定义一个已经定义的关键字时，系统自动取消第一次的定义。

③取消关键字的设置，选择需要取消关键字的单元，单击"数据"/"关键字"/"取消"，在"取消关键字"对话框中选取要取消的关键字即可。

④每个单元中可以设置多个关键字，定义后可能发生重叠，其显示位置由单元偏移量控制。

⑤关键字设置后的字体显示颜色，可以通过"格式"/"单元属性"，单击"字体图案"页签中的"关键字颜色"进行调整。

9.保存报表文件

操作步骤：

单击"文件"/"保存"，打开"另存为"对话框，选择保存路径"D：\UFO报表"文件夹，文件名修改为"货币资金表.rep"，文件类型默认，如图4-14所示。单击"另存为"按钮，保存"货币资金表"。

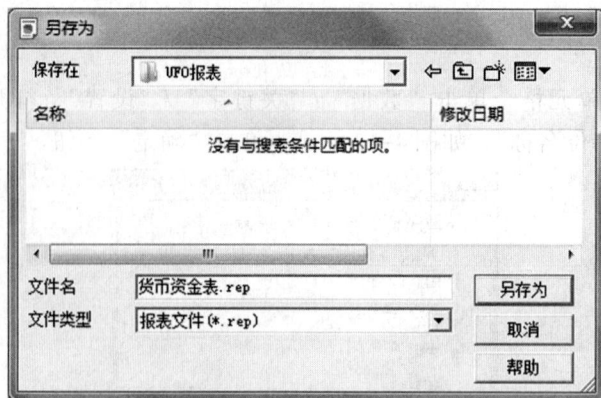

图4-14　文件保存

任务二　报表公式设置

［任务内容］

1.单元公式设置

打开任务一保存的"货币资金表"文件，正确定义"货币资金表"B4到E6各单元期初余额、借方发生额、贷方发生额、期末余额和合计额公式。

2.审核公式设置

根据"期末余额=期初余额+借方发生额−贷方发生额"的数据勾稽关系，正确定义"货币资金表"审核公式。

3.舍位平衡公式设置

"货币资金表"的计量单位由元调整为千元，舍位表名为"舍位平衡货币资金表"，正确定义舍位平衡公式。

教学视频
4-1-3

报表数据的计算器——报表公式设置

［任务要求］

账套主管王志强完成公式设置，并保存报表。

［知识链接］

报表中各种数据的采集、运算用到了不同的公式，主要有计算公式（单元公式）、审核公式和舍位平衡公式。所有公式的设置都属于报表格式设计的一部分，也必须在格式状态下进行。

1.单元公式

单元公式定义了报表数据之间的运算关系，存储在报表单元中，也称计算公式。UFO报表提供了丰富的计算公式，可以完成几乎所有的计算要求。

在单元公式中，既可以取本表页的数据，也可以取其他表页中的数据，还可以取其他报表的数据。在UFO报表中，利用取数函数除了可以从总账系统中提取数据外，还可以从其他子系统取数。自总账系统取数的函数可以称为账务函数。

（1）自本表表页取数。自本表表页取数的计算公式，是指数据存放位置和数据来源位置，都没有超出本表本页范围的计算公式。常用的统计函数有：

数据合计函数：PTOTAL（）　　平均值函数：PAVG（）

最大值函数：PMAX（）　　最小值函数：PMIN（）

（2）自本表其他表页取数。对于取自本表其他表页的数据可以直接以页标号或某个关键字，作为表页定位的依据，指定取某张表页的数据。格式为：<目标区域>=<数据源区域>@<页号>，如：A1单元取自第二张表页的A2单元数据，可表示为：A1=A2@2。C=D@1 FOR 年=2019，是令关键字"年"的值为"2019"的各页C列取当

前表第 1 页 D 列的值。也可使用 SELECT 函数和关联条件从本表他页取数。select（）函数最常用在"利润表"中，如：D5 =select（C5,年@=年+1 and 月@=月），表示营业收入的上期金额取自上年同期营业收入的本期金额。从本表他页取数的关联条件的格式为：RELATION <单元 | 关键字 | 变量 | 常量> WITH "<当前表表名>"-> <单元 | 关键字 | 变量 | 常量>，如：A="LRB"->BRELATION 月 WITH "LRB"->月+1 就是令表"LRB"各页 A 列取该表上月 B 列数值。

（3）自其他报表取数。自其他报表取数，可以方便地取得已知页号的他表表页数据，主要使用以下格式：<目标区域> = "<他表表名>"-> <数据源区域>［@ <页号>］，当<页号>缺省时为本表各页分别取他表各页数据。如：令当前表页 D5 的值等于表"Y"第 4 页 D5 的值：D5="Y"->D5@4，令本表各页 D5 的值等于表"Y"各页 D5 的值：D5="Y"->D5 FOR ALL。但当已知条件不是页号，而是希望按照年、月、日等关键字的对应关系来取他表数据，就必须用到关联条件。他表取数关联条件的格式和从本表他页取数关联条件的格式基本相同，只是把"<当前表表名>"替换为"<他表表名>"。

（4）主要账务取数函数见表4-2。

表 4-2 主要账务取数函数表

总账函数	金额式	数量式	外币式
期初额函数	QC（）	SQC（）	WQC（）
期末额函数	QM（）	SQM（）	WQM（）
发生额函数	FS（）	SFS（）	WFS（）
累计发生额函数	LFS（）	SLFS（）	WLFS（）
条件发生额函数	TFS（）	STFS（）	WTFS（）
对方科目发生额函数	DFS（）	SDFS（）	WDFS（）
净额函数	JE（）	SJE（）	WJE（）
汇率函数	HL（）		

账务函数的基本格式为：函数名（"科目编码","会计期间","方向","账套号","会计年度","编码1","编码2"），"科目编码"也可以是科目名称，且必须加双引号。"会计期间"可以是"年""季""月"等变量，也可以是具体表示年、季、月的数字。"方向"即"借"或"贷"，可以省略。"账套号"为数字，缺省时默认为"999账套"。"会计年度"即数据取得的年度，可以省略。"编码1"及"编码2"与科目编码的核算账类有关，可以取科目的辅助账，如职工编码、项目编码等，如无辅助核算则省略。

单元公式的输入方式包括引导输入和直接输入两种。在对各种函数的用法和规律不熟练的情况下，可通过系统提示，逐步引导输入单元公式。如果已经掌握了各种函数的用法和规律，在对公式输入比较熟练的情况下，可直接输入计算公式。

2.审核公式

在经常使用的各类报表中的每个数据都有明确的经济含义，并且各个数据之间一般都有一定的勾稽关系。例如，资产负债表中的资产合计等于负债及所有者权益合计。实际工作中，为了确保报表数据的准确性，可以利用这种报表之间或报表内的勾稽关系对报表编制的正确性进行检查。表示报表数据之间的勾稽关系的公式，称为审核公式。

3.舍位平衡公式

如果对报表进行汇总，得到的汇总数据可能位数很多，这就需要把以"元"为单位的报表转换为以"千元"或"万元"为单位的报表，这种转换称为进位。进位后，原来数据间的平衡关系可能被打破，因此需要进行调整，使得数据间的平衡关系得到恢复。例如，原始报表数据平衡关系为：50.23+5.24=55.47，若舍掉一位数，即除以10后数据平衡关系成为5.02+0.52=5.55，原来的平衡关系被破坏，应调整为5.02+0.53=5.55。报表经舍位之后，重新调整平衡关系的公式称为舍位平衡公式。

[工作示范]

1.打开保存的"货币资金表"

操作步骤：

（1）单击"文件"/"打开"，打开"打开"对话框，查找范围选择"D：\UFO报表"文件夹，如图4-15所示。

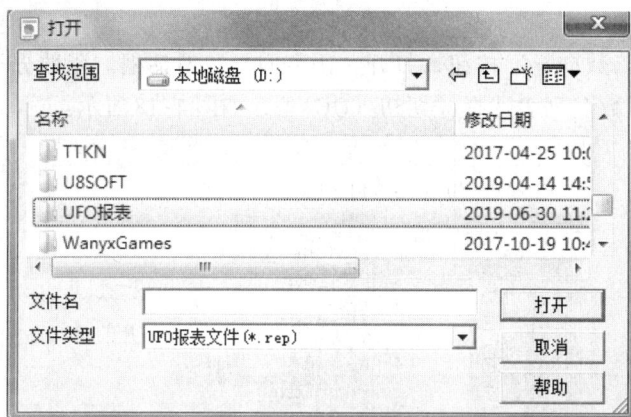

教学视频
4-1-4

报表公式设置
操作演示

图4-15 文件打开-查找范围

（2）单击"打开"按钮，继续打开"打开"对话框，选择"货币资金表.rep"文件，如图4-16所示。单击"打开"按钮，打开"货币资金表"文件。

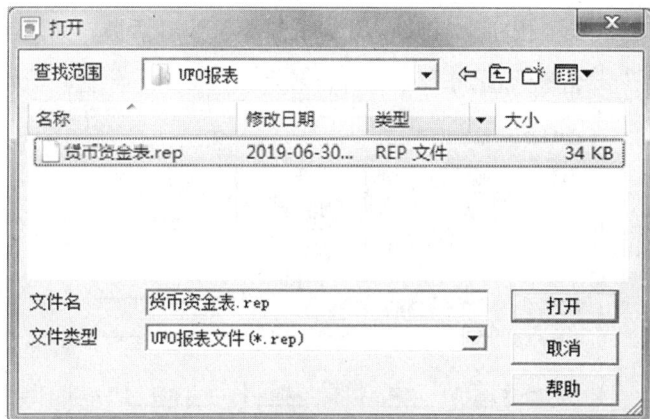

图4-16 文件打开-选择报表文件

2.定义期初余额单元公式

操作步骤：

（1）在格式状态下，单击选择B4单元格，单击"数据"/"编辑公式"/"单元公式"，打开"定义公式"窗口，如图4-17所示。

图4-17 定义公式

特别提示：

①单击左下角"格式/数据"状态按钮和单击"编辑"/"格式/数据状态"，都能实现"格式/数据"状态的切换。

②打开"定义公式"窗口，也可通过单击工具栏"fx"按钮和直接在B4单元格录入"="按键实现。

（2）单击"函数向导"按钮，打开"函数向导"对话框。函数分类列表选择"用友账务函数"，函数名列表选择"期初（QC）"，如图4-18所示。

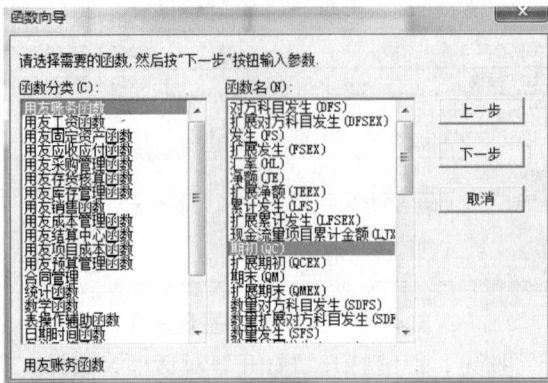

图4-18 函数向导-用友财务函数-期初

（3）单击"下一步"按钮，打开"用友账务函数"对话框，如图4-19所示。

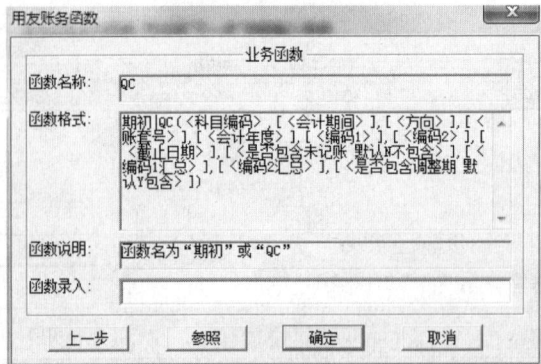

图4-19 用友财务函数-期初

（4）单击"参照"按钮，打开"账务函数"对话框，采用默认设置，如图4-20所示。

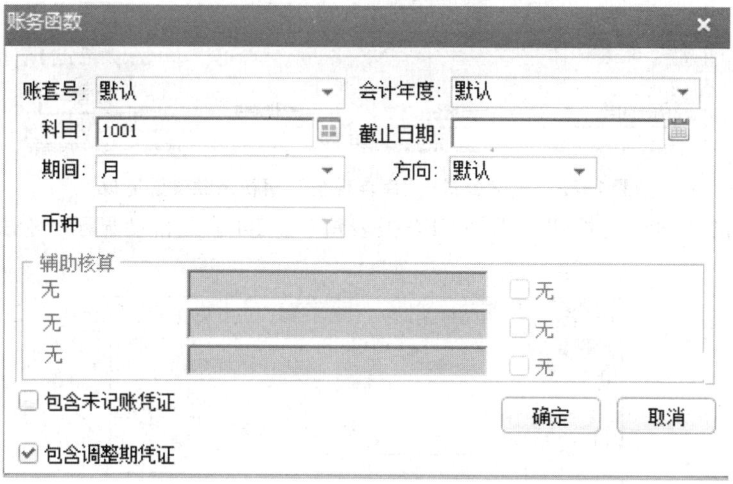

图4-20　财务函数-"库存现金"期初设置

栏目说明：

①"科目"，可以是科目名称，也可以是科目编码，通过参照按钮选择输入。

②"期间"，可以是年、季、月，也可以是具体数字表示的日期。

③"方向"，可以是"借"，也可以是"贷"，还可以省略，都表示科目的余额方向。如果省略，则表示该会计科目默认余额方向，这与科目性质直接相关。

④"账套号"，只能是数字（001—999），或者省略也可以，表示默认为当前账套。

⑤"会计年度"，可以省略，也可以输入具体的年度。不能和截止日期同时设置。

⑥包含"未记账凭证"复选框，表示连同未记账凭证数据一并取数并转移到生成的报表中。

（5）单击"确定"按钮，返回"用友账务函数"对话框，如图4-21所示。

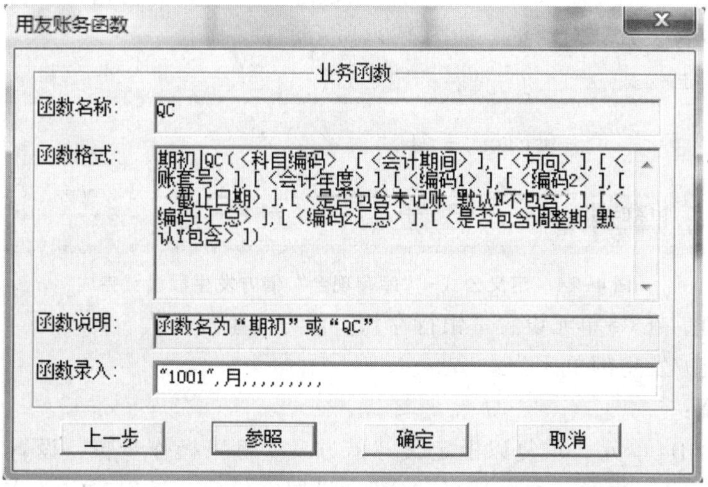

图4-21　用友财务函数-"库存现金"期初设置完成

（6）单击"确定"按钮，返回"定义公式"对话框，如图4-22所示。

图4-22 定义公式-"库存现金"期初余额设置完成

（7）单击"确认"按钮，返回UFO报表窗口。B4单元自动显示"公式单元"，如图4-23所示。

图4-23 "货币资金表"-"库存现金"期初设置完成

（8）同理，在B5单元设置"银行存款"期初余额公式。

特别提示：

①报表公式定义必须在"格式"状态下进行，且必须在定义公式的对话框中录入，不能直接在单元格输入。

②如采用直接录入法设置单元公式，除文字外的所有符号都要在英文半角状态下录入，不能使用全角状态录入。

③公式输入错误，直接删除重新输入即可。

3.定义借方发生额单元公式

操作步骤：

（1）选择C4单元，重复以上定义"期初余额"操作步骤，设置"库存现金"借方发生额公式。注意：函数名列表选择"发生（FS）"，方向选择"借"。设置完成后，返回"定义公式"对话框，如图4-24所示。

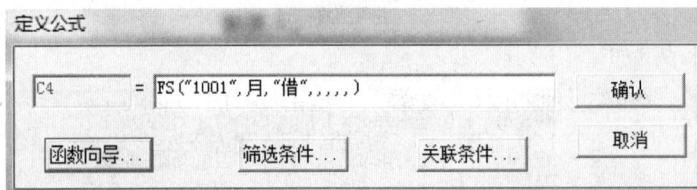

图4-24 定义公式-"库存现金"借方发生额设置完成

（2）同理，在C5单元设置"银行存款"借方发生额公式。

4.定义贷方发生额单元公式

操作步骤：

（1）选择D4单元，重复以上定义"借方发生额"操作步骤，设置"库存现金"贷方发生额公式。注意：方向选择"贷"。设置完成后，返回"定义公式"对话框，如图4-25所示。

图4-25　定义公式-"库存现金"贷方发生额设置完成

（2）同理，在D5单元设置"银行存款"贷方发生额公式。

5.定义期末余额单元公式

操作步骤：

（1）选择E4单元，重复以上定义"期初余额"操作步骤，设置"库存现金"期末余额公式。注意：函数名列表选择"期末（QM）"。设置完成后，返回"定义公式"对话框，如图4-26所示。

图4-26　定义公式-"库存现金"期末设置完成

（2）同理，在E5单元设置"银行存款"期末余额公式。

6.定义合计额单元公式

操作步骤：

（1）选择B6单元，重复以上定义单元公式的操作步骤，设置"期初余额合计额"公式。注意：函数分类列表选择"统计函数"，函数名列表选择"PTOATL"，如图4-27所示。

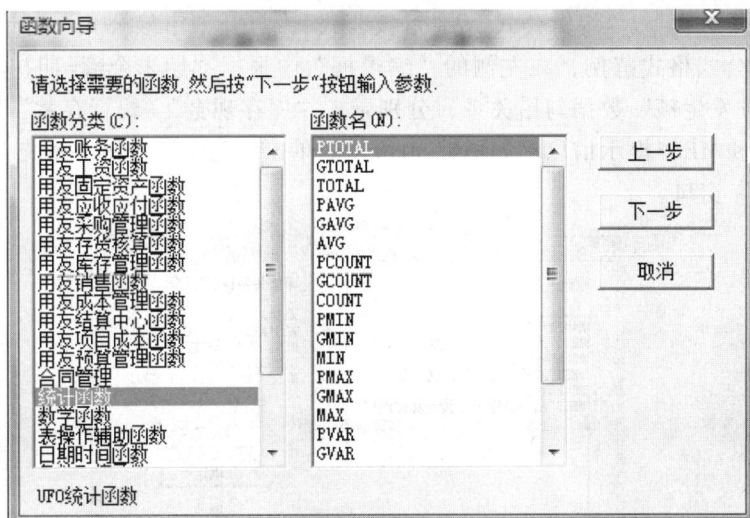

图4-27　函数向导-统计函数-求和

（2）单击"下一步"按钮，打开"固定区统计函数"对话框，在固定区区域输入B4：B5，如图4-28所示。

图4-28　固定区统计函数

（3）单击"确认"按钮，返回"定义公式"对话框，如图4-29所示。

图4-29　定义公式-固定区统计函数设置完成

（4）同理，在C6、D6、E6单元设置其他合计公式。

特别提示：

合计额公式也可以采用直接录入法，直接在定义公式对话框中录入公式。如：B6=B4+B5或者采用财务函数引导输入法，如：B6= QC（"1001"，月，，，，，，，，，）+QC（"1002"，月，，，，，，，，，）。

7.定义审核公式

操作步骤：

单击"数据"/"编辑公式"/"审核公式"，打开"审核公式"对话框，参照右侧的审核公式格式范例，在左侧的"编辑框"中根据"期末余额=期初余额+借方发生额-贷方发生额"数据勾稽关系，分别录入"库存现金""银行存款""合计额"的审核公式和MESS提示信息，如图4-30所示。单击"确定"按钮，系统自动返回"货币资金表"窗口。

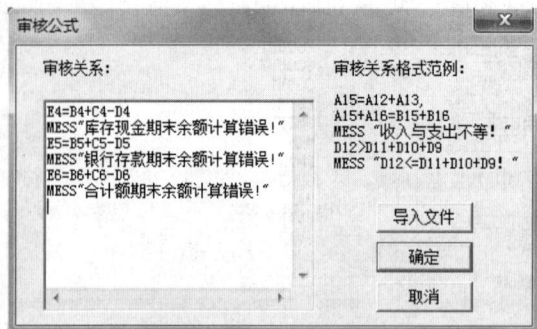

图4-30　审核公式

特别提示：

审核公式中审核关系（数据勾稽关系）必须正确。错误的审核公式不仅不能对数据的勾稽关系进行审核，还可能标示正确报表数据为错误。

8.定义舍位平衡公式

操作步骤：

单击"数据"/"编辑公式"/"舍位公式"，打开"舍位平衡公式"对话框，舍位表名录入为"舍位平衡货币资金表"，舍位范围为B4：E6，舍位位数为3。平衡公式为：E6=B6+C6-D6，E6=E4+E5，E4=B4+C4-D4，E5=B5+C5-D5，B6=B4+B5，C6=C4+C5，D6=D4+D5。如图4-31、图4-32所示。单击"完成"按钮，系统自动返回"货币资金表"窗口。

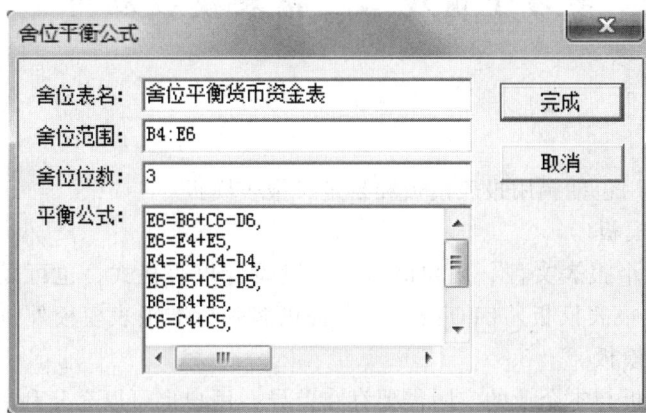

图4-31　舍位平衡公式（1）

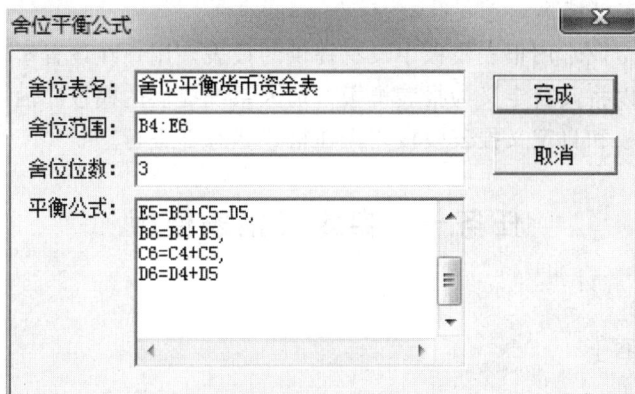

图4-32　舍位平衡公式（2）

栏目说明：

①舍位表名：和当前文件名不能相同，默认在当前目录下。

②舍位范围：舍位数据的范围，要把所有要舍位的数据包括在内。

③舍位位数：1—8位。舍位位数为1，区域中的数据除以10；舍位位数为2，区域中的数据除以100；以此类推。

④舍位公式：书写顺序应为统计过程的逆方向，需要倒顺序写，首先写最终运算

结果，然后一步一步向前推；每个公式一行，各公式间用逗号（半角）"，"隔开，最后一条公式不用写逗号；舍位公式中只能用"+""-"符号，不能使用其他运算符及函数；等号左边只能为一个不带页号和表名的单元，不能是超过一个单元的区域，等号右边所有出现的区域也不能带页号和表名；任何一个单元只允许在平衡公式等号右边出现一次。

特别提示：

①报表格式设置好后，务必保存此张报表，以便今后各月随时调用。当没有保存报表即退出时，系统会提示"是否保存报表"，提醒操作人员及时保存。

②报表设置好后，还可以将此表设置成自定义模板，供以后方便使用。

学习子情境二　报表模板应用

[知识链接]

教学视频
4-2-1

秒编报表——
报表模板应用

报表模板应用包括调用报表模板和自定义报表模板。

1.调用报表模板

要想获得一个报表文件，用户既可以自己设计报表格式，也可以直接套用 UFO 报表系统提供的报表模板。UFO 报表除了提供多张标准报表模板外，还可以包含用户自定义的报表模板。

如果报表模板与本企业的实际需要存在差异，用户也可以充分利用报表格式和公式设置的功能，对系统自带的报表模板进行修改，生成新的报表模板。

2.自定义报表模板

对于一些本企业常用报表模板中没有提供的报表，用户在设置了这些报表的格式和公式后，也可以将其自定义为报表模板，加入系统提供的模板库内。

调用报表模板和自定义报表模板均需在格式状态下进行。

任务一　自定义报表模板

[任务内容]

将新华公司的"货币资金表"加入 UFO 报表系统自定义模板。行业名选择"2007年新会计制度科目"，模板名使用原文件名。

[任务要求]

账套主管王志强完成自定义报表模板处理。

[工作示范]

操作步骤：

（1）单击"文件"/"打开"，打开"货币资金表"。

（2）格式状态下，单击"格式"/"自定义模板"，打开"自定义模板-行业名"对话框，在行业名的下拉列表中选择"2007年新会计制度科目"，如图4-33所示。

图4-33　自定义模板-行业名

栏目说明：

①单击"增加"按钮，弹出"自定义模板-行业名"的编辑框，在编辑框中录入模板所属的行业名称（也可以是单位名称）。录入完成后该行业被加入"自定义模板"对话框的"行业名称"列表框中。

②单击"删除"可以将不需要的行业从行业名称中删除。

③如果要重新定义行业名称，选定需要改变的行业，单击"修改"按钮，在弹出的"自定义模板-行业名"的编辑框重新输入新的行业名称。

（3）单击"下一步"按钮，打开"自定义模板-模板名"对话框，如图4-34所示。

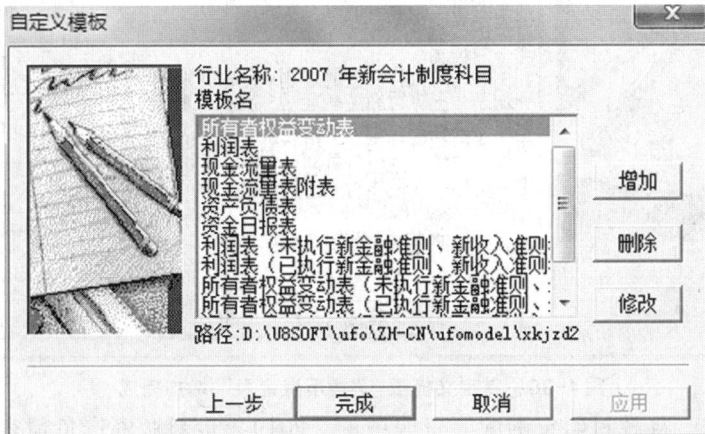

图4-34　自定义模板-模板名

栏目说明：

①如果要修改模板名称，首先选定需要改变的模板，然后单击"修改"，在弹出的对话框中重新输入模板名称。

②单击"删除"，可以删除选定的模板。

③单击"上一步"按钮，可以返回到定制行业的对话框。

（4）单击"增加"按钮，打开"添加模板"对话框，查找范围选择"D：\UFO报表\货币资金表.rep"文件，如图4-35所示。

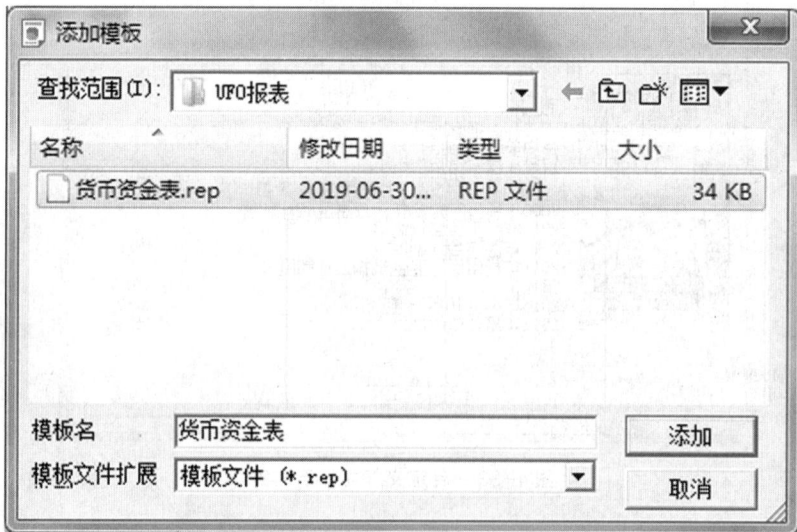

图4-35 自定义模板-添加模板

（5）单击"添加"按钮，返回"自定义模板-模板名"对话框，"货币资金表"自动加入"模板名"的列表中，如图4-36所示。单击"完成"按钮，"货币资金表"自定义模板完成。

图4-36 自定义模板-"货币资金表"增加完成

（6）同理，将教材给定的配套资源中的"2019年最新版资产负债表"和"2019年最新版利润表"加入自定义模板。

任务二　调用报表模板

[任务内容]

分别调用"资产负债表"模板（已执行新金融准则）和"利润表"模板（已执行新金融准则），并分别以文件名"2019年6月资产负债表"和"2019年6月利润表"命名，保存在"D：\UFO报表"文件夹。

[任务要求]

账套主管王志强完成调用报表模板处理并保存。

[工作示范]

操作步骤：

（1）单击"文件"/"新建"，新建报表文件。

（2）在格式状态下，单击"格式"/"报表模板"，打开"报表模板"对话框，在"您所在的行业"下拉列表中选择"2007年新会计制度科目"，在"财务报表"下拉列表中选择"2019年最新版资产负债表"，如图4-37所示。

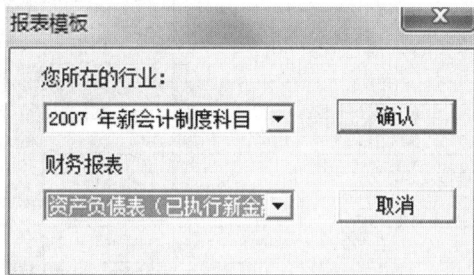

图4-37　报表模板选择

教学视频
4-2-2

报表模板应用
操作演示

（3）单击"确认"按钮。系统自动弹出"模板格式将覆盖本表格式！是否继续？"的对话框，如图4-38所示。

图4-38　模板格式覆盖提示

（4）单击"确定"按钮，系统自动显示"资产负债表"模板（已执行新金融准则）格式，如图4-39、图4-40所示。

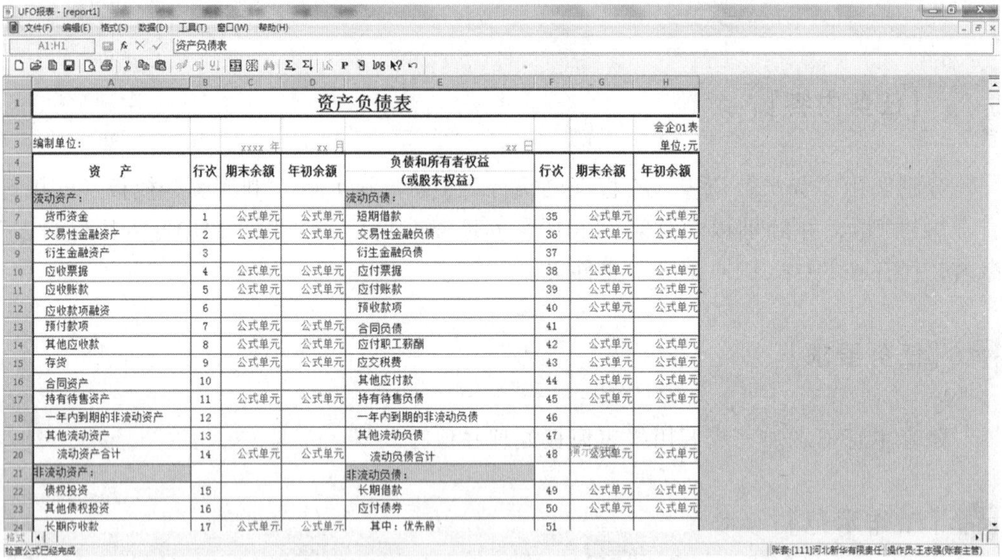

图4-39 调用"资产负债表"模板（已执行新金融准则）生成的"资产负债表"（1）

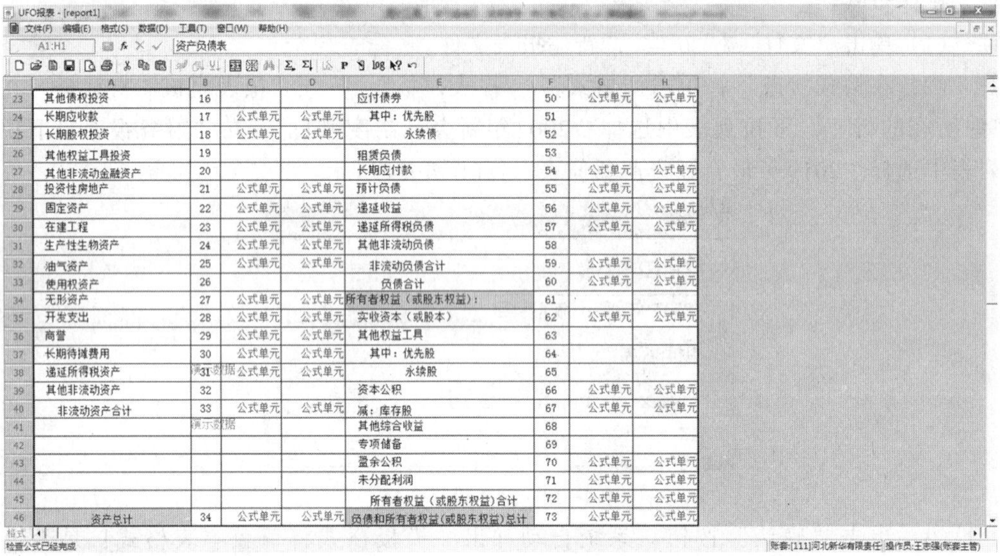

图4-40 调用"资产负债表"模板（已执行新金融准则）生成的"资产负债表"（2）

（5）单击"文件-保存"，将"资产负债表"以文件名"2019年6月资产负债表"命名保存在"D：\UFO报表"文件夹。

（6）重复以上操作步骤，调用"利润表"模板（已执行新金融准则），并以文件名"2019年6月利润表"保存在"D：\UFO报表"文件夹。调用模板生成的"利润表"如图4-41、图4-42所示。

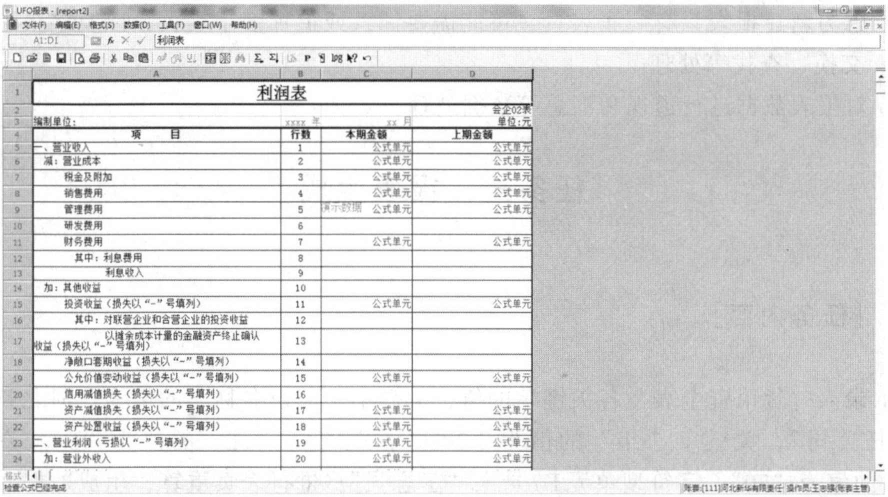

图 4-41 调用"利润表"模板（已执行新金融准则）生成的"利润表"（1）

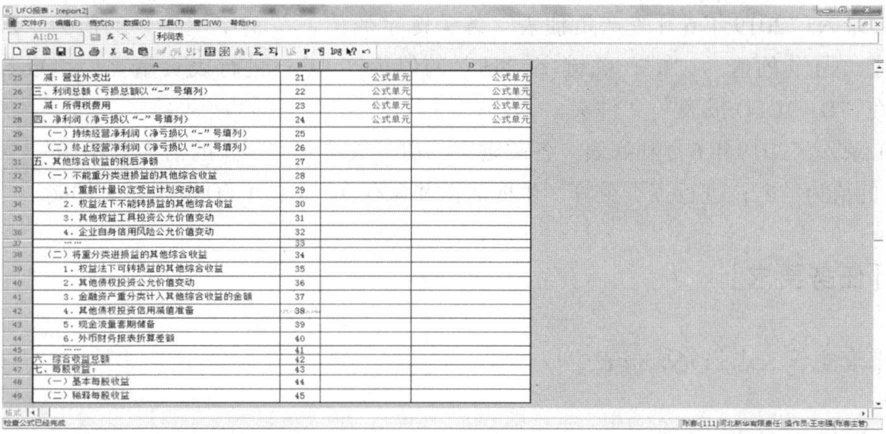

图 4-42 调用"利润表"模板（已执行新金融准则）生成的"利润表"（2）

特别提示：

调用模板生成的报表格式和公式都可以根据企业需求进行调整，之后重新保存并加入自定义模板，以供后期随时调用。

学习子情境三　报表数据处理

［知识链接］

通过自定义或报表模板设置好报表格式和各类公式之后，就可以进行数据处理了。报表数据处理均在数据状态下进行，包括以下操作：

1.如果报表中定义了关键字，则录入每张表页上关键字的值。

2.在数值单元或字符单元录入相应数据。

3.根据单元公式，进行表页或整表重算，生成报表数据。

4.如果报表有审核公式和舍位平衡公式，则执行审核和舍位平衡。

教学视频
4-3-1

轻松玩转报表
数据——报表
数据处理

5.因为新建报表只有一张表页，可能需要插入或追加多个表页，以及多张表页的排序、交换、查找等处理。

6.对报表数据进行透视和汇总等数据处理。

任务一　报表生成

@ [任务内容]

1.录入"货币资金表"各关键字的值，关键字"单位名称"的值为"河北新华有限责任公司"，关键字"年"的值为"2019"，关键字"月"的值为"6"，关键字"日"的值为"30"；字符型单元E7录入"王志强"；进行表页重算，生成数据并保存在"D：\UFO报表"文件夹。

2.录入"2019年6月资产负债表"各关键字的值，关键字"年"的值为"2019"，关键字"月"的值为"6"，关键字"日"的值为"30"；进行表页重算，生成数据并保存在"D：\UFO报表"文件夹。

3.录入"2019年6月利润表"各关键字的值，关键字"年"的值为"2019"，关键字"月"的值为"6"；进行表页重算，生成数据并保存在"D：\UFO报表"文件夹。

@ [任务要求]

账套主管王志强完成报表生成处理。

[知识链接]

不同会计期间企业经营的数据有所不同，那么使用者如何判定本表页数据取自哪个单位、哪个会计期间呢？这在系统中是通过设置关键字来识别的，因此在生成报表数据前的重要步骤就是录入关键字的值。每张表页上的关键字的值最好不要完全相同，如果有两张关键字的值完全相同的表页，则利用筛选条件和关联条件寻找表页时，只能找到第一张表页。

关键字在格式状态下设置，但关键字的值在数据状态下录入，关键字的偏移在格式状态和数据状态下都能进行。

[工作示范]

1.生成"货币资金表"

操作步骤：

（1）单击"文件-打开"，打开"D：\UFO报表"文件夹中的"货币资金表.rep"文件。

（2）数据状态下，单击"数据"/"关键字"/"录入"，打开"录入关键字"对话框，"单位名称"录入框中录入"河北新华有限责任公司"，"年"录入框中录入"2019"，"月"录入框中录入"6"，"日"录入框中录入"30"，如图4-43所示。

图4-43 录入关键字

（3）单击"确认"按钮，弹出"是否重算第1页？"的提示，如图4-44所示。单击"否"按钮，系统自动返回"货币资金表"窗口。

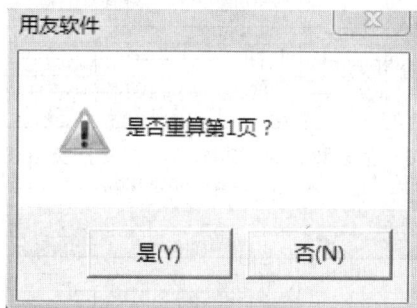

图4-44 重算提示

特别提示：

①不同的报表对应不同的关键字值，关键字值随单元与报表一起输出。日期关键字用于确认报表数据生成的具体日期。

②对于"是否重算第1页？"的提示，如选择"是"，将自动完成数据计算，生成数据。

（4）单击E7单元，录入字符"王志强"。

（5）单击"数据"/"表页重算"，弹出"是否重算第1页？"提示，单击"是"按钮，系统自动根据之前定义的单元公式计算生成报表数据，如图4-45所示。

图4-45 生成数据的"货币资金表"

（6）单击"文件-保存"，保存数据生成后的"货币资金表"。

（7）单击"文件-关闭"，关闭数据生成后的"货币资金表"。

2.生成"2019年6月资产负债表"

操作步骤：

重复以上操作步骤，生成"2019年6月资产负债表"数据，如图4-46、图4-47所示。

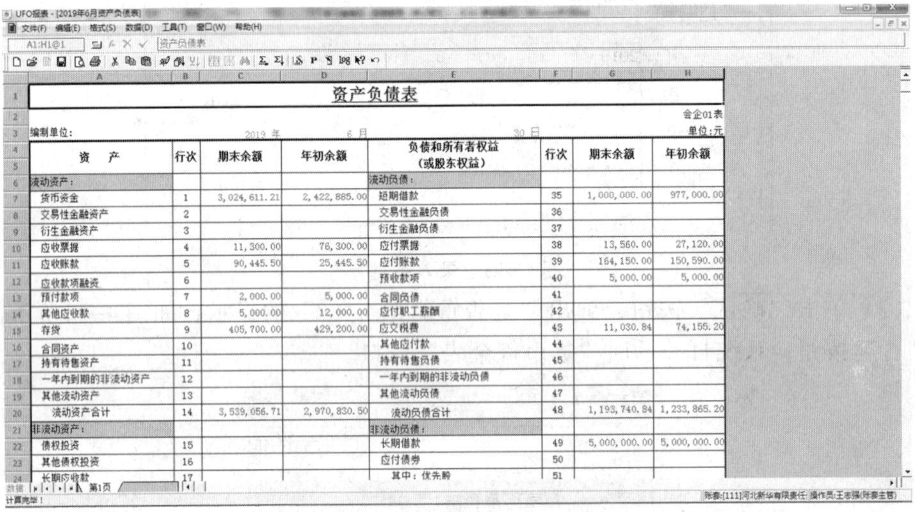

图4-46　生成数据的"2019年6月资产负债表"（1）

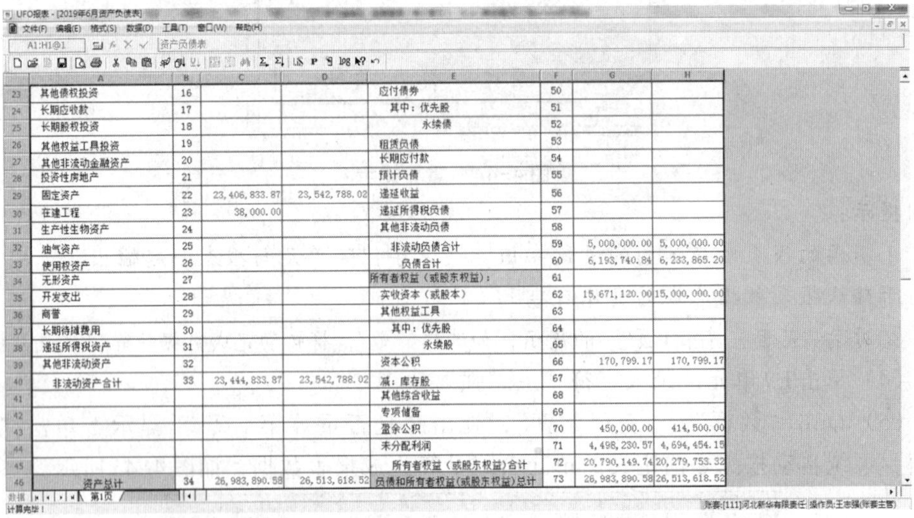

图4-47　生成数据的"2019年6月资产负债表"（2）

3.生成"2019年6月利润表"

操作步骤：

重复以上操作步骤，生成"2019年6月利润表"数据，如图4-48、图4-49所示。

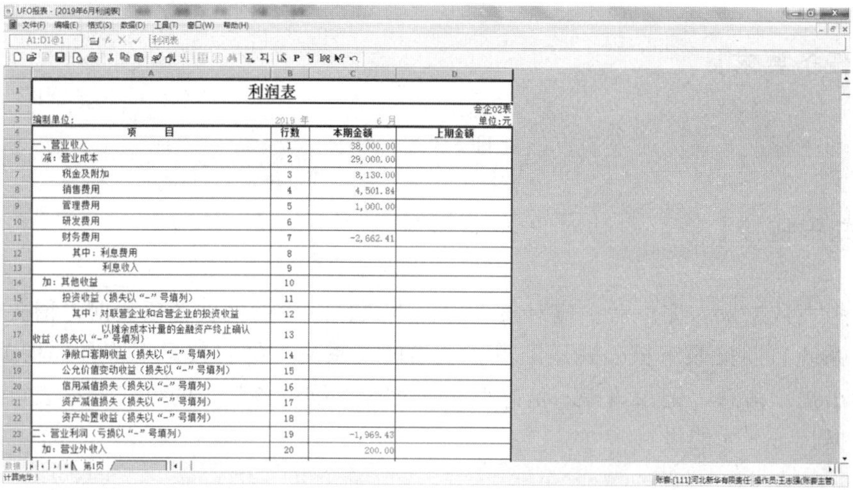

图4-48 生成数据的"2019年6月利润表"(1)

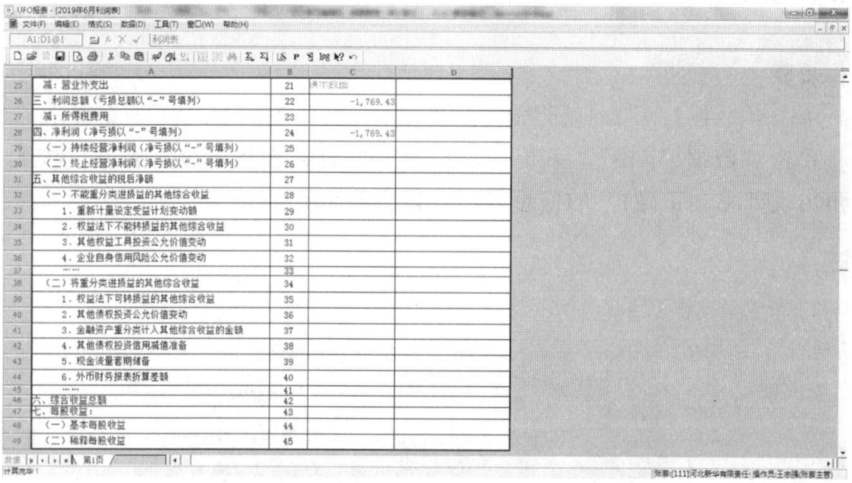

图4-49 生成数据的"2019年6月利润表"(2)

特别提示：

①字符型单元值的录入、表页重算或整表重算操作均在数据状态下完成。

②数据状态下的报表"数据"菜单提供了整表重算、表页重算两种方式。整表重算是将当前文件中所有表页的所有单元公式重算，表页重算只计算当前表页中的所有单元公式，其他表页不重算。如果当前表页设置了"表页不计算"标志，则不再重算。

③只要单元公式进行了调整，就必须重新计算。

任务二 审核

［任务内容］

对新华公司"货币资金表"进行审核并保存。

[任务要求]

账套主管王志强完成报表审核处理。

[知识链接]

当报表数据录入完毕后，应对报表进行审核，以检查报表各项数据勾稽关系的准确性。系统自动按照审核公式逐条审核表内的关系，当报表数据不符合勾稽关系时，系统给出提示信息，记录该提示信息后按任意键继续审核其余的公式。报表审核也必须在数据状态下才能进行。

[工作示范]

操作步骤：

（1）单击"文件-打开"，打开"D：\UFO报表"文件夹中的"货币资金表.rep"文件。

（2）单击"数据-审核"，系统自动按照审核公式逐条审核，如果审核无误，报表左下角出现"完全正确！"的信息提示，如图4-50所示。

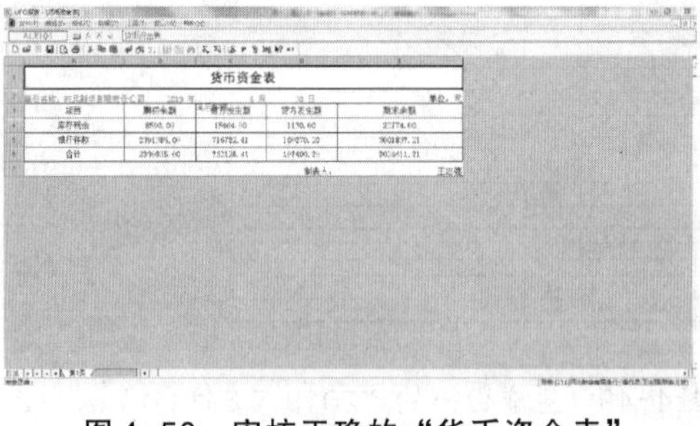

图4-50　审核正确的"货币资金表"

（3）单击"文件-保存"，保存审核通过后的"货币资金表"。

特别提示：

①审核无法通过时，应按照记录的提示信息修改报表公式和数据，重新进行表页计算和审核，直到不出现任何提示信息，审核通过为止。

②在对报表数据进行修改后，都应该进行审核，以保证报表各项勾稽关系正确。

任务三　舍位平衡

[任务内容]

对新华公司"货币资金表"进行舍位平衡处理。以原舍位公式中定义的文件名"舍位平衡货币资金表"进行保存，并同时将改动保存到"货币资金表"。

[任务要求]

账套主管王志强完成舍位平衡处理。

[知识链接]

系统按照所定义的舍位关系对指定区域的数据进行舍位，并按照平衡公式对舍位后的数据进行平衡调整，将舍位平衡后的数据存入指定的新表或他表中。打开舍位平衡公式指定的舍位表，可以看到调整后的报表。

[工作示范]

操作步骤：

（1）单击"文件–打开"，打开"D：\UFO报表"文件夹中的"货币资金表.rep"文件。

（2）单击"数据"/"舍位平衡"，系统自动按之前定义的舍位平衡公式进行舍位平衡计算。

（3）切换当前状态为格式状态，直接修改计量单位为"千元"。

（4）切换当前状态为数据状态，舍位平衡处理后的"货币资金表"，如图4-51所示。

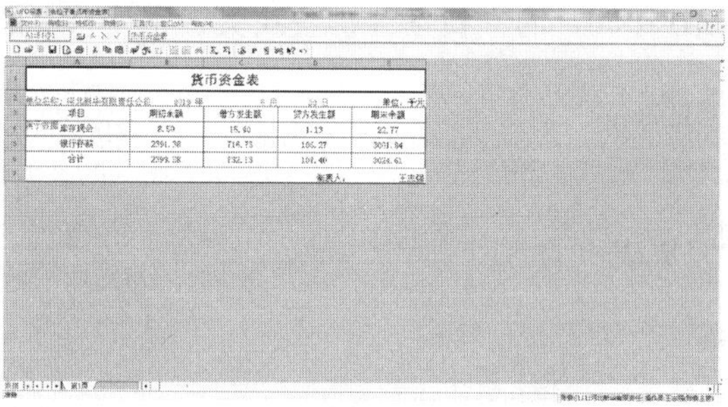

图4-51　舍位平衡后的"货币资金表"

（5）单击"文件–保存"，以原文件名保存"舍位平衡货币资金表.rep"。

（6）单击"文件–关闭"，关闭"舍位平衡货币资金表.rep"。系统自动弹出"将改动保存到货币资金表.rep"的提示框，单击"是"按钮，将改动保存到"货币资金表"。

特别提示：

①舍位公式有误时，系统状态栏会自动提示错误信息，要根据错误信息提示，返回舍位平衡公式定义窗口重新定义舍位平衡公式，直至正确为止。

②舍位平衡处理后，必须要按照舍位位数正确修改计量单位。计量单位的修改在格式状态下完成。

③必须首先进行舍位平衡处理，然后才能进行计量单位的修改，一定注意二者的操作顺序，否则修改后的计量单位将自动保存到舍位平衡前的原表，导致数据和计量

单位不一致的错误。

④报表舍位操作后，既可用舍位平衡公式中的文件名保存（系统自动保存在和原表相同的路径中），也可自行设定路径，另存为其他文件名。之后均可打开查阅。

任务四　表页管理

[任务内容]

对新华公司"货币资金表"进行表页插入、表页追加、表页交换、表页删除、表页排序、表页查找等处理，并保存处理结果。

1.在当前表页前插入一张表页，并对插入的表页录入关键字，关键字"年"的值为"2019"，关键字"月"的值为"5"，关键字"日"的值为"31"，录入字符型单元E7的值为"王志强"，并进行表页重算。

2.在当前表页后追加一张表页，并对追加的表页录入关键字，关键字"年"的值为"2019"，关键字"月"的值为"7"，关键字"日"的值为"31"，录入字符型单元E7的值为"王志强"，并进行表页重算。

3.对插入的表页和追加的表页进行表页交换。

4.将关键字"月"的值为"5"的表页删除。

5.以关键字"月"为关键值对表页进行递增排序。

6.按"年=2019AND月=6"的查找条件，查找关键字"月"的值为"6"的表页。

[任务要求]

账套主管王志强完成表页管理处理。

[知识链接]

UFO报表以固定的格式管理大量不同的表页，能将多达99 999张具有相同格式的报表资料统一在一个报表文件中管理，并且在每张表页之间建立有机的联系。为查询和数据处理的方便，企业通常希望不同月份的相同报表存放在同一报表文件中，而新建报表只有一张表页。表页管理可以实现表页的插入、追加、交换、删除、排序、查找等处理。表页的所有操作均在数据状态下进行。

1.插入和追加表页：向一个报表中增加表页有追加和插入两种方式，插入表页即在当前表页前面增加新的表页；追加表页即在最后一张表页后面增加新的表页。

2.交换表页：将指定的任何表页中的全部数据进行交换。

3.删除表页：将指定的整个表页删除，报表的表页数相应减少。

4.表页排序：可以按照表页关键字的值或者按照报表中的任何一个单元的值重新排列表页。"第一关键值"指根据什么内容对表页进行排序。"第二关键值"指当有表页的第一关键值相等时，按照此关键值排列。"第三关键值"指当有多张表页用第一关键值和第二关键值还不能排列时，按照第三关键值排列。

5.表页查找：根据给定的条件，在报表中找到符合条件的表页，并使它成为当前表页。

行、列的插入、追加、交换、删除等处理和表页管理类似，不同的是，行、列的管理必须在格式状态下才能完成。

[工作示范]

1.插入表页

操作步骤：

（1）单击"文件"/"打开"，打开"D：\UFO报表"文件夹中的"货币资金表.rep"文件。

（2）在数据状态下，单击表页页标"第1页"，成为当前表页。

（3）单击"编辑"/"插入"/"表页"，打开"插入表页"对话框，输入"插入表页数量"为"1"，如图4-52所示。

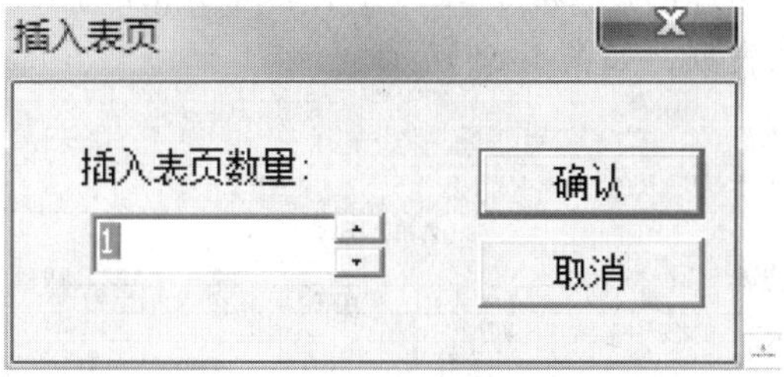

图4-52　插入表页

（4）单击"确认"按钮，在当前表页前增加了一张新表页，原当前表页变为第2页。

（5）单击窗口左下角 ◀ 按钮，切换当前表页为第1页，录入关键字"单位名称"的值为"河北新华有限责任公司"，录入关键字"年"的值为"2019"，关键字"月"的值为"5"，关键字"日"的值为"31"，录入字符型单元E7的值为"王志强"，进行表页重算，生成的第1张表页，如图4-53所示。

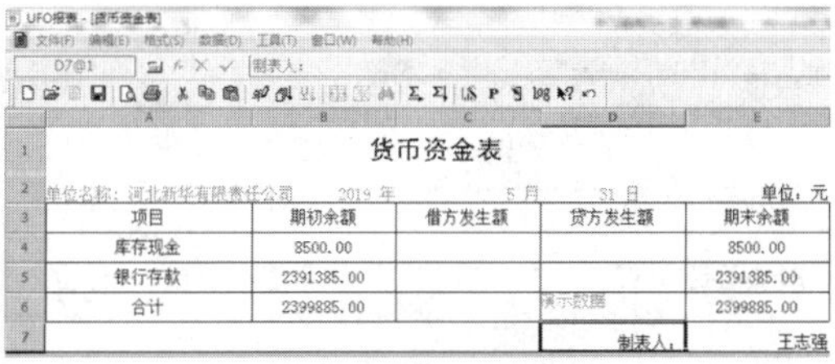

图4-53　插入并生成数据的第1张表页

特别提示：

①表页插入必须在数据状态下进行，是在当前表页前面增加新的表页。

②插入的表页和当前表页具有相同格式，但数据为空。插入表页后，在数据状态下，可以通过单击报表窗口左下角 ◀◀ ◀ ▶ ▶▶ 按钮，实现在当前表页和插入表页间

的切换。在格式状态下只能看到报表的格式，无法看到插入表页和当前表页。

2.追加表页

操作步骤：

（1）在数据状态下，单击表页页标"第2页"，使之成为当前表页。

（2）单击"编辑"/"追加"/"表页"，打开"追加表页"对话框，输入"追加表页数量"为"1"，如图4-54所示。

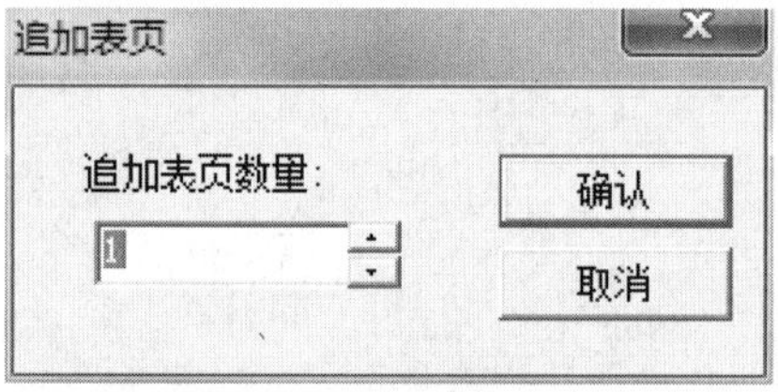

图4-54　追加表页

（3）单击"确认"按钮，在第2张表页后增加了一张新表页，表页号为3。

（4）单击窗口左下角按钮，切换当前表页为第3页，录入关键字"单位名称"的值为"河北新华有限责任公司"，关键字"年"的值为"2019"，关键字"月"的值为"7"，关键字"日"的值为"31"，录入字符型单元E7的值为"王志强"，进行表页重算，生成的第3张表页，如图4-55所示。

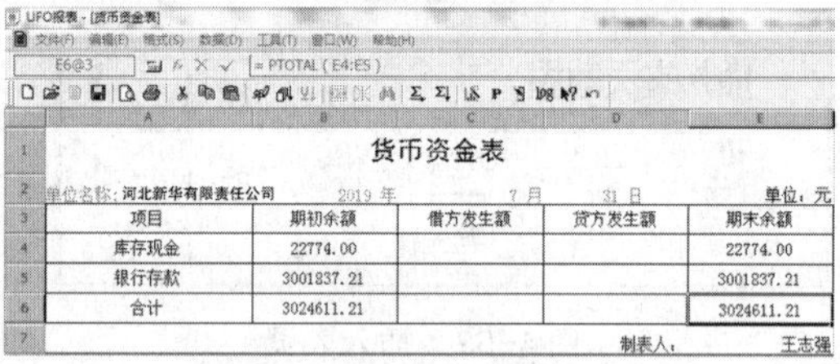

图4-55　追加并生成数据的第3张表页

3.交换表页

操作步骤：

在数据状态下，单击"编辑"/"交换"/"表页"，打开"交换表页"对话框，源页号输入"1"，目标页号输入"3"，如图4-56所示。单击"确认"按钮，表页交换完成。

图4-56　交换表页

特别提示：

可以一次交换一个或多个表页，交换多个表页时，表页号用"，"隔开。例如，要同时交换第1页和第2页，第3页和第4页，第10页和第20页，则在"源页号"编辑框中输入"1，3，10"；在"目标页号"编辑框中输入"2，4，20"。

4.删除表页

操作步骤：

数据状态下，单击"编辑"/"删除"/"表页"，打开"删除表页"对话框，在"删除表页"编辑框中输入要删除的表页号"3"，如图4-57所示。单击"确认"按钮，第3张表页删除。

图4-57 删除表页

特别提示：

①在删除表页对话框中，如果不指定表页号和删除条件，则确认后删除当前表页。可以同时删除多张表页，多个表页号之间用逗号"，"隔开。例如，输入"1，3，10"则删除第1页、第3页和第10页。

②如果要删除符合删除条件的表页，在"删除条件"编辑框中输入删除条件，或者单击"条件"按钮，在"定义条件"对话框中定义删除条件。

5.表页排序

操作步骤：

数据状态下，单击"数据"/"排序"/"表页"，打开"表页排序"对话框，第一关键值下三角按钮中选择"月"，选择默认的递增顺序，如图4-58所示。单击"确认"按钮完成表页排序。

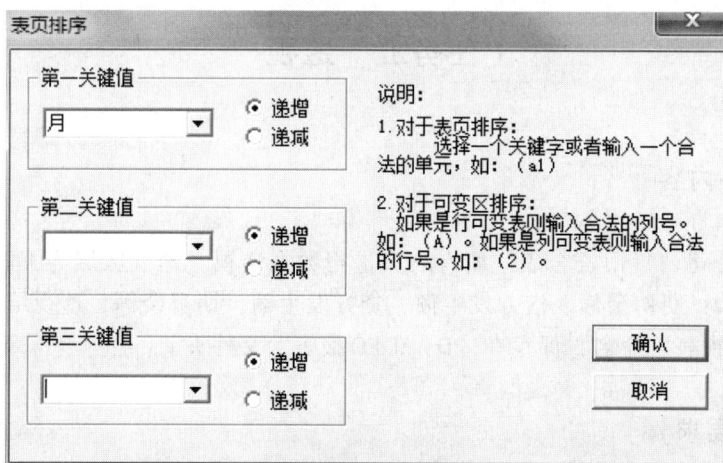

图4-58 表页排序

特别提示：

以关键字为关键值排序时，空值表页在"递增"时排在最前面，在"递减"时排在最后面。例如，以关键字"单位名称"递增排序，"单位名称"为空的表页排在第1页。以单元为关键值排序时，空值作为零处理。

6.表页查找

操作步骤：

（1）在数据状态下，单击"编辑"/"查找"，打开"查找"对话框，"查找内容"选择"表页"，在"查找条件"中，选择输入"年=2019并且月=6"，如图4-59所示。

图4-59 表页查找

（2）单击"查找"按钮，第一个符合条件的表页将成为当前表页。

（3）单击"下一个"按钮，下一个符合条件的表页将成为当前表页。

（4）单击"文件-保存"，保存表页管理后的"货币资金表.rep"。

特别提示：

如果没有符合条件的表页或查找到最后一个符合条件的表页时，状态栏中将显示"满足条件的记录未找到!"。

任务五 透视

［任务内容］

对新华公司"货币资金表"所有表页进行数据透视。透视区域为A4：E4，列字符串分别输入：期初余额、借方发生额、贷方发生额、期末余额，透视结果以文件名"库存现金透视表"命名，保存在"D：\UFO报表"文件夹。

［任务要求］

账套主管王志强完成透视处理。

⚙ [知识链接]

在报表子系统中，大量的数据是以表页的形式分布的，正常情况下每次只能看到一张表页。要想对各个表页的数据进行比较，可以利用数据透视功能，把多张表页的多个区域的数据显示在一个平面上。数据透视的结果可以保存在报表中。数据透视处理必须在数据状态下进行。

✏ [工作示范]

操作步骤：

（1）单击"文件"/"打开"，打开"D：\UFO报表"文件夹中的"货币资金表.rep"文件。

（2）在数据状态下，单击要透视的第一张表页的页标，将对它和它之后的表页的数据进行透视。

（3）单击"数据"/"透视"，打开"多区域透视"对话框，输入透视区域范围为"A4:E4"，输入列字符串"期初余额，借方发生额，贷方发生额，期末余额"，如图4-60所示。

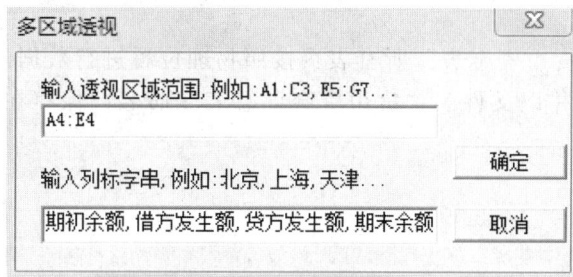

图4-60 多区域透视设置

（4）单击"确定"按钮，生成显示透视结果的"透视"对话框，如图4-61所示。拉动水平滚动条到最右边，可以看到各个表页中的关键字的值显示在相应数据的右边。

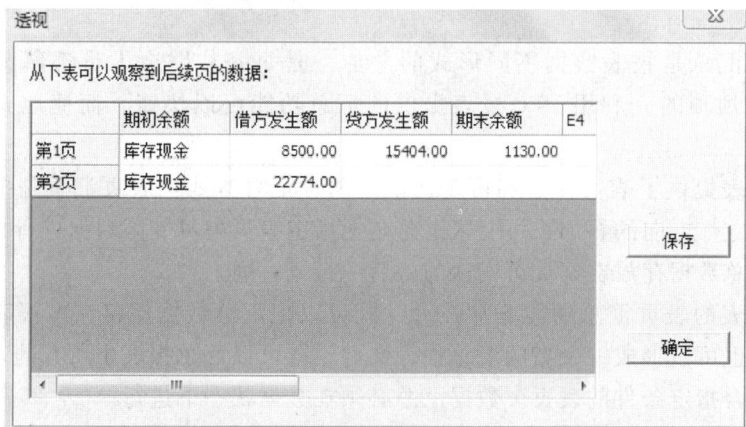

图4-61 透视结果

（5）单击"保存"按钮，把数据透视结果以文件名"库存现金透视表"命名，保存在"D：\UFO报表"文件夹。

（6）单击"另存为"按钮，弹出"是否确定全表重算？"的提示，单击"是"按钮，完成全表重算，再单击"确定"按钮，关闭"透视"对话框。数据透视结果保存在报表中。

特别提示：

①在"输入区域范围"内，输入区域范围，不同区域之间用"，"分开；区域范围可以是单元，可以是区域，也可以是不连续的多个区域。如：A1：C4，E29：F36，B3，B5。

②在"输入列标字串"内，输入对区域数据的含义描述，不同字段名之间用"，"分开。如：北京，上海，天津，可以将字段名定义为所设置的关键字"单位名称""单位编号""年""月""日"等。

任务六　汇总

@ [任务内容]

对新华公司"货币资金表"所有表页按照物理位置进行数据汇总，将汇总结果保存到新的报表，并以文件名"货币资金汇总表"命名，保存在"D：\UFO报表"文件夹。

@ [任务要求]

账套主管王志强完成汇总处理。

[知识链接]

报表的汇总是报表数据不同形式的叠加，是每一位财会人员都熟悉的，也是非常复杂和烦琐的。利用 UFO 报表提供的汇总功能可以快速、简捷地完成报表汇总操作。

UFO 报表提供了表页汇总和可变区汇总两种汇总方式。表页汇总是把整个报表的数据进行立体方向的叠加，可变区汇总是把指定表页中可变区数据进行平面方向的叠加，把汇总数据存放在本页可变区的最后一行或一列。

UFO 报表的表页汇总功能非常强大，既可以把汇总数据保存在本报表中的最后一张表页，也可以形成一个新的汇总报表文件；既可以汇总报表中所有的表页，也可以只汇总符合指定条件的表页。数据汇总必须在数据状态下进行。

[工作示范]

操作步骤：

（1）单击"文件"/"打开"，打开"D：\UFO报表"文件夹中的"货币资金表.rep"文件。

（2）在数据状态下，单击"数据"/"汇总"/"表页"，打开"表页汇总--三步骤之一---汇总方向"对话框，选择"汇总到新的报表"，报表名录入："D：\UFO报表\货币资金汇总表"，如图4-62所示。

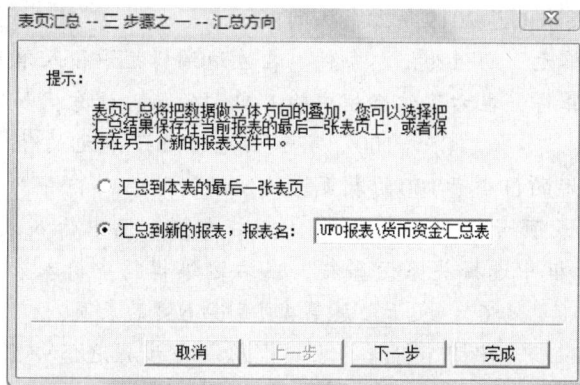

图4-62　"表页汇总--三步骤之一---汇总方向"设置

特别提示：

①汇总方向对话框用于指定汇总数据保存的位置。如果要把汇总结果保存在本报表中，请选择"汇总到本表最后一张表页"复选框。UFO报表将自动追加一张表页，并把汇总数据存在这张表页中。

②如果要把汇总结果保存在一个新的报表中，请选择"汇总到新的报表"复选框，并且在编辑框中输入路径和新的报表名，省略路径时表示在当前目录下。如果输入的报表名是一个已存在的报表，将删除此报表原有内容。

（3）单击"下一步"按钮，打开"表页汇总--三步骤之二--汇总条件"对话框，如图4-63所示。

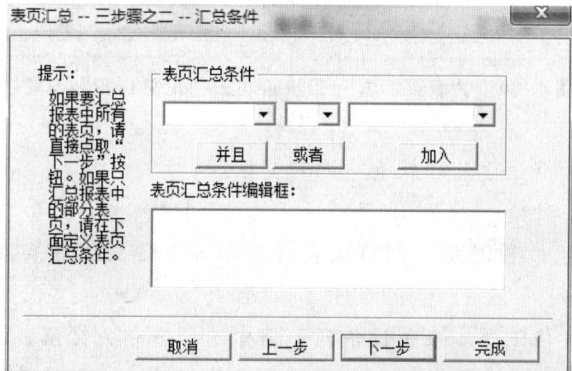

图4-63　"表页汇总--三步骤之二--汇总条件"设置

特别提示：

①汇总条件对话框用于指定汇总哪些表页。如果要汇总报表中所有的表页，请单击"下一步"按钮；如果汇总报表中的部分表页，则在"表页汇总条件"中定义条件。

②汇总条件可以有多个，它们之间是"并且"或"或者"的关系。单击"并且""或者""加入"按钮可以使汇总条件进入"汇总条件编辑框"。如果您对UFO比较熟悉，也可直接在"汇总条件编辑框"输入和修改汇总条件。

③表页汇总的条件有3种：

第一种：以"关键字"的值为汇总条件。在左边编辑框中选择已设置的关键字，在中间编辑框中选择关系运算符，在右边编辑框中选择关键字的值。如"年=2019AND月<=6"表示汇总2019年上半年的表页。

第二种：以"单元"的值为汇总条件。在左边编辑框中输入单元名称，在中间编辑框中选择关系运算符，在右边编辑框中输入单元的值。注意：如果单元的值为字符时，应加上双引号" "。如"C5>=100"表示汇总"C5"单元的值大于等于100的表页，忽略"C5"单元的值小于100的表页。

第三种：以"表页号"为汇总条件。在左边编辑框中输入表页号函数"MREC（ ）"，在中间编辑框中选择关系运算符，在右边编辑框中输入表页号。如"MREC（ ）>=4ANDMREC（ ）<=6"，表示汇总第4页到第6页的表页。

（4）单击"下一步"按钮，打开"表页汇总--三步骤之三--汇总位置"对话框，选择默认选项"按物理位置汇总"，如图4-64所示。

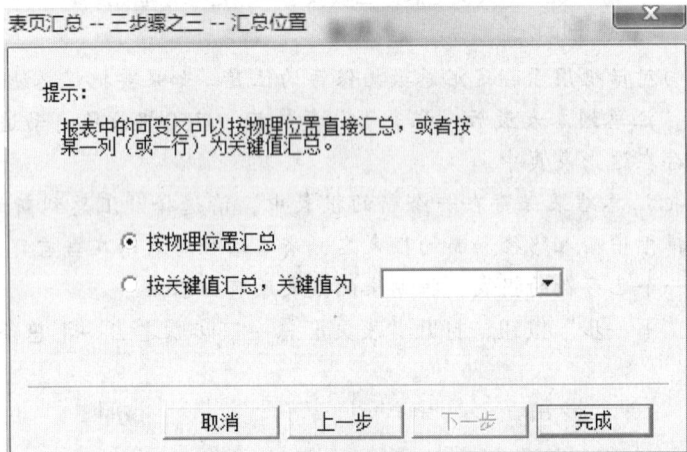

图4-64　"表页汇总--三步骤之三--汇总位置"设置

特别提示：

①汇总位置对话框用于处理报表中的可变区。

②汇总位置有两种：

第一种：按物理位置汇总。UFO报表将忽略可变区数据的实际意义，直接把可变区数据按位置叠加。

第二种：按关键值汇总。在关键值列表框中选择一个关键值，此关键值为行可变区的某一列，或者为列可变区的某一行。按关键值汇总时，如果关键值为字符型，将按照关键值的顺序进行汇总；如果关键值为数值型，则只对此关键值进行物理汇总，可变区中的其他数据不进行汇总。

（5）单击"完成"按钮，生成汇总结果，如图4-65所示。单击"文件"/"保存"，保存"货币资金汇总表"。

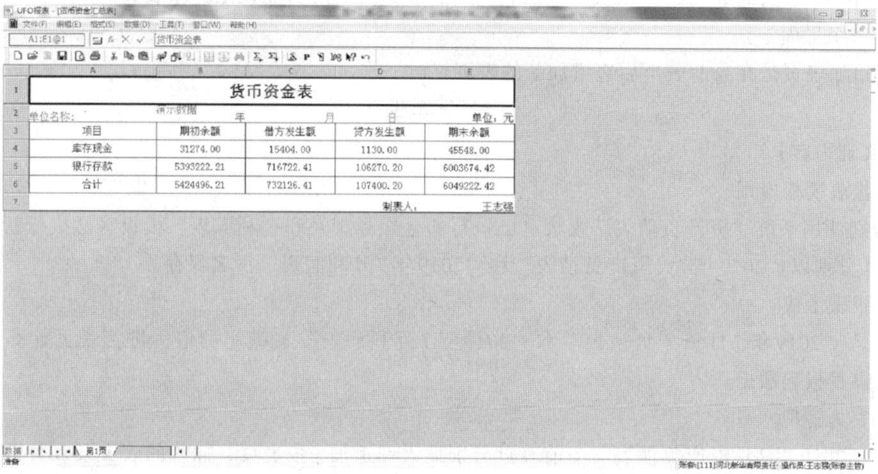

图4-65　汇总后生成的"货币资金汇总表"

同步测试

一、单项选择题

1.以下必须在报表管理系统格式状态下进行的是（　　　）。

A.输入字符型单元数据　　　　　　　　B.定义单元公式

C.数据汇总　　　　　　　　　　　　　D.报表审核

2.只能在报表管理系统数据状态下进行的操作是（　　　）。

A.录入关键字的值　　B.设置单元属性　　C.设置表尺寸　　　D.定义舍位平衡公式

3.下列不属于报表管理基本账务函数的是（　　　）。

A.QC（）　　　　　　B.QM（）　　　　　C.FS（）　　　　　D.PTOTAL（）

4.在当前表页前面增加新的表页的操作被称为（　　　）。

A.追加表页　　　　　B.插入表页　　　　C.数据透视　　　　D.表页排序

5.定义报表数据勾稽关系的公式为（　　　）。

A.单元公式　　　　　B.审核公式　　　　C.舍位平衡公式　　D.计算公式

二、多项选择题

1.UFO报表系统的所有操作都在（　　　）状态下完成。

A.计算状态　　　　　B.数据状态　　　　C.格式状态　　　　D.公式状态

2.下列属于报表格式设计内容的是（　　　）。

A.表页排序　　　　　B.定义组合单元　　C.设置表尺寸　　　D.设置关键字

3.下列属于报表数据处理内容的是（　　　）。

A.录入关键字的值　　B.表页计算　　　　C.表页排序　　　　D.报表审核

4.UFO报表系统的公式有（　　　）。

A.单元公式　　　　　B.审核公式　　　　C.舍位平衡公式　　D.透视公式

5.UFO报表系统中的单元类型有（　　　）。

A.数值单元　　　　　B.表样单元　　　　C.字符单元　　　　D.公式单元

学习情境四　同步测试答案

三、判断题

1.每张报表只能定义一个关键字。 （　　）

2.在报表格式状态下所进行的操作对本表所有的表页都发生作用。 （　　）

3.关键字的设置、偏移和录入都在格式状态下进行。 （　　）

4.对多个表页的数据进行比较，可以利用报表数据透视的功能，把多张表页的多个区域的数据显示在一个平面上。 （　　）

5.追加表页是在当前表页后边增加新的表页。 （　　）

综合实训

[实训内容]

1.报表模板应用

分别调用系统"资产负债表"模板（已执行新金融准则）和"利润表"模板（已执行新金融准则），并分别以"2019年7月资产负债表"和"2019年7月利润表"命名保存。

2.报表生成

录入"2019年7月资产负债表"和"2019年7月利润表"关键字的值，进行表页计算，生成2019年7月报表数据。

3.表页管理

对"2019年7月资产负债表"当前表页分别插入和追加1张表页，插入的表页录入关键字，进行表页计算，生成2019年6月报表数据。追加的表页录入关键字进行表页计算，生成2019年8月报表数据。

4.透视

对"2019年7月资产负债表"所有表页中的"货币资金"进行透视处理，透视结果以文件名"货币资金透视表"命名，进行保存。

5.汇总

对"2019年7月资产负债表"所有表页按照物理位置进行汇总处理，汇总结果保存在本表的最后一张表页。

[实训要求]

1.账套主管王强进行报表模板应用处理。

2.账套主管王强完成报表生成、表页管理、透视、汇总等处理。

固定资产管理

【职业能力目标】

掌握固定资产系统的操作流程和固定资产业务的具体处理方法；能对固定资产系统进行初始设置；能完成固定资产增加、固定资产减少、固定资产变动、折旧计提、对账及月末结账工作；会对系统操作中出现的问题进行简单维护；养成良好的会计职业道德。

【本情境与工作任务对照图】

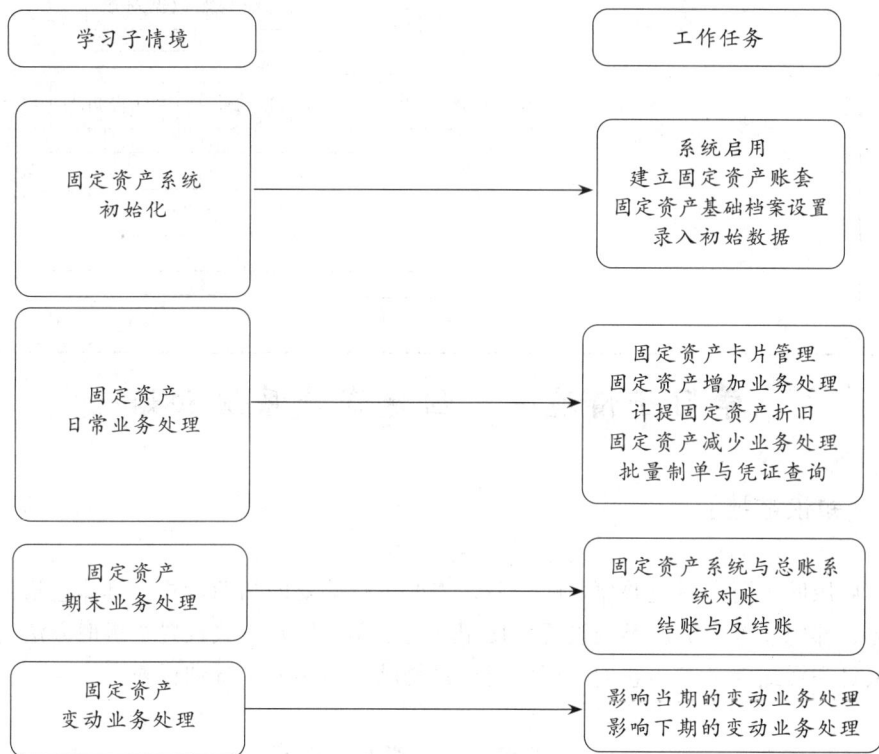

学习子情境	工作任务
固定资产系统初始化	系统启用 建立固定资产账套 固定资产基础档案设置 录入初始数据
固定资产日常业务处理	固定资产卡片管理 固定资产增加业务处理 计提固定资产折旧 固定资产减少业务处理 批量制单与凭证查询
固定资产期末业务处理	固定资产系统与总账系统对账 结账与反结账
固定资产变动业务处理	影响当期的变动业务处理 影响下期的变动业务处理

【系统介绍】

固定资产系统，主要围绕固定资产卡片来实现对固定资产的管理：通过原始卡片录入，实现数据的过渡衔接；通过资产增加，实现对新增固定资产的管理；通过计提固定资产折旧等，实现对固定资产的日常管理；期末，对固定资产进行必要的减值测试，并通过月末结账操作，最终完成与总账系统的数据传递。

教学视频
5-0-1

我是资产的保护神——固定资产系统概述

【工作过程与岗位对照图】

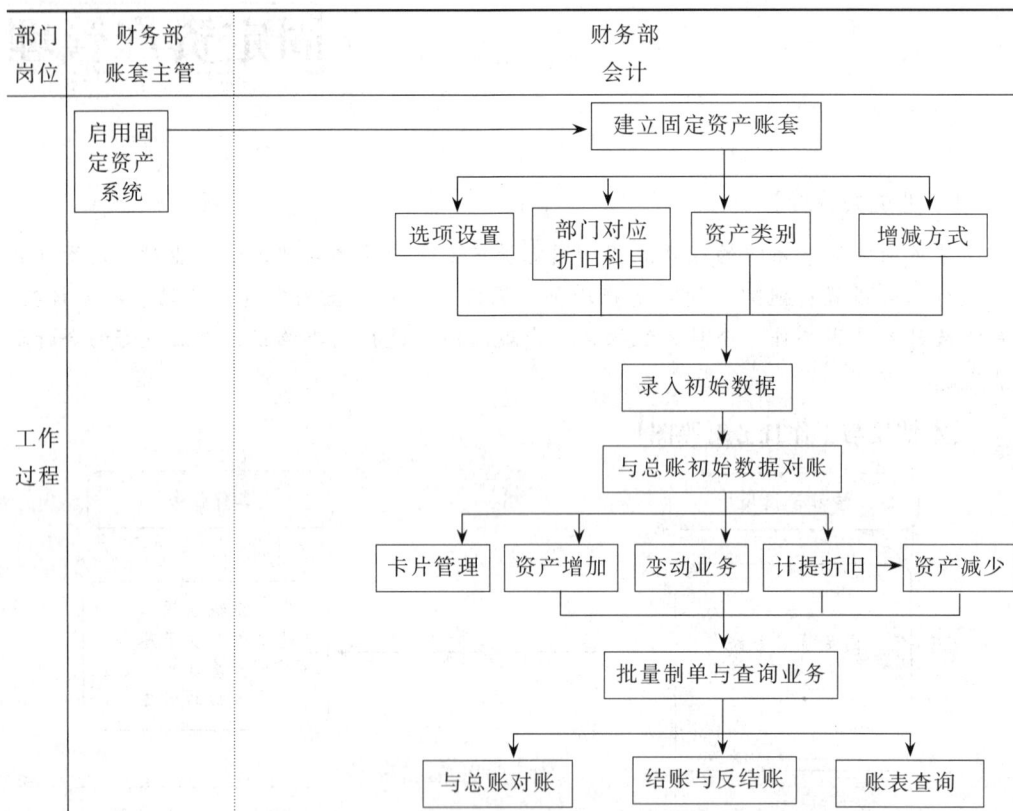

部门	财务部	财务部		
岗位	账套主管	会计		
工作过程	启用固定资产系统	建立固定资产账套 → 选项设置 / 部门对应折旧科目 / 资产类别 / 增减方式 → 录入初始数据 → 与总账初始数据对账 → 卡片管理 / 资产增加 / 变动业务 / 计提折旧 → 资产减少 → 批量制单与查询业务 → 与总账对账 / 结账与反结账 / 账表查询		

学习子情境一 固定资产系统初始化

[知识链接]

启用固定资产系统并建立账套后，需要进行必要的初始设置，具体包括：系统初始化、部门设置、资产类别设置、使用状况定义、增减方式设置、折旧方法选择、卡片项目和样式定义等，它们是固定资产系统顺利运转的基础和保障。

任务一 系统启用

[任务内容]

新华公司为加强固定资产的核算与管理，于2019年6月1日启用固定资产系统。

[任务要求]

账套主管王志强启用固定资产系统。

[工作示范]

操作步骤:

以操作员"01王志强"身份,操作日期为"2019-06-01",登录企业应用平台。在"业务导航"中,单击"基础设置"/"基本信息"/"系统启用",启用"固定资产"系统,启用时间为"2019-06-01",如图5-1所示。

图 5-1　固定资产系统启用

任务二　建立固定资产账套

[任务内容]

新华公司固定资产账套基本信息如下:

1.固定资产折旧信息:采用"平均年限法(一)"计提折旧,按使用部门逐月计提,折旧分配周期为一个月;在固定资产可使用的最后一个月,将剩余折旧全部提足;企业在经营过程中如遇折旧要素发生变动,按变动后的要素计提折旧。

2.固定资产编码规则:资产类别编码方式为"2-1-1-2",固定资产编码方式采用"自动编码：类别编号+序号"，序号长度为"3"。

3.固定资产与财务接口：要求与总账系统进行对账，科目为"1601 固定资产"
"1602 累计折旧"。在对账不平衡的情况下，不允许固定资产月末结账。

教学视频
5-1-1

我的装修我做
主——建立固
定资产账套

教学视频
5-1-2

建立固定资产
账套操作演示

[任务要求]

会计张东明建立固定资产账套。

[工作示范]

操作步骤：

（1）以操作员"03张东明"身份，操作日期为"2019-06-01"，登录企业应用平台。在"业务导航"/"业务工作"中选择"财务会计"/"固定资产"，系统提示进行账套初始化操作，如图5-2所示。

图5-2 固定资产系统初始化提示

特别提示：

首次登录进入固定资产系统，系统将自动引导进行账套初始化操作，并完成部分参数的设置。

（2）单击"是"，打开"初始化账套向导-约定及说明"。该界面显示固定资产账套的基本信息和资产管理的基本原则，如图5-3所示。

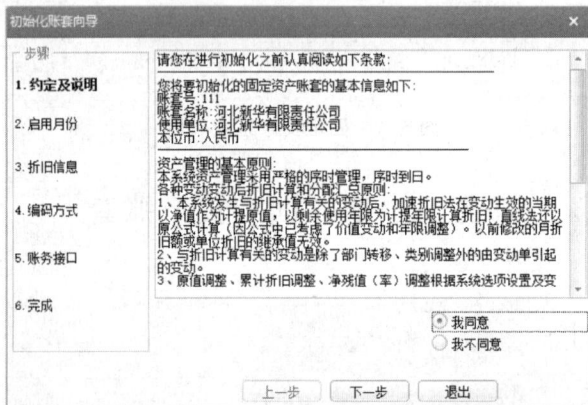

图5-3 初始化账套向导-约定及说明

特别提示：

固定资产系统资产管理，采用严格的"序时管理，序时到日"。当以某个日期登录进入固定资产系统进行业务操作后，以后只能以该日期及以后的日期登录才能再次进行业务操作。若以该日期之前的日期登录，则只能浏览，不能操作。

（3）选择"我同意"，然后单击"下一步"按钮，进入"初始化账套向导-启用月份"，显示启用固定资产账套的时间，如图5-4所示。

图5-4 初始化账套向导-启用月份

特别提示：

①启用日期只能查看不能修改。

②启用日期确定后，在该日期前存在的所有固定资产都将作为期初数据，在账套启用月份继续计提折旧。

（4）单击"下一步"按钮，进入"初始化账套向导-折旧信息"，设置折旧信息参数"主要折旧方法：平均年限法（一）"，如图5-5所示。

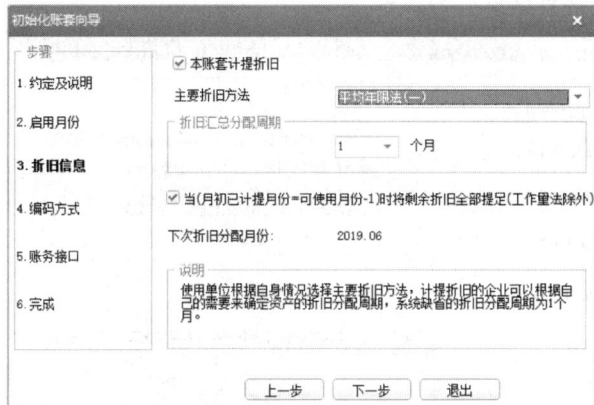

图5-5 初始化账套向导-折旧信息

栏目说明：

①按照财会〔2017〕25号文件规定：于2019年1月1日起全面执行《政府会计制度——行政事业单位会计科目和报表》，行政事业单位的固定资产也要计提折旧。其计提折旧原则是"当月增加的固定资产，当月开始计提折旧；当月减少的固定资产，当月不再计提折旧"。

②折旧汇总分配周期，这个周期不一定都是一个月，可能因行业和自身情况，每季度、半年或一年汇总分配一次，系统提供了"1、2、3、4、6、12个月"汇总分配周期的选择。

（5）单击"下一步"按钮，进入"初始化账套向导–编码方式"，设置"固定资产编码方式"参数，如图5-6所示。

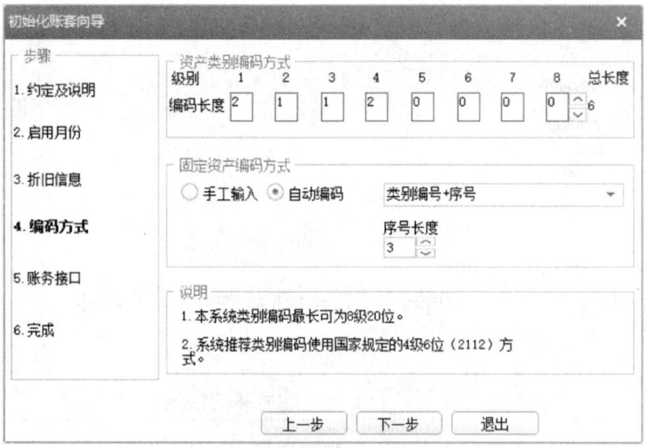

图5-6 初始化账套向导–编码方式

栏目说明：

固定资产编码方式可选择"手工输入"或"自动编码"。系统提供了四种自动编码形式："类别编号+序号""部门编号+序号""类别编号+部门编号+序号""部门编号+类别编号+序号"。每个账套只能选择其中一种，一经设定，不得修改。

（6）单击"下一步"按钮，进入"初始化账套向导–财务接口"，指定固定资产系统与总账系统的对账科目，如图5-7所示。

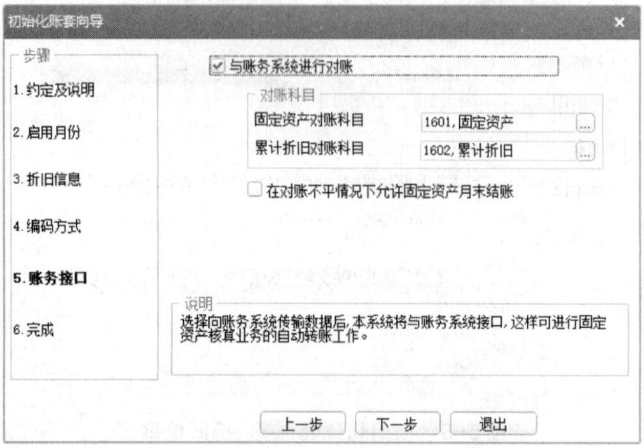

图5-7 初始化账套向导–财务接口

栏目说明：

①与账务系统进行对账：将固定资产系统内所有资产的原值、累计折旧与总账系统中的固定资产科目和累计折旧科目的余额进行核对，两者的数据应该相等。如果不需要与总账系统对账，可以不选择"与账务系统进行对账"选项。

②在对账不平情况下允许固定资产月末结账：当固定资产较多，无法在建账当月完成初始数据的录入时，可选择此参数，这样不影响固定资产系统期末结账；否则，会由于对账不平而影响结账工作。

特别提示：

　　建账当月未能完成录入的初始数据，可以按照手工账和电子账并行的方式，进行业务处理。

　　（7）单击"下一步"按钮，进入"初始化账套向导-完成"，如图5-8所示。

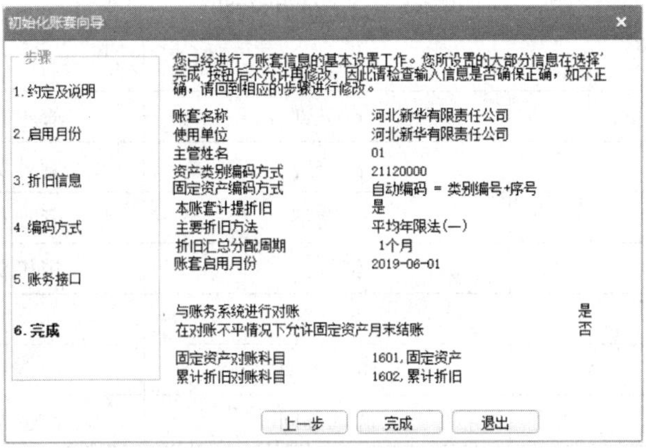

图5-8　初始化账套向导-完成

　　（8）单击"完成"按钮，系统提示是否保存对新账套的设置，如图5-9所示。单击"是"，系统提示"已成功初始化本固定资产账套！"，如图5-10所示。

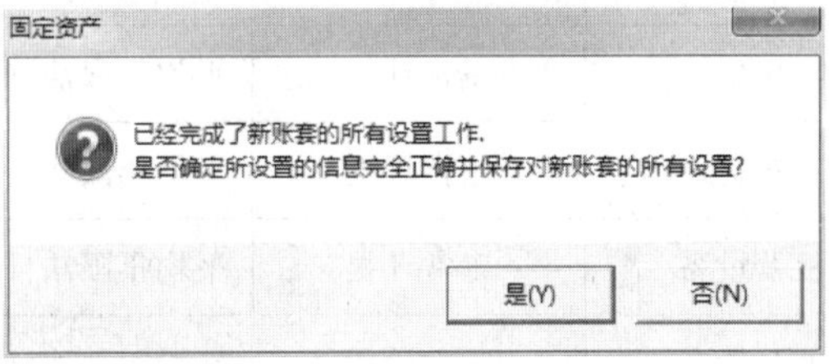

图5-9　新账套的保存提示

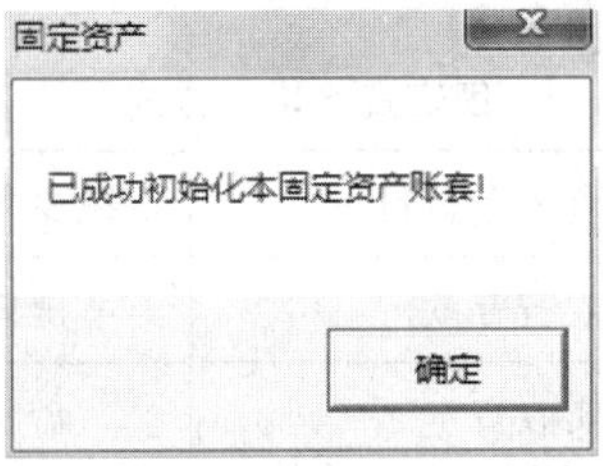

图5-10　初始化成功提示

任务三　固定资产基础档案设置

[任务内容]

　　1.选项设置

　　具体参数：选中"业务发生后立即制单"、取消"本期发生额对账不平允许结账"和"期末余额对账不平允许结账";固定资产缺省入账科目"1601",累计折旧缺省入账科目"1602",减值准备缺省入账科目"1603",增值税进项税缺省入账科目"22210101"。

2.部门对应折旧科目(见表5-1)

表5-1 部门对应折旧科目

部门		折旧科目
1	财务部	管理费用—折旧费
2	办公室	管理费用—折旧费
3	采购部	管理费用—折旧费
4	销售部	销售费用—折旧费
5	生产部	
501	组装车间	制造费用—折旧费
502	调试车间	制造费用—折旧费

3.固定资产类别(见表5-2)

表5-2 固定资产类别

类别编码	类别名称	计提属性	方法	卡片样式
01	房屋	正常计提	平均年限法(一)	含税卡片样式
02	车辆	正常计提	平均年限法(一)	含税卡片样式
03	机器设备	正常计提	平均年限法(一)	含税卡片样式
04	办公设备	正常计提	平均年限法(一)	含税卡片样式

4.固定资产增减方式(见表5-3)

表5-3 固定资产增减方式

增加方式	对应入账科目	减少方式	对应入账科目
直接购入	农行存款	出售	固定资产清理
投资者投入	实收资本	盘亏	待处理财产损溢
捐赠转入	营业外收入	投资转出	长期股权投资
盘盈	以前年度损益调整	捐赠转出	固定资产清理
在建工程转入	在建工程	报废	固定资产清理
融资租入	长期应付款	毁损	固定资产清理
		融资租出	长期应收款
		拆分减少	固定资产清理
		更新改造	在建工程

教学视频
5-1-3

拿什么拯救
你——固定
资产选项

教学视频
5-1-4

固定资产选项
操作演示

教学视频
5-1-5

适合的就是最
好的——固定
资产基础档案
设置

教学视频
5-1-6

固定资产基础
档案设置操作
演示

［任务要求］

会计张东明完成固定资产系统基础档案设置。

［知识链接］

初始设置是系统管理固定资产的基础，包括选项参数、部门对应折旧科目、资产类别、增减方式、折旧方法等方面的设置。

选项参数设置，是对建立固定资产账套时所设参数的补充设置。建账完成后，如果需要对账套中的某些参数进行修改，可以在"设置"/"选项"中重新设置。但是，有些参数则不能修改。当发现某些参数设置错误而又不允许修改时，要想纠正只能通过"固定资产"/"维护"/"重新初始化账套"功能实现，此操作将删除对该账套所做过的一切操作。

部门对应折旧科目设置，是指定各部门分摊折旧额所对应的会计科目，是折旧按部门分配的依据。录入卡片时，会计科目将自动出现在卡片中，不必逐一录入，这样可以提高工作效率。

企业固定资产种类繁多，规格不一，要细化管理，及时、准确地做好固定资产核算，就必须建立科学的固定资产分类体系。资产分类设置就是对固定资产管理的科学细化，将其按照一定的标准进行分类管理，更便于统计分析。

固定资产增减方式设置，主要在固定资产有增减业务时使用，在此还可以设置增减方式所对应的会计科目，在生成业务凭证时将自动带出。

［工作示范］

1.选项参数设置

操作步骤：

（1）在"业务导航"/"业务工作"中选择"固定资产"系统，单击"设置"/"选项"，打开"选项"对话框。

（2）选中"与账务系统接口"页签，单击"编辑"按钮，勾选"业务发生后立即制单"，取消"本期发生额对账不平允许结账"和"期末余额对账不平允许结账"，"［固定资产］缺省入账科目"设为"1601，固定资产"，"［累计折旧］缺省入账科目"设为"1602，累计折旧"，"［减值准备］缺省入账科目"设为"1603，固定资产减值准备"，"［增值税进项税额］缺省入账科目"设为"22210101，进项税额"，如图5-11所示。

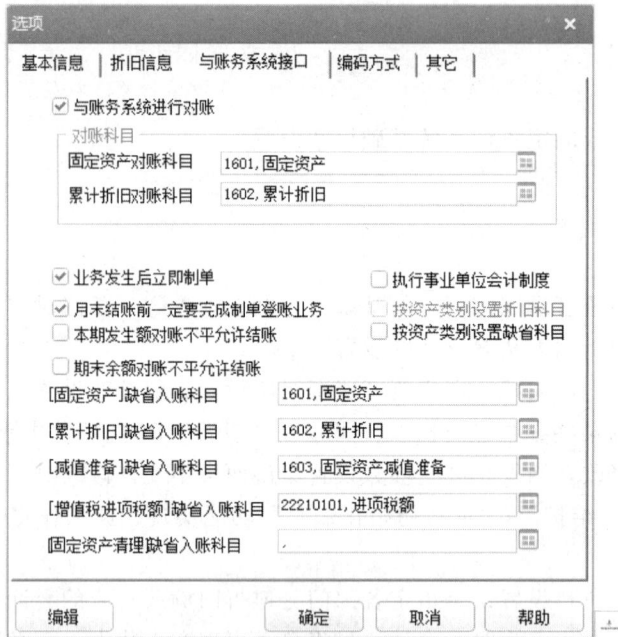

图 5-11　选项-与账务系统接口

栏目说明：

"业务发生后立即制单"，如果不勾选此参数，则业务发生后需要填制凭证的，将自动汇总到"凭证处理"/"批量制单"菜单下，等待完成制单处理。

2.部门对应折旧科目设置

操作步骤：

（1）在固定资产系统中，单击"设置"/"部门对应折旧科目"，打开"部门对应折旧"页签。

（2）选择部门"财务部"，单击"修改"按钮，参照选择或者直接输入折旧科目为"660204，折旧费"，如图5-12所示，单击"保存"按钮。

图 5-12　财务部对应折旧科目设置

（3）重复上述操作，完成其他部门对应折旧科目的设置，结果如图5-13所示。

图5-13　部门对应折旧科目设置

特别提示：

①在使用"部门对应折旧科目"功能前，必须已经建立好部门档案，否则无法设置。

②设置上级部门对应的折旧科目，下级部门可以自动继承；单独设置下级部门对应的折旧科目，不会自动汇总到上级部门。另外，同一部门的下级部门也可以设置不同的折旧科目。

③设置部门对应折旧科目时，必须选择末级会计科目。

3.资产类别设置

操作步骤：

（1）单击"设置"/"资产类别"，打开"资产类别"页签。单击"增加"按钮，输入相关内容后，单击"保存"按钮，如图5-14所示。

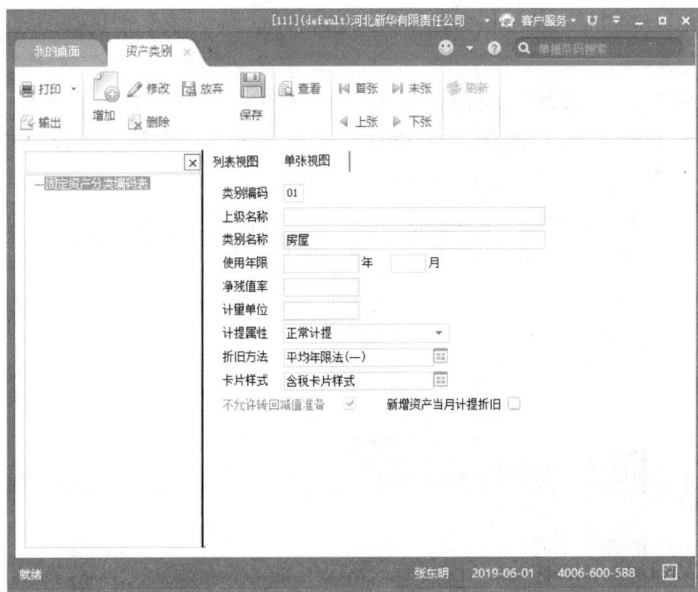

图5-14　资产类别-单张视图

栏目说明：

①计提属性：计提属性是计提折旧时的基本原则，系统提供3种选择，它们分别是总提折旧、总不提折旧和正常计提，必须选择其中一种。

②资产类别设置中，"类别编码""类别名称""计提属性""折旧方法""卡片样式"为必设参数，其他参数可以在具体业务中补充设置。

③系统预置了4种"卡片样式"：通用样式、标签样式、通用样式（二）、含税卡片样式，企业可以根据需要进行选择使用。

特别提示：

"卡片样式"和卡片中的具体项目，都是可以调整和自定义设计的，来满足实际工作需要。当前选择的"含税卡片样式"，是经过调整的，添加了"减值准备"项目。具体操作步骤如下："业务导航"/"设置"/"卡片样式"/"含税卡片样式"/"修改"/选择恰当的位置/"系统项目"/双击"减值准备"，保存即可。

（2）重复上述操作，完成其他类别的设置，结果如图5-15所示。

图5-15　资产类别设置

4.增减方式设置

操作步骤：

（1）单击"设置"/"增减方式"，打开"增减方式"页签。选择"增加方式"/"直接购入"，再单击"修改"按钮，打开"增减方式-单张视图"页签。单击"对应入账科目"栏的参照按钮，选择"100201，农行存款"，单击"保存"按钮。重复上述操作，完成其他增减方式"对应入账科目"的设置，如图5-16所示。

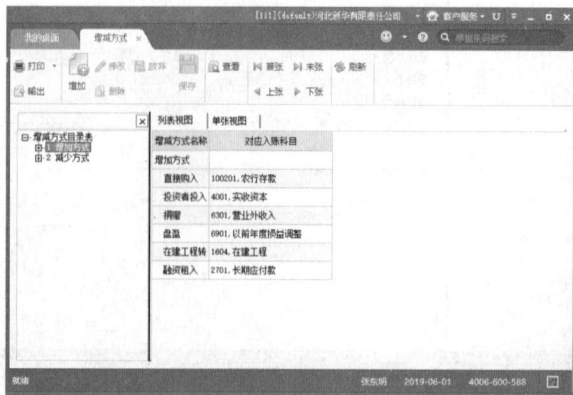

图5-16　增减方式-修改对应入账科目

特别提示：

①设置增减方式"对应入账科目"时，必须选择末级会计科目。设置完成后，其将会在具体业务编制凭证时自动带出，提高了工作效率。若生成凭证时入账科目发生了变化，可以即时修改。

②系统默认6种增加方式和八种减少方式，可根据需要对其进行增减和修改，但"盘盈""盘亏""毁损"不能修改和删除，系统据此提供专门的固定资产盘盈盘亏报告表。

（2）选择"减少方式"，单击"增加"按钮，在"增减方式名称"中录入"更新改造"，"对应入账科目"为"在建工程"。结果如图5-17所示。

图5-17　增减方式-减少方式

任务四　录入初始数据

[任务内容]

新华公司截至2019年5月31日固定资产具体情况见表5-4。

表5-4　　　　　　　　　　　　　固定资产原始卡片

卡片编号	类别编号	资产编码	名称	增加方式	使用部门	使用年限（年）	开始使用日期	原值（元）	增值税	累计折旧（元）	残值率
1	01	01001	办公楼	在建工程转入	办公室25% 财务部25% 采购部25% 销售部25%	30	2013-08-01	22 000 000	-	4 005 833.33	5%
2	01	01002	厂房	在建工程转入	组装车间50% 调试车间50%	30	2013-08-01	6 000 000	-	1 092 500.00	5%
3	02	02001	奥迪轿车	直接购入	办公室	10	2014-04-01	500 000	85 000	241 458.33	5%
4	02	02002	福田汽车	直接购入	采购部50% 销售部50%	10	2016-01-01	290 000	49 300	91 833.33	5%
5	03	03001	波峰焊机	直接购入	组装车间	8	2018-08-01	45 000	7200	4 007.81	5%
6	04	04001	联想计算机	直接购入	财务部	5	2018-01-01	10 000	1 700	2 533.33	5%

备注：各项固定资产使用状况均为在用。

教学视频
5-1-7

数据大搬家 —— 录入固定资产初始数据

教学视频
5-1-8

录入固定资产初始数据操作演示

[任务要求]

会计张东明完成固定资产原始卡片录入，并与总账系统进行对账。

[知识链接]

固定资产卡片是固定资产核算和管理的基本资料，在使用固定资产系统进行核算前，必须将建账以前的数据录入系统，以保持历史数据的连续性。原始卡片的录入工作并不限制在建账的第一个期间的结账前完成，任何时候都可以录入原始卡片，即原始卡片可以分期录入，这就需要确定好"与财务系统对账"参数的设置。

[工作示范]

1.固定资产原始卡片录入

操作步骤：

（1）单击"卡片"/"录入原始卡片"，打开"固定资产类别档案"窗口。选择"01 房屋"，如图5-18所示。

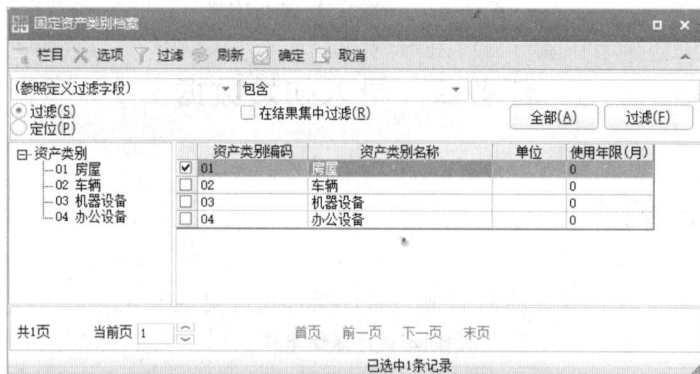

图5-18　固定资产类别档案

（2）单击"确定"按钮，打开"卡片编号-00001"固定资产卡片页签。修改固定资产名称为"办公楼"，单击"使用部门"，弹出"本资产部门使用方式"对话框，选择"多部门使用"，如图5-19所示。

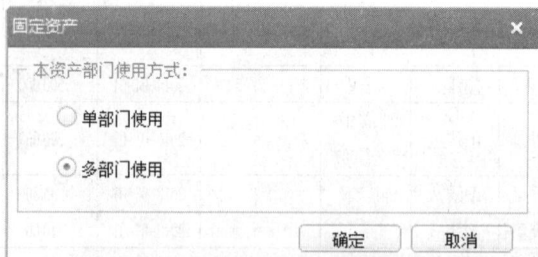

图5-19　固定资产部门使用方式

（3）单击"确定"按钮后，打开"使用部门"对话框。单击"增加"按钮，录入"使用部门"和"使用比例%"，结果如图5-20所示。单击"确定"按钮保存设置。

序号	使用部门	使用比例%	对应折旧科目	项目大类	对应项目	部门编码
1	办公室	25.0000	660204,折旧费			2
2	财务部	25.0000	660204,折旧费			1
3	采购部	25.0000	660204,折旧费			3
4	销售部	25.0000	660104,折旧费			4

图5-20　固定资产使用部门及比例

（4）继续录入"增加方式"为"在建工程转入"，"使用年限（月）"为"360"，"使用状况"为"在用"，"开始使用日期"为"2013-08-01"，"原值"为"22 000 000"，"累计折旧"为"4 005 833.33"，单击"保存"按钮，系统弹出"数据成功保存"提示，单击"确定"按钮，结果如图5-21所示。

固定资产卡片

卡片编号	00001	日期	2019-06-01
固定资产编号	01001	固定资产名称	办公楼
类别编号	01	类别名称 [数据]	资产组名称 房屋
规格型号		使用部门	办公室/财务部/采购部/销售部
增加方式	在建工程转入	存放地点	
使用状况	在用	使用年限（月） 360	折旧方法 平均年限法(一)
开始使用日期	2013-08-01	已计提月份 69	币种 人民币
原值	22000000.00	净残值率 5%	净残值 1100000.00
累计折旧	4005833.33	月折旧率 0.0026	本月计提折旧额 57200.00
净值	17994166.67	对应折旧科目 (660104,折旧费)	项目
增值税	0.00	价税合计 22000000.00	减值准备 0.00
录入人	张东明		录入日期 2019-06-01
录入人 [数据]		录入日期 [数据]	

图5-21　原始卡片录入

（5）重复上述操作，完成其他固定资产原始卡片的录入。

栏目说明：

①固定资产编号：是根据"选项"设置中的编码方式自动编码或手工录入。

②开始使用日期：必须采用YYYY-MM-DD形式录入，其中只有"年和月"对折旧计提有影响，"日"不会影响折旧的计提，但是必须录入。

③在界面中，除主卡"固定资产卡片"外，还有若干的附属页签，附属页签上的信息只供参考，不参与计算，也不回溯。

④原值、累计折旧、累计工作量录入的一定是卡片录入月初的数据，否则将计算错误。

⑤在系统启用之前，对于原固定资产，如果已经计提固定资产减值准备，则需录入"减值准备"/"减值准备期初"金额，以便进行正确的统计查询。

特别提示：

①根据财税〔2008〕170号文件规定：自2009年1月1日起，增值税一般纳税人

购进（包括接受捐赠、实物投资，下同）或者自制（包括改扩建、安装，下同）固定资产发生的进项税额，凭增值税专用发票、海关进口增值税专用缴款书和运输费用结算单据从销项税额中抵扣。其中的准予抵扣的"固定资产是指使用期限超过12个月的机器、机械、运输工具（用于生产经营的货车、铲车、叉车等）以及其他与生产经营有关的设备、工具、器具等"；对于一般纳税人的不动产以及用于不动产在建工程的购进货物，不准抵扣进项税额。

②根据财税〔2013〕37号文件及财税〔2013〕106号文件相关规定：自2013年8月1日起，原增值税一般纳税人自用的应征消费税的摩托车、汽车、游艇，其进项税额准予从销项税额中抵扣。

③根据《国家税务总局关于发布〈不动产进项税额分期抵扣暂行办法〉的公告》（国家税务总局公告2016年第15号）第二条第一款规定，增值税一般纳税人2016年5月1日后取得并在会计制度上按固定资产核算的不动产，以及2016年5月1日后发生的不动产在建工程，其进项税额应按照本办法有关规定分2年从销项税额中抵扣，第一年抵扣比例为60%，第二年抵扣比例为40%。第四条第二款规定，上述进项税额中，60%的部分于取得扣税凭证的当期从销项税额中抵扣；40%的部分为待抵扣进项税额，于取得扣税凭证的当月起第13个月从销项税额中抵扣。

④根据财税〔2018〕32号文件规定：自2018年5月1日起，纳税人发生增值税应税销售行为或者进口货物，原适用17%和11%税率的，税率分别调整为16%、10%。

⑤根据《财政部 税务总局 海关总署关于深化增值税改革有关政策的公告》，从2019年4月1日起，增值税一般纳税人（以下简称"纳税人"）发生增值税应税销售行为或者进口货物，原适用16%税率的，税率调整为13%；原适用10%税率的，税率调整为9%。将纳税人取得不动产支付的进项税由目前分两年抵扣，改为一次性全额抵扣。

因此，各单位要根据实际情况，正确核算固定资产所涉及的增值税。

2.固定资产系统与总账系统初始数据对账

操作步骤：

单击"资产对账"/"对账"，打开"对账条件"对话框，勾选"固定资产和累计折旧"，单击"确定"，对账结果如图5-22所示。

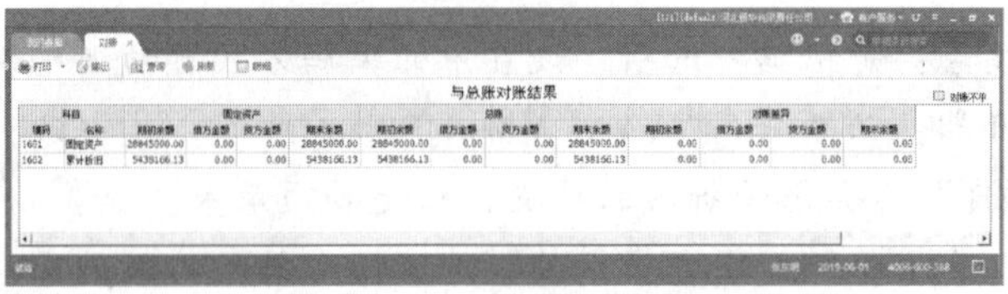

图5-22　与总账对账结果

特别提示：

①当固定资产系统的原始卡片录入工作未能一次性完成时，固定资产系统的期初数据自然小于总账系统，此时进行对账操作没有实际意义。

②只有当固定资产系统的原始卡片在系统启用月一次性录入完毕时，固定资产系统的期初数据才能等于总账系统的期初数据，此时进行对账操作是十分必要的。

学习子情境二　固定资产日常业务处理

任务一　固定资产卡片管理

［任务内容］

6月5日，根据企业需要，将卡片号码为00002的"厂房"名称改为"1号厂房"。

教学视频
5-2-1

固定资产的档
案管理师——
卡片管理

［任务要求］

会计张东明查询、修改固定资产卡片。

［知识链接］

固定资产卡片查询是一项经常性的工作，通过查询可以了解固定资产的所有信息。卡片的查询不能在"原始卡片录入"、"资产增加"或"资产减少"菜单下进行，必须在"卡片管理"菜单下操作。

教学视频
5-2-2

固定资产卡片
管理操作演示

如果卡片信息有误或者需要修改卡片信息时，可通过卡片修改来实现；删除卡片是指把卡片资料从系统中彻底删除，不是固定资产实物的清理或减少。

［工作示范］

操作步骤：

（1）会计张东明以"2019-06-05"为登录日期，进入企业应用平台。在固定资产系统单击"卡片"/"卡片管理"，打开"查询条件-卡片管理"对话框，取消"开始使用日期 2019-06-01"查询条件，如图5-23所示。

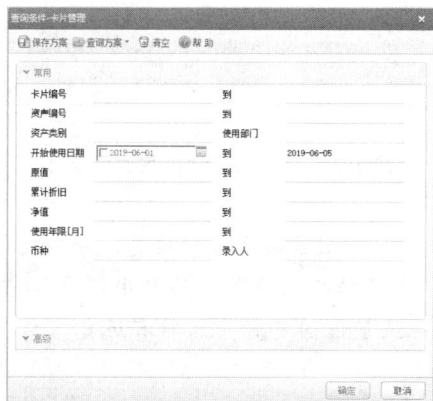

图5-23　查询条件-卡片管理

（2）单击"确定"按钮，打开"卡片管理"页签，显示期初所有固定资产详细信息。单击"编辑"/"列头编辑"，在"表头设定"对话框中，选择"固定资产名称"项目，通过上下箭头调整其位置，单击"确定"，如图5-24所示。

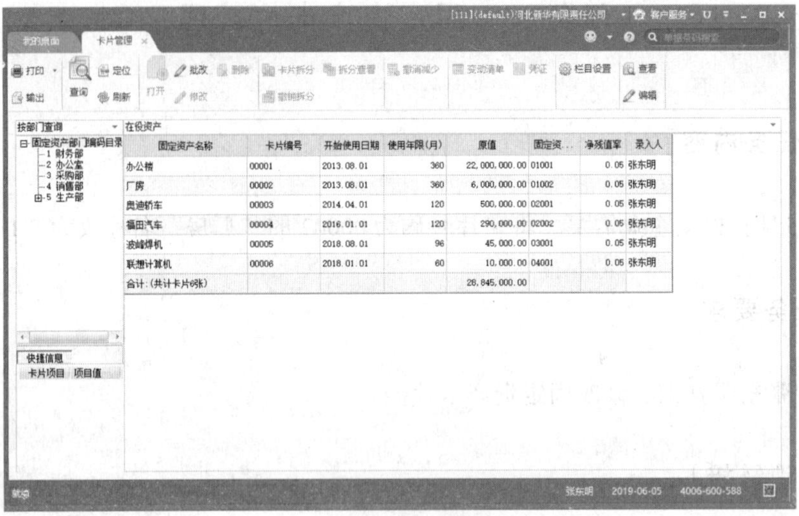

图5-24　卡片管理

栏目说明：

①卡片管理界面左上方提供了三种卡片分类查询方式，即"按部门查询"、"按类别查询"和"自定义查询"。其中，"自定义查询"可以按照查询的使用频率，设置一次性使用的"查找"，以及可以重复使用的"添加查询"。

②卡片管理界面右上方，提供了三种卡片分类查询方式，即"在役资产"、"已减少资产"和"已拆分资产"。

（3）选择"厂房"记录行，双击打开该固定资产卡片，查看单张卡片信息，如图5-25所示。

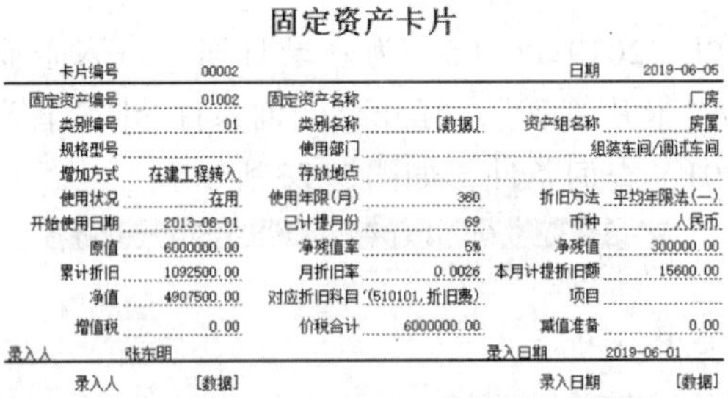

图5-25　卡片管理-固定资产卡片

栏目说明：

固定资产卡片上方，列示了七种固定资产信息，分别是"固定资产卡片"、"附属设备"、"大修理记录"、"资产转移记录"、"停启用记录"、"原值变动"和"拆分/减少信息"，全面而系统地记录了该固定资产的所有历史信息，为管理固定资产提供了参考资料。

（4）单击"修改"按钮，进入编辑状态，将固定资产名称修改为"1号厂房"，单击"保存"按钮，如图5-26所示。

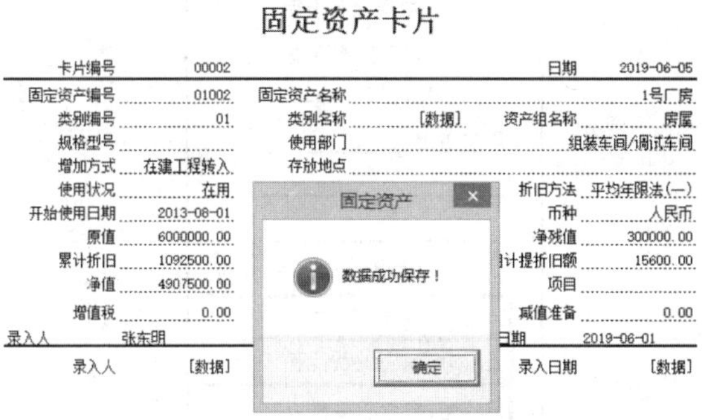

固定资产卡片

图5-26　卡片修改页签

特别提示：

①当期新增的固定资产卡片，如果未做过任何下游操作，则可以直接修改、删除，此时的操作是无痕迹操作；如果已经做过下游操作，例如已经填制过凭证、计提过折旧等，则需要清除所有下游操作，才能进行修改、删除。

②非当期录入的固定资产卡片，一般需要通过"变动单"或者"资产减少"等操作来实现修改、删除。并且，通过"资产减少"功能减少的卡片资料，在满足会计档案管理要求后可以将其从系统中彻底清除。

任务二　固定资产增加业务处理

［任务内容］

新华公司6月份发生如下固定资产增加业务：

1. 6月8日从北方机械厂购入示波器一台，单价50 000元/台，增值税6 500元，由组装车间单独使用，使用年限10年，平均年限法（一），净残值率为5%，以银行存款（农行）支付56 500元。原始单据如图5-27、图5-28、图5-29所示。

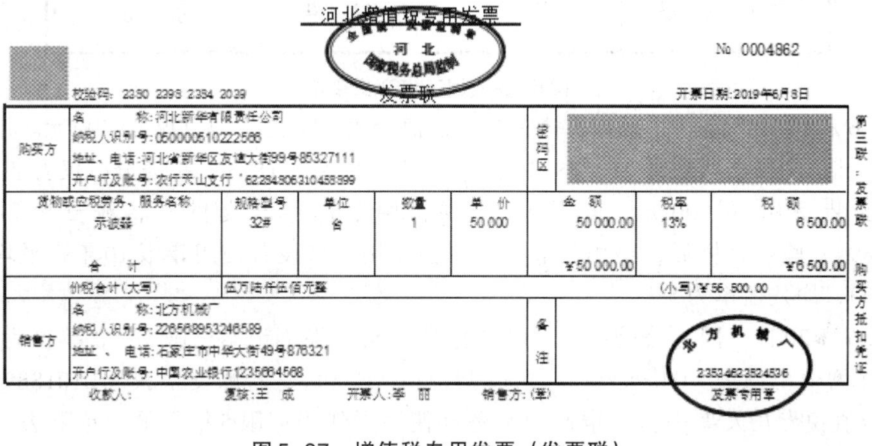

图5-27　增值税专用发票（发票联）

中国农业银行
转账支票存根
VII II 01018892
附加信息______________

出票日期2019年06月08日

收款人：北方机械厂
金　额：¥56 500.00
用　途：支付设备款

单位主管：王志强会计：孙丹丹

图5-28　转账支票存根

固定资产交接单

2019年6月8日

移交单位	北方机械厂	接受单位	河北新华有限责任公司
固定资产名称	示波器	规格	32#
技术特征		数量	1台
附件	3		
建造企业	—	出厂日期	2019-04-07
安装单位	—	安装完工年月	—
原值	¥50 000.00	其中：安装费	—
移交单位负责人	王成	接受单位负责人	张东明

图5-29　固定资产交接单

2. 6月13日，购进频谱分析仪一台，价值为80 000元，增值税10 400元。用银行存款支付，转账支票票号01018893，该设备需要安装。18日，频谱分析仪安装完毕，发生安装费用10 000元，增值税率9%，用银行存款支付，转账支票票号为01018894。验收合格后，交由组装车间单独使用。该设备使用年限10年，平均年限法（一），净残值率为5%。

3. 6月20日，因办公需要，从北国电器购买苹果笔记本电脑5台，单价为8 000元/台，增值税额为1 040元/台，款项用银行存款支付，转账支票票号01018895，并取得增值税专用发票一张。电脑由财务部使用，使用年限5年，平均年限法（一），净残值率为5%。

[任务要求]

教学视频
5-2-3

会计张东明完成固定资产卡片增加业务处理。

[知识链接]

"资产增加"属于当期新增资产的卡片录入，与"录入原始卡片"相对应。按照企业会计制度的规定：当期新增的固定资产，不计提折旧，从下月开始计提折旧。

购入的需要安装的固定资产或自建固定资产，首先要通过"在建工程"科目归集相关的成本，该业务可以在总账系统中进行操作，也可以与采购管理系统和应付款管理系统集成使用，进行操作。在此，我们选择在总账系统中进行业务操作，填制凭证。

我是新来的——固定资产增加业务处理
教学视频
5-2-4

固定资产增加业务处理操作演示

[工作示范]

1. 业务1（直接购入）

操作步骤：

（1）张东明以"2019-06-08"为登录日期，进入企业应用平台。在固定资产系统单击"卡片"/"资产增加"，打开"固定资产类别档案"对话框。选择资产类别"机器设备"，单击"确定"按钮，打开"固定资产卡片"录入页签。

（2）修改固定资产名称为"示波器"，选择"使用部门"为"组装车间"，"增加方式"为"直接购入"，"使用状况"为"在用"，"使用年限（月）"为"120"，"开始使用日期"为"2019-06-08"，"原值"为"50 000"，"增值税"为"6 500"，"净残值率"为"5%"。结果如图5-30所示。

固定资产卡片

卡片编号	00007			日期	2019-06-08
固定资产编号	03002	固定资产名称			示波器
类别编号	03	类别名称	[数据]	资产组名称	机器设备
规格型号		使用部门			组装车间
增加方式	直接购入	存放地点			
使用状况	在用	使用年限（月）	120	折旧方法	平均年限法（一）
开始使用日期	2019-06-08	已计提月份	0	币种	人民币
原值	50000.00	净残值率	5%	净残值	2500.00
累计折旧	0.00	月折旧率	0	本月计提折旧额	0.00
净值	50000.00	对应折旧科目	510101,折旧费	项目	
增值税	6500.00	价税合计	56500.00	减值准备	0.00
录入人	张东明			录入日期	2019-06-08
录入人	[数据]			录入日期	[数据]

图5-30　示波器卡片

栏目说明：

①“日期”是操作员登录企业应用平台的日期，不能修改。“录入日期”是固定资产卡片填制的日期。

②“卡片编号”由系统自动生成，不能修改。

（3）单击“保存”按钮，打开“填制凭证”对话框，选择凭证类型为“付款凭证”，附单据数“3”，单击“保存”按钮，如图5-31所示。

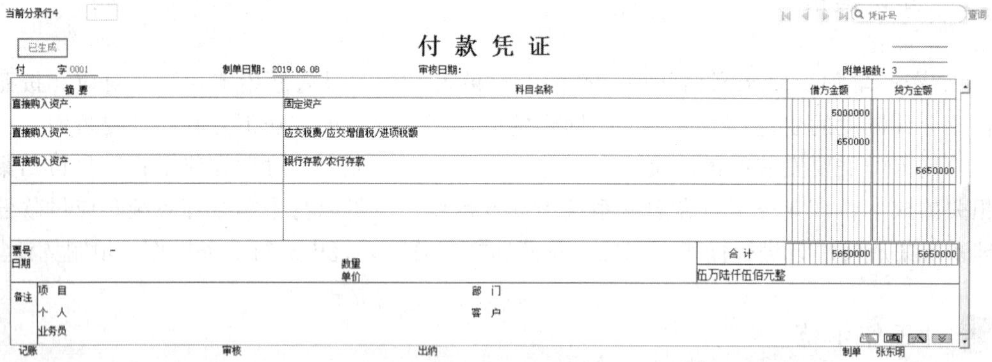
付款凭证

付 字 0001　制单日期：2019.06.08　审核日期：　附单据数：3

摘要	科目名称	借方金额	贷方金额
直接购入资产.	固定资产	5000000	
直接购入资产.	应交税费/应交增值税/进项税额	650000	
直接购入资产.	银行存款/农行存款		5650000
合计 伍万陆仟伍佰元整		5650000	5650000

备注 项目　部门　个人　客户　业务员

记账　审核　出纳　制单 张东明

图5-31　购入示波器凭证

特别提示：

①固定资产通过“录入原始卡片”，还是通过“资产增加”录入，取决于固定资产系统开始启用的日期，只有期初数据是通过“录入原始卡片”完成的，当月新增的固定资产需通过“资产增加”录入，且要求开始使用日期的期间与录入的期间相同。

②业务凭证的自动生成，源于系统参数“业务发生后立即制单”的设置。

③卡片录入完成后，也可以不“立即制单”，到月末汇总“批量制单”。

④凭证中“银行存款/农行存款”账户，需要填写“辅助项”信息，进行支票登记。

2.业务2（在建工程转入）

操作步骤：

（1）会计李明轩以“2019-06-13”为登录日期，登录企业应用平台。在总账系统中，单击“凭证”/“填制凭证”，录入购入频谱分析仪的记账凭证，结果如图5-32所示。

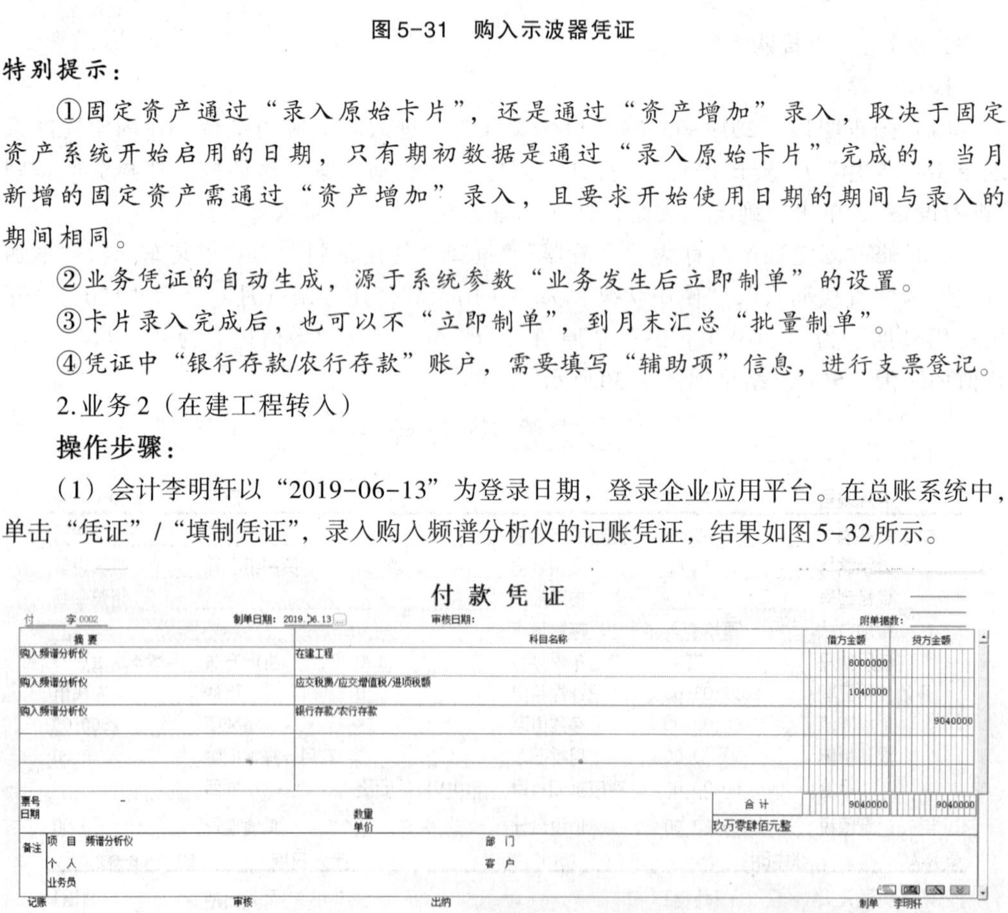
付款凭证

付 字 0002　制单日期：2019.06.13　审核日期：　附单据数：

摘要	科目名称	借方金额	贷方金额
购入频谱分析仪	在建工程	8000000	
购入频谱分析仪	应交税费/应交增值税/进项税额	1040000	
购入频谱分析仪	银行存款/农行存款		9040000
合计 玖万零肆佰元整		9040000	9040000

备注 项目 频谱分析仪　部门　个人　客户　业务员

记账　审核　出纳　制单 李明轩

图5-32　频谱分析仪在建工程凭证

（2）会计李明轩以"2019-06-18"为登录日期，登录总账系统，录入支付频谱分析仪安装费用的记账凭证，结果如图5-33所示。

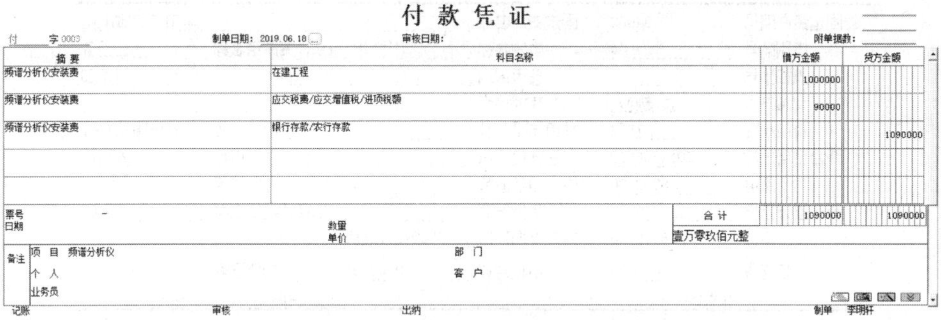

图5-33 频谱分析仪安装费凭证

（3）会计张东明以"2019-06-18"为登录日期，登录固定资产系统，录入"频谱分析仪"卡片并生成凭证，如图5-34、图5-35所示。

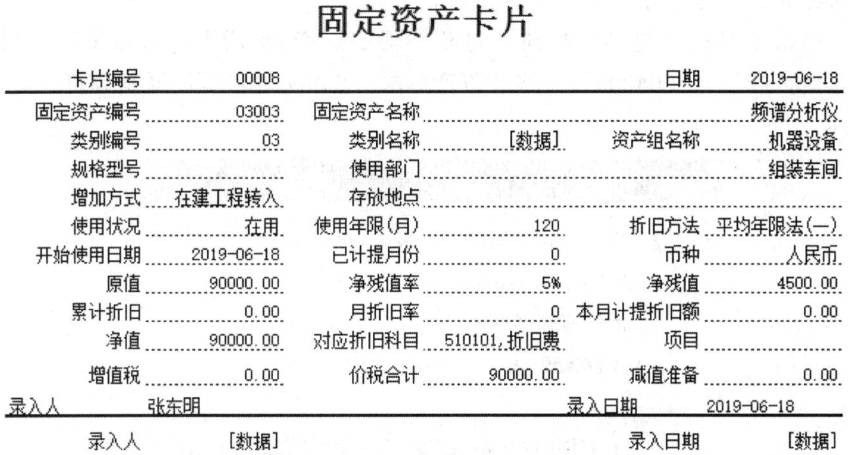

图5-34 频谱分析仪卡片

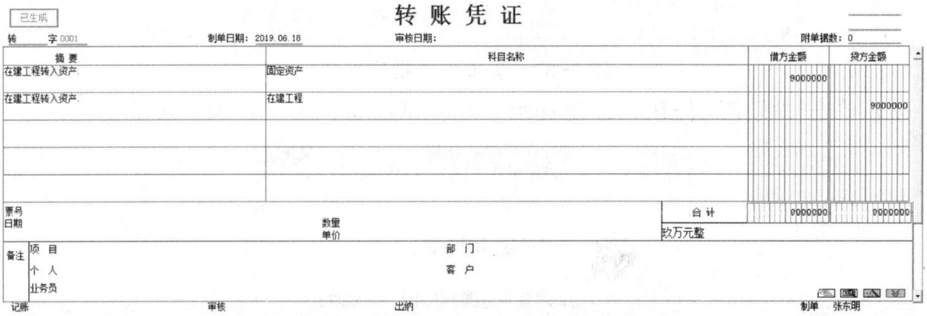

图5-35 频谱分析仪固定资产凭证

3.业务3（卡片复制）

操作步骤：

（1）会计张东明以"2019-06-20"为登录日期，登录固定资产系统，通过执行"资产增加"录入一张"苹果笔记本电脑"资产卡片并保存，如图5-36所示。

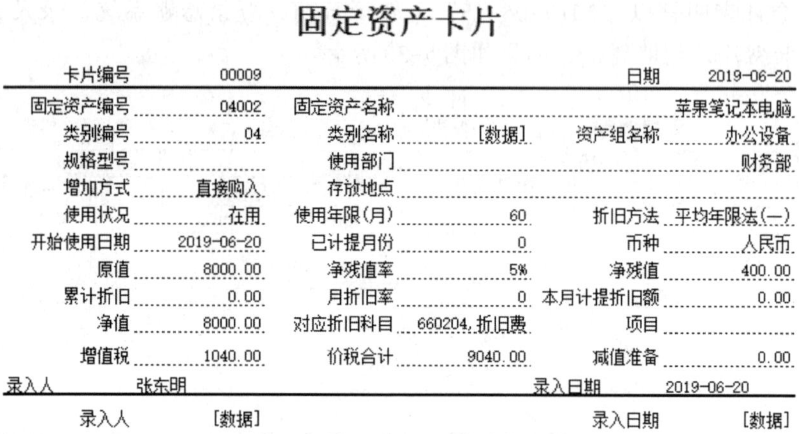

固定资产卡片

卡片编号	00009			日期	2019-06-20

固定资产编号	04002	固定资产名称			苹果笔记本电脑
类别编号	04	类别名称	[数据]	资产组名称	办公设备
规格型号		使用部门			财务部
增加方式	直接购入	存放地点			
使用状况	在用	使用年限(月)	60	折旧方法	平均年限法(一)
开始使用日期	2019-06-20	已计提月份	0	币种	人民币
原值	8000.00	净残值率	5%	净残值	400.00
累计折旧	0.00	月折旧率	0	本月计提折旧额	0.00
净值	8000.00	对应折旧科目	660204,折旧费	项目	
增值税	1040.00	价税合计	9040.00	减值准备	0.00
录入人	张东明			录入日期	2019-06-20
录入人	[数据]			录入日期	[数据]

图 5-36 苹果笔记本电脑卡片

特别提示：

不保存凭证，为学习"批量制单"操作做铺垫。

（2）单击工具栏"复制"按钮，打开"固定资产-新增卡片批量复制"对话框，录入"起始资产编号：04003"，"终止资产编号：04006"，"卡片复制数量：4"，如图 5-37 所示。

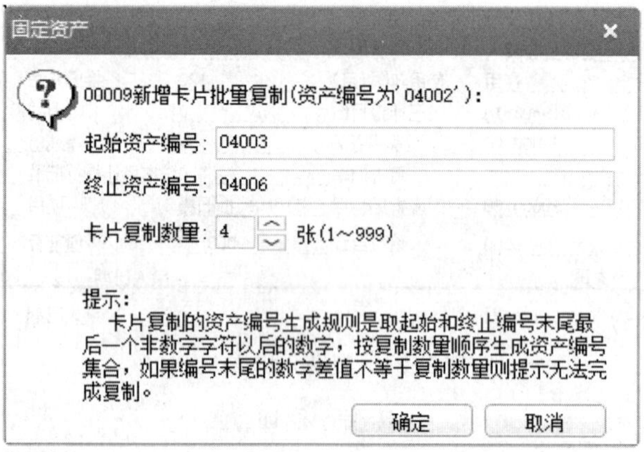

图 5-37 新增卡片批量复制

（3）单击"确定"按钮，系统提示卡片复制成功，如图 5-38 所示。

图 5-38 卡片批量复制完成提示

（4）单击"卡片管理"，查询"开始使用日期为：2019-6-1"的新增固定资产卡片，结果如图5-39所示。

图5-39　新增固定资产卡片查询

教学视频
5-2-5

陪你一起慢慢
变老——计提
固定资产折旧

任务三　计提固定资产折旧

［任务内容］

计提2019年6月份固定资产折旧并生成记账凭证。

［任务要求］

会计张东明完成计提固定资产折旧工作。

［知识链接］

自动计提折旧是固定资产系统最主要的功能，系统应每期计提折旧。根据其录入的固定资产卡片资料，自动计算每项资产的折旧额，并生成折旧费用分配表及折旧清单，然后生成凭证，同步传递到总账系统。用友软件对必须在计提折旧后才能进行的业务操作，如资产减少业务，实施了相关的控制，以避免不当操作。

教学视频
5-2-6

计提固定资产
折旧操作演示

［工作示范］

操作步骤：

（1）会计张东明以"2019-06-30"为登录日期，登录固定资产系统。单击"计提折旧"/"计提本月折旧",系统弹出"是否要查看折旧清单?"提示,如图5-40所示。

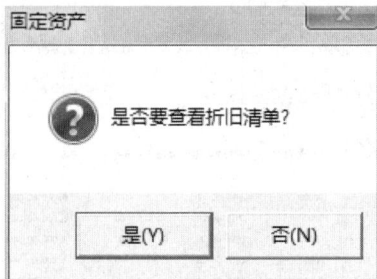

图5-40　查看折旧清单提示

(2)单击"是",系统弹出提示信息,如图5-41所示。

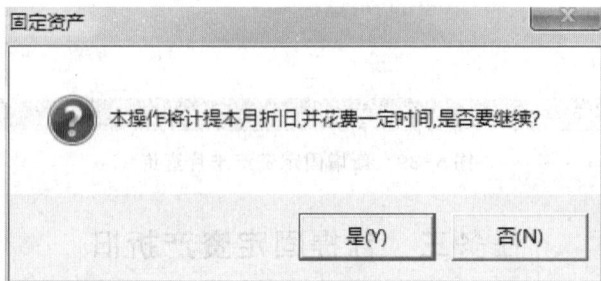

图5-41　计提折旧提示

(3)单击"是",系统自动计提本月折旧,并打开"折旧清单"窗口,如图5-42所示。

图5-42　固定资产折旧清单

特别提示:

①在一个会计期间可以多次计提折旧,每次计提折旧后,只是将计提的新增折旧额累加到原折旧额上,例如企业采用工作量法对生产设备计提折旧。

②若上次计提折旧已制单并传递到总账系统,则必须删除该凭证才能重新计提折旧。

③计提折旧后又对账套进行了影响折旧计算或分配的操作,必须重新计提折旧,否则系统不允许结账。

(4)单击"退出"按钮或直接关闭折旧清单,系统提示"计提折旧完成!",并打开“折旧分配表”页签，如图5-43所示。

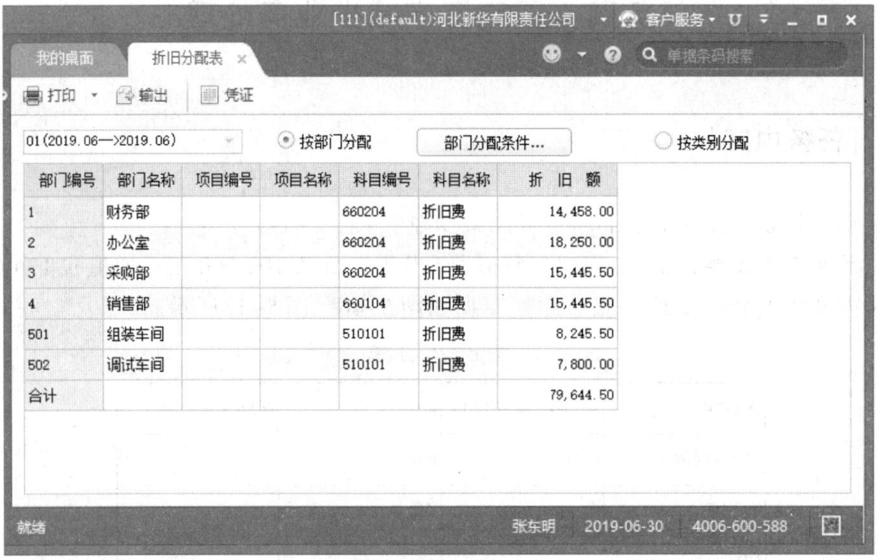

[111](default)河北新华有限责任公司　客户服务

我的桌面　折旧分配表

打印　输出　凭证

01(2019.06—>2019.06)　按部门分配　部门分配条件…　按类别分配

部门编号	部门名称	项目编号	项目名称	科目编号	科目名称	折　旧　额
1	财务部			660204	折旧费	14,458.00
2	办公室			660204	折旧费	18,250.00
3	采购部			660204	折旧费	15,445.50
4	销售部			660104	折旧费	15,445.50
501	组装车间			510101	折旧费	8,245.50
502	调试车间			510101	折旧费	7,800.00
合计						79,644.50

就绪　张东明　2019-06-30　4006-600-588

图5-43　折旧分配表

（5）单击“凭证”按钮，生成按部门分配折旧的凭证，如图5-44、图5-45所示。

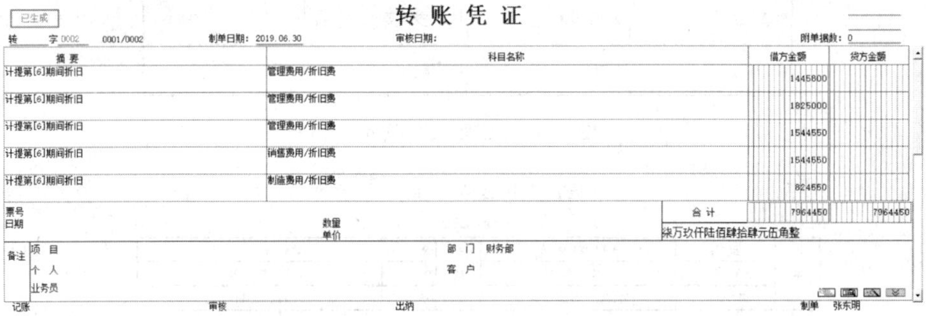

已生成

转账凭证

转　字 0002　0001/0002　制单日期：2019.06.30　审核日期：　附单据数：0

摘　要	科目名称	借方金额	贷方金额
计提第[6]期间折旧	管理费用/折旧费	1445800	
计提第[6]期间折旧	管理费用/折旧费	1825000	
计提第[6]期间折旧	管理费用/折旧费	1544550	
计提第[6]期间折旧	销售费用/折旧费	1544550	
计提第[6]期间折旧	制造费用/折旧费	824550	
票号 日期　数量 单价	合　计	7964450	7964450
	柒万玖仟陆佰肆拾肆元伍角整		

备注　项　目　部　门　财务部

个　人　客　户

业务员

记账　审核　出纳　制单　张东明

图5-44　计提折旧凭证（1）

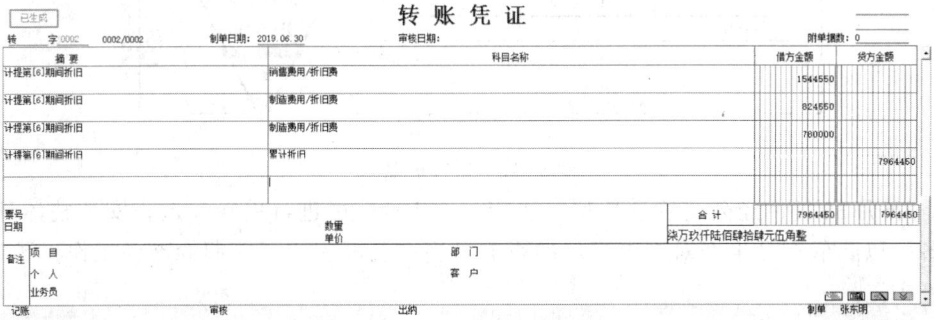

已生成

转账凭证

转　字 0002　0002/0002　制单日期：2019.06.30　审核日期：　附单据数：0

摘　要	科目名称	借方金额	贷方金额
计提第[6]期间折旧	销售费用/折旧费	1544550	
计提第[6]期间折旧	制造费用/折旧费	824550	
计提第[6]期间折旧	制造费用/折旧费	780000	
计提第[6]期间折旧	累计折旧		7964450
票号 日期　数量 单价	合　计	7964450	7964450
	柒万玖仟陆佰肆拾肆元伍角整		

备注　项　目　部　门

个　人　客　户

业务员

记账　审核　出纳　制单　张东明

图5-45　计提折旧凭证（2）

任务四　固定资产减少业务处理

@ [任务内容]

新华公司6月份发生如下固定资产减少业务：

1.因为工作需要，6月30日将奥迪轿车出售，价款100 000元，增值税13 000元，收到对方开出的转账支票一张。原始单据如图5-46、图5-47所示。

固定资产交接单

2019年6月30日

移交单位	河北新华有限责任公司	接受单位	永通机械有限公司
固定资产名称	奥迪轿车	规格	
技术特征		数量	1台
附件			
建造企业	—	出厂日期	
安装单位		安装完工年月	—
原值	¥500 000.00	其中:安装费	
移交单位负责人	张东明	接受单位负责人	王海

图5-46　固定资产交接单

中国农业银行进账单(回　单)　1

2019年6月30日

出票人	全称	永通机械有限公司	收款人	全称	河北新华有限责任公司										
	账号	344656758895		账号	6228480631045689	千	百	十	万	千	百	十	元	角	分
	开户银行	中国银行海河路18号		开户银行	中国农业银行		¥	1	1	3	0	0	0	0	0
人民币(大写)		壹拾壹万叁仟元整													

票据种类	转账支票	票据张数	1
票据号码		78687677554	

中国农业银行
开发区支行
此款人开户行盖章
转讫

复核　　记账

图5-47　银行进账单

2.6月30日，经公司管理层研究决定，对1号厂房进行更新改造，安装整体环保设备，以降低产品生产对周围环境的影响。当前已经完成了前期的准备工作，预计3个月完工。

@ [任务要求]

会计张东明完成固定资产减少业务处理。

教学视频
5-2-7

再见了，我的
主人——固定
资产减少业务
处理

[知识链接]

本情境所涉及的"固定资产减少"业务，是个广义的范围：既包括固定资产资本化后续支出中，更新改造的"暂时性"减少；也包括固定资产处置的"永久性"减少。只有在当月计提折旧后，才能进行"资产减少"业务操作。

另外，固定资产费用化后续支出，可以按照"谁受益，谁负担"的原则，在总账系统中进行业务处理。

[工作示范]

操作步骤：

（1）会计张东明以"2019-06-30"为登录日期，登录固定资产系统。单击"资产处置"/"资产减少"，打开"资产减少"页签，如图5-48所示。

教学视频
5-2-8

固定资产减少
业务处理操作
演示

图5-48 资产减少

（2）单击"卡片编号"或"资产编号"参照按钮，打开"固定资产卡片档案"，选择"奥迪轿车"，如图5-49所示。

图5-49 固定资产卡片档案

（3）单击"确定"按钮，返回"资产减少"窗口。单击"增加"按钮，添加需要减少的资产记录，并在具体项目中录入："减少方式"为"出售"；"清理收入"为"100 000"；"增值税"为"13 000"；"清理原因"为"工作需要"。结果如图5-50所示。

图5-50　"资产减少"窗口

（4）单击"确定"按钮，打开凭证生成页签，修改凭证类别、凭证日期、附件张数和摘要等信息，最后保存凭证，结果如图5-51、图5-52所示。

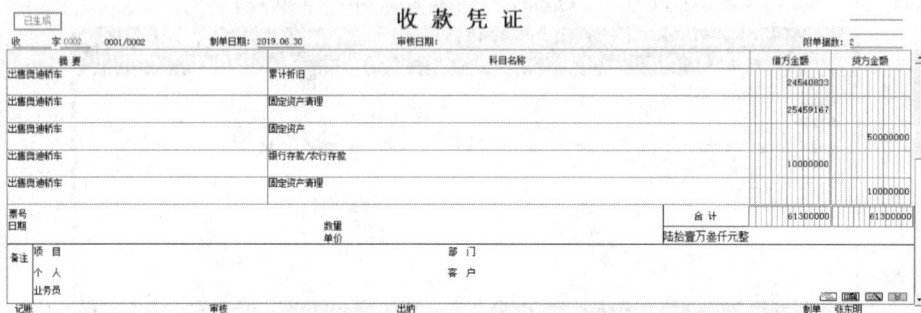

图5-51　资产减少凭证（1）

图5-52　资产减少凭证（2）

特别提示：

①填制凭证时，对于空白的"科目名称"，按照具体业务进行补填。对于不恰当的"科目名称"，进行调整，如案例中的"银行存款/农行存款"。

②以出售、转让方式减少的固定资产，表明其仍然具有使用价值，其处置产生的利益或损失，转入"资产处置损益"科目；以报废、毁损方式减少的固定资产，表明其不具有预期的使用价值，其处置产生的利益或损失，转入"营业外收入"或"营业外支出"。

③上述业务的处置净损失，固定资产清理为 254 591.67−100 000=154591.67元，转入"处置资产损益"科目。该业务凭证由李明轩在总账系统填制，如图5-53所示。

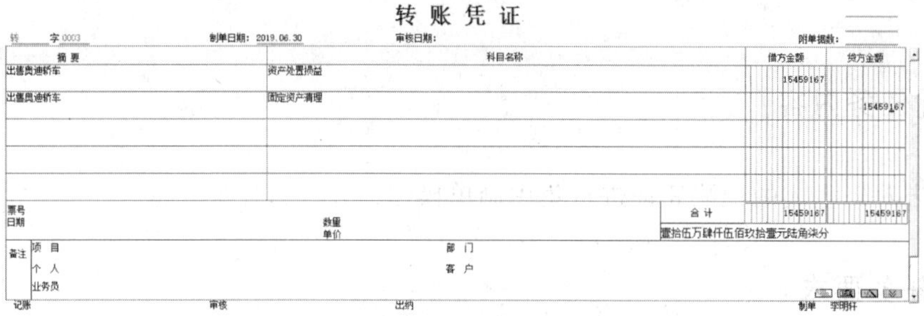

图5-53 资产处置损益结转凭证

④已减少的固定资产卡片，在"卡片管理"/"已减少资产"中列示，如图5-54所示。

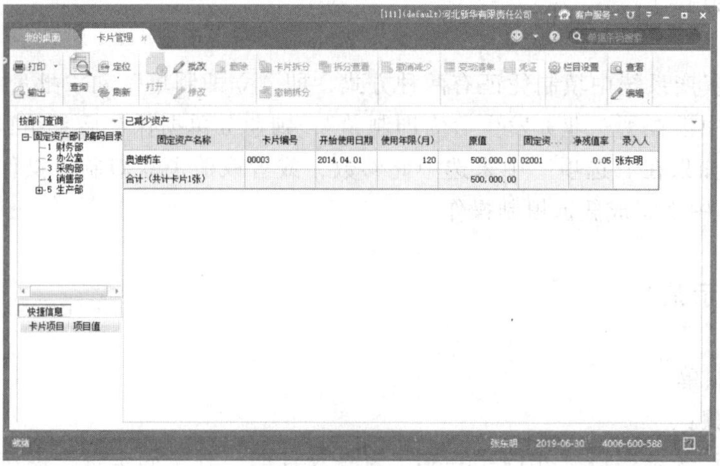

图5-54 已减少资产

⑤对已经减少的固定资产进行"撤销减少"的操作，其具体步骤如下：第一步，删除"资产减少"的凭证；第二步，删除"计提折旧"的凭证；第三步，在"卡片管理"界面选中"已减少资产"，单击"撤销减少"按钮，即可恢复该卡片。

（5）重复上述操作，完成"1号厂房"更新改造的业务操作，如图5-55所示。（不保存"1号厂房更新改造"凭证，为学习"批量制单"操作做铺垫）

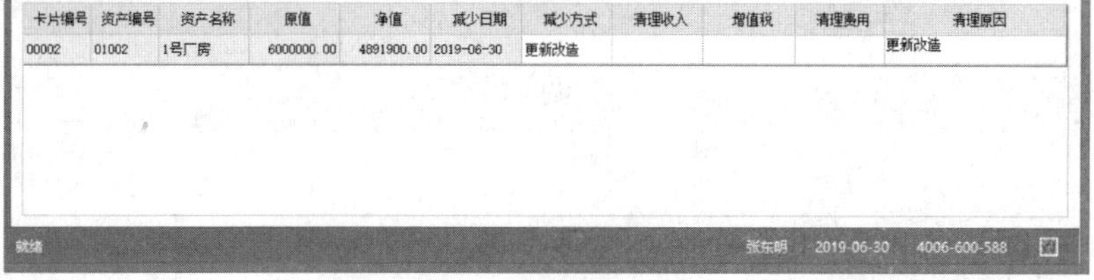

图5-55 资产减少-1号厂房

<h1 style="text-align:center">任务五　批量制单与凭证查询</h1>

［任务内容］

月末对未生成的记账凭证进行集中制单操作，并进行凭证查询。

［任务要求］

会计张东明在月末进行集中制单和凭证查询操作。

［知识链接］

在固定资产系统中填制凭证有两种方式，即"立即制单"和"批量制单"。如果在"选项"中设置了"业务发生后立即制单"，则业务单据保存后系统自动弹出凭证填制界面；如果在"选项"中未选中此参数，或者取消了立即制单操作，则可以在"批量制单"中来完成凭证填制操作。

［工作示范］

1.批量制单

操作步骤：

（1）会计张东明以"2019-06-30"为登录日期，登录固定资产系统。单击"凭证处理"/"批量制单"，打开"查询条件-批量制单"对话框，如图5-56所示。

图5-56　查询条件-批量制单

教学视频
5-2-9

小选项，大不同——批量制单与查询业务

教学视频
5-2-10

批量制单与查询业务操作演示

（2）直接单击"确定"按钮，打开"批量制单"页签，如图5-57所示。

图 5-57　制单选择

（3）双击"选择"栏，出现"Y"标志，选中5条"苹果笔记本电脑"的记录后，单击"合并"按钮，进行合并制单。单击"制单设置"页签，进入制单设置页签，如图5-58所示。

图 5-58　制单设置页签

栏目说明：

“方向相同时合并分录”或者“方向相反时合并分录”，是指将科目或辅助项相同的分录进行合并，其优点是精简节约，不足是看不到明细科目的变化。

（4）单击“凭证”按钮，打开“填制凭证”页签，保存生成的合并凭证，如图5-59所示。

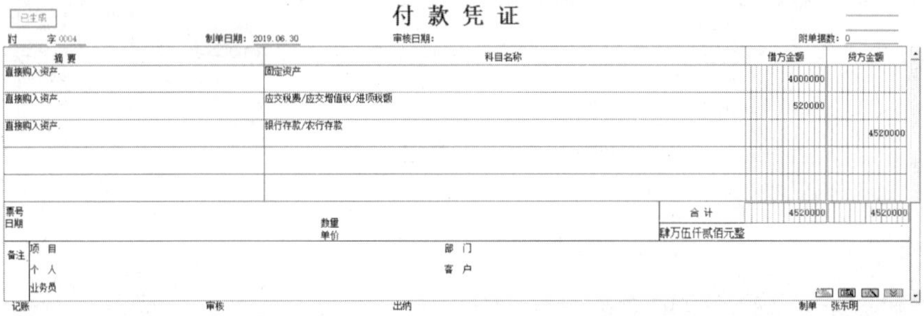

图5-59 苹果笔记本电脑凭证

（5）重复上述操作，生成“1号厂房”更新改造的记账凭证，如图5-60所示。

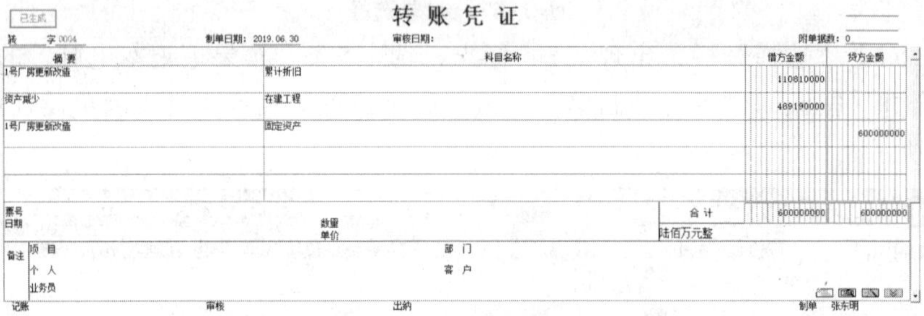

图5-60 1号厂房更新改造凭证

2.凭证查询

操作步骤：

（1）单击“凭证处理”/“凭证查询”，打开“查询凭证”页签，如图5-61所示。

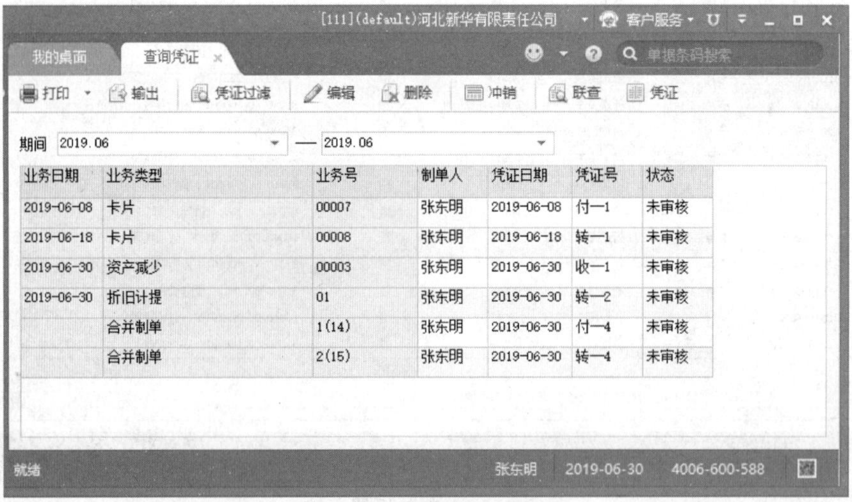

业务日期	业务类型	业务号	制单人	凭证日期	凭证号	状态
2019-06-08	卡片	00007	张东明	2019-06-08	付—1	未审核
2019-06-18	卡片	00008	张东明	2019-06-18	转—1	未审核
2019-06-30	资产减少	00003	张东明	2019-06-30	收—1	未审核
2019-06-30	折旧计提	01	张东明	2019-06-30	转—2	未审核
	合并制单	1(14)	张东明	2019-06-30	付—4	未审核
	合并制单	2(15)	张东明	2019-06-30	转—4	未审核

图5-61 查询凭证页签

（2）双击要查询的凭证行，即可联查凭证。

（3）凭证的删除也在此菜单下进行。已经删除的凭证，可以通过"批量制单"操作重新填制。

学习子情境三　固定资产期末业务处理

任务一　固定资产系统与总账系统对账

教学视频
5-3-1

期末那些事儿
——期末处理

［任务内容］

2019年6月30日，进行固定资产系统与总账系统期末对账。

［任务要求］

会计张东明完成系统对账。

教学视频
5-3-2

期末处理操作
演示

［知识链接］

对账操作不限制执行的时间，任何时候均可进行对账。只有系统初始化或选项中选择了与账务对账，对账功能才可使用。系统在执行月末结账时自动对账一次，给出对账结果，并根据初始化或选项中的判断确定不平情况下是否允许结账。

［工作示范］

操作步骤：

（1）会计张东明以"2019-06-30"为登录日期，进入固定资产系统。单击"资产对账"/"对账"，打开"对账条件"对话框，选择对账科目，并勾选"包含总账系统未记账记录"，如图5-62所示。

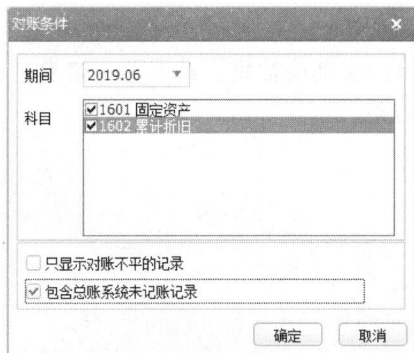

图 5-62　对账条件设置

（2）单击"确定"按钮，打开"对账"页签，系统显示"与总账对账结果"，如图5-63所示。

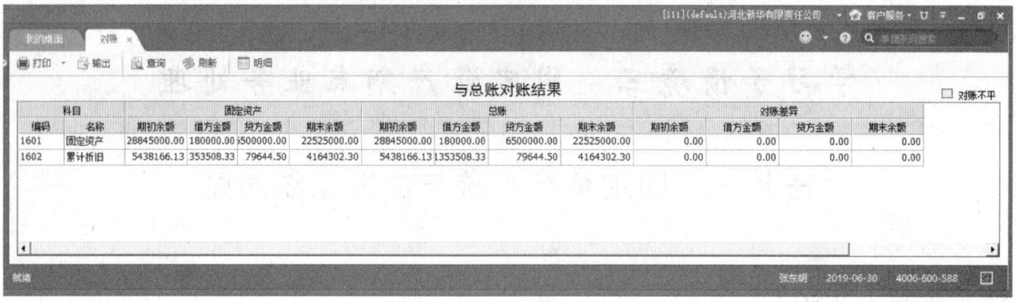

图5-63　与总账对账结果

特别提示：

如果对账不平衡，则需要进行检查是否属于正常情况。如果已经将全部固定资产卡片录入系统，那么必须进行调整，直至对账平衡。

任务二　结账与反结账

［任务内容］

新华公司固定资产系统6月份结账与反结账。

［任务要求］

会计张东明完成固定资产系统月末结账与反结账。

［知识链接］

月末结账完成后，用户将不能再对账套本月任何数据进行修改，如果要开始下一会计期间的业务处理，则需要执行"注销"/"重新注册"，以下一会计期间日期登录账务系统。

本期不结账，将不能处理下期的数据。结账前一定要进行数据备份，否则数据一旦丢失将造成无法挽回的后果。

［工作示范］

1.结账

操作步骤：

（1）单击"期末处理"/"月末结账"，打开"月末结账"对话框，如图5-64所示。

图 5-64 月末结账

（2）单击"开始结账"按钮，系统显示"与账务对账结果"，单击"确定"按钮，系统弹出"月末结账成功完成！"提示，如图5-65所示。

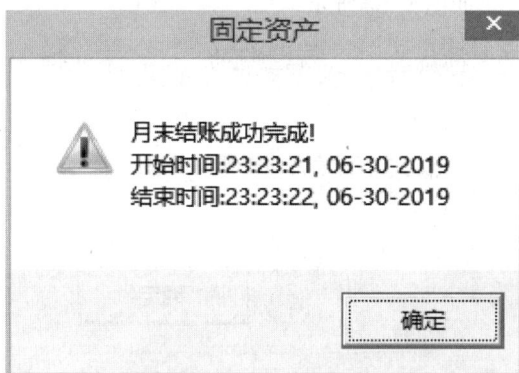

图 5-65 结账完成提示

（3）单击"确定"按钮，系统弹出不可修改本月数据的提示，如图5-66所示。

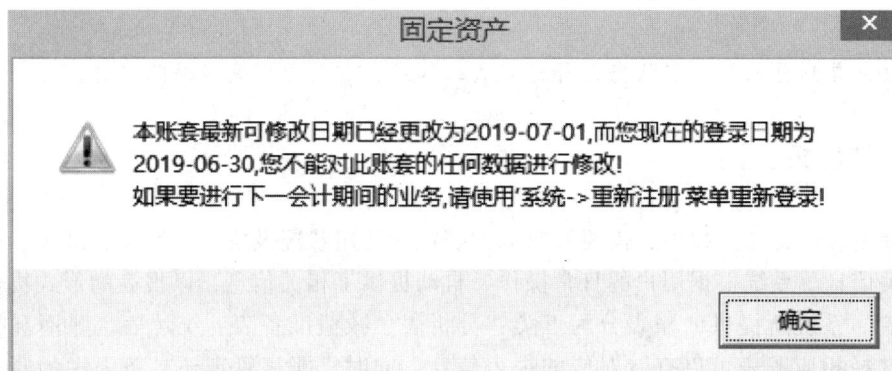

图 5-66 重新登录提示

2.反结账

操作步骤：

（1）单击"期末处理"/"恢复月末结账前状态"，系统弹出信息提示，如图5-67所示。

图5-67　恢复结账提示

（2）单击"是"，系统即执行反结账操作，反结账完成后，系统提示"成功恢复账套月末结账前状态！"，如图5-68所示。

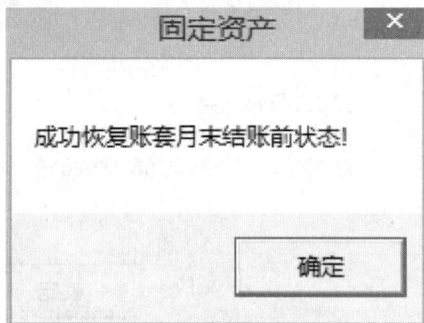

图5-68　恢复结账成功提示

特别提示：

①不能跨年度恢复数据，即本系统年末结转后，不能利用本功能恢复年末结转前状况。

②恢复到月末结账前状态，补充完成工作后，需要重新完成结账工作。

［技能拓展］

固定资产管理过程中，需要及时掌握资产的使用状况及资产的增加、减少、报废等相关信息。系统根据用户的日常操作，自动提供了相关信息，以报表的形式提供给使用者。系统所提供的账表分为五类：分析表、减值准备表、统计表、账簿和折旧表。选择相应账表可以查看对应的报表信息。同时，账表管理还具备强大的联查功能，将各类账表与部门、类别明细、原始单据等有机地联系起来，真正体现了方便、快捷的查询模式。

操作流程：

（1）单击"账表"菜单，选择要查看的报表。

（2）输入报表的查询条件，单击"确定"后，显示的查询结果就是要查看的报表。

（3）若要更换查询条件，单击工具栏上的"过滤"按钮，重新输入查询条件，单击"确定"后，显示的结果就是按更换后的条件查询的结果。如果只是更换查询期间，可在查看报表状态下直接单击期间选择框，选择要查看的期间即可。

学习子情境四　固定资产变动业务处理

任务一　影响当期的变动业务处理

教学视频
5-4-1

没有最好，只有更好——固定资产变动业务处理

［任务内容］

影响当期的固定资产变动业务处理：

1.2019年7月1日，因业务需要，将财务部的联想计算机调拨给销售部使用，如图5-69所示。

教学视频
5-4-2

固定资产变动业务处理操作演示

固定资产调拨单

日期：2019年07月01日

固定资产名称		联想计算机	
固定资产编号		4001	
申请调出原因		业务需要	
调出部门	财务部	调入部门	销售部
使用人	李明轩	使用人	李振东
企管部			
财务经理		王志强	
总经理		陈志	
备　注			

图5-69　固定资产调拨单

2.因技术进步，将示波器的使用年限由10年改为8年。

3.因业务量变化，将福田汽车折旧计提方法由"平均年限法（一）"改为"年数总和法"。

［任务要求］

会计张东明完成固定资产变动业务处理。

[知识链接]

固定资产在使用过程中，如果需要调整卡片上的某些项目信息，就可以通过填制“变动单”来完成，这也是固定资产日常业务的一部分。为了严格与固定资产初始月业务区分开来，在教学情境下，假定这部分业务发生在2019年7月。否则，部分操作可以在初始月直接通过固定资产卡片修改来完成，这与变动业务的经济实质不相符。

资产的变动主要包括：原值变动、部门转移、使用年限调整、折旧方法调整、减值准备计提或冲回、净残值（率）调整、累计折旧调整和资产类别调整等。

[工作示范]

1.使用部门变动

操作步骤：

（1）在固定资产系统中，单击“变动单”/“部门转移”，打开“固定资产变动单”页签，如图5-70所示。

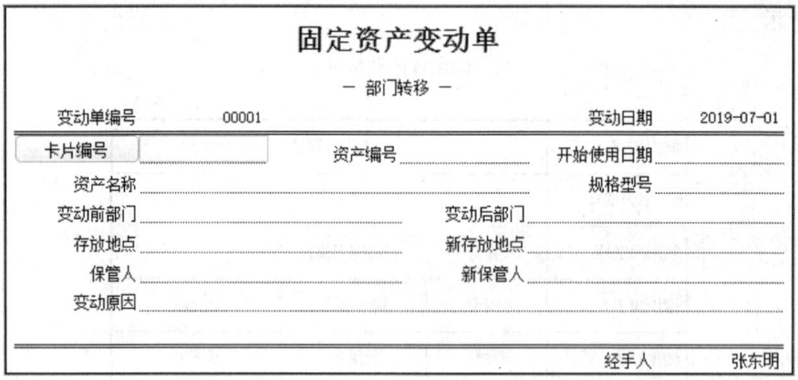

固定资产变动单

— 部门转移 —

变动单编号 00001　　变动日期 2019-07-01

卡片编号　　资产编号　　开始使用日期

资产名称　　规格型号

变动前部门　　变动后部门

存放地点　　新存放地点

保管人　　新保管人

变动原因

经手人 张东明

图5-70　固定资产变动单-部门转移录入页签

（2）单击“卡片编号”或“资产编号”，选择“联想计算机”。“变动后部门”选择“销售部”，并录入“变动原因”为“业务需要”，如图5-71所示。

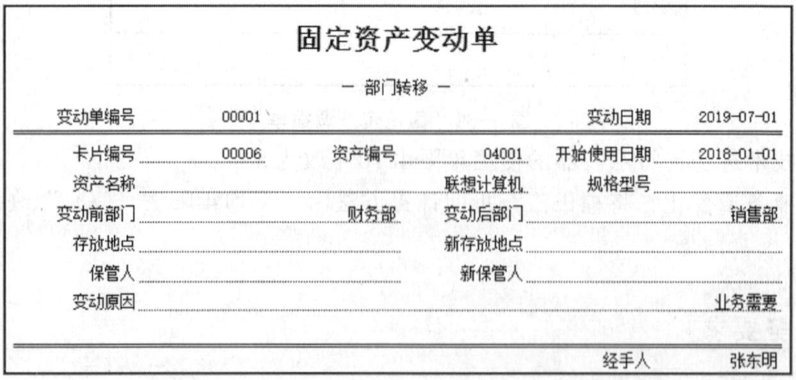

固定资产变动单

— 部门转移 —

变动单编号 00001　　变动日期 2019-07-01

卡片编号 00006　　资产编号 04001　　开始使用日期 2018-01-01

资产名称 联想计算机　　规格型号

变动前部门 财务部　　变动后部门 销售部

存放地点　　新存放地点

保管人　　新保管人

变动原因 业务需要

经手人 张东明

图5-71　固定资产变动单-部门转移录入结果

（3）单击工具栏中的"保存"按钮，系统弹出保存成功提示，如图5-72所示。

图5-72　联想计算机部门变动提示

2.使用年限调整

操作步骤：

（1）单击"变动单"/"使用年限调整"，打开"固定资产变动单"页签。单击"卡片编号"或"资产编号"，选择"示波器"。录入"变动后使用年限"为"96"，"变动原因"为"技术进步"，如图5-73所示。

图5-73　固定资产变动单-使用年限调整

（2）单击工具栏上的"保存"按钮，系统提示保存成功，如图5-74所示。

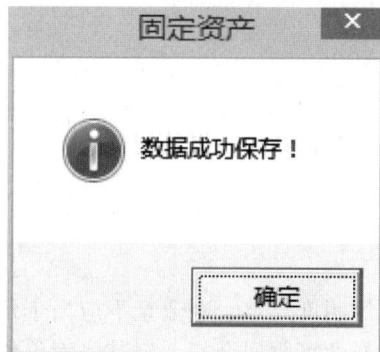

图5-74　示波器使用年限变动提示

3.折旧方法调整

操作步骤：

单击"变动单"/"折旧方法调整"，打开"固定资产变动单"页签。单击"卡片编号"或"资产编号"，选择"福田汽车"。选择"变动后折旧方法"为"年数总和法"，变动原因为"业务量变化"，如图5-75所示。单击工具栏上的"保存"按钮，系统提示保存成功。

固定资产变动单

— 折旧方法调整 —

				变动日期	2019-07-01
变动单编号	00003				
卡片编号	00004	资产编号	02002	开始使用日期	2016-01-01
资产名称			福田汽车	规格型号	
变动前折旧方法		平均年限法(一) 变动后折旧方法			年数总和法
变动原因					业务量变化
				经手人	张东明

图5-75　固定资产变动单-折旧方法调整

特别提示：

①以下变动在当期产生效力：部门转移，将改变折旧所对应的会计科目；折旧方法调整和使用年限调整会引起当期折旧额的改变。

②以下变动在下期产生效力：原值增加、原值减少、使用状况变动、累计折旧调整、净残值（率）调整和计提减值准备，在下期才能引起折旧额的变化。

③也可以通过"选项"/"折旧信息"参数的设置，调整"变动单生效原则"，改变生效的时点。

任务二　影响下期的变动业务处理

［任务内容］

因市场因素变化，2019年7月28日，对波峰焊机计提2 000元的减值准备。

［任务要求］

会计张东明完成固定资产减值准备计提处理。

［知识链接］

减值准备处理：按照会计制度规定，企业至少应当于每年年度终了，对固定资产进行减值测试，如果固定资产的可收回金额低于其账面价值，应当按可收回金额低于其账面价值的差额计提减值准备，并计入当期损益。

［知识拓展］

在固定资产系统中减值准备按单项资产计提。

[工作示范]

1.计提减值准备

操作步骤：

（1）会计张东明以"2019-07-28"登录固定资产系统。单击"减值准备"/"计提减值准备"，打开"固定资产变动单"页签。单击"卡片编号"或者"资产编号"，选择"波峰焊机"，在"减值准备金额"录入"2 000"，"变动原因"录入"市场因素变化"，如图5-76所示。

固定资产变动单

－计提减值准备－

变动单编号	00004	变动日期	2019-07-28
卡片编号	00005	资产编号　03001	开始使用日期　2018-08-01
资产名称	波峰焊机	规格型号	
减值准备金额	2000.00	币种　人民币	汇率　1
原值	45000.00	累计折旧	4453.31
累计减值准备金额	2000.00	累计转回准备金额	0.00
可回收市值	38546.69		
变动原因			市场因素变化
		经手人	张东明

图5-76　固定资产变动单-计提减值准备

（2）单击工具栏上的"保存"按钮，系统提示保存成功，并打开"填制凭证"页签。保存减值准备计提凭证，结果如图5-77所示。

图5-77　波峰焊机计提减值准备凭证

特别提示：

①财务制度规定，只对发生减值的固定资产计提减值准备，未发生减值的不计提。

②按照现行制度规定，固定资产减值准备不能在以后期间转回。

同步测试

一、单项选择题

1.录入生产部门的固定资产卡片时，错误地将其所属部门录为管理部门，日后将影响其（　　）。

A.月折旧金额　　　　　　　　　B.折旧入账科目

C.月折旧率　　　　　　　　　　D.净残值

学习情境五

同步测试答案

2.操作员发现对车床错误地进行了固定资产减少操作，以下处理中正确的是（　　　　）。

A.增加车床的原始卡片　　　　　　　　　B.执行固定资产增加，增加车床的卡片

C.执行撤销资产减少操作　　　　　　　　D.查询已减少固定资产，删除车床卡片

3.某项固定资产卡片编号为001，则其对应的图片文件的名称可能是（　　　　）。

A.004.GIF　　　　　　B.001.BMP　　　　　　C.003.BMP　　　　　　D.002.JPG

4.固定资产系统初始化过程中，对折旧信息的设置，使用单位可以根据自己的需要来确定资产的折旧分配周期，系统缺省的折旧分配周期为（　　　　）。

A.1年　　　　　　　B.半年　　　　　　　C.1个季度　　　　　　D.1个月

5.固定资产子系统对固定资产采用严格序时管理，序时到（　　　　）。

A.年　　　　　　　　B.月　　　　　　　　C.日　　　　　　　　D.季

二、多项选择题

1.需要生成凭证传递到总账系统的系统有（　　　　）。

A.薪资管理系统　　　B.固定资产系统　　　C.应收款管理系统　　　D.报表管理系统

2.2019年8月1日启用固定资产系统，期初余额需整理（　　　　）。

A.8月初的固定资产数据　　　　　　　　　B.8月初的累计折旧数据

C.8月增加的固定资产数据　　　　　　　　D.8月计提的累计折旧

3.固定资产报废，需要在固定资产系统中（　　　　）。

A.增加原始卡片　　　　　　　　　　　　　B.进行资产增加操作

C.进行资产减少操作　　　　　　　　　　　D.超出保存时限后删除卡片

4.在固定资产系统缺省的增减方式中，（　　　　）是不能修改和删除的，因为本系统提供的报表中有固定资产盘盈盘亏报告表。

A.报废　　　　　　　B.盘盈　　　　　　　C.盘亏　　　　　　　D.毁损

5.固定资产系统建账完成后，在"设置/选项"中不可修改的账套参数有（　　　　）。

A.本账套是否计提折旧　　　　　　　　　　B.账套启用月份

C.资产编号选为自动编码方式　　　　　　　D.与财务系统进行对账

6.删除固定资产卡片是指把卡片资料从系统内彻底清除，该功能只有在（　　　　）情况下有效。

A.当月录入的卡片如有错误，可通过"卡片管理"的"删除"实现

B.可以通过"卡片查询"功能删除卡片

C.可通过"资产减少"功能减少的卡片资料，在满足会计档案管理要求后可以从系统中彻底清除

D.可以通过"卡片变动"功能删除卡片

三、判断题

1.发生固定资产毁损，在固定资产系统将其卡片删除即可。　　　　　　　　　　　（　　　）

2.当月新增加的固定资产当月不计提折旧。　　　　　　　　　　　　　　　　　　（　　　）

3.本月减少的固定资产本月仍需计提折旧，因此资产减少要在计提折旧后进行。　　（　　　）

4.如果在选项中选择了"每次登录系统时显示资产到期提示表"，则无论是否有到期的固定资产，都会显示资产到期提示表。　　　　　　　　　　　　　　　　　　　　　　　　　（　　　）

5.在录入固定资产原始卡片时，开始使用日期必须采用YYYY-MM-DD的形式录入。

（　　　）

综合实训

[实训内容]

石家庄正道轮胎有限公司2019年7月1日启用固定资产系统，账套信息如下：

1.固定资产折旧要求：

采用"平均年限法（二）"计提折旧，按使用部门逐月分摊，折旧分配周期为1个月；在固定

资产可使用的最后一个月，将剩余折旧全部提足；企业在经营过程中如遇折旧要素发生变动，按变动后的要素计提折旧。

2.固定资产编码规则要求：

固定资产类别编码方式为2-1-1-2；编码方式采用"自动编码：类别编号+序号"，序号长度：5。

3.固定资产与财务接口要求：

要求与总账系统进行对账，对账科目分别为固定资产和累计折旧；在对账不平衡的情况下允许该系统月末结账。

4.公司固定资产核算要求如下：

（1）业务发生后立即制作凭证；月末结账前要完成制单业务；固定资产的缺省入账科目为"固定资产"，累计折旧的缺省入账科目为"累计折旧"。

（2）部门对应折旧科目见表5-5。

表5-5　　　　　　　　　　　　部门对应折旧科目

部门名称	折旧科目	部门名称	折旧科目
综合部	管理费用—折旧费	采购部	管理费用—折旧费
财务部	管理费用—折旧费	销售部	销售费用—折旧费
生产部	制造费用—折旧费	仓储部	管理费用—折旧费

（3）固定资产分类见表5-6。

表5-6　　　　　　　　　　　　固定资产分类

类别编号	类别名称	净残值率	计提属性	折旧方式	卡片样式
01	房屋建筑物	4%	正常计提	平均年限法（二）	含税卡片样式
02	生产设备	4%	正常计提	平均年限法（二）	含税卡片样式
03	办公设备	4%	正常计提	平均年限法（二）	含税卡片样式
04	交通工具	4%	正常计提	平均年限法（二）	含税卡片样式

（4）固定资产增减方式见表5-7。

表5-7　　　　　　　　　　　　固定资产增减方式

增加方式	对应入账科目	减少方式	对应入账科目
直接购入	工行存款	出售	固定资产清理
投资者投入	实收资本	盘亏	待处理财产损溢
接受捐赠	营业外收入	投资转出	长期股权投资
盘盈	以前年度损益调整	捐赠转出	固定资产清理
在建工程完工转入	在建工程	报废	固定资产清理
融资租入	长期应付款	毁损	固定资产清理

5. 2019年6月30日固定资产余额，所有资产均为"在用""直接购入"，净残值率为4%（见表5-8）。

表5-8   固定资产余额

编号	名称	原值（元）	使用部门	折旧方法	累计折旧（元）	年限	启用日期
	厂房	4 000 000	一车间（60%）二车间（40%）	平均年限法（二）	820 000	16	2016-01-03
	刨床	230 000	一车间	平均年限法（二）	14 950	16	2018-05-18
	江淮货车	200 000	销售部	平均年限法（二）	0	8	2019-06-02
	车床	200 000	二车间	平均年限法（二）	8 000	8	2019-03-25
	圆桌	50 000	综合部	平均年限法（二）	15 000	8	2016-12-26
	切割机	600 000	一车间	平均年限法（二）	0	10	2019-06-17
合计		5 280 000			857 950		

6. 7月份公司发生了如下与固定资产相关的经济业务：

（1）7月3日，财务部用转账支票（票号：ZZ003）购入一台联想台式计算机，单价3 600元，增值税468元，作为办公设备使用。制度规定使用年限5年、按平均年限法（二）计提折旧、净残值率为4%。附单据3张（专用发票、转账支票存根、入库单）。

（2）7月10日，由于严重的噪声污染，经研究决定报废一车间使用的刨床，原值230 000元，残值收入3 000元，收到现金。附件2张（报废申请及批示、收据）。

[实训要求]

1. 会计朱军勇完成固定资产初始设置。

2. 会计朱军勇完成固定资产日常业务处理。

3. 会计朱军勇完成固定资产系统7月份月结。

学习情境六

薪资管理

【职业能力目标】

掌握薪资管理系统与计件工资系统的操作流程和薪资业务的具体处理方法；能对薪资管理系统和计件工资系统进行初始设置；能计算员工的薪金报酬并及时进行账务处理与发放；能顺利完成薪资管理系统月末结账和账表查询工作；会对系统操作中出现的问题进行简单维护；养成良好的会计职业道德。

【本情境与工作任务对照图】

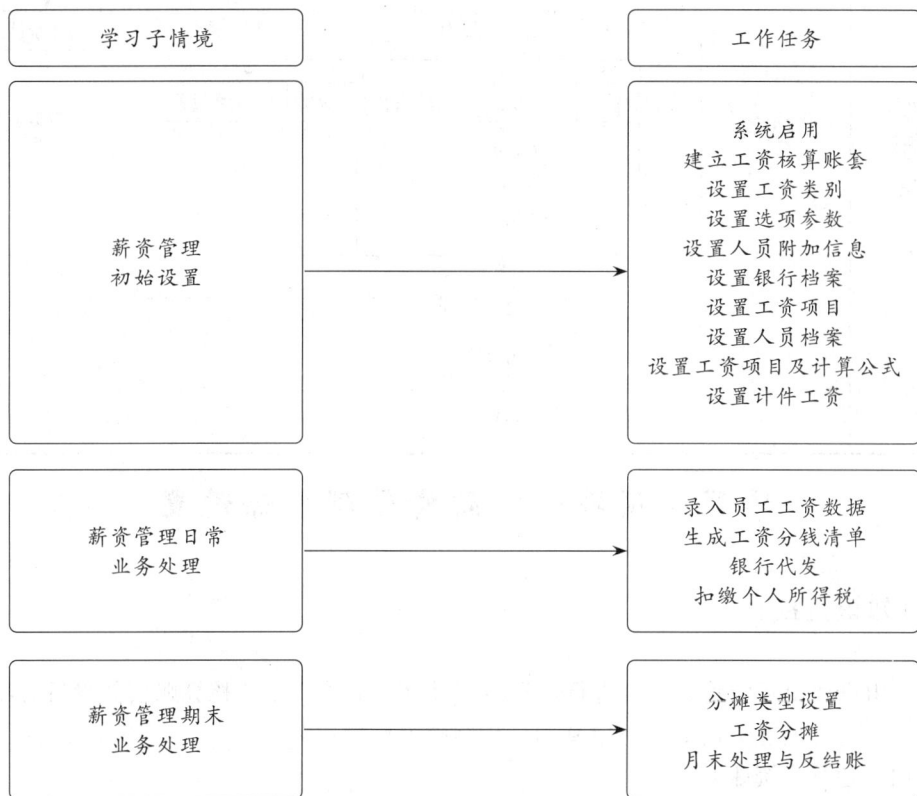

学习子情境	工作任务
薪资管理 初始设置	系统启用 建立工资核算账套 设置工资类别 设置选项参数 设置人员附加信息 设置银行档案 设置工资项目 设置人员档案 设置工资项目及计算公式 设置计件工资
薪资管理日常 业务处理	录入员工工资数据 生成工资分钱清单 银行代发 扣缴个人所得税
薪资管理期末 业务处理	分摊类型设置 工资分摊 月末处理与反结账

【系统介绍】

薪资管理系统适用于各类企业、行政事业单位进行工资核算、工资发放、工资费用分摊、工资统计分析和个人所得税核算等。可以根据不同企业的需要设计工资项目和计算公式，帮助用户及时准确地核算每个职工的工资，并按照工资的用途将工资费用记账，自动生成转账凭证，传递到总账系统。该系统提供了多种报表形式，可以多

教学视频
6-0-1

谁能帮我们核
算工资——薪
资管理概述

角度反映工资核算的结果。齐全的工资报表形式、简便的工资资料查询方式、健全的核算体系，为企业多层次、多角度的工资管理提供了方便。

计件工资系统用于核算制造型企业员工的计件工资，并将计件工资数据传递到薪资管理系统，必须与薪资管理系统结合使用。

【工作过程与岗位对照图】

部门岗位	财务部账套主管	财务部会计		

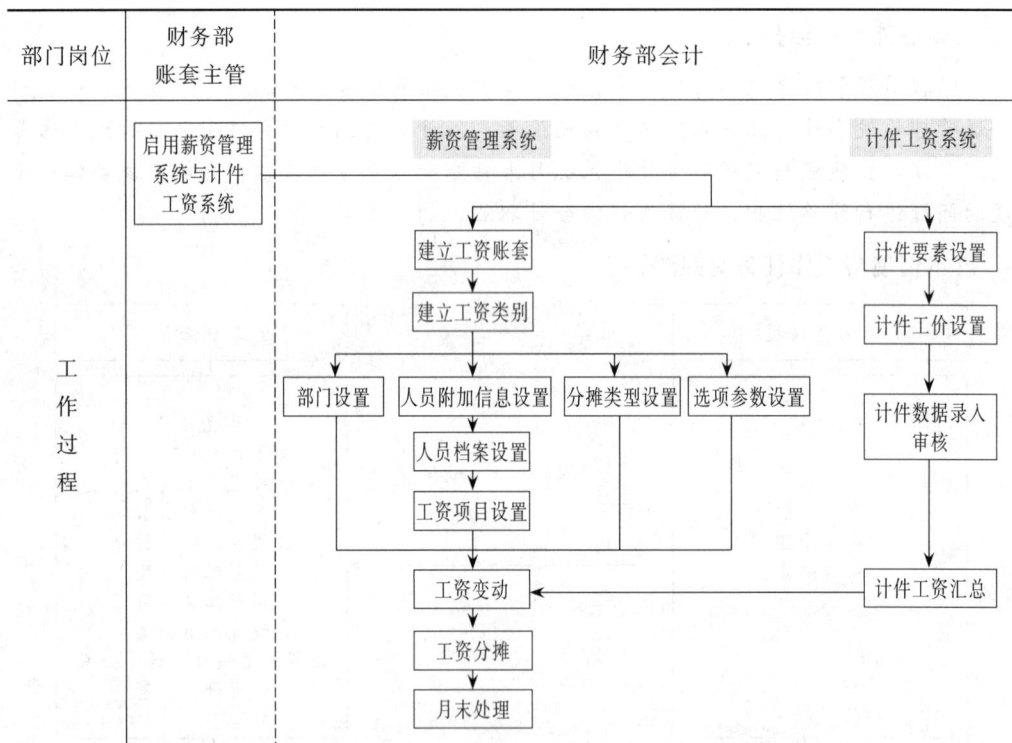

学习子情境一 薪资管理初始设置

[知识链接]

1.用户使用薪资管理系统进行工资核算处理，需建立工资核算账套并设置各项基础信息，为工资业务的处理奠定基础，具体内容包括：

（1）建立工资账套。

建立工资账套是整个薪资管理系统顺利运行的基础，将影响工资项目的设置和工资业务的具体处理方式。当使用薪资管理系统时，如果所选择的账套为初次使用，系统将自动进入建账向导，分为四个步骤：参数设置、扣税设置、扣零设置、人员编码。通过建立工资账套，选择单类别或多类别核算、工资核算币种、是否扣零处理、是否进行个人所得税扣税处理、是否核算计件工资等工资账套参数。

（2）基础设置。

基础设置包括发放次数管理、人员附加信息设置、工资项目及计算公式设置、部门设置、人员档案设置、分摊类型设置、选项参数设置以及代发工资的银行信息录入，在多工资类别的情况下，需要进行工资类别的设置。

2.计件工资系统初始化设置包括计件要素设置、计件工价设置与计件项目设置。

任务一　系统启用

[任务内容]

新华公司根据业务需要启用薪资管理系统与计件工资系统，启用日期为2019年6月1日。

[任务要求]

账套主管王志强启用薪资管理系统与计件工资系统。

[工作示范]

操作步骤：

以操作员"01王志强"身份，操作日期为"2019-06-01"，选择"111河北新华有限责任公司"账套，登录企业应用平台。在"业务导航"中，单击"基础设置"/"基本信息"/"系统启用"，启用"薪资管理"和"计件工资管理"两个系统，启用日期为"2019-06-01"，如图6-1所示。

图6-1　"系统启用"对话框

特别提示：

计件工资系统启用前必须先启用薪资管理系统。薪资管理系统反启用前，必须反启用计件工资系统。

任务二 建立工资核算账套

[任务内容]

新华公司工资核算分两种类型：正式人员工资包括基本工资和各种补贴，临时人员工资为计件工资。正式人员工资由中国农业银行代发，临时人员工资直接发放现金。工资核算本位币为人民币，从工资中代扣个人所得税，发放现金工资时进行扣零设置且扣零到角。

[任务要求]

会计张东明根据核算需要建立工资核算账套。

[工作示范]

教学视频
6-1-1

跟着向导步步
走——建立工
资账套

教学视频
6-1-2

建立工资账套
操作演示

操作步骤：

（1）以操作员"03张东明"身份，操作日期为"2019-06-01"，选择"111河北新华有限责任公司"账套，登录企业应用平台。

（2）在"业务导航"/"业务工作"中，单击"人力资源"/"薪资管理"，系统自动打开"建立工资套"对话框。在参数设置环节，选择工资类别为"多个"，币别名称为"人民币 RMB"，选中"是否核算计件工资"复选框，如图6-2所示。

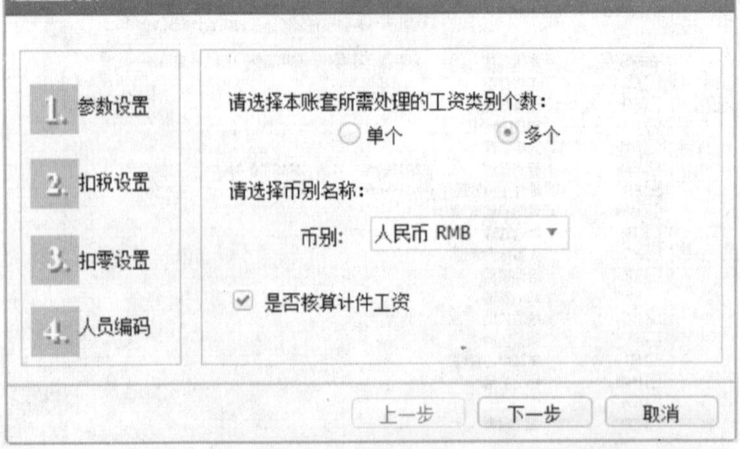

图6-2 建立工资套-参数设置

栏目说明：

①工资类别个数：当核算单位对所有人员的工资实行单一标准进行管理时，可选择"单个"工资类别；如果单位按周或每月多次发放工资，或者不同职工工资项目、计算公式等采取不同的设置，但需进行统一工资核算管理，那么可采取"多个"工资类别。

②币别：若选择账套本位币以外的其他币别，还需在工资类别参数维护中设置汇率，核算币种经过一次工资数据处理后则不能再修改。

③计件工资是按计件单价支付劳动报酬的一种形式，只有选中"是否核算计件工资"选项，与计件工资核算相关的功能才能使用。

（3）单击"下一步"按钮，在扣税设置环节，选择"是否从工资中代扣个人所得税"复选框，如图6-3所示。

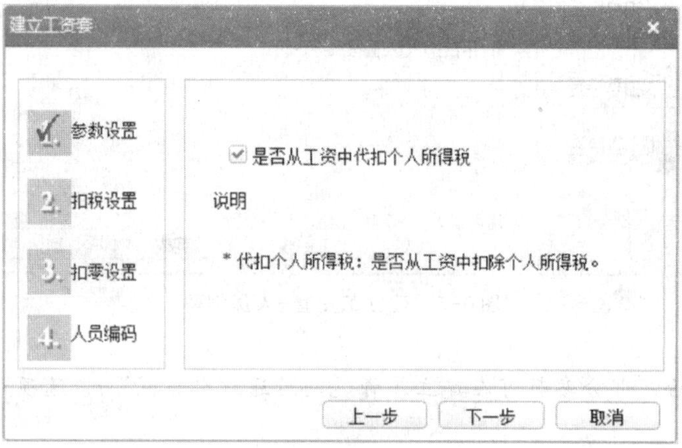

图6-3 建立工资套-扣税设置

栏目说明：

选择"是否从工资中代扣个人所得税"，工资核算时系统会根据设置的税率自动计算个人所得税额。

（4）单击"下一步"按钮，在扣零设置环节，选择"扣零"复选框，并设置"扣零至角"，如图6-4所示。

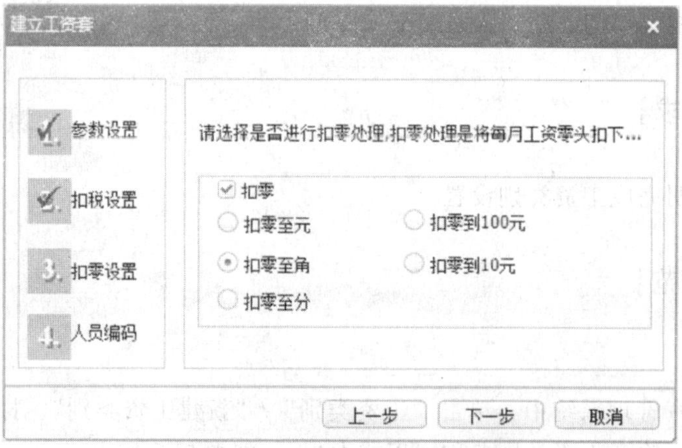

图6-4 建立工资套-扣零设置

栏目说明：

如果选择"扣零"，系统在计算工资时将依据所选择的扣零类型将零头扣下，并在积累成整时补上。系统自动在固定工资项目中增加"本月扣零"和"上月扣零"两个项目，用户不需设置扣零处理的公式。

（5）单击"下一步"按钮，进入人员编码设置环节，如图6-5所示。单击"完成"按钮，完成工资账套建立。

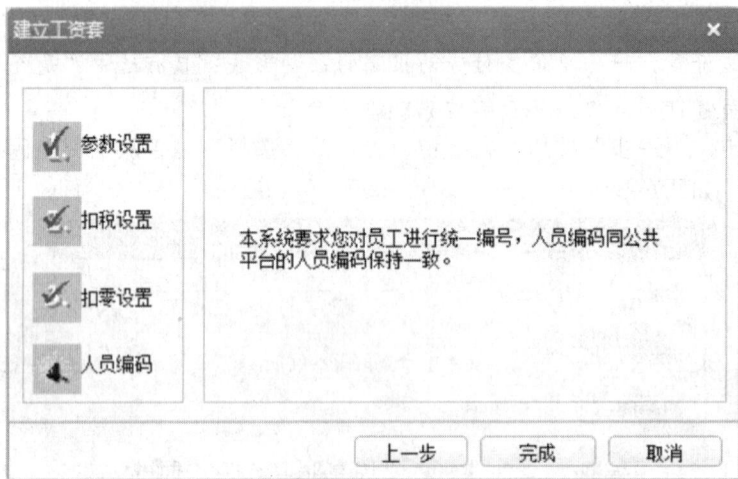

图6-5 建立工资套-人员编码

特别提示：

建账完成后，部分参数可在建立工资类别后通过"设置"/"选项"修改。

任务三 设置工资类别

教学视频
6-1-3

打基础 做准
备——基础信
息设置

@[任务内容]

新华公司根据业务需要，将工资类别分为"正式人员"和"临时人员"两类。正式人员分布在各个部门，临时人员只属于车间。

@[任务要求]

会计张东明完成工资类别设置。

教学视频
6-1-4

基础信息设置
操作演示

[工作示范]

操作步骤：

（1）在薪资管理系统中，单击"工资类别"/"新建工资类别"，打开"新建工资类别"对话框，输入工资类别名称"正式人员"，如图6-6所示。

图6-6 "新建工资类别"对话框

（2）单击"下一步"按钮，选择新建工资类别所包含的部门，根据任务内容，选择全部部门，如图6-7所示。

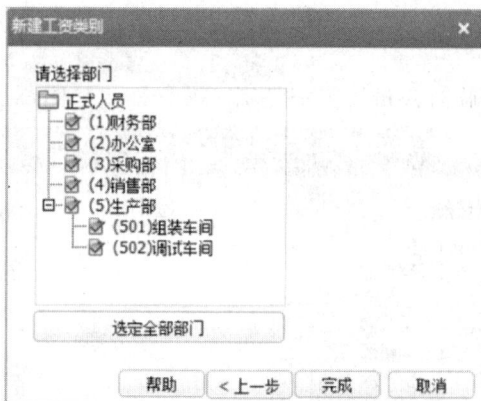

图6-7 新建工资类别-选择部门

特别提示：

①在此选择该工资类别核算人员所处的部门，需先选择上级部门，再选择下级部门，同一个部门可被多个工资类别选中。

②如果尚未建立部门档案，则无法完成工资类别设置。

（3）单击"完成"按钮，弹出对话框，确定工资类别的启用日期，如图6-8所示。单击"是"按钮，完成"正式人员"工资类别的建立。

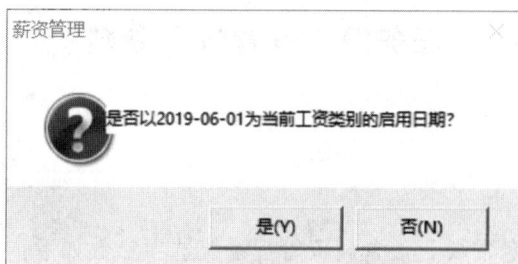

图6-8 工资类别启用日期提示

特别提示：

建立工资类别完成后，系统自动打开新建的工资类别。

（4）单击"工资类别"/"关闭工资类别"，将当前打开的"正式人员"工资类别关闭，如图6-9所示。

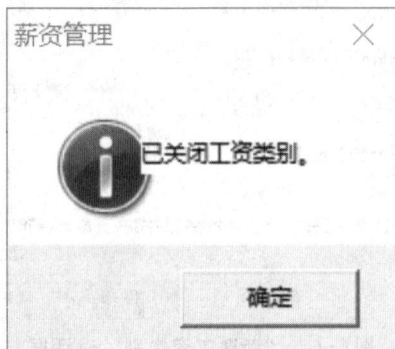

图6-9　关闭工资类别提示

特别提示：

若当前已打开一个工资类别，必须在关闭该工资类别后才可进行工资类别的新建工作。

（5）同理，建立"临时人员"工资类别，选择部门如图6-10所示。

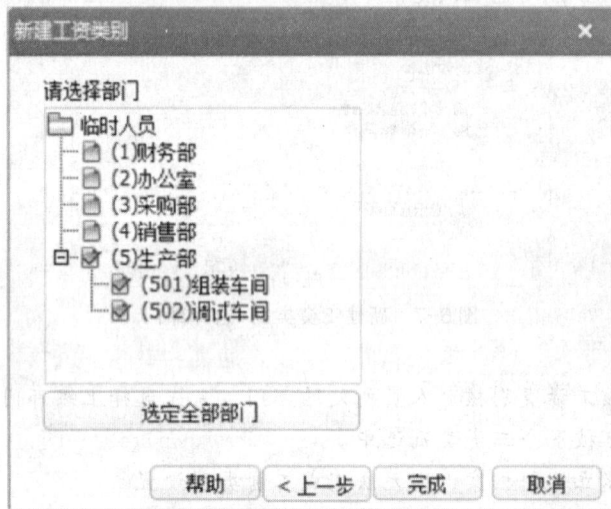

图6-10　新建工资类别-临时人员

任务四　设置选项参数

[任务内容]

新华公司根据业务需要，设置薪资管理系统选项参数如下：

正式人员和临时人员均按"实发合计"计算个人所得税，"税款所属期"为"当月"，个人所得税税率见表6-1，计税基数为5 000元。正式人员不进行扣零，不核算计件工资，其他参数默认。临时人员选项参数均按默认。

表 6-1 个人所得税税率表

级数	累计预扣预缴应纳税所得额	预扣率	速算扣除数
1	不超过 36 000 的部分	3%	0
2	超过 36 000 至 144 000 的部分	10%	2 520
3	超过 144 000 至 300 000 的部分	20%	16 920
4	超过 300 000 至 420 000 的部分	25%	31 920
5	超过 420 000 至 660 000 的部分	30%	52 920
6	超过 660 000 至 960 000 的部分	35%	85 920
7	超过 960 000 的部分	45%	181 920

[任务要求]

会计张东明进行薪资管理系统选项参数设置。

[工作示范]

操作步骤：

（1）单击"工资类别"/"打开工资类别"，打开"打开工资类别"对话框，如图 6-11 所示。选择"正式人员"，单击"确定"按钮，打开"正式人员"工资类别。

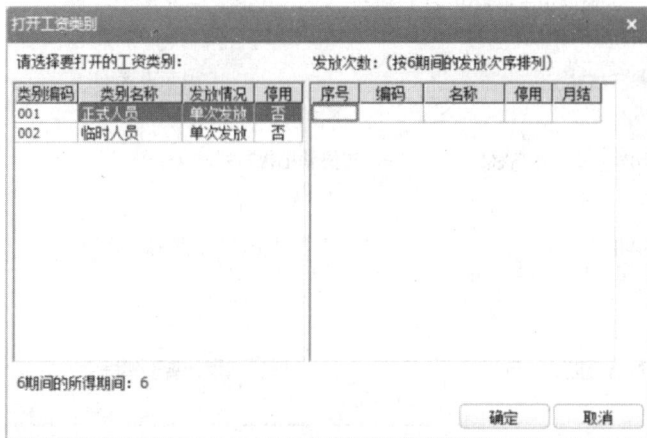

图 6-11　"打开工资类别"对话框

特别提示：

①在建立新的工资账套后，或者由于业务的变更，发现一些工资参数与核算内容不符，则可以在此进行工资账套参数的调整。

②在打开工资类别时修改参数，系统只能修改当前打开工资类别的参数。

（2）单击"设置"/"选项"，打开"选项"对话框，选择"扣零设置"页签，单击"编辑"按钮，去掉"扣零"复选框的选择，如图 6-12 所示。

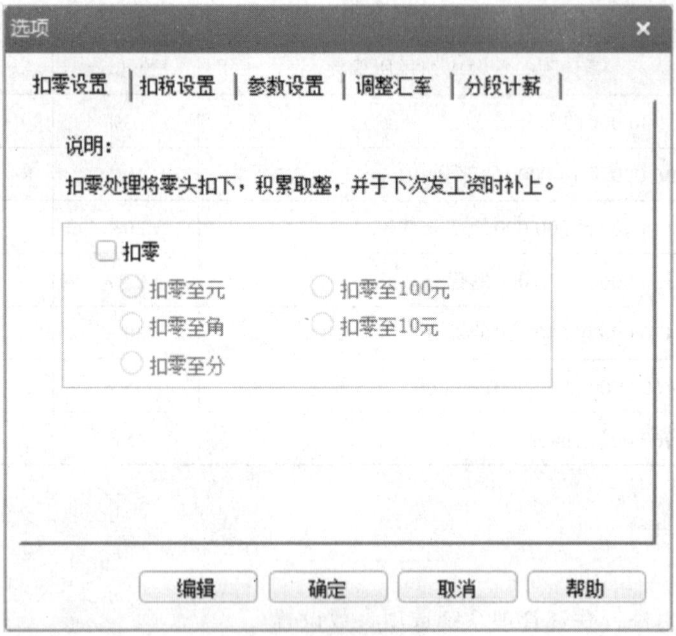

图6-12 选项-扣零设置

（3）选择"扣税设置"页签，选择"税款所属期"为"当月"，如图6-13所示。

图6-13 选项-扣税设置

特别提示：

如果修改了扣税设置，则需要进入工资变动重新计算个人所得税。

（4）单击"税率设置"按钮，打开"个人所得税申报表——税率表"对话框进行查看，如图6-14所示。信息确认无误后，单击"确定"按钮退出。

图6-14　个人所得税申报表——税率表

（5）选择"参数设置"页签，去掉"是否核算计件工资"复选框的选择，如图6-15所示。

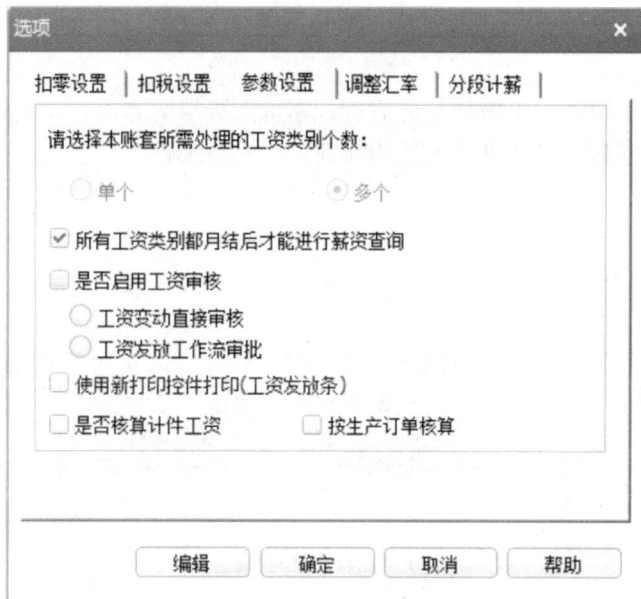

图6-15　选项-参数设置

（6）单击"确定"按钮，弹出提示对话框如图6-16所示，单击"是"，完成选项参数的设置并退出。

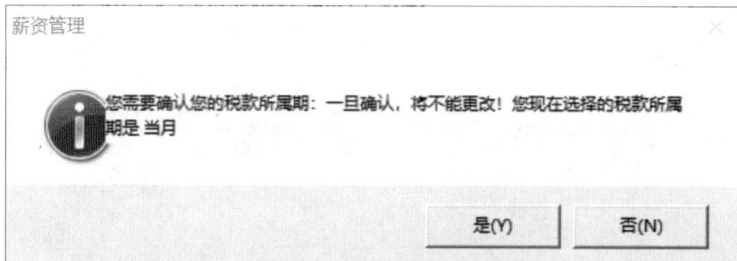

图6-16　确认税款所属期提示

（7）同理，完成"临时人员"类别下的选项设置。

任务五　设置人员附加信息

［任务内容］

新华公司需要在人员档案中体现员工的性别和学历等附加信息，其中性别为必输项目。性别参照档案：男、女；学历参照档案：研究生、本科、专科、其他。

［任务要求］

会计张东明完成人员附加信息设置。

［知识链接］

人员附加信息功能用于增加人员信息，丰富人员档案的内容，便于对人员进行更加有效的管理。例如，增加设置人员的性别、民族、婚否等。

［工作示范］

操作步骤：
（1）单击"设置"/"人员附加信息设置"，打开"人员附加信息设置"对话框，单击"增加"按钮，在栏目参照中选择"性别"，单击"增加"按钮，如图6-17所示。

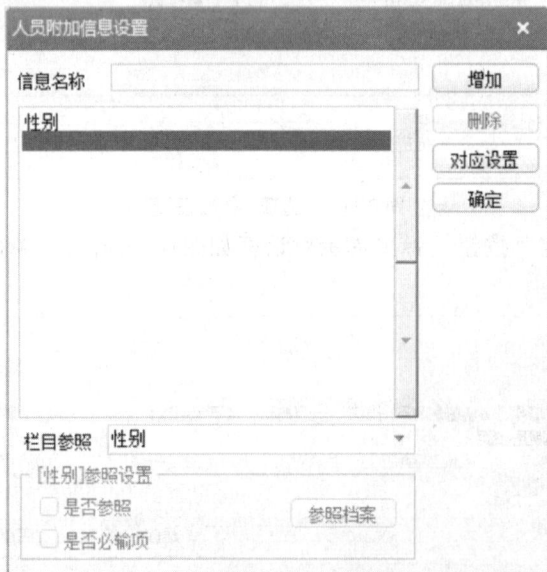

图6-17　"人员附加信息设置"对话框

（2）选择"性别"记录，勾选"是否参照"与"是否必输项"，如图6-18所示。

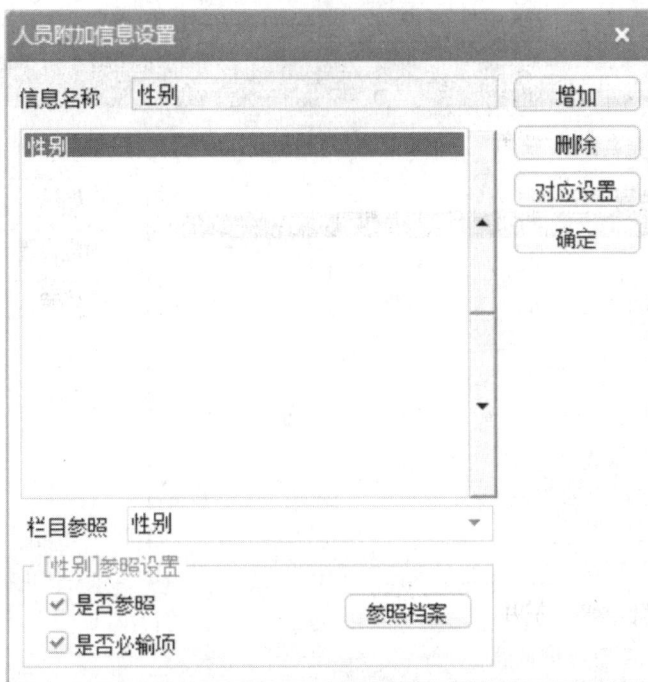

图6-18 人员附加信息设置-参照设置

栏目说明：

①是否参照：勾选"是否参照"复选框可以录入参照档案，在录入人员档案时可以参照档案录入相关信息；否则不可以录入参照档案。

②是否必输项：勾选"是否必输项"复选框后，该附加信息在录入人员档案时必须输入，否则不予保存。

（3）单击"参照档案"按钮，系统打开"工资人员附加信息"对话框，在参照档案栏输入"男"，单击"增加"按钮，同理输入"女"，结果如图6-19所示。

图6-19 人员附加信息设置-参照档案

（4）单击"确认"按钮，返回"人员附加信息设置"对话框，单击"增加"按钮，完成人员附加信息"学历"的设置，结果如图6-20所示。

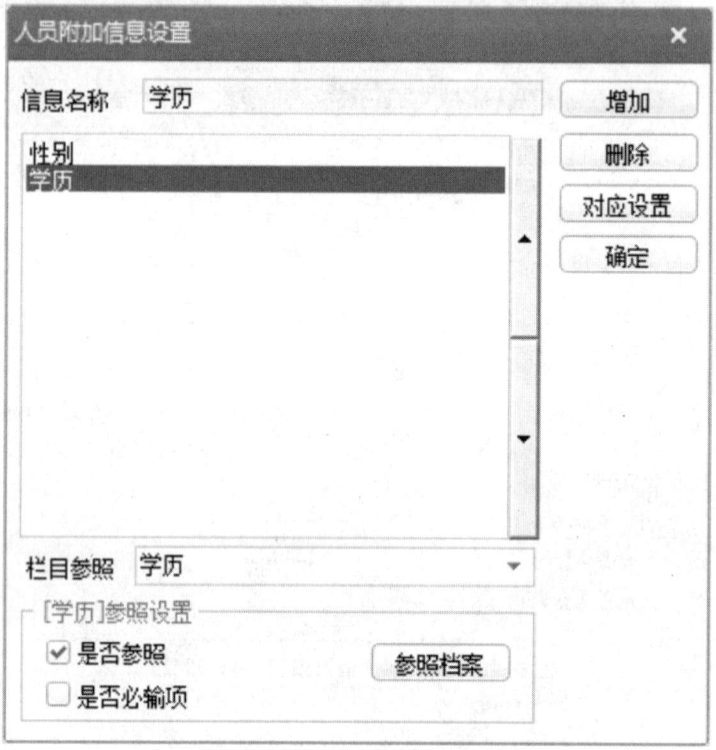

图6-20 人员附加信息设置结果

任务六 设置银行档案

[任务内容]

新华公司正式人员工资由中国农业银行代发，个人账户的账号定长为19位。

[任务要求]

会计张东明完成代发银行档案设置。

[工作示范]

操作步骤：

（1）以操作员"03张东明"身份，操作日期为"2019-06-01"，登录企业应用平台，在"业务导航视图"中选择"基础设置"，单击"基础档案"/"收付结算"/"银行档案"，打开"银行档案"窗口，如图6-21所示。

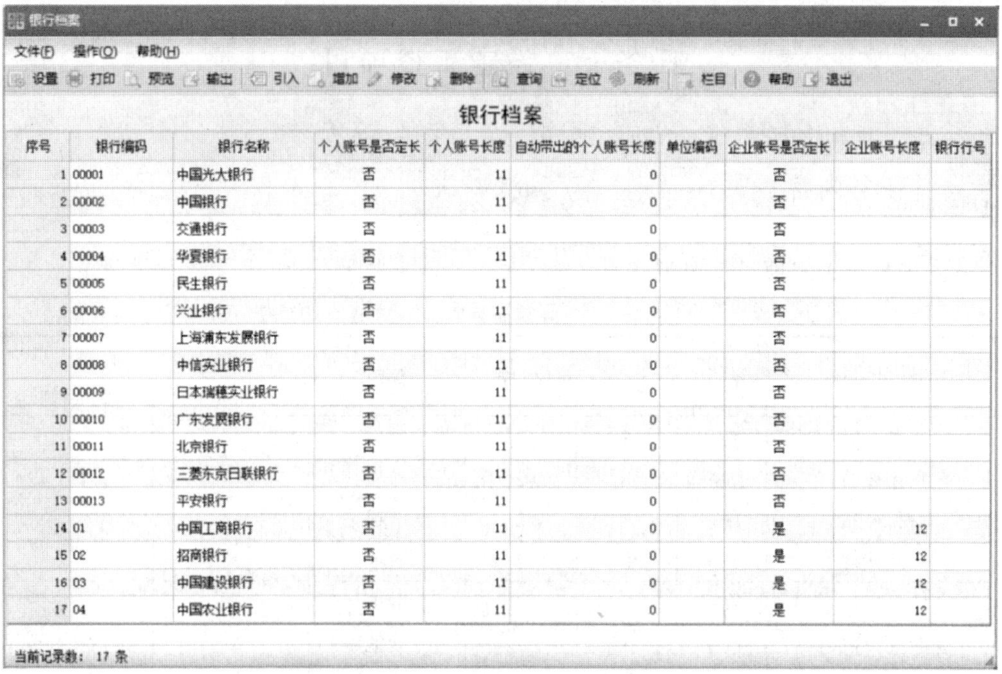

序号	银行编码	银行名称	个人账号是否定长	个人账号长度	自动带出的个人账号长度	单位编码	企业账号是否定长	企业账号长度	银行行号
1	00001	中国光大银行	否	11	0		否		
2	00002	中国银行	否	11	0		否		
3	00003	交通银行	否	11	0		否		
4	00004	华夏银行	否	11	0		否		
5	00005	民生银行	否	11	0		否		
6	00006	兴业银行	否	11	0		否		
7	00007	上海浦东发展银行	否	11	0		否		
8	00008	中信实业银行	否	11	0		否		
9	00009	日本瑞穗实业银行	否	11	0		否		
10	00010	广东发展银行	否	11	0		否		
11	00011	北京银行	否	11	0		否		
12	00012	三菱东京日联银行	否	11	0		否		
13	00013	平安银行	否	11	0		否		
14	01	中国工商银行	否	11	0		是	12	
15	02	招商银行	否	11	0		是	12	
16	03	中国建设银行	否	11	0		是	12	
17	04	中国农业银行	否	11	0		是	12	

图6-21　“银行档案”窗口

栏目说明：

个人账户规则：账号是否定长是指此银行要求所有人员的账号长度必须相同。

（2）单击选中“中国农业银行”所在行，单击“修改”按钮，修改个人账户规则，如图6-22所示。

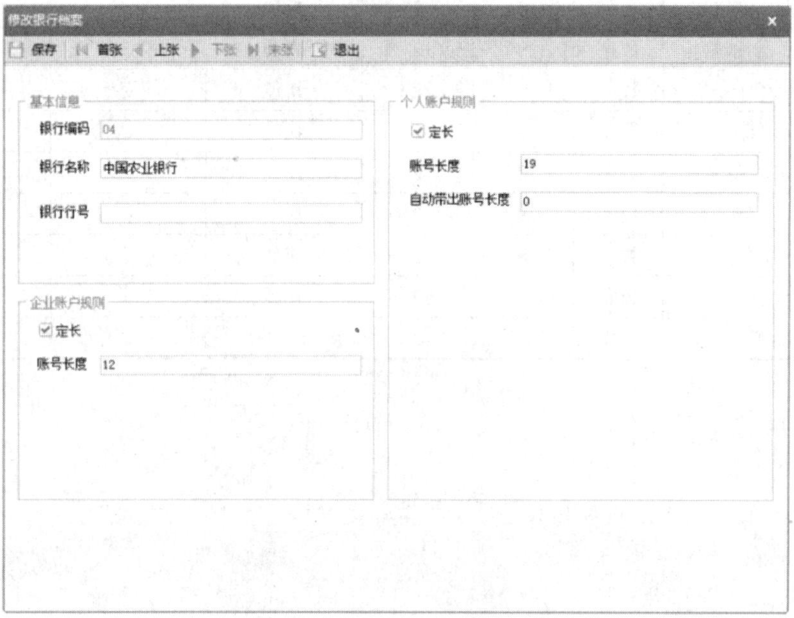

图6-22　“修改银行档案”对话框

（3）单击“保存”按钮，返回“银行档案”窗口，再单击“退出”按钮，完成银行档案设置。

任务七 设置工资项目

[任务内容]

新华公司工资项目情况见表6-2。

表6-2 工资项目表

工资项目名称	类型	长度	小数	增减项	正式人员工资项目	临时人员工资项目
基本工资	数字	8	2	增项	√	
职务补贴	数字	8	2	增项	√	
福利补贴	数字	8	2	增项	√	
交通补贴	数字	8	2	增项	√	
奖金	数字	8	2	增项	√	
加班天数	数字	8	2	其他	√	
加班补贴	数字	8	2	增项	√	
计件工资	数字	10	2	增项		√
缴费基数	数字	8	2	其他	√	
养老保险扣款	数字	8	2	减项	√	
医疗保险扣款	数字	8	2	减项	√	
失业保险扣款	数字	8	2	减项	√	
住房公积金扣款	数字	8	2	减项	√	
子女教育	数字	8	2	其他	√	√
继续教育	数字	8	2	其他	√	√
老人赡养费	数字	8	2	其他	√	√
住房租金	数字	8	2	其他	√	√
住房贷款利息	数字	8	2	其他	√	√
其他合法扣除	数字	8	2	其他	√	√
代扣税	数字	10	2	减项	√	√

[任务要求]

教学视频
6-1-5

工资数据计算的基石——工资项目及公式设置

会计张东明完成工资项目设置。

[工作示范]

操作步骤：

（1）单击"薪资管理"/"设置"/"工资项目设置"，打开"工资项目设置"对话框，如图6-23所示。

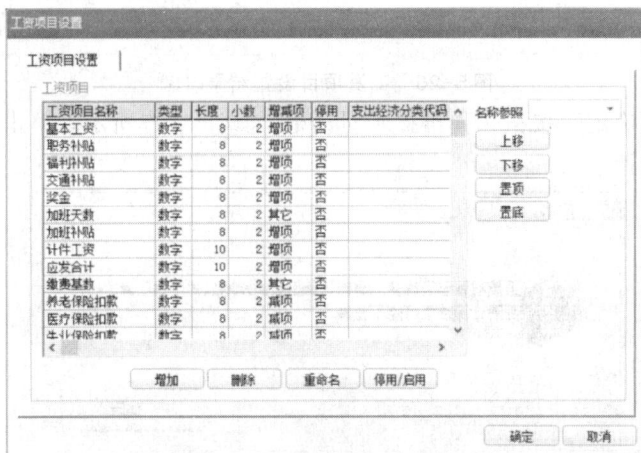

图6-23　"工资项目设置"对话框

特别提示：

①工资项目设置即定义工资项目的名称、类型、宽度，可根据需要自由设置工资项目。

②对于多工资类别账套，如果已建立工资类别，则需要关闭工资类别才能设置所有工资类别所需要的公共工资项目。

③如果在"选项"设置中选择了"是否核算计件工资"，则在此界面可以看到"计件工资"项目。

④如果在"选项"设置中选择了"代扣个人所得税"，则在此可以看到"代扣税"等预置工资项目。

（2）单击"增加"按钮，从"名称参照"下拉列表中选择系统提供的工资项目"基本工资"，也可以直接输入，并设置该工资项目的类型、长度、小数及增减项。同理，设置其他工资项目，并通过"上移"和"下移"按钮调整工资项目的排列顺序，设置结果如图6-24至图6-26所示。

图6-24　工资项目设置结果（1）

栏目说明：

①工资项目类型：系统提供数字和字符两种类型。

②若工资项目类型为字符型，则小数位不可用，增减项为其他。

③增减项：增项直接计入应发合计，减项直接计入扣款合计，"其他"既不计入应发合计，也不计入扣款合计。

图6-25 工资项目设置结果（2）

图6-26 工资项目设置结果（3）

（3）单击"确定"按钮，弹出提示对话框，如图6-27所示。单击"确定"按钮，完成工资项目设置。

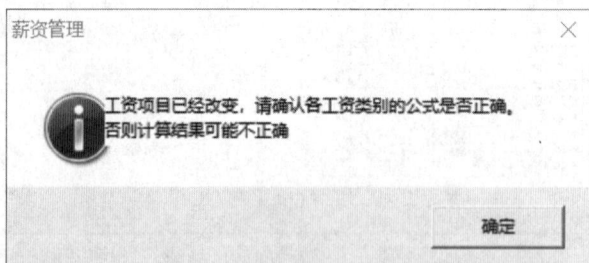

图6-27 工资项目设置提示

任务八 设置人员档案

[任务内容]

新华公司人员档案见表6-3和表6-4，据此进行薪资管理系统人员档案设置。

表6-3 正式人员档案

人员编码	人员姓名	人员类别	薪资部门	银行名称	银行账号	学历	性别
101	王志强	行政人员	财务部	中国农业银行	6228480689121110001	研究生	男
102	李明轩	行政人员	财务部	中国农业银行	6228480689121110002	研究生	男
103	张东明	行政人员	财务部	中国农业银行	6228480689121110003	研究生	男
104	孙丹丹	行政人员	财务部	中国农业银行	6228480689121110004	本科	女
201	李明刚	行政人员	办公室	中国农业银行	6228480689121110005	专科	男
202	周永芳	行政人员	办公室	中国农业银行	6228480689121110006	本科	女
301	王思燕	采购人员	采购部	中国农业银行	6228480689121110007	本科	女
401	李振东	销售人员	销售部	中国农业银行	6228480689121110008	本科	男
501	吴启天	车间管理人员	组装车间	中国农业银行	6228480689121110009	本科	男
502	张诚	车间管理人员	调试车间	中国农业银行	6228480689121110010	本科	男

表6-4 临时人员档案

人员编码	人员姓名	人员类别	薪资部门	现金发放	核算计件工资	性别
901	李彩云	生产人员（交换机）	组装车间	是	是	女
902	陈颖	生产人员（路由器）	组装车间	是	是	女
903	赵明浩	生产人员（基站发射机）	组装车间	是	是	男
904	李健伟	生产人员（交换机）	调试车间	是	是	男
905	王磊	生产人员（路由器）	调试车间	是	是	男
906	李志	生产人员（基站发射机）	调试车间	是	是	男

[任务要求]

会计张东明完成人员档案设置，要求利用替换功能修改临时人员是否"现金发放"为"是"。

✏ ［工作示范］

操作步骤：

（1）单击"工资类别"/"打开工资类别"，打开"打开工资类别"对话框，选择"正式人员"，单击"确认"按钮，打开"正式人员"工资类别。

（2）单击"设置"/"人员档案"，打开"人员档案"编辑窗口。

（3）单击工具栏"批增"按钮，打开"人员批量增加"对话框，选择所有部门，单击"查询"按钮，去掉生产人员的选择，如图6-28所示。

选择	人员类别	工号	人员编码	人员姓名	薪资部门	现金发放
是	行政人员	101		王志强	财务部	否
是	行政人员	102		李明轩	财务部	否
是	行政人员	103		张东明	财务部	否
是	行政人员	104		孙丹丹	财务部	否
是	行政人员	201		李明刚	办公室	否
是	行政人员	202		周永芳	办公室	否
是	采购人员	301		王思燕	采购部	否
是	销售人员	401		李振东	销售部	否
是	车间管理人员	501		吴启天	组装车间	否
是	车间管理人员	502		张诚	调试车间	否
	生产人员（交换机）	901		李彩云	组装车间	否
	生产人员（路由器）	902		陈颖	组装车间	否

图6-28 "人员批量增加"对话框

特别提示：

①任何条件都不输入，直接单击"查询"按钮，可将所有未进入本工资类别的人员全部筛选显示；可以按照系统预制的条件进行精确筛选；若预置条件无法满足查询需求，可通过"高级查询"设置条件筛选人员。

②人员编号、人员姓名、人员类别来源于公共平台的人员档案信息，薪资管理系统不能修改，要在公共平台中修改，系统会自动将修改信息同步到薪资管理系统。

（4）单击"确定"按钮，完成人员档案的批量导入，如图6-29所示。

（5）单击工具栏"修改"按钮，打开"人员档案明细"对话框，根据资料补充录入属于"正式人员"工资类别人员的基本信息与附加信息，如图6-30和图6-31所示。

（6）单击"确定"按钮，系统弹出信息提示，如图6-32所示，单击"确定"按钮保存。

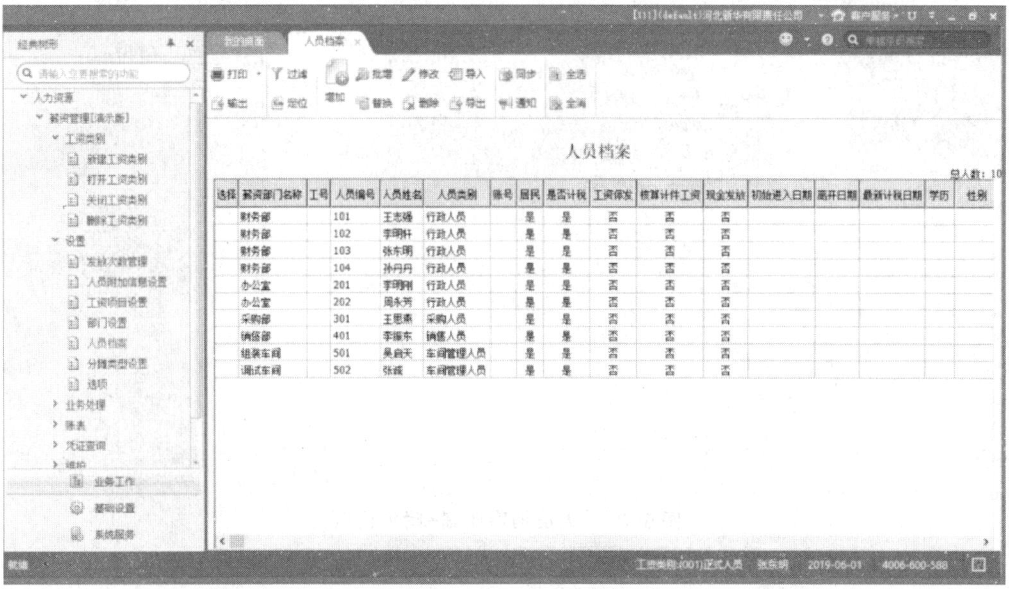

图6-29 人员档案-正式人员

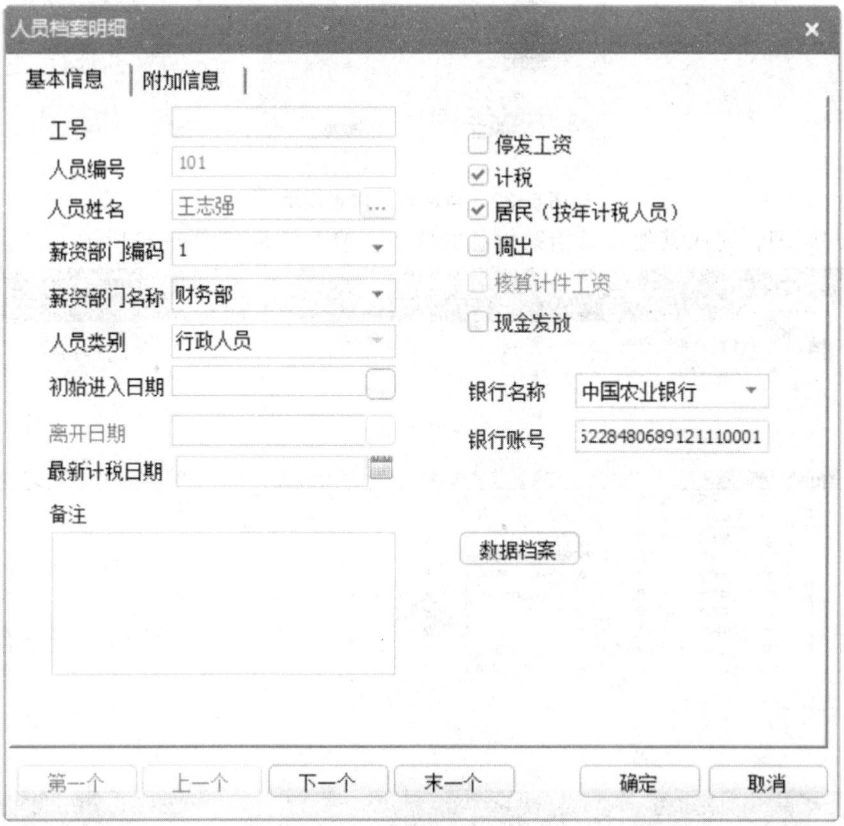

图6-30 人员档案明细-基本信息

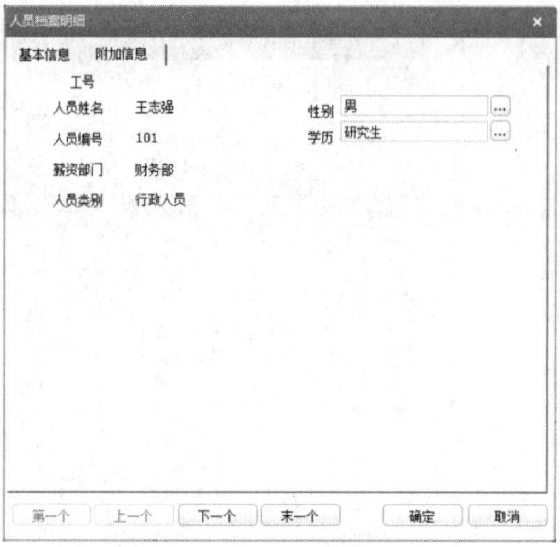

图 6-31　人员档案明细-附加信息

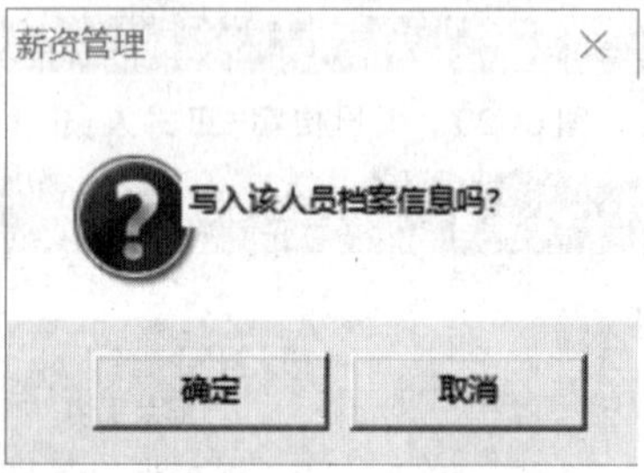

图 6-32　确定写入信息提示

（7）同理，完成其他人员档案信息的修改，修改结果如图 6-33 所示。

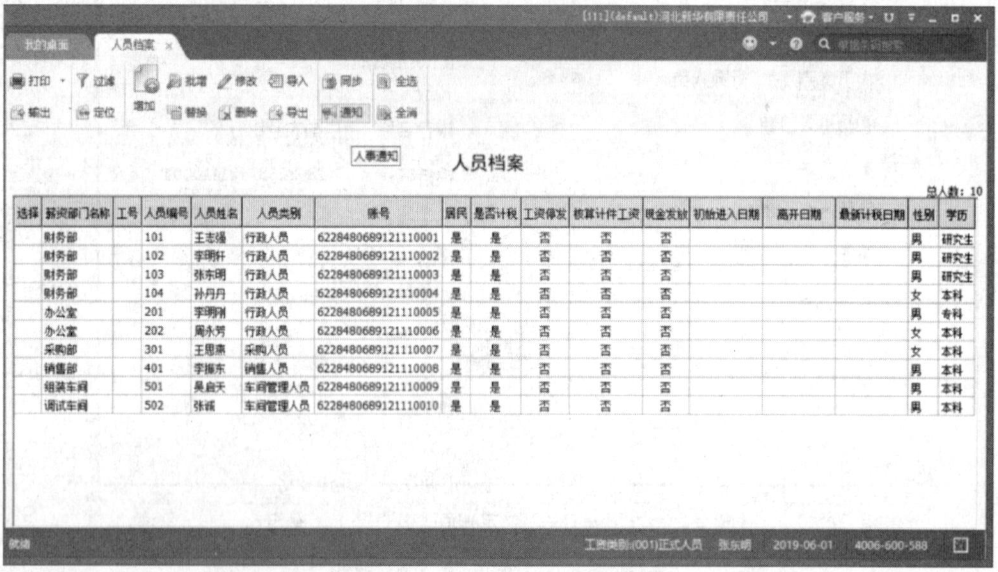

选择	薪资部门名称	工号	人员编号	人员姓名	人员类别	账号	居民	是否计税	工资停发	核算计件工资	现金发放	初始进入日期	离开日期	最新计税日期	性别	学历
	财务部		101	王志强	行政人员	6228480689121110001	是	是	否	否	否				男	研究生
	财务部		102	李明轩	行政人员	6228480689121110002	是	是	否	否	否				男	研究生
	财务部		103	张东明	行政人员	6228480689121110003	是	是	否	否	否				男	研究生
	财务部		104	孙丹丹	行政人员	6228480689121110004	是	是	否	否	否				女	本科
	办公室		201	李明刚	行政人员	6228480689121110005	是	是	否	否	否				男	专科
	办公室		202	周永芳	行政人员	6228480689121110006	是	是	否	否	否				女	本科
	采购部		301	王思燕	采购人员	6228480689121110007	是	是	否	否	否				女	本科
	销售部		401	李振东	销售人员	6228480689121110008	是	是	否	否	否				男	本科
	组装车间		501	吴启天	车间管理人员	6228480689121110009	是	是	否	否	否				男	本科
	调试车间		502	张诚	车间管理人员	6228480689121110010	是	是	否	否	否				男	本科

图 6-33　正式人员档案设置结果

（8）按照上述方法在“临时人员”类别中录入临时人员档案，单击“全选”按钮，选中所有记录，单击“替换”按钮，打开“数据替换”对话框，将“现金发放”替换成“是”，如图 6-34 所示。

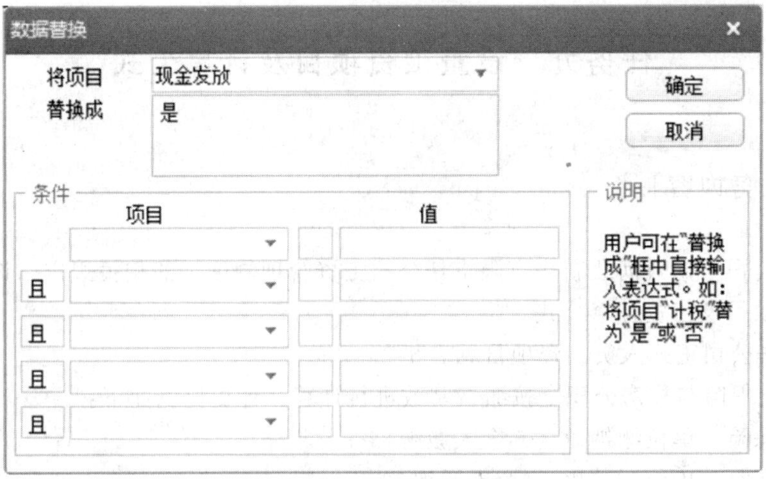

图6-34　"数据替换"对话框

（9）单击"确定"按钮，弹出确认提示对话框，如图6-35所示。

图6-35　数据替换提示

（10）单击"确定"按钮，设置结果如图6-36所示。

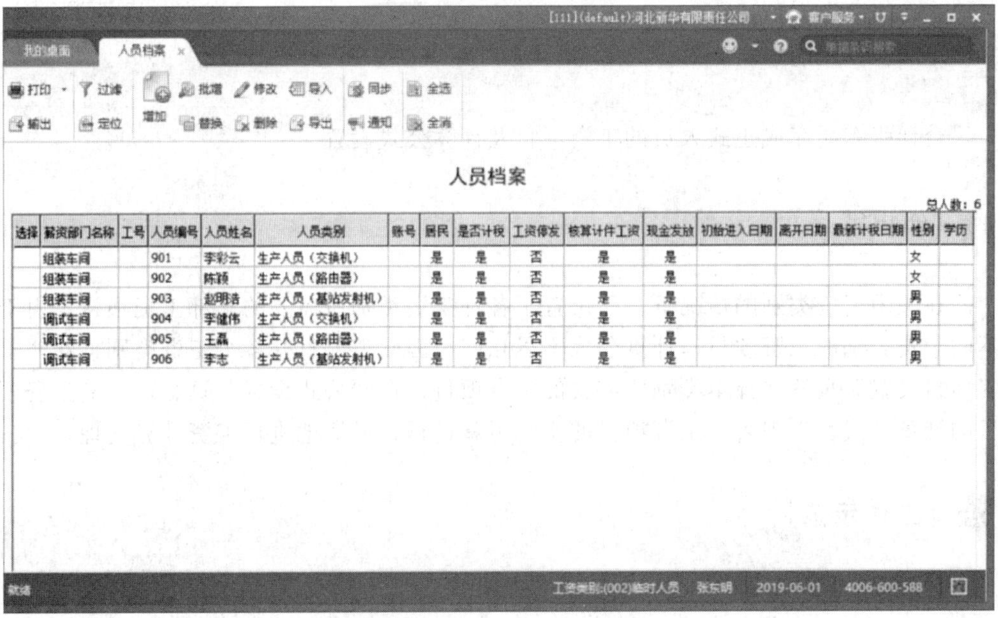

图6-36　临时人员档案设置结果

栏目说明：

如勾选"现金发放"，则该人员不进行银行代发。

任务九　设置工资项目及计算公式

［任务内容］

新华公司根据《河北新华有限责任公司工资管理制度》的相关规定，设置正式人员的工资项目及工资计算公式。

1.新华公司正式人员工资项目见表6-2。

2.社会保险与住房公积金按缴费基数进行计算，计提比例如下：

养老保险：单位缴纳16%，个人缴纳8%；

医疗保险：单位缴纳8%，个人缴纳2%；

失业保险：单位缴纳0.7%，个人缴纳0.3%；

工伤保险：单位缴纳0.5%，个人无须缴纳；

生育保险：单位缴纳1%，个人无须缴纳；

住房公积金：单位缴纳10%，个人缴纳10%。

3.员工工资计算以月为计算期，月平均工作日为22天，员工加班按照实际加班天数发放加班补贴，加班一天支付150%的日工资，即加班补贴＝基本工资÷22×150%×加班天数，其他福利待遇不变。

4.行政人员基本工资为5 500元，其他人员为6 000元。

5.采购人员和销售人员每月发放交通补贴200元，其他人员不发放交通补贴。

［任务要求］

会计张东明完成正式人员的工资项目及计算公式设置。

［知识链接］

在关闭工资类别的情况下，已设置了各种工资类别所需要的全部工资项目。由于不同工资类别的工资项目、计算公式不尽相同，因此需要打开各个工资类别，在"工资项目设置"页签选择本类别所需要的工资项目，在"公式设置"页签可定义工资项目的计算公式，直观表达工资项目的实际运算过程，灵活地进行工资计算处理。

［工作示范］

1.工资项目设置

操作步骤：

（1）在"正式人员"工资类别中，单击"设置"/"工资项目设置"，打开"工资项目设置"对话框。

（2）单击"增加"按钮，在工资项目列表中加一空行，从"名称参照"下拉列表中选择本工资类别所需要的工资项目。调整顺序后结果如图6-37与图6-38所示。

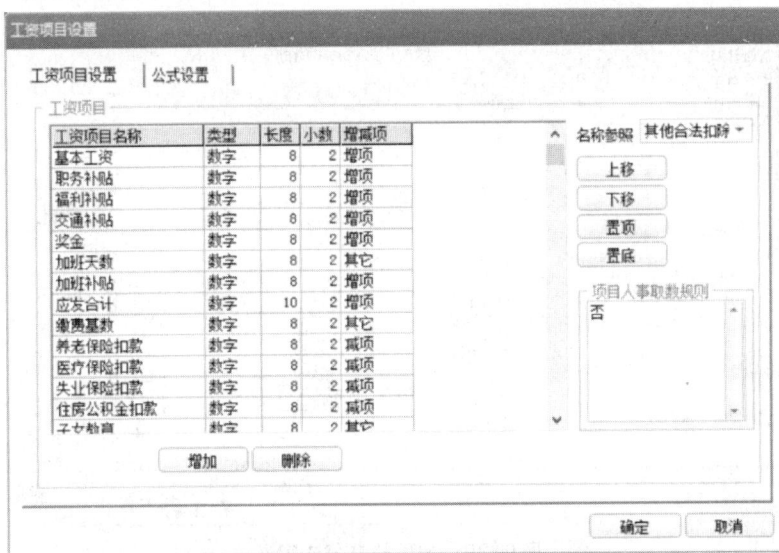

图6-37 正式人员工资项目设置（1）

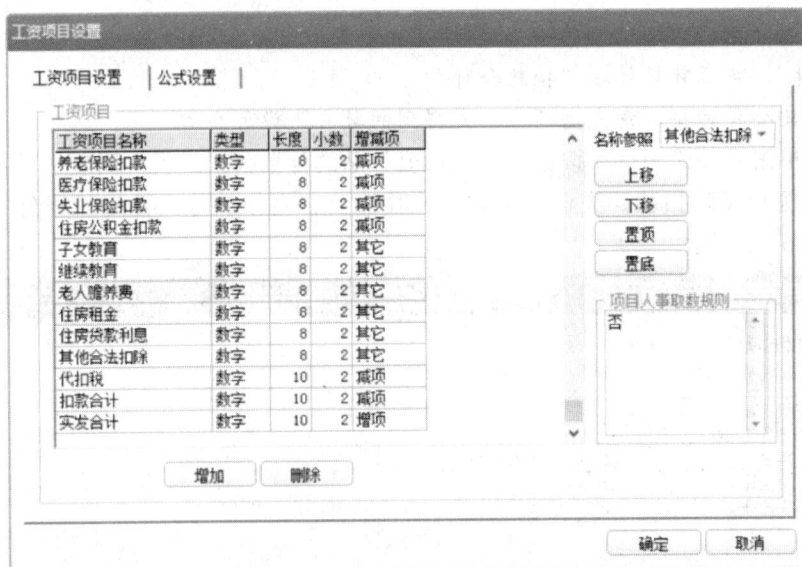

图6-38 正式人员工资项目设置（2）

特别提示：

名称参照处的工资项目源自在关闭工资类别状态下所设置的工资项目，增加某个工资类别下的工资项目时，只能从中选入，不能在此新增任何项目。

2.公式设置

操作步骤：

（1）单击选择"公式设置"选项卡，设置正式人员类别中工资项目的计算公式。

（2）为工资项目"加班补贴"设置公式：单击"增加"按钮，从"工资项目"下拉列表中选择"加班补贴"，单击公式定义区，进行公式定义，如图6-39所示。

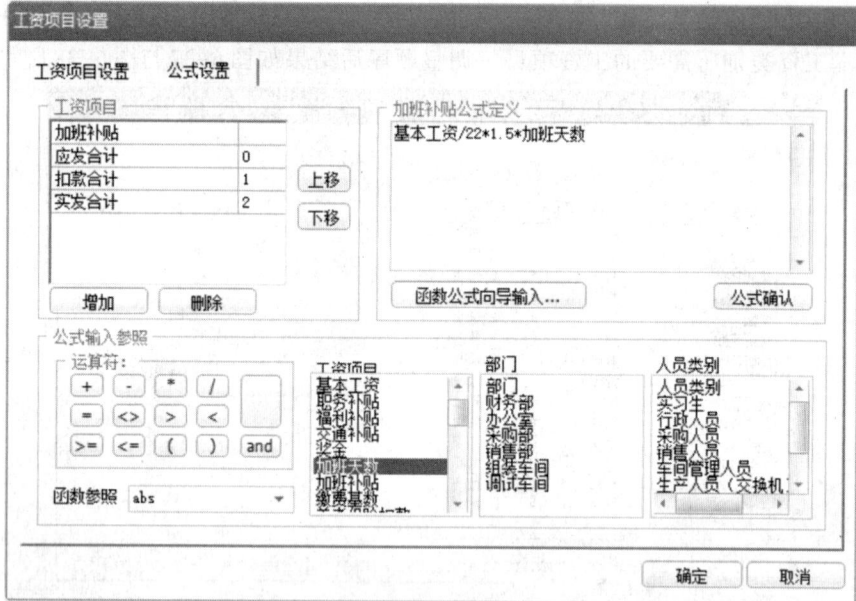

图 6-39 加班补贴公式定义

特别提示：

①应发合计、扣款合计和实发合计公式不用设置，工资项目中的增项直接计入"应发合计"，减项直接计入"扣款合计"。

②定义公式时要注意先后顺序，先得到的数应先设置公式。

（3）单击"公式确认"按钮，完成加班补贴的计算公式设置。同理，设置养老保险扣款、医疗保险扣款、失业保险扣款、住房公积金扣款等项目的计算公式，如图6-40至图6-43所示。

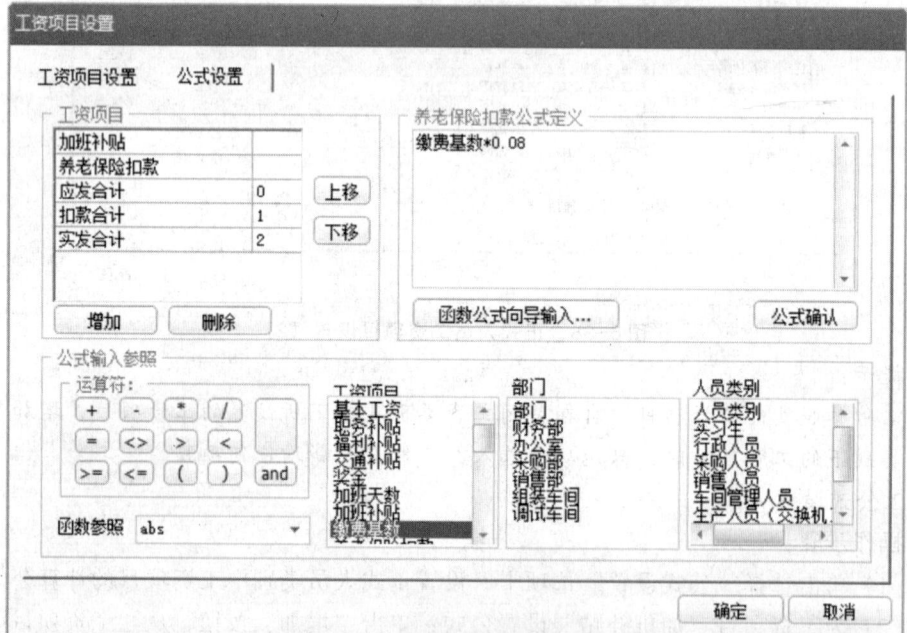

图 6-40 养老保险扣款公式定义

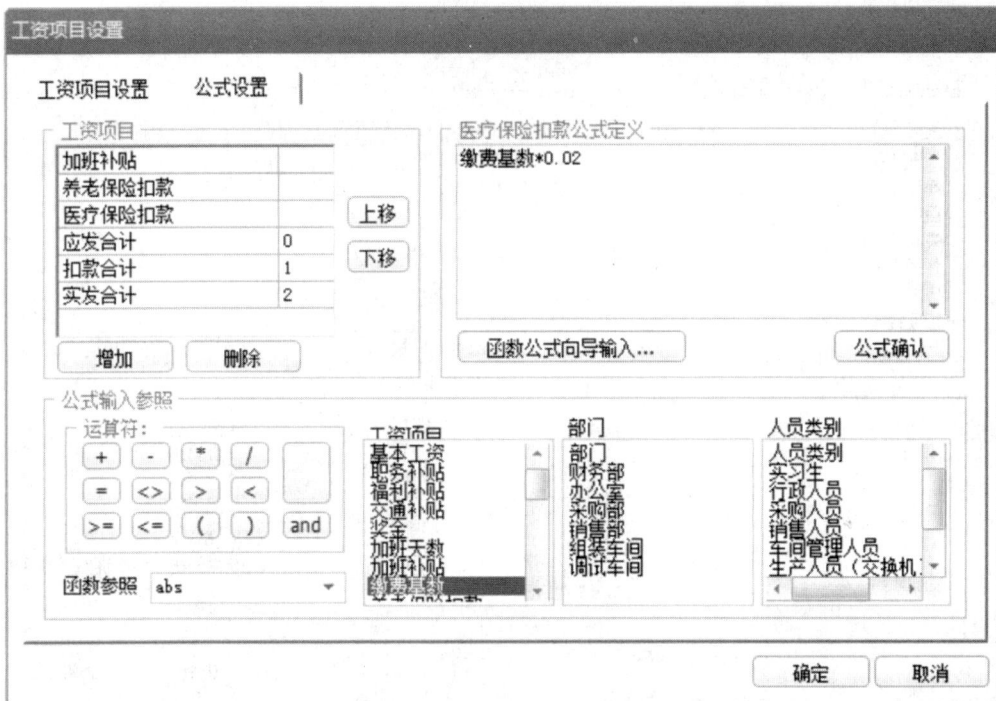

图6-41　医疗保险扣款公式定义

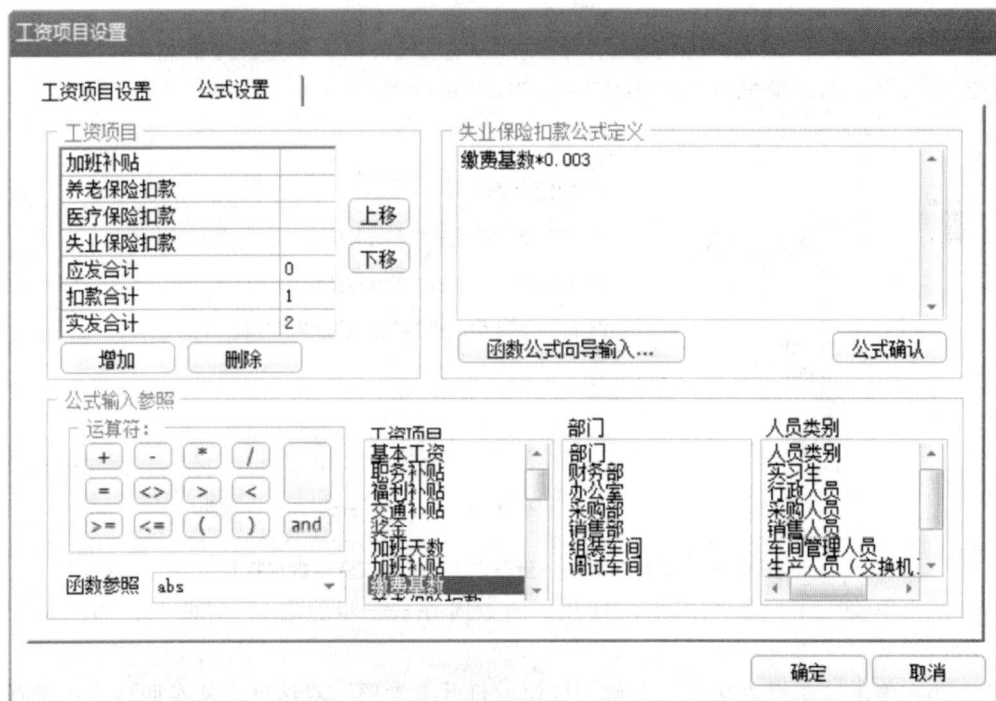

图6-42　失业保险扣款公式定义

（4）为工资项目"基本工资"设置公式：单击"增加"按钮，从"工资项目"下拉列表中选择"基本工资"，单击"函数公式向导输入"按钮，打开"函数向导——步骤之1"对话框，选择"iff"函数，如图6-44所示。

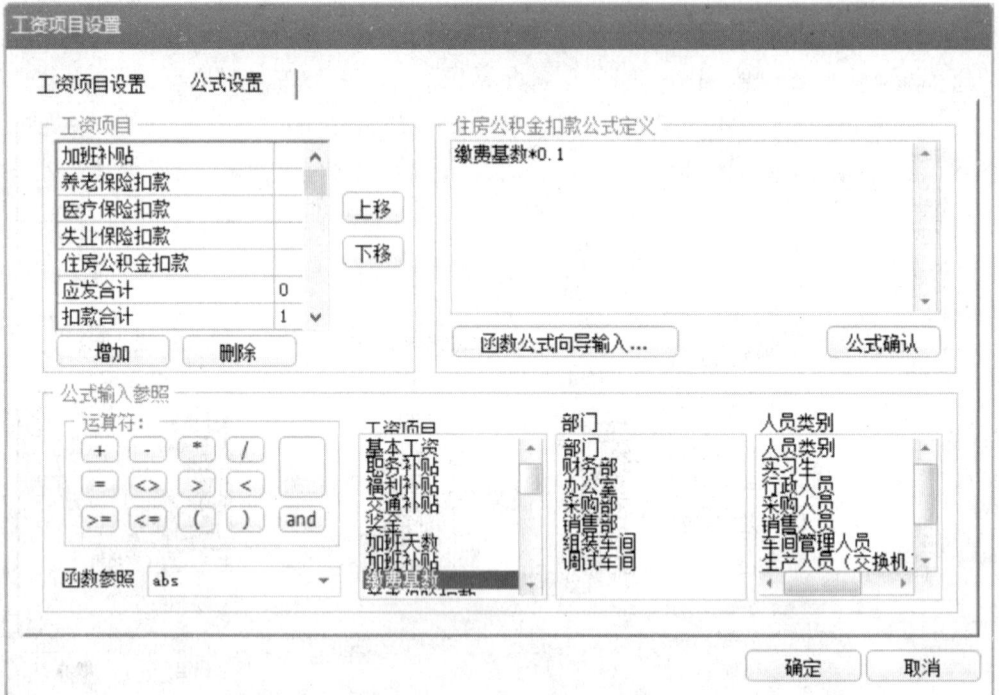

图 6-43 住房公积金扣款公式定义

图 6-44 函数向导——步骤之 1（基本工资函数选择）

（5）单击"下一步"按钮，打开"函数向导——步骤之 2"对话框，如图 6-45 所示。

（6）单击"逻辑表达式"右侧□按钮，打开"参照"对话框，从参照列表中选择"人员类别"，从人员类别列表中选择"行政人员"，如图 6-46 所示。

（7）单击"确定"按钮，返回"函数向导——步骤之 2"对话框。

（8）在"算术表达式 1"文本框中输入"5 500"，在"算术表达式 2"文本框中输入"6 000"，如图 6-47 所示。

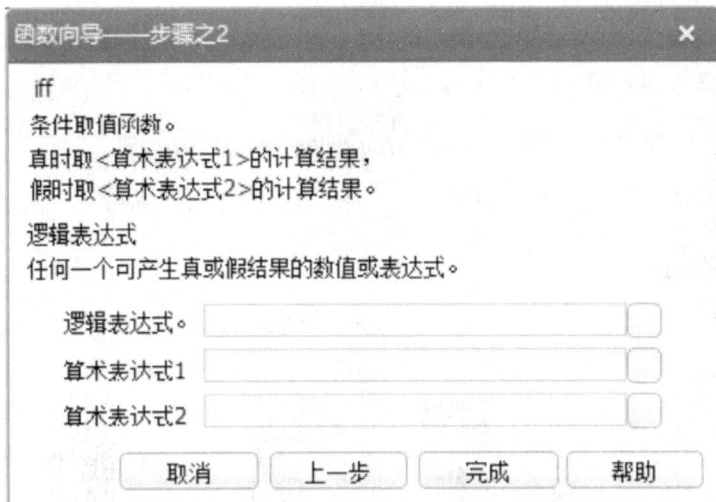

图6-45　函数向导——步骤之2（基本工资条件取值函数）

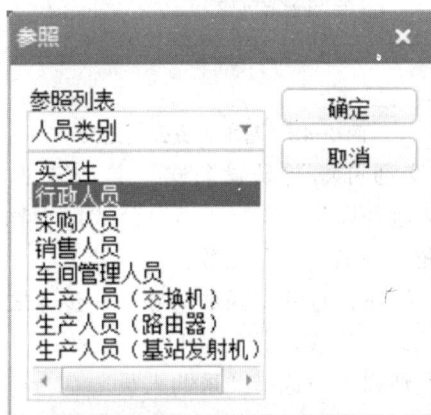

图6-46　"参照"对话框

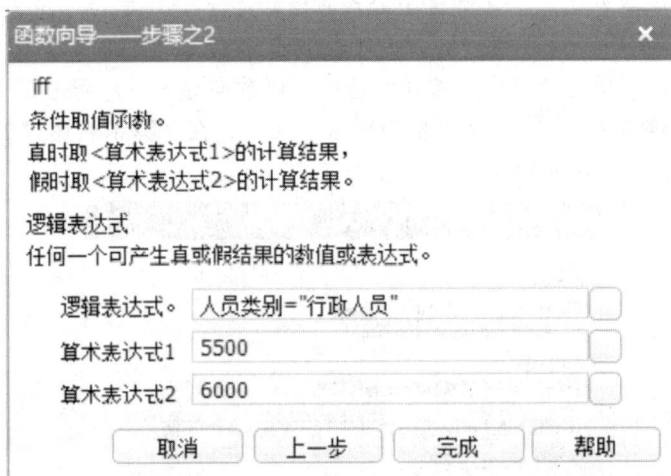

图6-47　函数向导——步骤之2（基本工资表达式录入）

（9）单击"完成"按钮，返回"公式设置"选项卡，结果如图6-48所示。单击"公式确认"按钮保存公式设置。

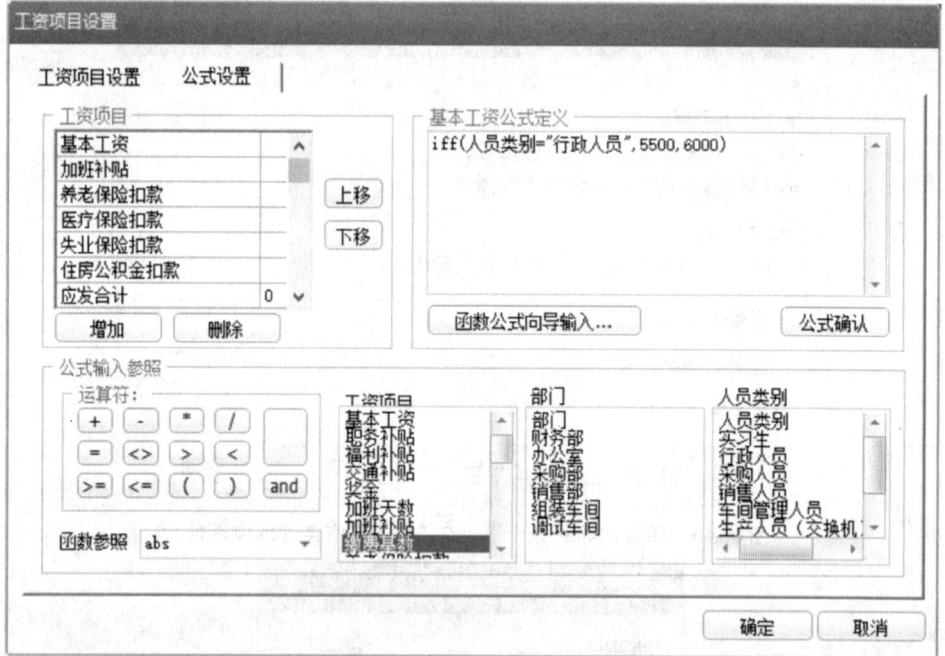

图6-48 基本工资公式定义

（10）为工资项目"交通补贴"设置公式：单击"增加"按钮，从"工资项目"下拉列表中选择"交通补贴"，单击"函数公式向导输入"按钮，打开"函数向导——步骤之1"对话框，选择"iff"函数。

（11）单击"下一步"按钮，打开"函数向导——步骤之2"对话框。

（12）单击"逻辑表达式"右侧□按钮，打开"参照"对话框，从参照列表中选择"人员类别"，从人员类别列表中选择"采购人员"。

（13）单击"确定"按钮，返回"函数向导——步骤之2"对话框。

（14）在"逻辑表达式"文本框中公式后输入"or"，再单击"逻辑表达式"右侧□按钮，打开"参照"对话框，从参照列表中选择"人员类别"，从人员类别列表中选择"销售人员"，单击"确定"按钮，返回"函数向导——步骤之2"对话框。

（15）在"算术表达式1"文本框中输入"200"，在"算术表达式2"文本框中输入"0"。结果如图6-49所示。

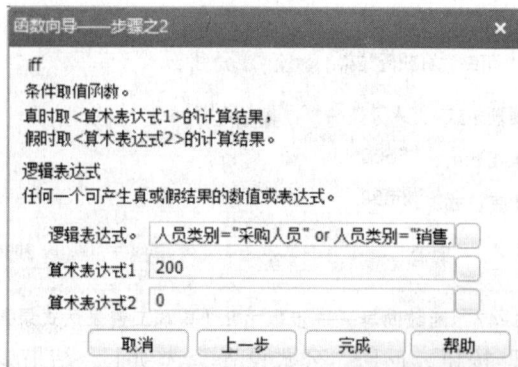

图6-49 函数向导——步骤之2（交通补贴表达式录入）

特别提示：

"or"的前后需加空格。

（16）单击"完成"按钮，返回"公式设置"选项卡，结果如图6-50所示。单击"公式确认"按钮保存公式设置。

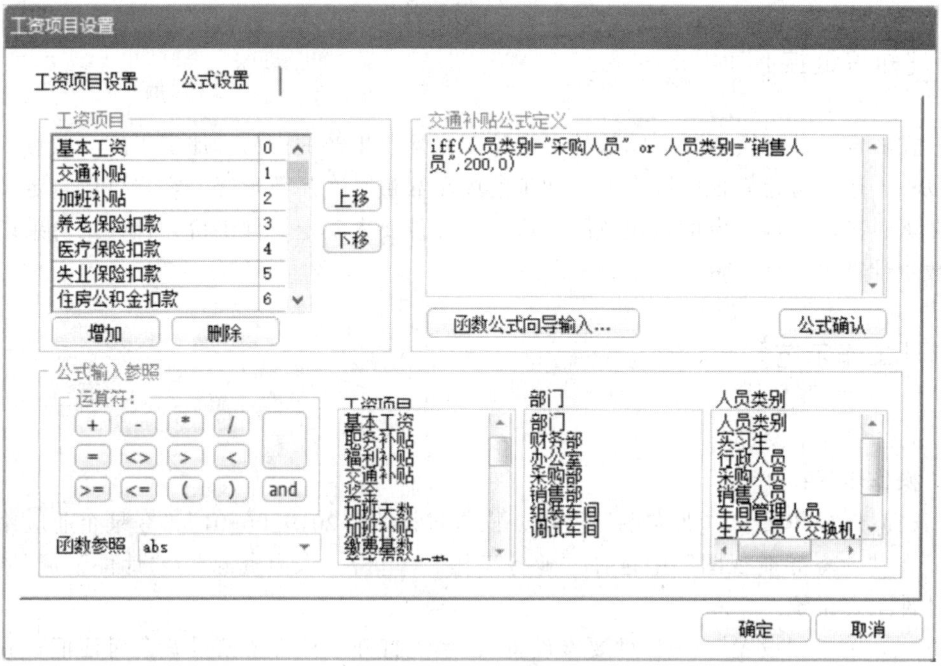

图6-50 交通补贴公式定义

（17）单击"确定"按钮，保存正式人员工资项目和公式设置结果。

（18）同理可设置临时人员的工资项目和公式。

任务十 设置计件工资

［任务内容］

新华公司生产工人采用计件工资制，计件工资方案见表6-5，据此进行计件要素设置和计件工价设置。

表6-5 计件工资方案 金额单位：元

方案名称	工种	产品	计件工价
组装交换机	装配工	交换机	30.00
组装路由器	装配工	路由器	5.00
组装基站发射机	装配工	基站发射机	150.00
调试交换机	调试工	交换机	10.00
调试路由器	调试工	路由器	5.00
调试基站发射机	调试工	基站发射机	50.00

[任务要求]

会计张东明完成计件要素设置和计件工价设置。

[知识链接]

在核定计件工资时，影响计件工资的要素除了生产的产品、加工工序、数量、单价以外，还要考虑其他的因素，如加工的废品数量、次品数量等。客户可以自定义计件要素，扩展计件工资的适用范围。可根据计件要素确定计件工价，计件工价乘以产品数量计算出计件工资。

[工作示范]

1.计件要素设置

操作步骤：

（1）以操作员"03张东明"身份，操作日期为"2019-06-01"，登录企业应用平台，在"业务导航视图"中选择"业务工作"，单击"人力资源"/"计件工资"，进入计件工资系统。

（2）单击"设置"/"计件要素设置"，系统打开"计件要素设置"对话框。先单击"编辑"按钮，再单击"增加"按钮，在空行中输入名称为"工种"、类型为"标准"、数据类型为"字符型"，并启用该要素。

（3）启用"产品"、"工种"、"工价"和"合格数量"四个计件要素，将其他要素关闭，并调整要素的排列顺序，结果如图6-51所示。

名称	类型	数据类型	长度	小数位数	参照对象	启用	关联项目
产品	标准	参照型	60	0	产品档案	是	
工种	标准	字符型	10	0		是	
工价	单价	数值型	12	4		是	
合格数量	数量	数值型	12	2		是	
工序	标准	参照型	12	0	工序档案	否	
设备	标准	参照型	30	0	设备档案	否	
生产订单号	标准	字符型	30	0		否	
生产订单行号	标准	整型		0		否	
工序行号	标准	整型	9	0		否	
质扣工价	单价	数值型	12	4		否	

图6-51 计件要素设置

（4）单击"确定"按钮，系统弹出提示信息，如图6-52所示，单击"确定"按钮，完成计件要素设置。

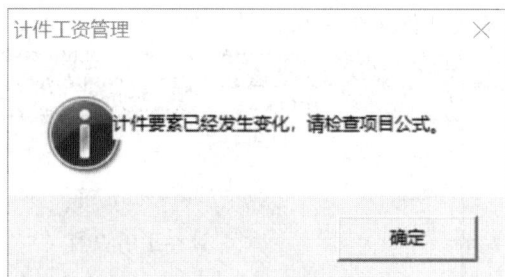

图6-52 计件要素设置提示

2.计件工价设置

操作步骤：

（1）单击"设置"/"计件工价设置"，打开"计件工价设置"窗口。

（2）单击工具栏"增加"按钮，根据表6-5输入计件工资方案信息，单击"保存"按钮，完成计件工价设置，如图6-53所示。

图6-53 "计件工价设置"窗口

（3）选择所有记录，单击"审核"按钮，弹出提示对话框，如图6-54所示。

图6-54 计件工价审核提示

（4）单击"是"，完成计件工价审核，结果如图6-55所示。

图6-55 计件工价审核

特别提示：

设置前提：在存货档案中为计件的产品选择计件属性。

学习子情境二 薪资管理日常业务处理

［知识链接］

薪资管理系统日常业务可进行工资数据的录入，系统自动进行计算与汇总；提供分钱清单功能，可生成银行代发一览表，提供个人所得税自动计算功能并生成相关报表。

计件工资系统可进行计件工资录入与汇总，并将数据传递到薪资管理系统。

任务一 录入员工工资数据

［任务内容］

新华公司2019年6月份工资数据见表6-6和表6-7。

表6-6 正式人员工资数据统计表 单位：元

职员编号	姓名	所属部门	人员类别	职务补贴	福利补贴	奖金	加班天数	缴费基数	子女教育	老人赡养费
101	王志强	财务部	行政人员	1 500	200	1 200		5 600	1 000	
102	李明轩	财务部	行政人员	1 500	200	1 000		5 400	1 000	200
103	张东明	财务部	行政人员	1 000	200	1 000	3	5 400	1 000	400
104	孙丹丹	财务部	行政人员	900	200	800		5 100	1 000	600
201	李明刚	办公室	行政人员	800	200	1 100	1	5 200	1 000	500
202	周永芳	办公室	行政人员	800	200	1 100		5 200	1 000	1 000
301	王思燕	采购部	采购人员	1 600	200	1 400		6 000	1 000	200
401	李振东	销售部	销售人员	2 000	200	1 400		6 500	2 000	
501	吴启天	组装车间	车间管理人员	1 500	200	1 000		6 000	1 000	800
502	张诚	调试车间	车间管理人员	1 500	200	1 000		6 000		2 000

表6-7 临时人员工资数据统计表 单位：元

职员编号	姓名	人员类别	工种	所属部门	子女教育	老人赡养费	合格产品数量（台）		
							交换机	路由器	基站发射机
901	李彩云	生产人员（交换机）	装配工	组装车间	1 000	500	200		
902	陈颖	生产人员（路由器）	装配工	组装车间	2 000			1 200	
903	赵明浩	生产人员（基站发射机）	装配工	组装车间	1 000	200			52
904	李健伟	生产人员（交换机）	调试工	调试车间	1 000	200	670		
905	王磊	生产人员（路由器）	调试工	调试车间	1 000			1 300	
906	李志	生产人员（基站发射机）	调试工	调试车间		1 000			120

[任务要求]

会计张东明录入并计算汇总新华公司2019年6月的工资数据，其中正式人员的"福利补贴"利用替换功能录入。

教学视频 6-2-1

如何得到工资数据——工资数据的录入与计算

⚙️ [知识链接]

1.工资变动

薪资管理系统的工资变动功能用于日常工资数据的调整变动以及工资项目增减等。比如水电费扣发、事病假扣发、奖金录入等，都在此进行。进入工资变动后屏幕显示所有人员的所有项目供查看。可直接在列表中修改数据，也可以通过以下方法快速录入：

（1）如果需录入某个指定部门或人员的数据，则可使用定位功能，让系统自动定位到需要的部门或人员上，然后录入。

（2）如果需按某个条件统一调整数据，如将销售部职工的奖金统一调增200元，则可使用数据替换功能。

（3）如果需按某些条件筛选符合条件的人员进行录入，如选择人员类别为生产工人的人员进行录入，则可使用过滤功能。

2.计件工资录入

录入员工的计件数据，核算计件工资及扣款。系统提供多种数据录入模式：

（1）可导入车间上报的Excel格式计件数据。

（2）与车间管理结合使用时，可导入车间工时记录单数据、工序流转卡完工单数据及报工单数据。

（3）按人员录入：每次录入一个员工的计件数据（适合根据原始入库单、检验单录入）。

（4）按标准录入：每次录入一个车间一个产品或一个工序的数据（适合车间在同一时间只生产少数产品的情况）。

（5）混合录入：类似标准录入，但表头只有部门和计件日期，一次录入一个车间的数据（适合车间在同一时间生产多个产品的情况，另外可处理借用其他车间人员的情况）。

（6）批量生成：每次生成一批计件数据（适合人员在同一时间完成同种产品或同种工序的情况）。

教学视频
6-2-2

录入薪资管理
系统工资数据
操作演示

📋 [工作示范]

1.正式人员基本工资数据录入

操作步骤：

（1）以操作员"03张东明"身份，操作日期为"2019-06-30"，选择"111河北新华有限责任公司"账套，登录企业应用平台。

（2）在"人力资源"/"薪资管理"系统中，打开"正式人员"类别，单击"业务处理"/"工资变动"，打开"工资变动"窗口，如图6-56所示。

教学视频
6-2-3

录入计件工资
系统工资数据
操作演示

图6-56　"工资变动"窗口

特别提示：

系统默认对"工资权限"进行"数据权限控制设置"，为保证张东明运用薪资管理系统进行正常工作，需提前取消该项控制。取消路径为"系统服务"/"权限"/"数据权限控制设置"。

（3）录入正式人员"职务补贴"数据。将光标定位于"职务补贴"，依据表6-6录入数据，结果如图6-57所示。

图6-57　工资变动-录入职务补贴数据

（4）录入正式人员"福利补贴"数据。单击"全选"按钮，选择所有人员后，单击"替换"按钮，打开"工资项数据替换"对话框。

（5）选择工资项目"福利补贴"，在"替换成"文本栏输入"200"，设置结果如图6-58所示。

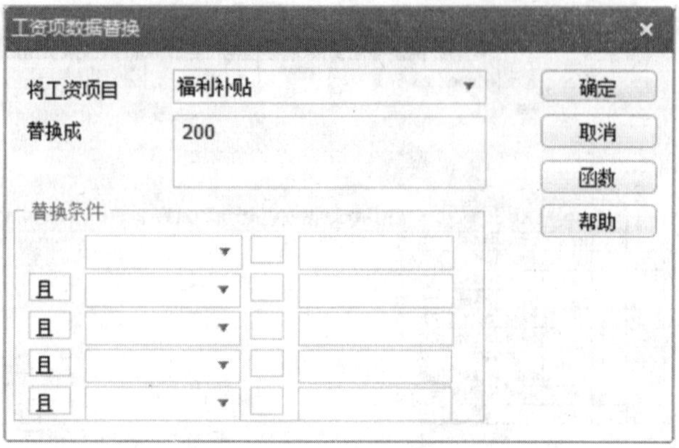

图6-58　工资项数据替换设置结果

特别提示：

如果需按某个条件统一调整数据，可使用数据替换功能。

（6）单击"确定"按钮，系统提示如图6-59所示。

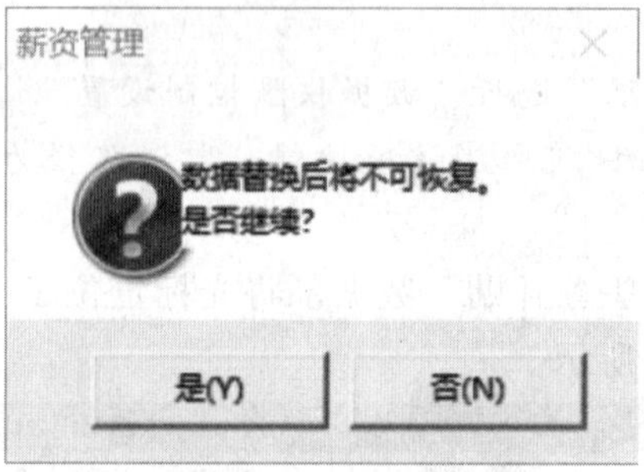

图6-59　数据替换提示

（7）单击"是"按钮，系统再次提示如图6-60所示。

图6-60　是否重新计算提示

特别提示：

在修改了某些数据、重新设置了计算公式、进行了数据替换或在个人所得税中执行了自动扣税等操作之后，最好调用本功能对个人工资数据重新计算，以保证数据正确。通常实发合计、应发合计、扣款合计在修改完数据后不自动计算合计项，如要检查合计项是否正确，可先执行重算工资，如果不执行重算工资，在退出工资变动时，系统会自动提示重新计算。

（8）单击"是"按钮，完成替换。

（9）输入"奖金""加班天数""缴费基数""子女教育""老人赡养费"等工资项目的数据。

（10）单击工具栏上“计算”按钮，工资变动结果如图6-61与图6-62所示。

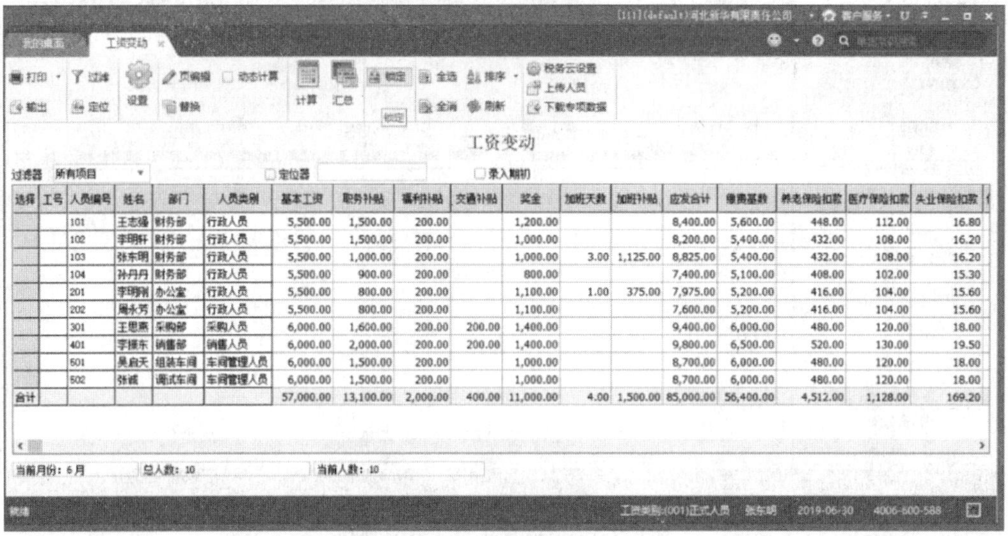

工资变动

选择	工号	人员编号	姓名	部门	人员类别	基本工资	职务补贴	福利补贴	交通补贴	奖金	加班天数	加班补贴	应发合计	缴费基数	养老保险扣款	医疗保险扣款	失业保险扣款
		101	王志强	财务部	行政人员	5,500.00	1,500.00	200.00		1,200.00			8,400.00	5,600.00	448.00	112.00	16.80
		102	李明轩	财务部	行政人员	5,500.00	1,500.00	200.00		1,000.00			8,200.00	5,400.00	432.00	108.00	16.20
		103	张东明	财务部	行政人员	5,500.00	1,000.00	200.00		1,000.00	3.00	1,125.00	8,825.00	5,400.00	432.00	108.00	16.20
		104	孙丹丹	财务部	行政人员	5,500.00	900.00	200.00		800.00			7,400.00	5,100.00	408.00	102.00	15.30
		201	李明刚	办公室	行政人员	5,500.00	800.00	200.00		1,100.00	1.00	375.00	7,975.00	5,200.00	416.00	104.00	15.60
		202	周永芳	办公室	行政人员	5,500.00	800.00	200.00		1,100.00			7,600.00	5,200.00	416.00	104.00	15.60
		301	王思燕	采购部	采购人员	6,000.00	1,600.00	200.00	200.00	1,400.00			9,400.00	6,000.00	480.00	120.00	18.00
		401	李振东	销售部	销售人员	6,000.00	2,000.00	200.00	200.00	1,400.00			9,800.00	6,500.00	520.00	130.00	19.50
		501	吴启天	组装车间	车间管理人员	6,000.00	1,500.00	200.00		1,000.00			8,700.00	6,000.00	480.00	120.00	18.00
		502	张诚	调试车间	车间管理人员	6,000.00	1,500.00	200.00		1,000.00			8,700.00	6,000.00	480.00	120.00	18.00
合计						57,000.00	13,100.00	2,000.00	400.00	11,000.00	4.00	1,500.00	85,000.00	56,400.00	4,512.00	1,128.00	169.20

当前月份：6月　总人数：10　当前人数：10

图6-61　工资变动结果（1）

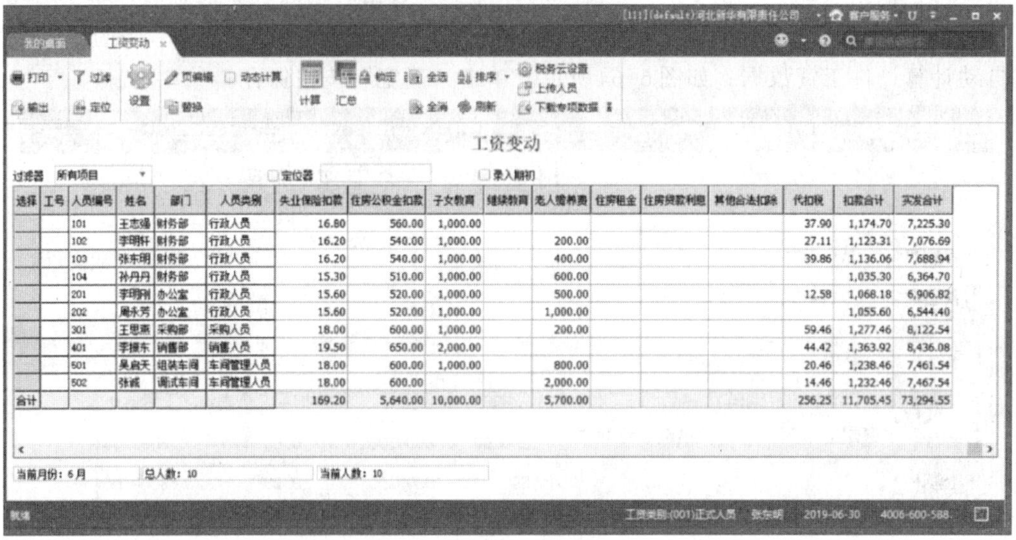

工资变动

选择	工号	人员编号	姓名	部门	人员类别	失业保险扣款	住房公积金扣款	子女教育	继续教育	老人赡养费	住房租金	住房贷款利息	其他合法扣除	代扣税	扣款合计	实发合计
		101	王志强	财务部	行政人员	16.80	560.00	1,000.00						37.90	1,174.70	7,225.30
		102	李明轩	财务部	行政人员	16.20	540.00	1,000.00		200.00				27.11	1,123.31	7,076.69
		103	张东明	财务部	行政人员	16.20	540.00	1,000.00		400.00				39.86	1,136.06	7,688.94
		104	孙丹丹	财务部	行政人员	15.30	510.00	1,000.00		600.00					1,035.30	6,364.70
		201	李明刚	办公室	行政人员	15.60	520.00	1,000.00		500.00				12.58	1,068.18	6,906.82
		202	周永芳	办公室	行政人员	15.60	520.00	1,000.00		1,000.00					1,055.60	6,544.40
		301	王思燕	采购部	采购人员	18.00	600.00	1,000.00		200.00				59.46	1,277.46	8,122.54
		401	李振东	销售部	销售人员	19.50	650.00	2,000.00						44.42	1,363.92	8,436.08
		501	吴启天	组装车间	车间管理人员	18.00	600.00	1,000.00		800.00				20.46	1,238.46	7,461.54
		502	张诚	调试车间	车间管理人员	18.00	600.00			2,000.00				14.46	1,232.46	7,467.54
合计						169.20	5,640.00	10,000.00		5,700.00				256.25	11,705.45	73,294.55

当前月份：6月　总人数：10　当前人数：10

图6-62　工资变动结果（2）

（11）单击工具栏上“汇总”按钮，完成数据汇总。

特别提示：

若对工资数据的内容进行了变更，在执行了重算工资后，为保证数据的准确性，则可调用本功能对工资数据进行重新汇总。在退出工资变动时，如未执行“工资汇总”，系统会自动提示进行汇总操作。

2.临时人员计件工资数据录入

操作步骤：

（1）在“人力资源”/“计件工资”系统中，单击“个人计件”/“计件工资录入”，打开“计件工资录入”窗口，如图6-63所示。

（2）单击工具栏“批增”/“人员录入”，打开“批量增加计件工资（人员）”窗口。

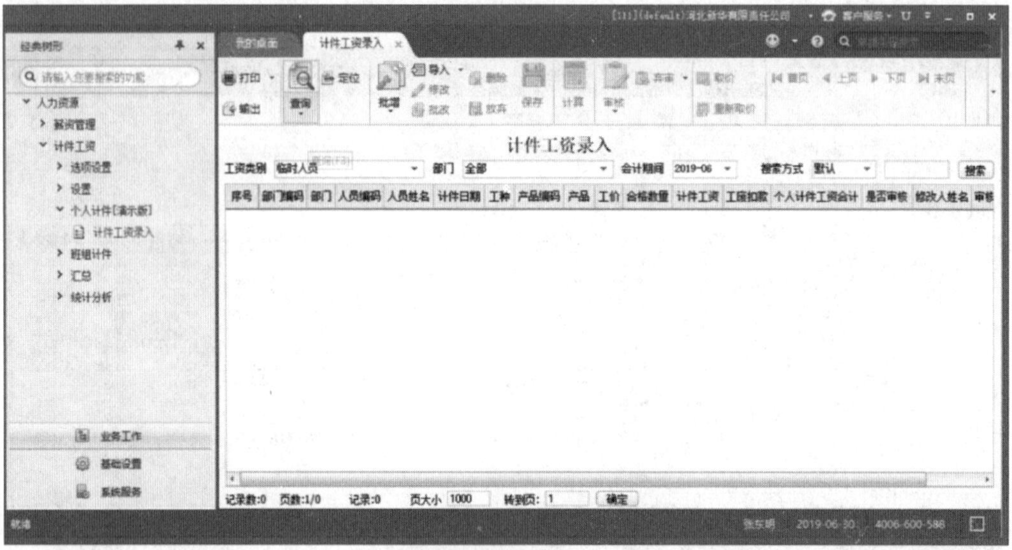

图6-63　"计件工资录入"窗口

（3）根据表6-7，输入"李彩云"的计件工资数据。输入表头信息后，单击"增行"按钮，依次录入"工种""产品""合格数量"等数据。单击"计算"按钮，系统自动计算计件工资数据，如图6-64所示。单击"确定"按钮保存。

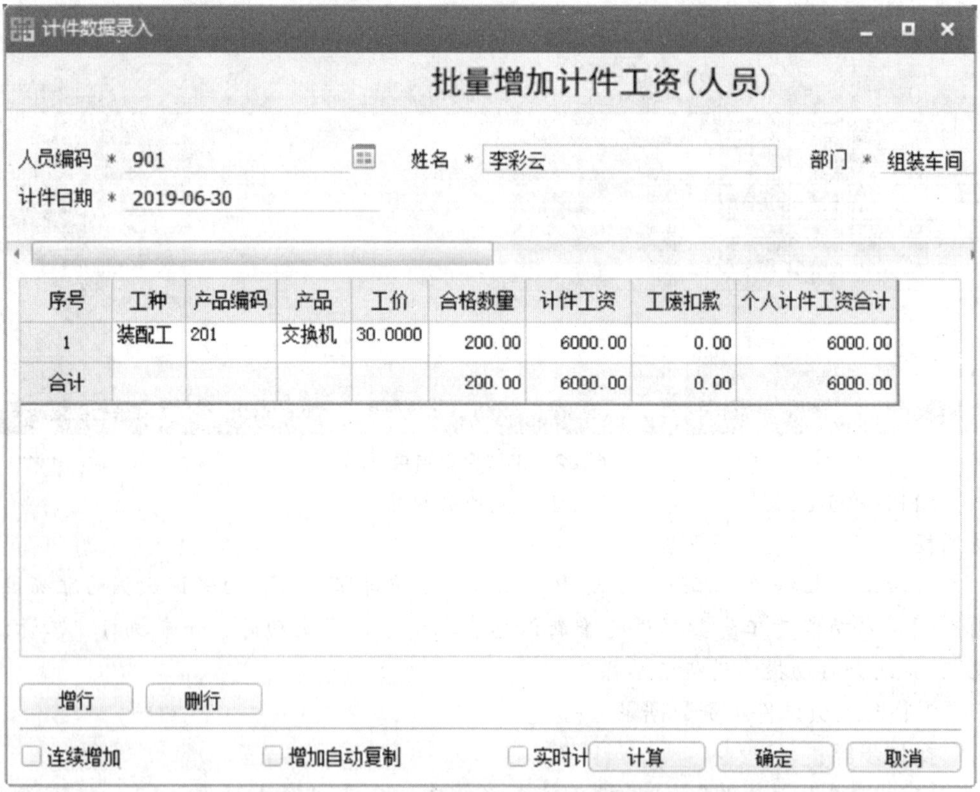

图6-64　"批量增加计件工资（人员）"窗口

（4）同理，录入所有人员计件工资统计数据，单击工具栏上"审核"/"全部审核"，结果如图6-65所示。

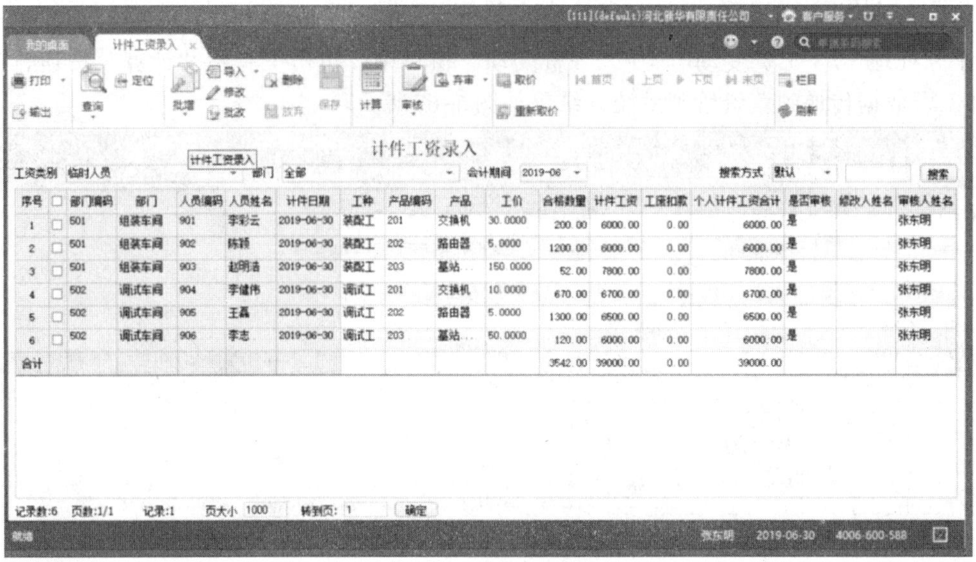

图6-65　计件工资录入结果

特别提示：

①录入的计件数据需要审核后才能汇总计件工资。

②已审核过的数据不允许进行修改。

（5）单击"汇总"/"计件工资汇总"，打开"计件工资汇总"窗口。

（6）单击工具栏上"汇总"按钮，完成本月计件工资数据汇总，结果如图6-66所示。

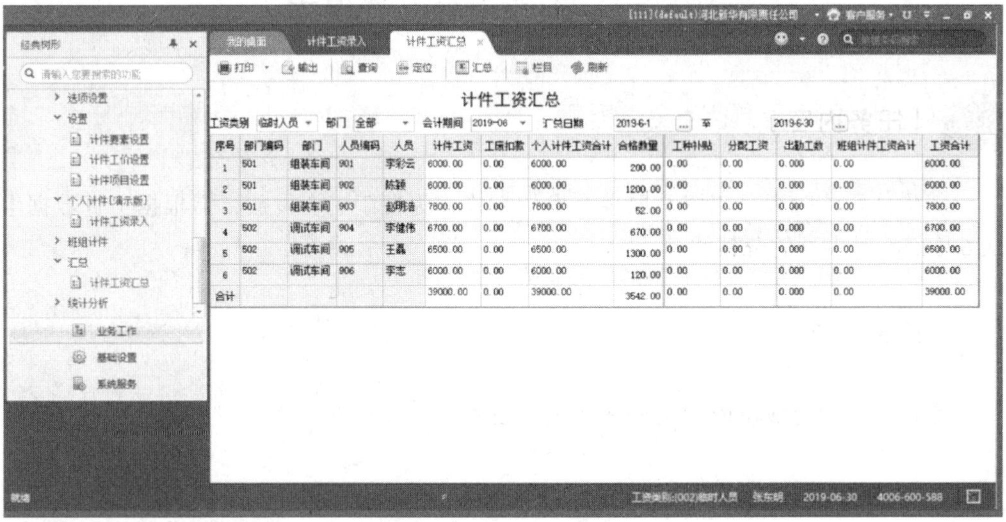

图6-66　计件工资汇总

特别提示：

对每天的计件工资结果进行汇总，生成个人当月的计件工资，汇总完毕，系统自动将汇总后的计件工资合计数据同步到当前工资类别当前月份的工资变动表计件工资项目中。

使用前提：①当月的计件数据已经录入完毕；②当月的计件数据已经审核。

（7）在“人力资源”/“薪资管理”系统中，打开“临时人员”工资类别，单击“业务处理”/“工资变动”。在“工资变动”窗口中，单击工具栏“计算”按钮，计件工资数据传递到薪资管理系统，结果如图6-67所示。

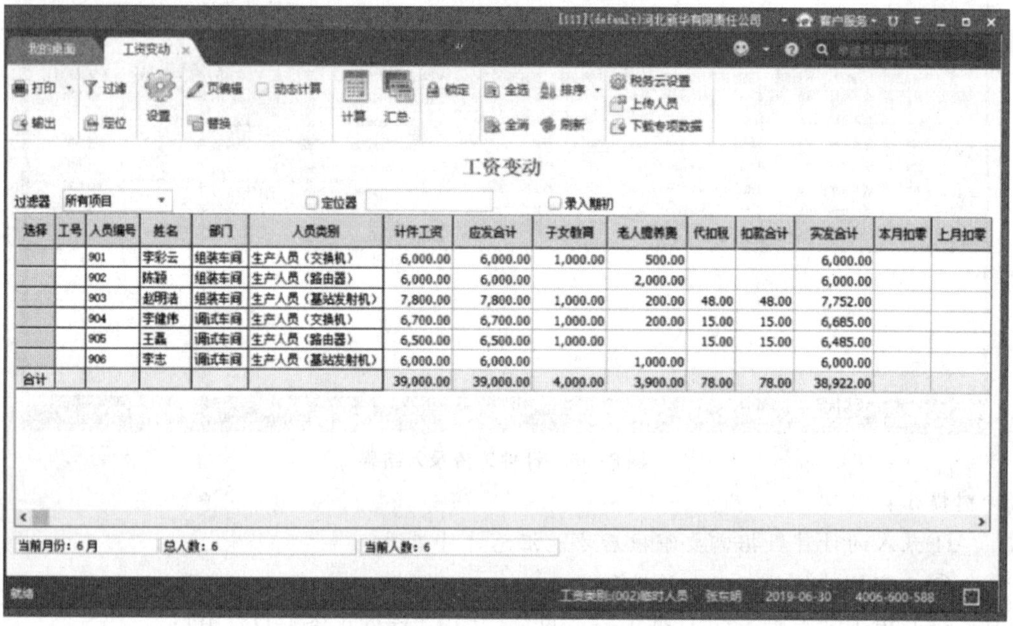

选择	工号	人员编号	姓名	部门	人员类别	计件工资	应发合计	子女教育	老人赡养费	代扣税	扣款合计	实发合计	本月扣零	上月扣零
		901	李彩云	组装车间	生产人员（交换机）	6,000.00	6,000.00	1,000.00	500.00			6,000.00		
		902	陈颖	组装车间	生产人员（路由器）	6,000.00	6,000.00		2,000.00			6,000.00		
		903	赵明洁	组装车间	生产人员（基站发射机）	7,800.00	7,800.00	1,000.00	200.00	48.00	48.00	7,752.00		
		904	李健伟	调试车间	生产人员（交换机）	6,700.00	6,700.00	1,000.00	200.00	15.00	15.00	6,685.00		
		905	王磊	调试车间	生产人员（路由器）	6,500.00	6,500.00	1,000.00		15.00	15.00	6,485.00		
		906	李志	调试车间	生产人员（基站发射机）	6,000.00	6,000.00		1,000.00			6,000.00		
合计						39,000.00	39,000.00	4,000.00	3,900.00	78.00	78.00	38,922.00		

图6-67 临时人员工资变动结果

任务二 生成工资分钱清单

[任务内容]

新华公司临时人员工资采取现金发放方式，为便于工资发放，需根据工资数据生成6月份临时人员的分钱清单。

[任务要求]

会计张东明完成临时人员分钱清单的设置。

[知识链接]

工资分钱清单功能是根据单位的工资数据，自动计算出各票面额所需要的数量，会计人员根据工资分钱清单从银行取款并发给各部门。执行此功能必须在个人工资数据输入之后，如果个人数据在计算后又做了修改，则须重新执行计算功能以保证数据的正确性。本功能分为部门分钱清单、人员分钱清单、工资发放取款单三部分。全部采用银行代发工资的企业一般无须进行工资分钱清单的处理。

[工作示范]

操作步骤：

（1）在"人力资源"/"薪资管理"系统中，打开"临时人员"工资类别。

（2）单击"业务处理"/"工资分钱清单"，打开"票面额设置"对话框，根据单位需要选择票面额种类，结果如图6-68所示。

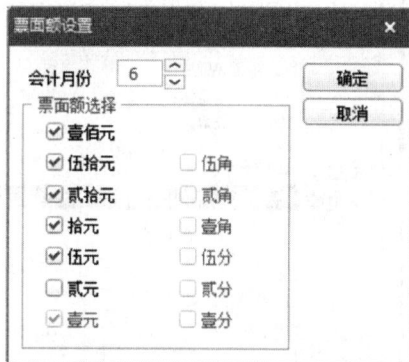

图6-68　"票面额设置"对话框

特别提示：

①用户设置扣零至角，则一元票面必须选择。

②用户未设置扣零，但实发工资包含元、角、分，则壹元、壹角、壹分票面必须选择。

（3）单击"确定"按钮，进入"分钱清单"窗口，可进行"部门分钱清单"、"人员分钱清单"以及"工资发放取款单"的查询，如图6-69、图6-70、图6-71所示。

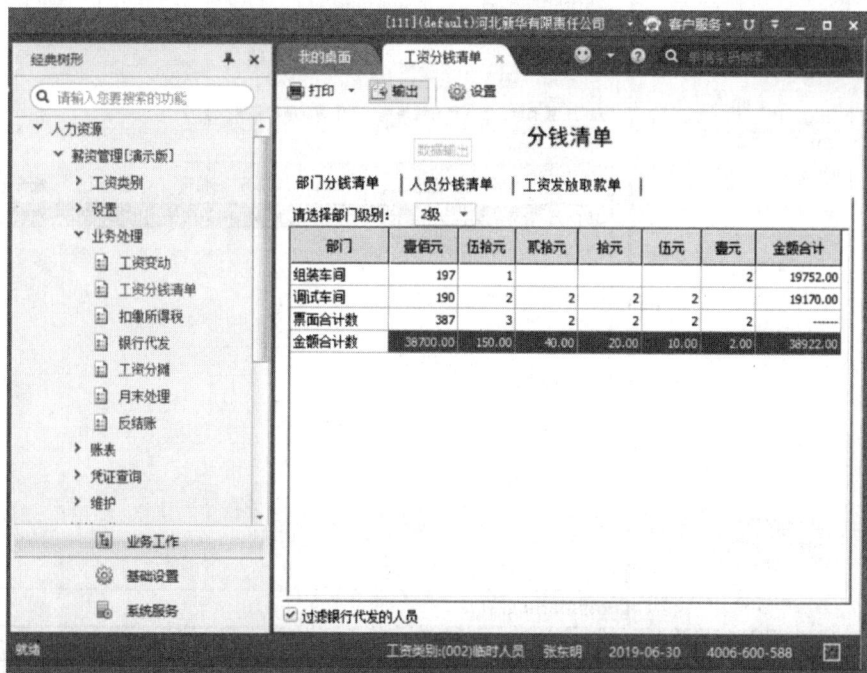

图6-69　工资分钱清单-部门分钱清单

图6-70 工资分钱清单-人员分钱清单

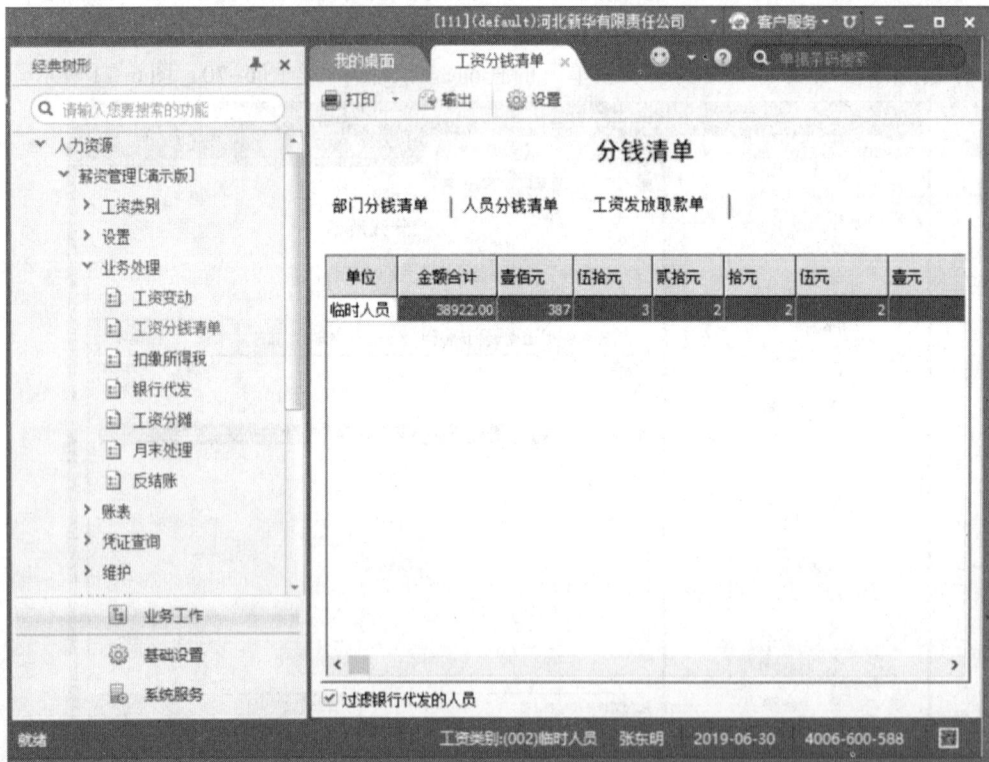

图6-71 工资分钱清单-工资发放取款单

任务三 银行代发

[任务内容]

新华公司正式人员工资由中国农业银行代发，据此进行银行代发设置，根据2019年6月工资数据，生成并输出银行代发一览表。

[任务要求]

张东明完成正式人员银行代发设置，生成并输出银行代发一览表。

[知识链接]

银行代发即由银行发放企业职工个人工资。目前许多单位发放工资时都采用工资银行卡方式，这种做法既减轻了财务部门发放工资工作的负担，有效地避免了财务部门到银行提取大笔款项所承担的风险，又提高了对员工个人工资的保密程度。薪资管理系统可进行银行代发文件格式设置以及银行代发输出格式设置，生成银行代发一览表并进行银行代发文件磁盘输出。

[工作示范]

操作步骤：

（1）在"人力资源"/"薪资管理"系统中，打开"正式人员"工资类别。

（2）单击"业务处理"/"银行代发"，打开"选择部门"对话框，根据需要选择所有部门，如图6-72所示。

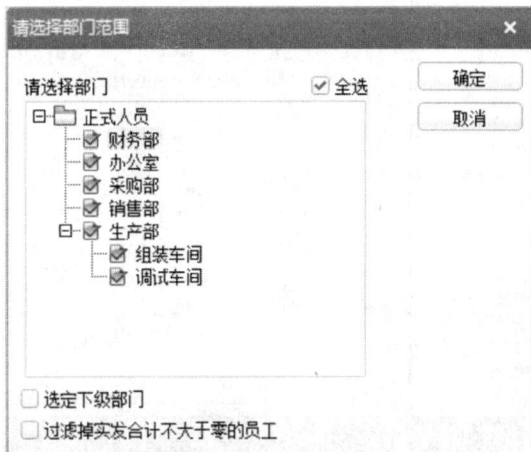

图6-72 选择部门范围

（3）单击"确定"按钮，打开"银行代发一览表"，在打开的"银行文件格式设置"对话框中，选择银行模板为"中国农业银行"，增加"姓名"栏，调整账号总长度为"19"，如图6-73所示。

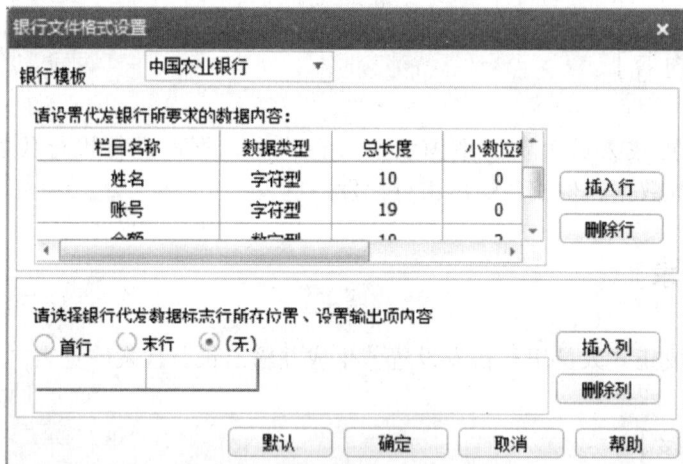

图6-73 "银行文件格式设置"对话框

（4）单击"确定"按钮，弹出"确认设置的银行文件格式"对话框，如图6-74所示。

图6-74 银行文件格式确认提示

（5）单击"是"按钮，生成银行代发一览表，如图6-75所示。

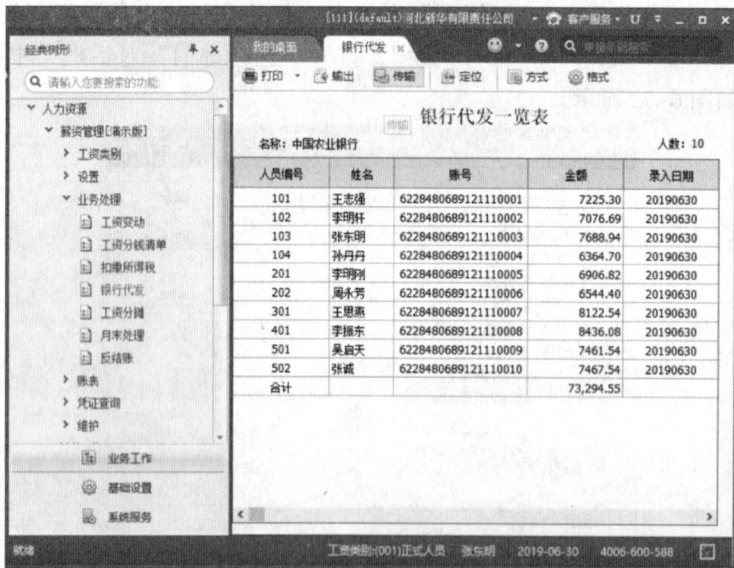

图6-75 银行代发一览表

任务四　扣缴个人所得税

［任务内容］

根据核算需要，生成新华公司正式人员的系统个人所得税扣缴申报表。

［任务要求］

会计张东明生成正式人员的个人所得税相关报表。

［知识链接］

薪资管理系统提供个人所得税自动计算功能，用户只需自定义所得税税率，系统自动计算个人所得税并可生成多种类型的个人所得税报表，企业可利用导出的 Excel 格式报表进行申报操作。

［工作示范］

操作步骤：

（1）在"人力资源"/"薪资管理"系统中，打开"正式人员"工资类别。

（2）单击"业务处理"/"扣缴所得税"，打开"个人所得税申报模板"对话框，如图 6-76 所示。

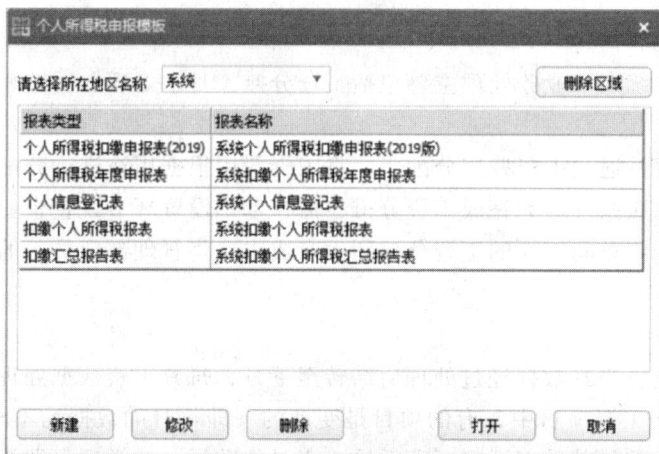

图 6-76　个人所得税申报模板

（3）选择"系统个人所得税扣缴申报表"，单击"打开"按钮，打开"所得税申报"对话框，如图 6-77 所示。

（4）单击"确定"按钮，打开"系统个人所得税扣缴申报表"，如图 6-78 所示。

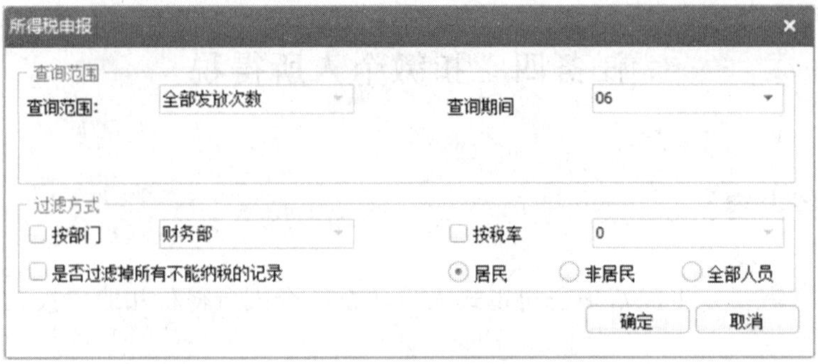

图6-77 所得税申报

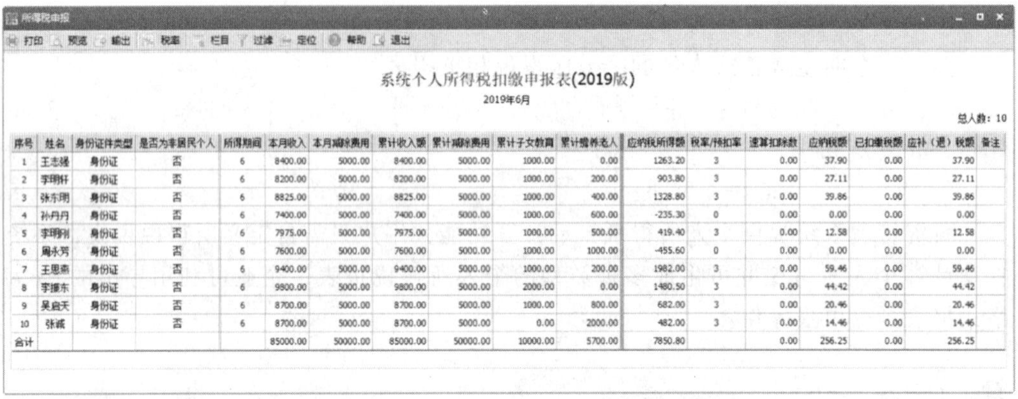

系统个人所得税扣缴申报表(2019版)

2019年6月

总人数：10

序号	姓名	身份证件类型	是否为非居民个人	所得期间	本月收入	本月减除费用	累计收入额	累计减除费用	累计子女教育	累计赡养老人	应纳税所得额	税率/预扣率	速算扣除数	应纳税额	已扣缴税额	应补（退）税额	备注
1	王志强	身份证	否	6	8400.00	5000.00	8400.00	5000.00	1000.00	0.00	1263.20	3	0.00	37.90	0.00	37.90	
2	李明轩	身份证	否	6	8200.00	5000.00	8200.00	5000.00	1000.00	200.00	903.80	3	0.00	27.11	0.00	27.11	
3	张东明	身份证	否	6	8825.00	5000.00	8825.00	5000.00	1000.00	400.00	1328.80	3	0.00	39.86	0.00	39.86	
4	孙丹丹	身份证	否	6	7400.00	5000.00	7400.00	5000.00	1000.00	600.00	-235.30	0	0.00	0.00	0.00	0.00	
5	李明刚	身份证	否	6	7975.00	5000.00	7975.00	5000.00	1000.00	500.00	419.40	3	0.00	12.58	0.00	12.58	
6	周永芳	身份证	否	6	7600.00	5000.00	7600.00	5000.00	1000.00	1000.00	-455.60	0	0.00	0.00	0.00	0.00	
7	王思燕	身份证	否	6	9400.00	5000.00	9400.00	5000.00	1000.00	200.00	1982.00	3	0.00	59.46	0.00	59.46	
8	李振东	身份证	否	6	9800.00	5000.00	9800.00	5000.00	2000.00	0.00	1480.50	3	0.00	44.42	0.00	44.42	
9	吴启天	身份证	否	6	8700.00	5000.00	8700.00	5000.00	1000.00	800.00	682.00	3	0.00	20.46	0.00	20.46	
10	张诚	身份证	否	6	8700.00	5000.00	8700.00	5000.00	0.00	2000.00	482.00	3	0.00	14.46	0.00	14.46	
合计					85000.00	50000.00	85000.00	50000.00	10000.00	5700.00	7850.80		0.00	256.25	0.00	256.25	

图6-78 系统个人所得税扣缴申报表

（5）同理，可以打开其他类型个人所得税报表。

学习子情境三 薪资管理期末业务处理

［知识链接］

薪资管理系统期末业务处理主要包括工资分摊、月末处理、反结账等。

1.工资分摊

财会部门每月通过工资费用分配表，将工资费用根据用途进行分配，并编制记账凭证，传递到总账系统。为完成工资分摊，需在基础设置环节设置企业支付工资费用的分摊规则，如将车间工人的工资分摊到生产成本，将管理部门员工的工资分摊到管理费用。

2.月末处理

月末处理是将当月数据经过处理后结转至下月，每月工资数据处理完毕后均可进行月末处理。在工资项目中，有的项目是变动的（即每月的数据均不相同），在每月工资处理时，均需将其数据清零，而后输入当月的数据，此类项目即为清零项目。若不进行清零操作，则下月项目将完全继承当前月数据。

3.反结账

在薪资管理系统结账后，如果发现还有一些业务或其他事项需要在已结账月进行账务处理，此时需要使用反结账功能，取消已结账标记。

任务一　分摊类型设置

教学视频
6-3-1

账务处理大显
身手——工资
分摊

@ ［任务内容］

新华公司月末进行正式人员和临时人员工资数据的分配，并计提各项费用及代扣的社会保险和个人所得税。

有关计提比例如下：按工资总额计提工会经费（2%），职工教育经费（8%）；按缴费基数计提五险一金：养老保险（单位16%，个人8%），医疗保险（个人2%），失业保险（单位0.7%，个人0.3%），工伤保险（单位0.5%），生育保险（单位1%），住房公积金（单位10%，个人10%）。

教学视频
6-3-2

@ ［任务要求］

会计张东明完成分摊类型设置。

工资分摊操作
演示

✏ ［工作示范］

操作步骤：

（1）以操作员"03张东明"身份，操作日期为"2019-06-30"，选择"111河北新华有限责任公司"账套，登录企业应用平台。

（2）在"人力资源"/"薪资管理"系统中，打开"正式人员"工资类别。单击"设置"/"分摊类型设置"，打开"分摊类型设置"窗口，如图6-79所示。

图6-79　"分摊类型设置"窗口

（3）单击"增加"按钮，增加新的分摊类型"分配工资费用"，输入分摊类型名称、分摊比例、凭证类别字。

（4）参照输入部门名称、人员类别、工资项目、借贷方科目等栏目，结果如图6-80所示。

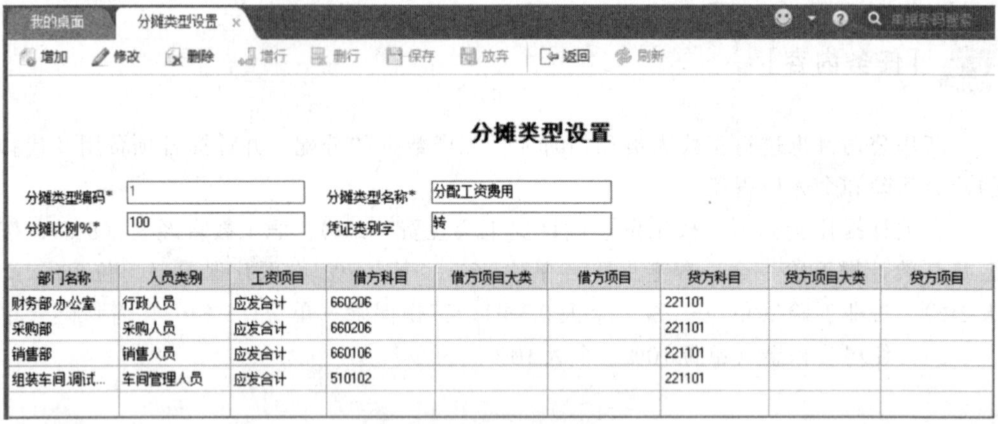

图6-80 分摊类型设置结果

栏目说明：

部门名称：选择部门，一次可选择多个部门。

人员类别：选择费用分配人员类别。

工资项目：对应选中的部门、人员类别，选择计提分配的工资项目。每个人员类别可选择多个计提分配的工资项目。工资项目包括本工资类别所有的增项、减项和其他项目。

借方科目：对应选中部门、人员类别的每个工资项目的借方科目。

贷方科目：对应选中部门、人员类别的每个工资项目的贷方科目。

项目大类：选择借贷方科目对应的项目大类。

项目：选择借贷方科目对应的项目大类中的具体核算项目。

（5）单击"保存"按钮，完成设置。单击"增加"按钮，继续设置工会经费、职工教育经费、五险一金的分摊类型。设置结果如图6-81至图6-90所示。

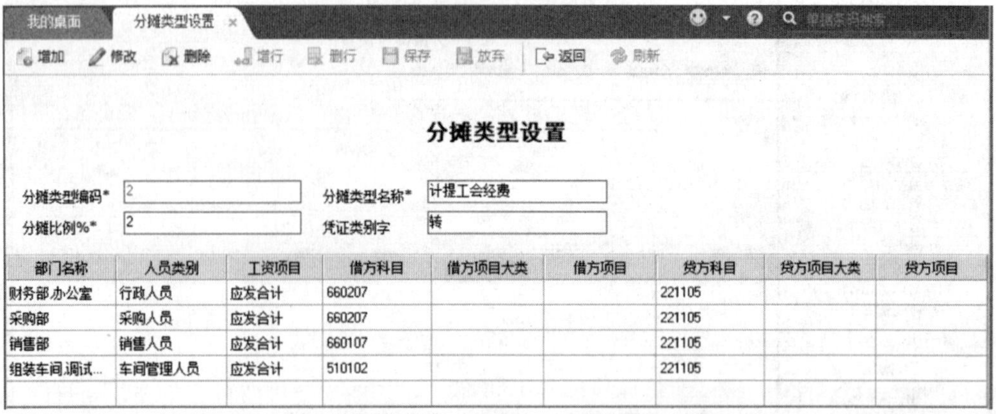

图6-81 分摊类型设置-计提工会经费

图6-82　分摊类型设置-计提职工教育经费

部门名称	人员类别	工资项目	借方科目	借方项目大类	借方项目	贷方科目	贷方项目大类	贷方项目
财务部办公室	行政人员	应发合计	660209			221106		
采购部	采购人员	应发合计	660209			221106		
销售部	销售人员	应发合计	660109			221106		
组装车间.调试..	车间管理人员	应发合计	510102			221106		

图6-82　分摊类型设置-计提职工教育经费

图6-83　分摊类型设置-计提养老保险

部门名称	人员类别	工资项目	借方科目	借方项目大类	借方项目	贷方科目	贷方项目大类	贷方项目
财务部办公室	行政人员	缴费基数	660210			221103		
采购部	采购人员	缴费基数	660210			221103		
销售部	销售人员	缴费基数	660110			221103		
组装车间.调试..	车间管理人员	缴费基数	510102			221103		

图6-83　分摊类型设置-计提养老保险

图6-84　分摊类型设置-计提医疗保险

部门名称	人员类别	工资项目	借方科目	借方项目大类	借方项目	贷方科目	贷方项目大类	贷方项目
财务部办公室	行政人员	缴费基数	660210			221103		
采购部	采购人员	缴费基数	660210			221103		
销售部	销售人员	缴费基数	660110			221103		
组装车间.调试..	车间管理人员	缴费基数	510102			221103		

图6-84　分摊类型设置-计提医疗保险

图6-85　分摊类型设置-计提失业保险

部门名称	人员类别	工资项目	借方科目	借方项目大类	借方项目	贷方科目	贷方项目大类	贷方项目
财务部办公室	行政人员	缴费基数	660210			221103		
采购部	采购人员	缴费基数	660210			221103		
销售部	销售人员	缴费基数	660110			221103		
组装车间.调试..	车间管理人员	缴费基数	510102			221103		

图6-85　分摊类型设置-计提失业保险

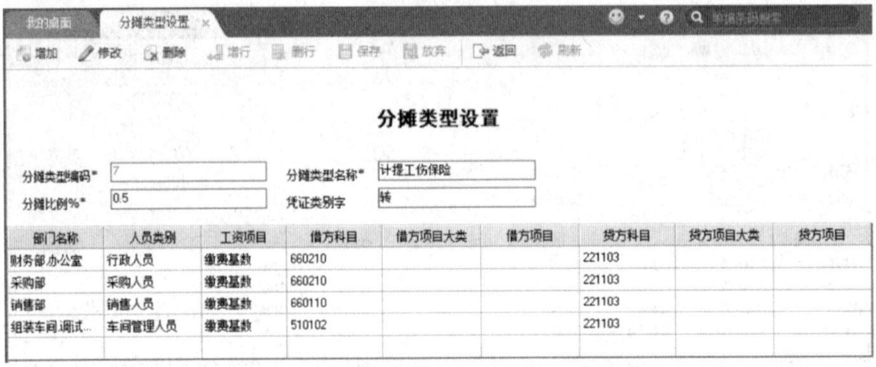

图 6-86 分摊类型设置-计提工伤保险

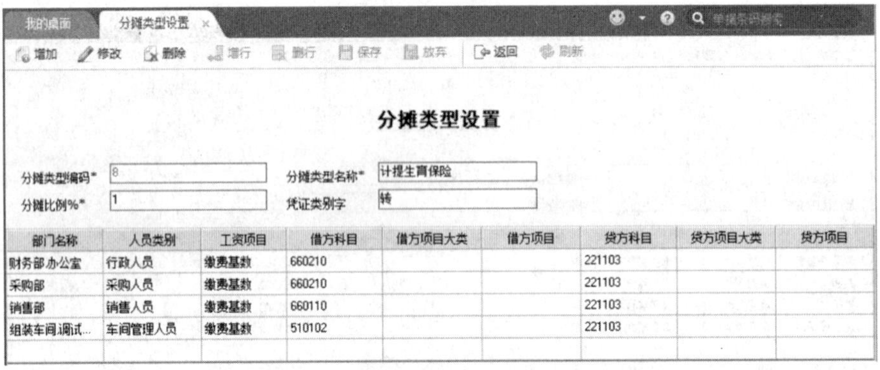

图 6-87 分摊类型设置-计提生育保险

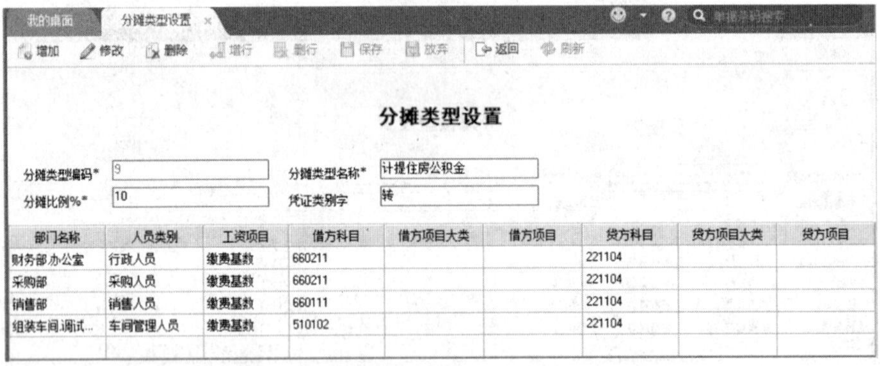

图 6-88 分摊类型设置-计提住房公积金

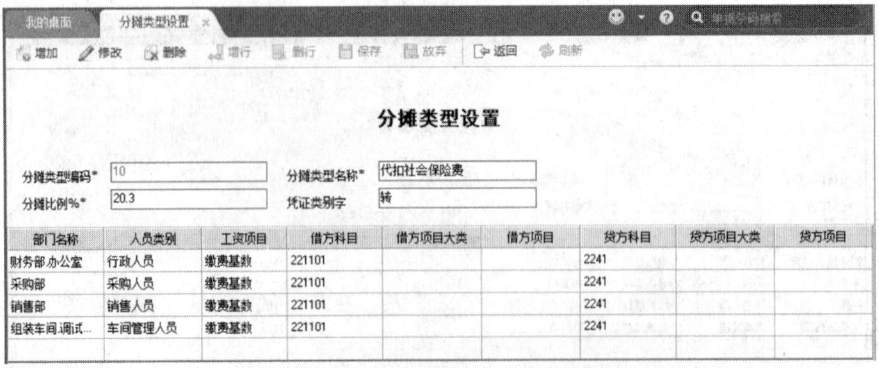

图 6-89 分摊类型设置-代扣社会保险费

图6-90 分摊类型设置-代扣个人所得税

（6）同理，可进行临时人员工资分摊的设置。

任务二 工资分摊

［任务内容］

新华公司根据工资分摊设置，生成正式人员与临时人员工资数据的分配和各项费用计提的记账凭证。

［任务要求］

会计张东明完成工资分摊，生成记账凭证。

［工作示范］

操作步骤：

（1）在"人力资源"/"薪资管理"系统中，打开"正式人员"工资类别。

（2）单击"业务处理"/"工资分摊"，打开"工资分摊"对话框，如图6-91所示。

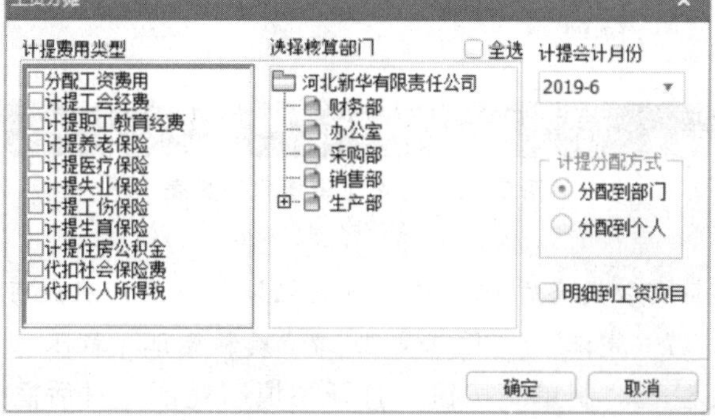

图6-91 "工资分摊"对话框

（3）计提费用类型选择"分配工资费用"，选择参与核算的部门，选择计提分配方式为"分配到部门"，选中"明细到工资项目"，如图6-92所示。

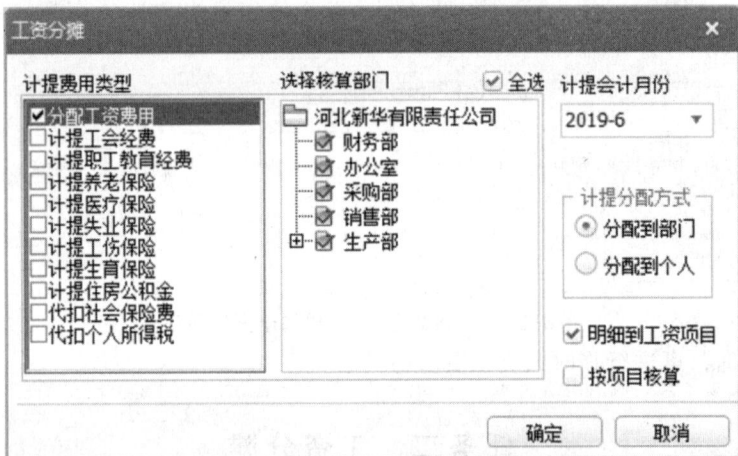

图6-92　工资分摊-选择计提费用类型

（4）单击"确定"按钮，打开"分配工资费用一览表"，勾选"合并科目相同、辅助项相同的分录"复选框，如图6-93所示。

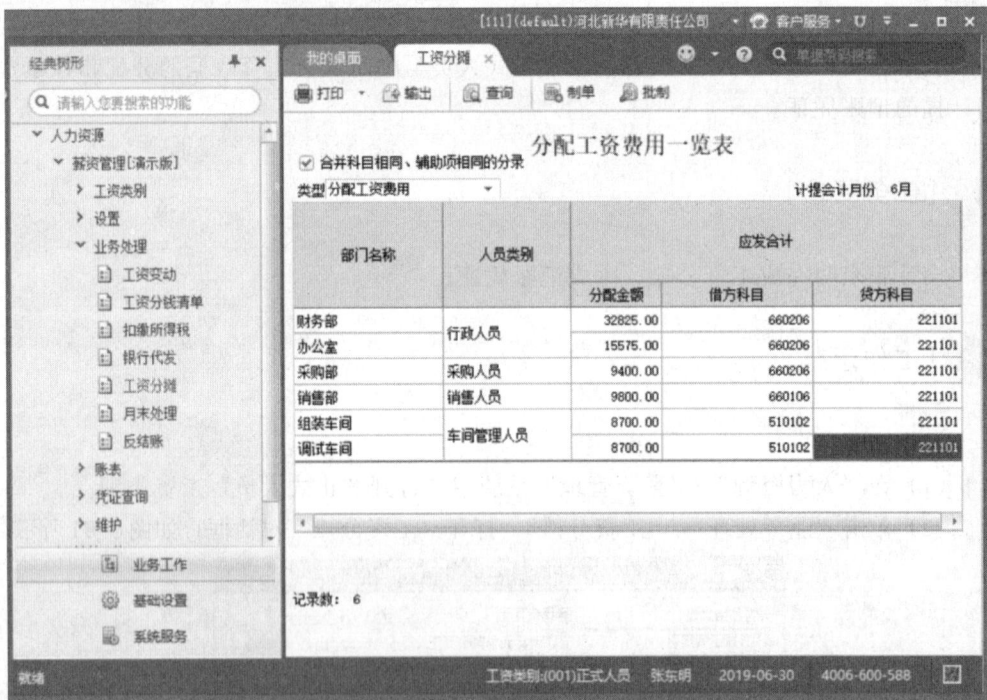

图6-93　分配工资费用一览表

特别提示：

制单时，操作员需要具备总账系统"填制凭证"权限，应提前为张东明进行权限修改，增加"总账"/"凭证"/"凭证处理"/"填制凭证"权限。

（5）单击工具栏上"制单"按钮，打开"填制凭证"对话框，单击"保存"按钮，如图6-94所示。

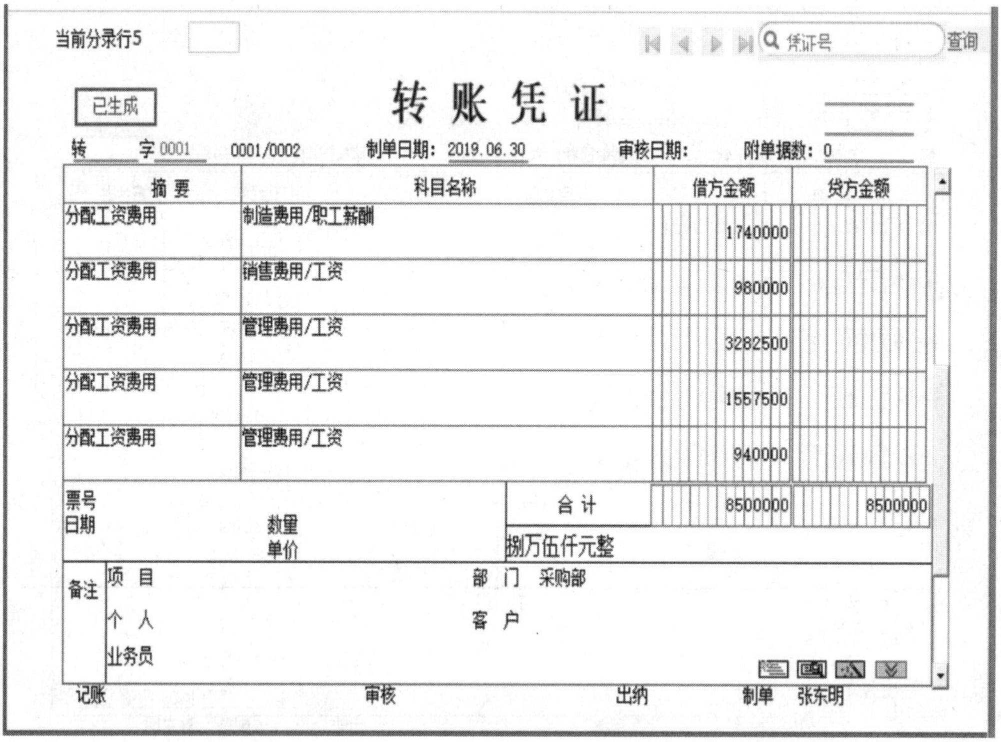

图6-94　分配工资费用记账凭证

（6）同理，生成其他记账凭证，结果如图6-95至图6-104所示。

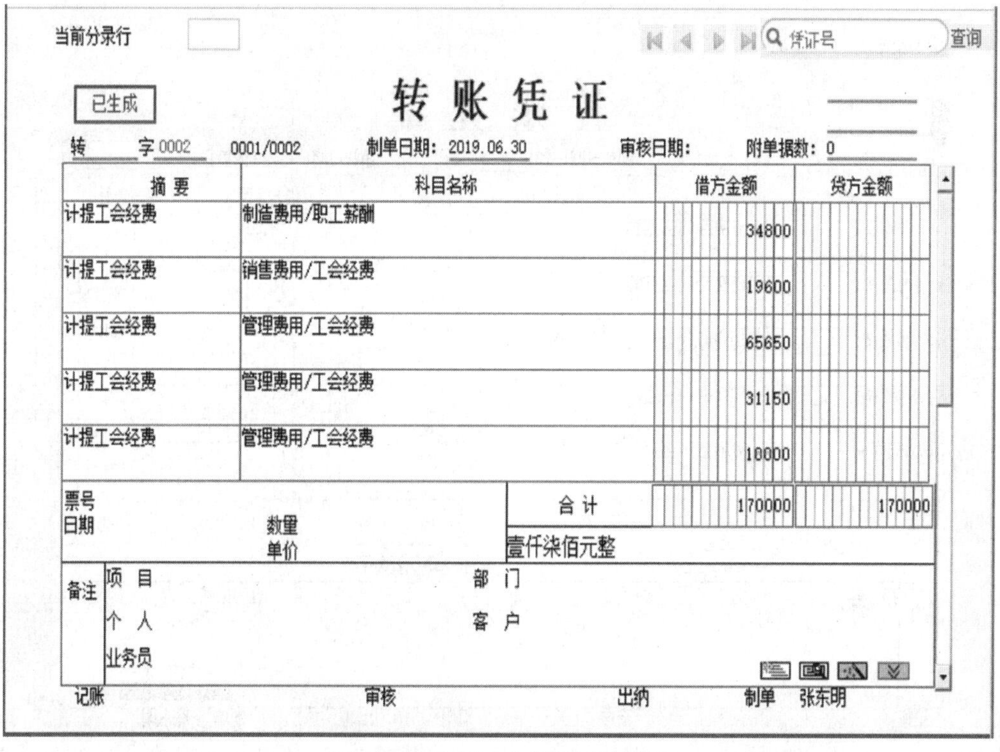

图6-95　计提工会经费记账凭证

| 当前分录行 | | | | | 凭证号 | 查询 |

转 账 凭 证

已生成

转　字 0003　　0001/0002　　制单日期：2019.06.30　　审核日期：　　附单据数：0

摘　要	科目名称	借方金额	贷方金额
计提职工教育经费	制造费用/职工薪酬	139200	
计提职工教育经费	销售费用/职工教育经费	78400	
计提职工教育经费	管理费用/职工教育经费	262600	
计提职工教育经费	管理费用/职工教育经费	124600	
计提职工教育经费	管理费用/职工教育经费	75200	

票号
日期　　　　　数量　　　　合　计　　　680000　　680000
　　　　　　　单价　　　陆仟捌佰元整

备注　项目　　　　　　　部门
　　　个人　　　　　　　客户
　　　业务员

记账　　　　　审核　　　　　出纳　　　　制单　张东明

图 6-96　计提职工教育经费记账凭证

| 当前分录行 | | | | | 凭证号 | 查询 |

转 账 凭 证

已生成

转　字 0004　　0001/0002　　制单日期：2019.06.30　　审核日期：　　附单据数：0

摘　要	科目名称	借方金额	贷方金额
计提养老保险	制造费用/职工薪酬	192000	
计提养老保险	销售费用/社会保险	104000	
计提养老保险	管理费用/社会保险	344000	
计提养老保险	管理费用/社会保险	166400	
计提养老保险	管理费用/社会保险	96000	

票号
日期　　　　　数量　　　　合　计　　　902400　　902400
　　　　　　　单价　　　玖仟零贰拾肆元整

备注　项目　　　　　　　部门
　　　个人　　　　　　　客户
　　　业务员

记账　　　　　审核　　　　　出纳　　　　制单　张东明

图 6-97　计提养老保险记账凭证

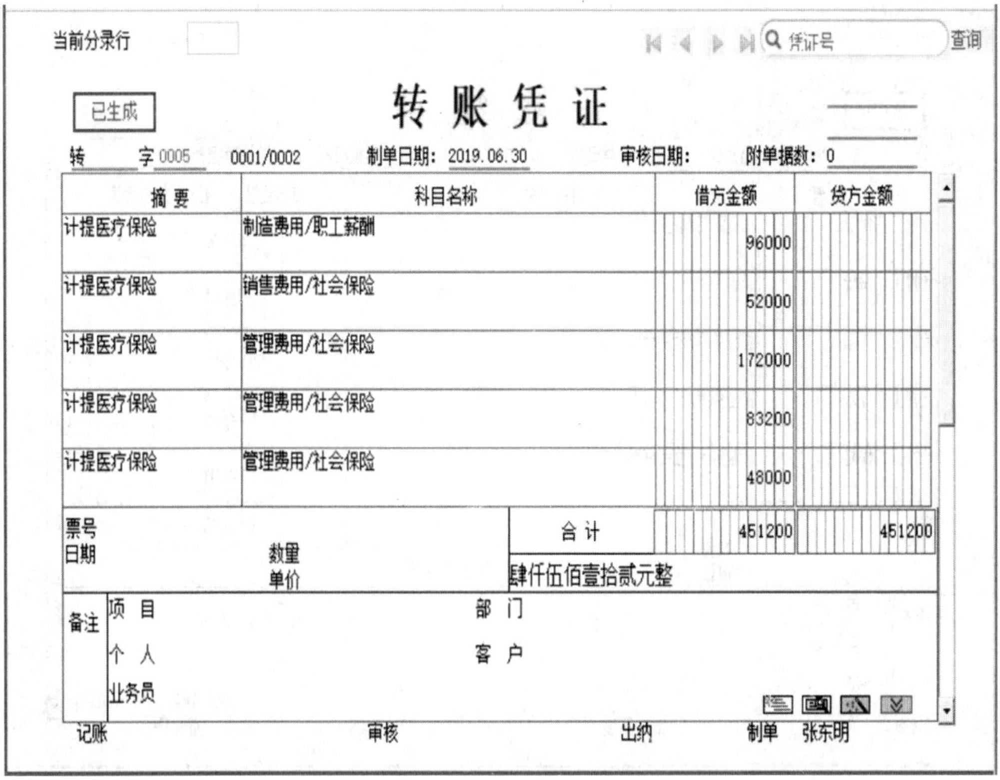

| 当前分录行 | | | | | | 凭证号 | 查询 |

转账凭证

已生成

转　字 0005　0001/0002　制单日期：2019.06.30　审核日期：　附单据数：0

摘　要	科目名称	借方金额	贷方金额
计提医疗保险	制造费用/职工薪酬	96000	
计提医疗保险	销售费用/社会保险	52000	
计提医疗保险	管理费用/社会保险	172000	
计提医疗保险	管理费用/社会保险	83200	
计提医疗保险	管理费用/社会保险	48000	
	合　计	451200	451200

票号　日期　数量　单价
肆仟伍佰壹拾贰元整

备注　项目　　部门
个人　　客户
业务员

记账　　　审核　　　出纳　　　制单　张东明

图6-98　计提医疗保险记账凭证

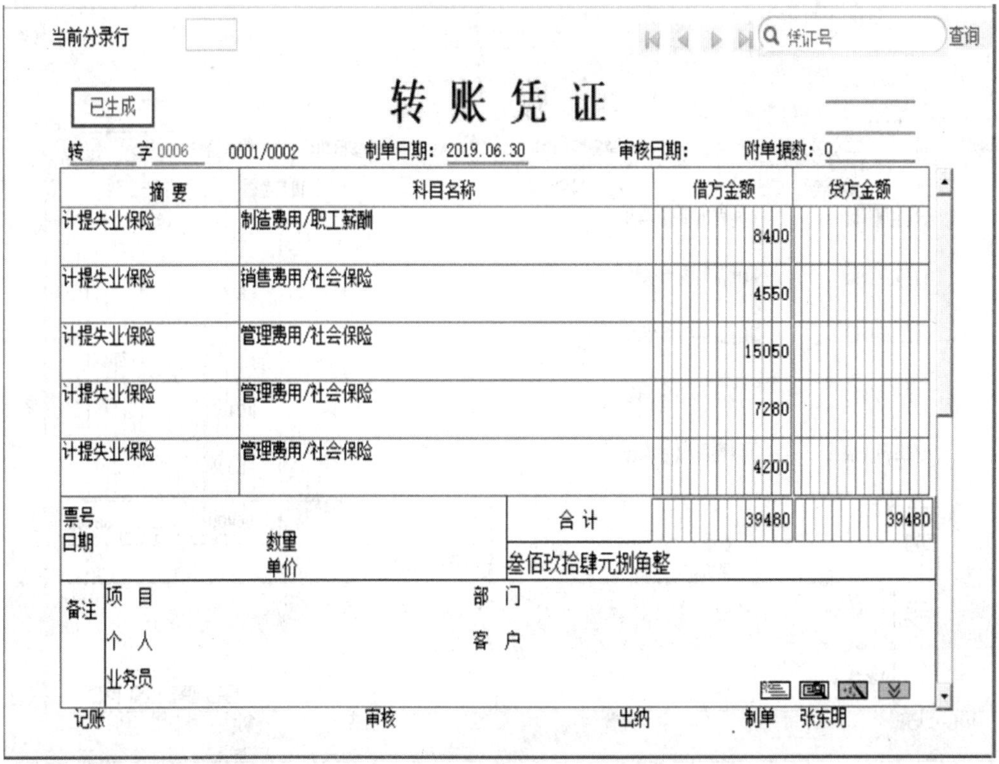

| 当前分录行 | | | | | | 凭证号 | 查询 |

转账凭证

已生成

转　字 0006　0001/0002　制单日期：2019.06.30　审核日期：　附单据数：0

摘　要	科目名称	借方金额	贷方金额
计提失业保险	制造费用/职工薪酬	8400	
计提失业保险	销售费用/社会保险	4550	
计提失业保险	管理费用/社会保险	15050	
计提失业保险	管理费用/社会保险	7280	
计提失业保险	管理费用/社会保险	4200	
	合　计	39480	39480

票号　日期　数量　单价
叁佰玖拾肆元捌角整

备注　项目　　部门
个人　　客户
业务员

记账　　　审核　　　出纳　　　制单　张东明

图6-99　计提失业保险记账凭证

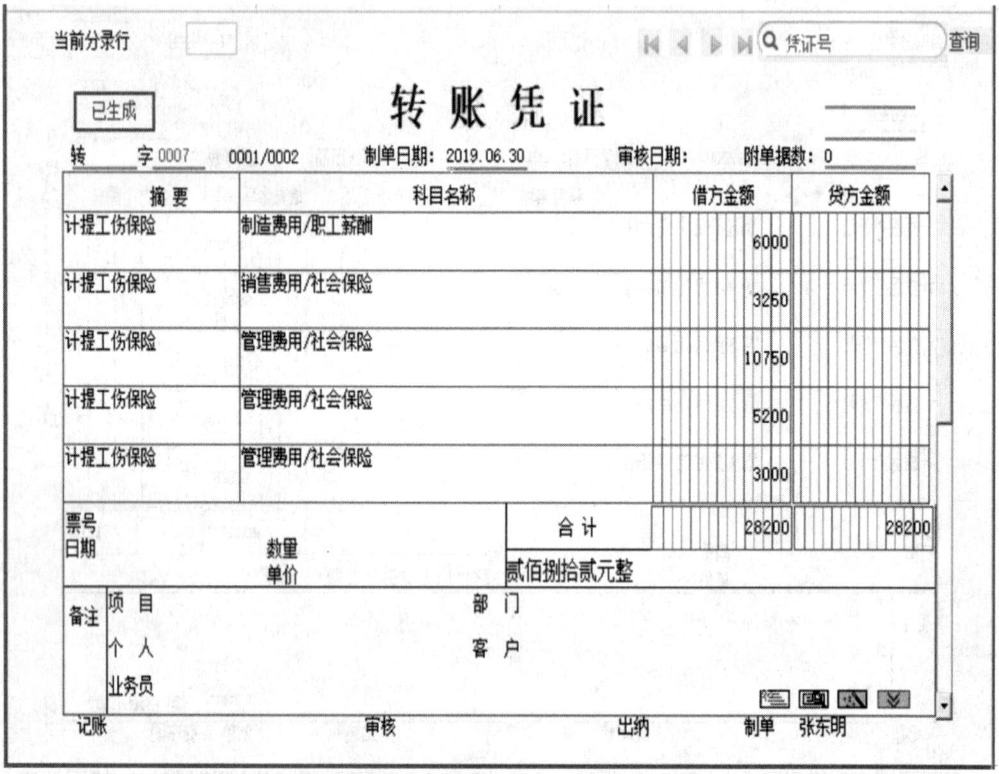

当前分录行 ⬜

已生成

转 账 凭 证

转 字 0007 0001/0002 制单日期: 2019.06.30 审核日期: 附单据数: 0

摘 要	科目名称	借方金额	贷方金额
计提工伤保险	制造费用/职工薪酬	6000	
计提工伤保险	销售费用/社会保险	3250	
计提工伤保险	管理费用/社会保险	10750	
计提工伤保险	管理费用/社会保险	5200	
计提工伤保险	管理费用/社会保险	3000	
票号 日期	数量 单价	合 计	28200	28200
		贰佰捌拾贰元整		

备注 项 目 部 门
个 人 客 户
业务员

记账 审核 出纳 制单 张东明

图 6-100 计提工伤保险记账凭证

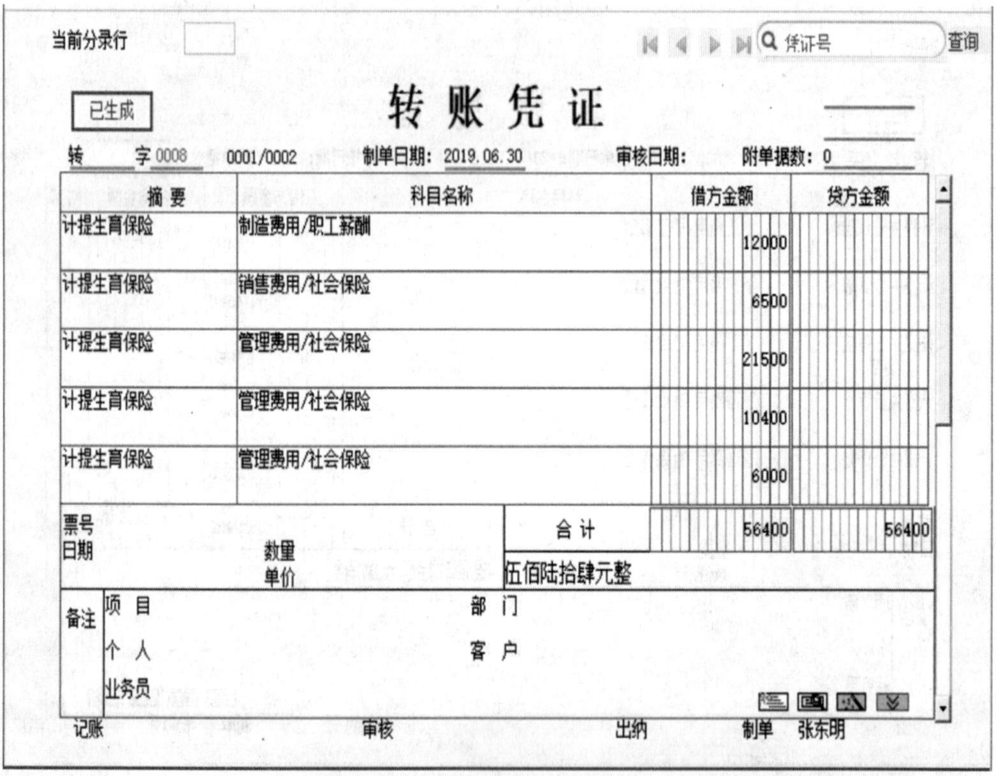

当前分录行 ⬜

已生成

转 账 凭 证

转 字 0008 0001/0002 制单日期: 2019.06.30 审核日期: 附单据数: 0

摘 要	科目名称	借方金额	贷方金额
计提生育保险	制造费用/职工薪酬	12000	
计提生育保险	销售费用/社会保险	6500	
计提生育保险	管理费用/社会保险	21500	
计提生育保险	管理费用/社会保险	10400	
计提生育保险	管理费用/社会保险	6000	
票号 日期	数量 单价	合 计	56400	56400
		伍佰陆拾肆元整		

备注 项 目 部 门
个 人 客 户
业务员

记账 审核 出纳 制单 张东明

图 6-101 计提生育保险记账凭证

当前分录行 [　　] ◄◄ ◄ ► ►► Q 凭证号 　　查询

转 账 凭 证

已生成 　　　_____

转　字 0009　　0001/0002　　制单日期：2019.06.30　　审核日期：　　附单据数：0

摘 要	科目名称	借方金额	贷方金额
计提住房公积金	制造费用/职工薪酬	120000	
计提住房公积金	销售费用/住房公积金	65000	
计提住房公积金	管理费用/住房公积金	215000	
计提住房公积金	管理费用/住房公积金	104000	
计提住房公积金	管理费用/住房公积金	60000	
合计		564000	564000

票号 日期　　数量 单价　　伍仟陆佰肆拾元整

备注 项目　　部门
　　个人　　客户
　　业务员

记账　　　审核　　　出纳　　制单 张东明

图6-102　计提住房公积金记账凭证

当前分录行 [　　] ◄◄ ◄ ► ►► Q 凭证号 　　查询

转 账 凭 证

已生成 　　　_____

转　字 0010　　制单日期：2019.06.30　　审核日期：　　附单据数：0

摘 要	科目名称	借方金额	贷方金额
代扣社会保险费	应付职工薪酬/工资	1144920	
代扣社会保险费	其他应付款		1144920
合计		1144920	1144920

票号 日期　　数量 单价　　壹万壹仟肆佰肆拾玖元贰角整

备注 项目　　部门
　　个人　　客户
　　业务员

记账　　　审核　　　出纳　　制单 张东明

图6-103　代扣社会保险费记账凭证

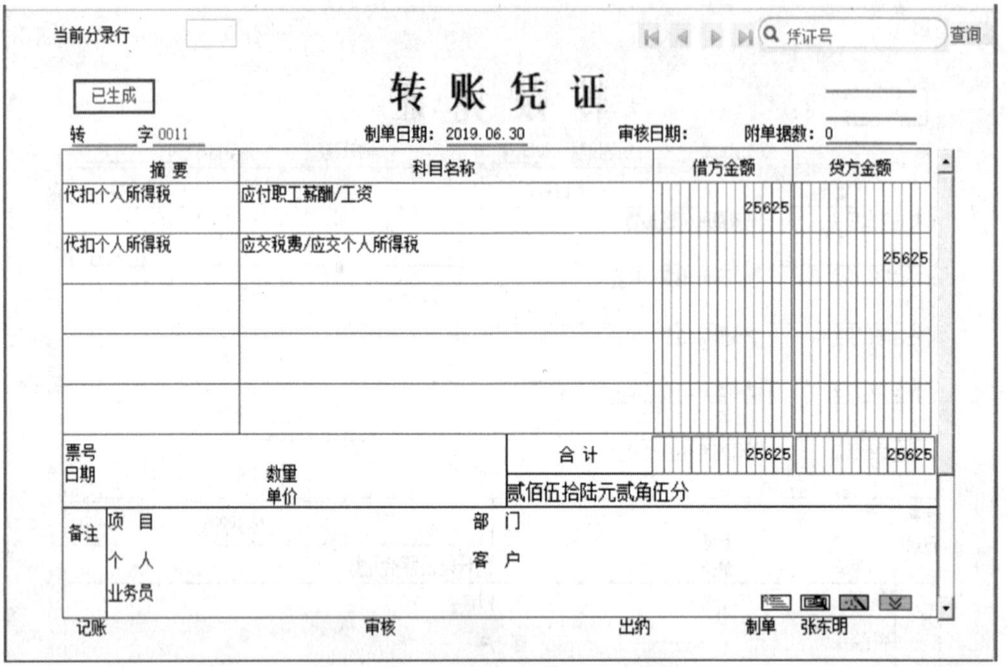

图6-104　代扣个人所得税记账凭证

（7）同理，可进行"临时人员"类别的工资分摊操作，生成记账凭证。

任务三　月末处理与反结账

［任务内容］

对新华公司的薪资核算账套2019年6月数据进行月末处理。将正式人员类别中的加班天数数据清零，临时人员类别中的计件工资清零。

对薪资核算账套6月份数据进行反结账。

［任务要求］

会计张东明完成薪资管理系统2019年6月的月末处理与反结账。

［工作示范］

操作步骤：

（1）以操作员"03张东明"身份，操作日期为"2019-06-30"，选择"111河北新华有限责任公司"账套，登录企业应用平台。

（2）在"人力资源"/"薪资管理"系统中，打开"正式人员"工资类别。单击"业务处理"/"月末处理"，打开"月末处理"对话框，如图6-105所示。

教学视频
6-3-3

本月的结束下
月的开始——
月末处理与反
结账

教学视频
6-3-4

月末处理与反
结账操作演示

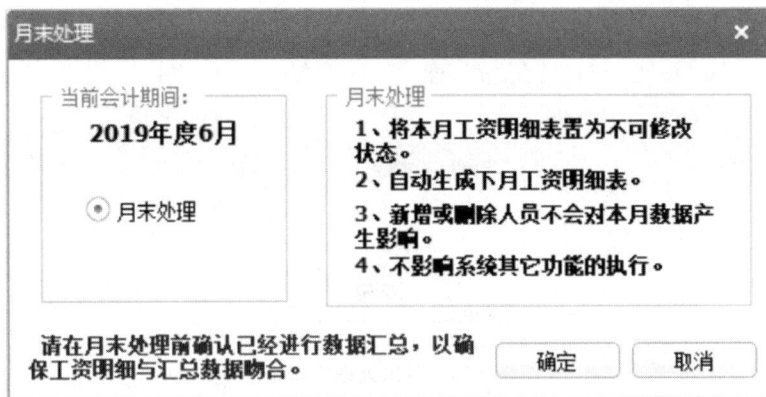

图6-105 "月末处理"对话框

特别提示：

若处理多个工资类别，则应打开工资类别，分别进行月末结账。

（3）单击"确定"按钮，弹出提示对话框，如图6-106所示。

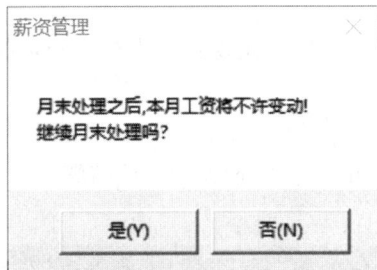

图6-106 月末处理提示

（4）单击"是"按钮，系统提示"是否选择清零项"，如图6-107所示。

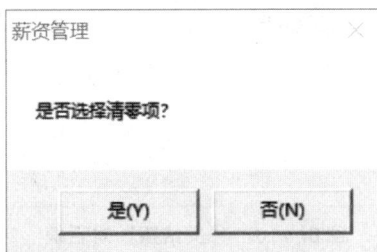

图6-107 是否选择清零项提示

（5）单击"是"按钮，可选择需清零项目，如图6-108所示。

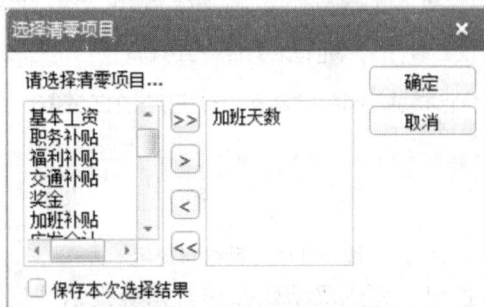

图6-108 选择清零项目

（6）单击"确定"按钮，系统提示"月末处理完毕!"，如图6-109所示。

图6-109 月末处理完毕提示

（7）单击"确定"按钮，完成"正式人员"类别的月末处理。

（8）同理，可进行"临时人员"类别的月末处理。

【技能拓展】

假设新华公司完成月末处理后，发现正式人员工资数据存在问题，可以进行正式人员类别的反结账处理。

操作步骤：

（1）关闭工资类别，单击"业务处理"/"反结账"，打开"反结账"对话框，如图6-110所示。

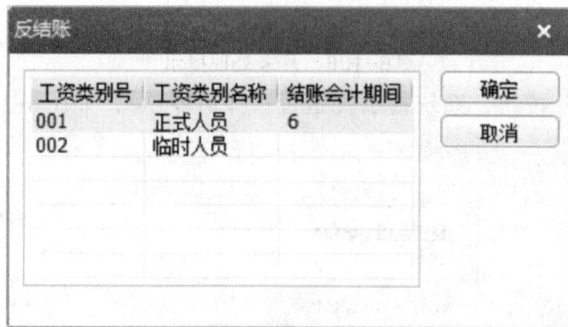

图6-110 "反结账"对话框

（2）选择"正式人员"所在行，单击"确定"按钮，系统提示如图6-111所示。

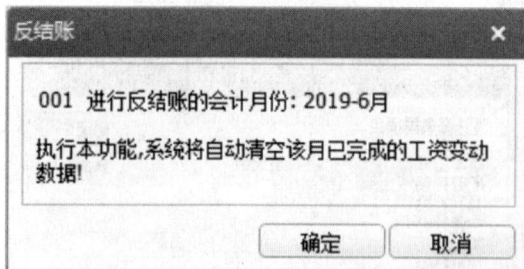

图6-111 反结账提示

（3）单击"确定"按钮，完成反结账操作。系统提示"反结账已成功完成"，如图6-112所示。

图6-112　反结账完成提示

特别提示：

在总账系统已结账的情况下，薪资管理系统不允许反结账。

同步测试

一、单项选择题

1.以下各项工作中，不属于薪资管理系统的初始设置的是（　　）。

A.工资项目设置　　　　B.计件工资录入　　　　C.人员档案设置　　　　D.选项参数设置

2.分摊类型设置时，不需要设置（　　）。

A.人员类别　　　　B.部门　　　　C.借贷方科目　　　　D.人员档案

3.设置工资项目时，（　　）计入应发合计。

A.增项　　　　B.减项　　　　C.其他

4.设置工资项目时，（　　）计入扣款合计。

A.增项　　　　B.减项　　　　C.其他

5.若工资项目类型为字符型，则小数位不可用，增减项为（　　）。

A.增项　　　　B.减项　　　　C.其他

学习情境六

同步测试答案

二、多项选择题

1.多工资类别的工资账套，必须在打开工资类别的情况下进行的操作有（　　）。

A.增加人员档案　　B.设置选项参数　　C.工资变动　　　　D.定义工资项目公式

2.建立工资账套时，选择的参数包括（　　）。

A.是否核算计件工资　　　　　　　B.是否代扣个人所得税

C.是否扣零　　　　　　　　　　　D.是否进行客户分类

3.录入计件工资时，系统提供了多种形式，包括（　　）。

A.人员录入　　　　B.标准录入　　　　C.混合录入　　　　D.批量生成

4.计件工资系统初始设置包括（　　）。

A.计件要素设置　　B.计件工价设置　　C.计件项目设置　　D.计件工资录入

5.可以向总账系统传递记账凭证的系统有（　　）。

A.薪资管理系统　　B.计件工资系统　　C.固定资产系统　　D.应收款管理系统

三、判断题

1.应发合计、实发合计等工资项目的数据类型可以是数字型也可以是字符型。　　　　（　　）

2.工资项目中应发合计与扣款合计的公式是系统根据工资项目的增减属性自动生成的。　（　　）

3.薪资管理系统进行月末处理时必须将所有工资项目的数据进行清零处理。　　　　（　　）

4.总账系统结账后，仍可进行薪资管理系统的反结账处理。　　　　　　　　　　（　　）

5.薪资管理系统传递到总账系统的记账凭证发现错误，可直接在总账系统里进行修改。（　　）

综合实训

[实训内容]

石家庄正道轮胎有限公司决定于2019年7月启用薪资管理系统和计件工资系统，核算要求如下：

1.核算本位币为人民币，该公司所有人员的工资统一管理，生产部生产人员发放计件工资代替奖金；需要从工资中代扣个人所得税，税款所属期为当月；由中国工商银行代发工资，个人账户的账号定长为19位。

2.公司需要在人员档案中体现职工的性别信息。

3.人员档案见表6-8。

表6-8 职员信息表

人员编码	人员姓名	性别	部门	人员类别	银行账号	核算计件工资
101	张朋宇	男	综合部	行政人员	6222020402030763001	否
102	高贵玲	女	综合部	行政人员	6222020402030763002	否
201	王强	男	财务部	行政人员	6222020402030763003	否
202	李华强	男	财务部	行政人员	6222020402030763004	否
203	朱军勇	男	财务部	行政人员	6222020402030763005	否
204	田甜	女	财务部	行政人员	6222020402030763006	否
30101	王立辉	男	一车间	车间管理人员	6222020402030763007	否
30102	高琳琳	女	一车间	生产人员YH型	6222020402030763009	是
30103	孙思芳	女	一车间	生产人员YH型	6222020402030763010	是
30104	胡自强	男	一车间	生产人员YH型	6222020402030763011	是
30201	高超	男	二车间	车间管理人员	6222020402030763008	否
30202	李振伟	男	二车间	生产人员EH型	6222020402030763012	是
30203	王军磊	男	二车间	生产人员EH型	6222020402030763013	是
30204	陈志朋	男	二车间	生产人员EH型	6222020402030763014	是
401	邓玲	女	采购部	采购人员	6222020402030763015	否
501	高雅静	女	销售部	销售人员	6222020402030763016	否
601	周瑞雪	女	仓储部	行政人员	6222020402030763017	否

4.工资项目及计算公式

（1）工资项目构成见表6-9。

表6-9　　　　　　　　　　　　　　　　　工资项目

工资项目名称	类型	长度	小数	增减项
基本工资	数字	8	2	增项
岗位工资	数字	8	2	增项
交通补贴	数字	8	2	增项
奖金	数字	8	2	增项
计件工资	数字	10	2	增项
应发合计	数字	10	2	增项
缴费基数	数字	8	2	其他
养老保险扣款	数字	8	2	减项
医疗保险扣款	数字	8	2	减项
失业保险扣款	数字	8	2	减项
住房公积金扣款	数字	8	2	减项
社保公积金扣款合计	数字	8	2	其他
子女教育	数字	8	2	其他
继续教育	数字	8	2	其他
老人赡养费	数字	8	2	其他
住房租金	数字	8	2	其他
住房贷款利息	数字	8	2	其他
其他合法扣除	数字	8	2	其他
代扣税	数字	10	2	减项
扣款合计	数字	10	2	减项
实发合计	数字	10	2	增项

（2）《石家庄正道轮胎有限公司工资管理制度》的规定如下：

岗位工资：行政人员3 000元，车间管理人员3 500元，生产人员、采购人员和销售人员均为3 200元。

交通补贴：采购部和销售部的交通补贴是100元，其他部门是80元。

（3）社会保险与住房公积金按缴费基数进行计算，计提比例为：

养老保险：单位缴纳16%，个人缴纳8%；

医疗保险：单位缴纳8%，个人缴纳2%；

失业保险：单位缴纳0.7%，个人缴纳0.3%；

工伤保险：单位缴纳0.5%，个人无须缴纳；

生育保险：单位缴纳1%，个人无须缴纳；

住房公积金：单位缴纳10%，个人缴纳10%。

5.计件工资设置

（1）计件要素见表6-10：

表6-10　　　　　　　　　　　　计件要素表

名称	类型	数据类型	长度	小数位数	参照对象	启用
产品	标准	参照型	60	0	产品档案	是
工艺	标准	字符型	10	0		是
工价	单价	数值型	12	4		是
合格数量	数量	数值型	12	2		是

（2）计件工价见表6-11：

表6-11　　　　　　　　　　　　计件工价表

编号	工序	产品	计件单价（元/件）
01	成型	子午线轮胎（YH型）	30
02	成型	子午线轮胎（EH型）	40
03	硫化	子午线轮胎（YH型）	15
04	硫化	子午线轮胎（EH型）	20

6.2019年7月份职工工资数据见表6-12和表6-13。

表6-12　　　　　　　　2019年7月职工工资数据　　　　　　　　单位：元

人员编号	姓名	部门	人员类别	基本工资	奖金	缴费基数	子女教育	老人赡养费
101	张朋宇	综合部	行政人员	3 500	2 000	6 300	1 000	
102	高贵玲	综合部	行政人员	3 000	1 800	5 800	1 000	200
201	王强	财务部	行政人员	3 000	1 800	5 800	1 000	400
202	李华强	财务部	行政人员	3 000	1 800	5 800	1 000	600
203	朱军勇	财务部	行政人员	3 000	1 800	5 800	1 000	500
204	田甜	财务部	行政人员	3 000	1 800	5 800	1 000	1 000
30101	王立辉	一车间	车间管理人员	3 200	1 000	6 700	1 000	200
30102	高琳琳	一车间	生产人员YH型	2 200		6 000	1 000	800
30103	孙思芳	一车间	生产人员YH型	2 200		6 000		2 000
30104	胡自强	一车间	生产人员YH型	2 500		6 000	2 000	200
30201	高超	二车间	车间管理人员	3 200	1 000	6 700	2 000	
30202	李振伟	二车间	生产人员EH型	2 200		6 000	1 000	500
30203	王军磊	二车间	生产人员EH型	2 300		6 000		1 000
30204	陈志朋	二车间	生产人员EH型	2 300		6 000		1 000
401	邓玲	采购部	采购人员	3 200	1 000	6 500		2 000
501	高雅静	销售部	销售人员	3 200	1 500	7 000	1 000	500
601	周瑞雪	仓储部	行政人员	3 000	800	6 100	1 000	500

表6-13 **2019年7月计件工资数据**

职员编号	姓名	部门	人员类别	工序	合格产品数量（条）	
					子午线轮胎（YH型）	子午线轮胎（EH型）
30102	高琳琳	一车间	生产人员YH型	成型	50	
30103	孙思芳	一车间	生产人员YH型	成型	45	
30104	胡自强	一车间	生产人员YH型	硫化	100	
30202	李振伟	二车间	生产人员EH型	成型		35
30203	王军磊	二车间	生产人员EH型	成型		40
30204	陈志朋	二车间	生产人员EH型	硫化		85

7.工资分摊设置：

分配工资费用；按工资总额计提工会经费（2%），职工教育经费（8%）；按缴费基数计提五险一金：养老保险（单位16%，个人8%），医疗保险（单位8%，个人2%），失业保险（单位0.7%，个人0.3%），工伤保险（单位0.5%），生育保险（单位1%），住房公积金（单位10%，个人10%）；代扣社会保险和住房公积金；代扣个人所得税。

8.工资分摊生成记账凭证。

9.月末处理。

[实训要求]

1.账套主管王强启用薪资管理系统和计件工资系统。

2.会计朱军勇进行初始设置、工资业务日常处理和期末处理。

应收款管理

❀【职业能力目标】

掌握应收款管理系统的操作流程和应收款业务的具体处理方法；能完成参数设置、基础信息设置、期初余额录入、应收单处理、收款单处理、票据管理、转账处理、坏账处理、核销处理、月末结账等操作；会对系统操作中出现的问题进行简单维护；养成良好的会计职业道德。

❀【本情境与工作任务对照图】

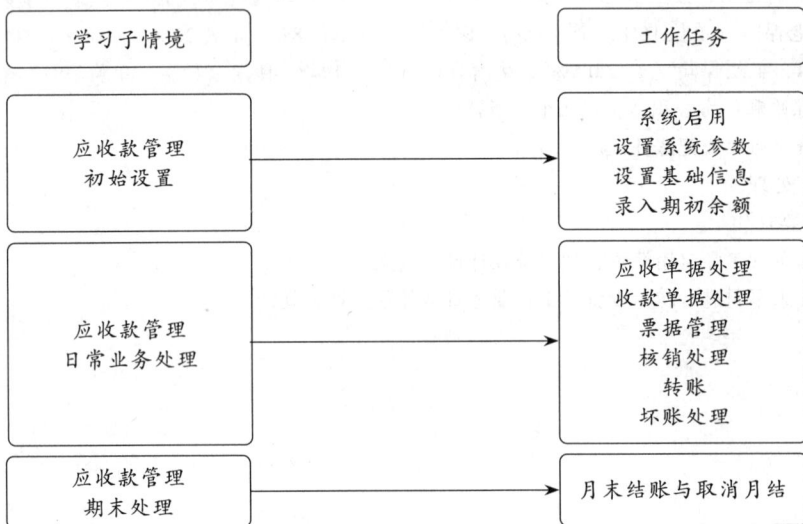

学习子情境		工作任务
应收款管理 初始设置	→	系统启用 设置系统参数 设置基础信息 录入期初余额
应收款管理 日常业务处理	→	应收单据处理 收款单据处理 票据管理 核销处理 转账 坏账处理
应收款管理 期末处理	→	月末结账与取消月结

❀【系统介绍】

教学视频
7-0-1

客户往来管理
专家——应收
款管理概述

应收款管理系统通过销售发票、其他应收单、收款单、商业汇票等原始单据的录入，实现企业对往来账款的综合管理，及时、准确地提供客户的往来账款余额资料，通过提供各种分析报表，帮助企业合理地进行资金调配，提高资金的利用效率。

根据对客户往来款项核算和管理的程度不同，系统提供了两种应用方案：详细核算和简单核算。在详细核算方案下，企业能够了解每一客户每笔业务详细的应收、收款及余额情况，并进行账龄分析，从而能够依据每一客户的具体情况，实施不同的收款策略。简单核算方案着重于对客户的往来款项进行查询和分析。本情境仅介绍详细核算的相关处理方法。

【工作过程与岗位对照图】

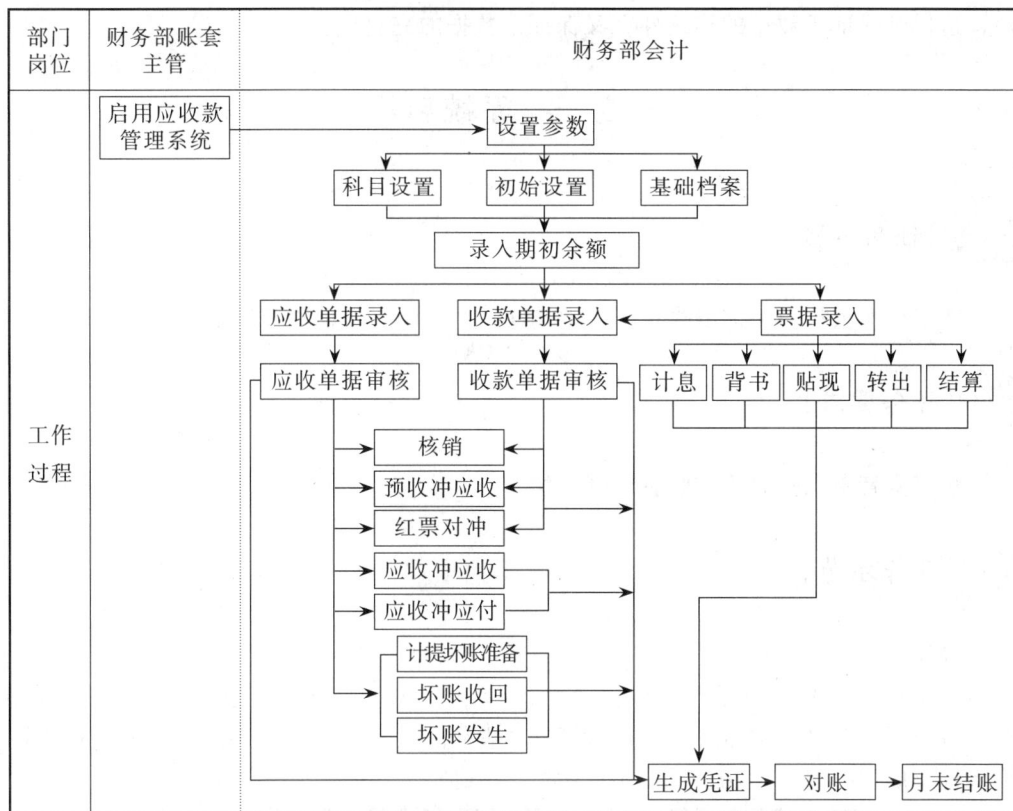

学习子情境一　应收款管理初始设置

[知识链接]

教学视频
7-1-1

应收款管理的初始设置是根据企业核算要求和实际业务情况设置系统参数、设置基础信息及录入期初余额。

1.设置系统参数

在启用应收款管理系统后，首先设置运行所需要的账套参数，以便系统根据所设定的选项进行相应的处理。有些选项在系统使用后就不能修改，所以在选择时要结合本单位实际情况，事先进行慎重考虑。

2.设置基础信息

基础信息设置的作用是建立应收款管理的基础数据，确定使用哪些单据处理应收业务，确定需要进行账龄管理的账龄区间、确定各个业务类型的凭证科目等。这些功能使得应收业务管理更符合用户的需要。

日常工作前的
准备——初始
设置

3.录入期初余额

通过期初余额功能，用户必须将正式启用应收款管理系统时未处理完的应收账款、预收账款、应收票据等录入系统中，作为期初建账的数据，系统即可对其进行管理，这样既保证了数据的连续性，又保证了数据的完整性。

任务一　系统启用

[任务内容]

新华公司根据业务需要决定于2019年6月1日启用应收款管理系统。

[任务要求]

账套主管王志强启用应收款管理系统。

[工作示范]

操作步骤:

以操作员"01王志强"身份，操作日期为"2019-06-01"，登录企业应用平台。在"业务导航"中，单击"基础设置"/"基本信息"/"系统启用"，启用应收款管理系统，启用时间为"2019-06-01"，如图7-1所示。

系统编码	系统名称	启用会计期间	启用自然日期	启用人
☑ GL	总账	2019-06	2019-06-01	admin
☑ AR	应收款管理	2019-06	2019-06-01	王志强
☐ TI	发票管理			
☐ AP	应付款管理			
☐ FA	固定资产			
☐ NE	网上报销			
☐ NB	网上银行			
☐ SC	出纳管理			
☐ CA	成本管理			
☐ PE	利润考核			
☐ PM	项目成本			
☐ FM	资金管理			
☐ BM	预算管理			
☐ FB	费用预算			
☐ CC	系统配置			
☐ MK	营销管理			
☐ CS	服务管理			

系统启用　ALL 全启　刷新　帮助　退出

[111]河北新华有限责任公司账套启用会计期间2019年6月

图7-1　"系统启用"对话框

任务二 设置系统参数

[任务内容]

新华公司应收款管理系统的系统参数设置如下：

单据审核日期依据"单据日期"，坏账处理方式为"应收余额百分比法"，代垫费用类型为"其他应收单"，应收账款核算模型为"详细核算"，自动计算现金折扣，应收票据直接生成收款单；受控科目制单依据"明细到单据"，非受控科目制单方式为"汇总方式"，月结前全部生成凭证，核销生成凭证，预收冲应收生成凭证，红票对冲生成凭证，单据审核后立即制单；应收款核销方式为"按单据"。其他为系统默认。

[任务要求]

会计张东明完成参数设置。

[工作示范]

教学视频
7-1-2

参数设置操作
演示

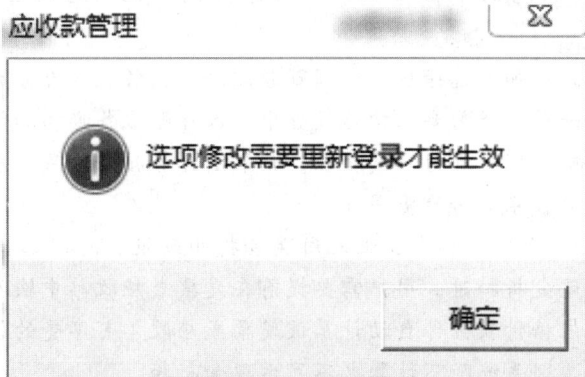

操作步骤：

（1）以操作员"03张东明"身份，操作日期为"2019-06-01"，登录企业应用平台。在"业务导航"/"业务工作"中选择"应收款管理"系统。单击"设置"/"选项"，打开"账套参数设置"对话框，单击"编辑"按钮，系统提示"选项修改需要重新登录才能生效"，如图7-2所示，单击"确定"按钮。

应收款管理

选项修改需要重新登录才能生效

确定

图7-2 选项修改提示

（2）选中"常规"页签，根据要求进行账套参数设置，如图7-3所示。

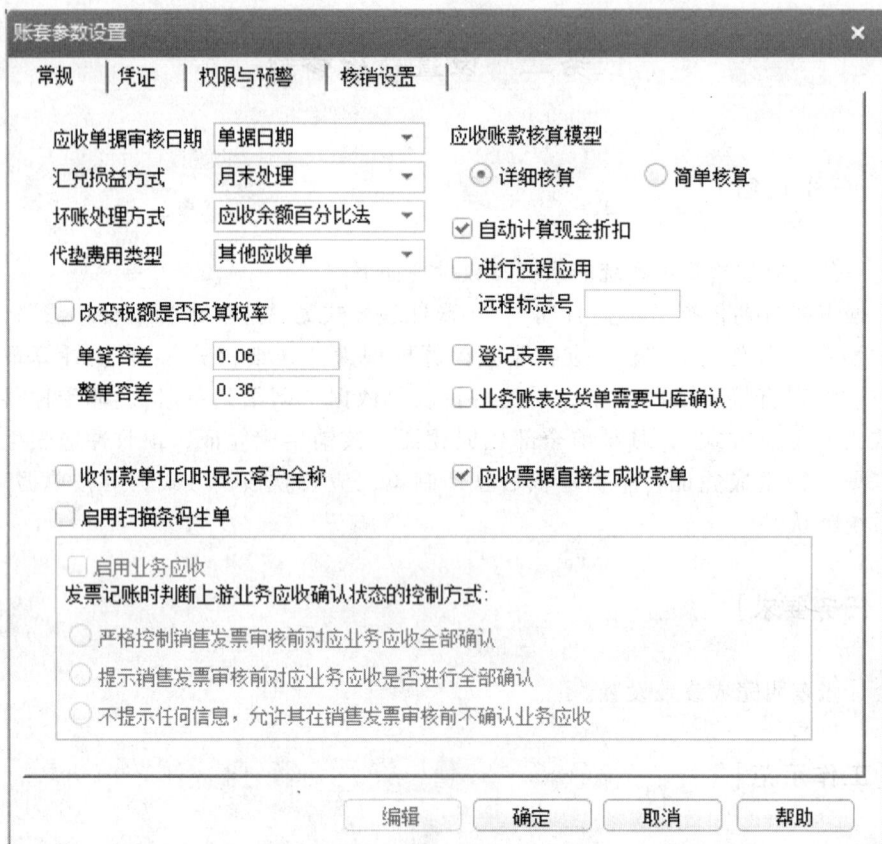

图 7-3 账套参数设置-常规

栏目说明：

①应收单据审核日期：如果选择单据日期，则进行单据审核时自动将单据的审核日期（即入账日期）记为该单据的单据日期；如果选择业务日期，则进行单据审核时自动将单据的审核日期（即入账日期）记为当前业务日期（即登录日期）。

②坏账处理方式：如果选择应收余额百分比法、销售收入百分比法、账龄分析法这三种备抵法中的一种，还需要在初始设置中录入坏账准备期初和计提比例或输入账龄区间等，并在坏账处理中进行后续处理。如果选择直接转销法，当坏账发生时，直接在坏账发生处将应收账款转为费用即可。

③自动计算现金折扣：如果企业采用现金折扣政策，可以选择自动计算现金折扣。选择自动计算现金折扣时，用户需要提前在发票或应收单中输入付款条件，在核销处理界面中系统依据付款条件自动计算该发票或应收单可享受的折扣。如果选择不自动计算现金折扣，则系统既不计算也不显示现金折扣。

④应收票据直接生成收款单：如果选择"是"，则表示应收票据保存时同时生成收款单；如果选择"否"，则表示应收票据保存后不生成收款单，需在票据界面手工点"生成收款单"按钮才可生成收款单。

（3）选中"凭证"页签，根据要求进行账套参数设置，如图 7-4 所示。

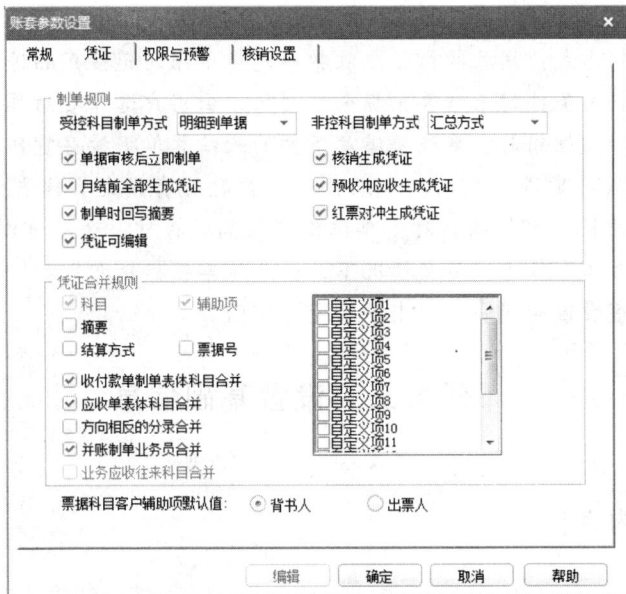

图 7-4 账套参数设置-凭证

栏目说明：

①受控科目制单方式：在将一个客户的多笔业务合并生成一张凭证时，受控于应收系统的会计科目是否合并。选择明细到客户时，如果核算多笔业务的控制科目相同，则系统自动将其合并成一条分录。选择明细到单据时，系统会将每一笔业务形成一条分录。

②非受控科目制单方式：当将一个客户的多笔业务合并生成一张凭证或将多个客户的多笔业务合并生成一张凭证时，不受控于应收系统的会计科目是否合并。

（4）选中"核销设置"页签，根据要求进行系统参数设置，如图7-5所示。

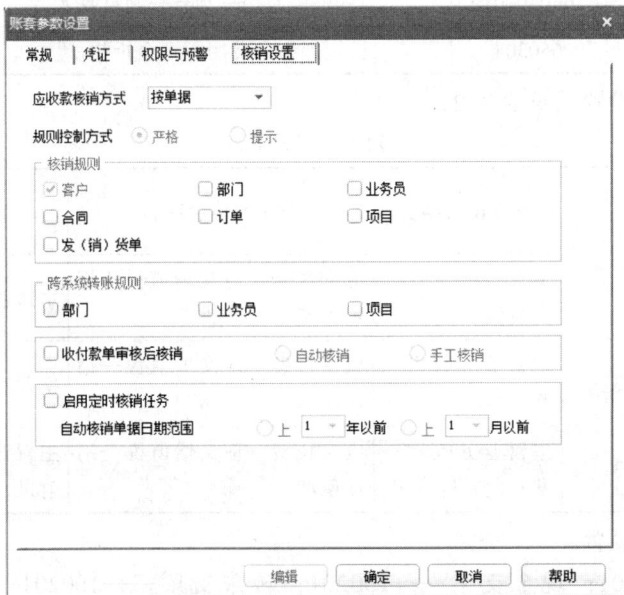

图 7-5 账套参数设置-核销设置

栏目说明:

应收款核销方式:用收款核销应收款时是按单据还是按产品进行。选择按单据核销时,系统将满足条件的未结算单据全部列出,由用户选择要结算的单据,按单据进行核销。选择按产品核销时,系统将满足条件的未结算单据按存货列出,由用户选择要结算的存货,按存货进行核销。如果企业付款时没有指定具体支付是哪个存货的款项,则可以采用按单据核销。对于单位价值较高的存货,企业可以采用按产品核销,即付款指定到具体存货上。多数情况下,企业按单据核销即可。

(5)各页签设置完成后,单击"确定"按钮。

任务三 设置基础信息

[任务内容]

1.基本科目设置(见表7-1)

表7-1　　　　　　　　　　基本科目设置

基本科目种类	科目编码	科目名称	币种
应收科目	1122	应收账款	人民币
预收科目	2203	预收账款	人民币
税金科目	22210107	应交税费—应交增值税—销项税额	人民币
商业承兑科目	1121	应收票据	人民币
银行承兑科目	1121	应收票据	人民币
票据利息科目	66030201	财务费用—利息—利息收入	人民币
现金折扣科目	660304	财务费用—现金折扣	人民币

2.对方科目设置(见表7-2)

表7-2　　　　　　　　　　对方科目设置

存货名称	增值税税率(%)	销售收入科目	应交增值税科目	销售退回科目
交换机	13	主营业务收入—交换机	应交税费—应交增值税—销项税额	主营业务收入—交换机
路由器	13	主营业务收入—路由器	应交税费—应交增值税—销项税额	主营业务收入—路由器
基站发射机	13	主营业务收入—基站发射机	应交税费—应交增值税—销项税额	主营业务收入—基站发射机

3.结算科目设置

现金——1001;现金支票——100201;转账支票——100201;委托收款——100201;商业汇票——100201;网银——100201;其他——100201。

4.坏账准备设置

提取比率为0.5%，坏账准备期初余额为454.5元，坏账准备科目为"1231坏账准备"，对方科目为"6702信用减值损失"。

5.修改销售专用发票的编号方式为"手工改动，重号时自动重取"。

6.修改销售专用发票的格式：将表头项目"销售类型"改为非必输项。

7.修改银行档案：中国农业银行企业账号定长为17位。

8.本单位开户银行：农行天山支行62284806310458899。

@ [任务要求]

会计张东明完成应收款管理系统基础信息设置。

[工作示范]

1.基本科目设置

操作步骤：

在"应收款管理"系统中，单击"设置"/"科目设置"/"基本科目"，打开"应收基本科目"页签。单击"增行"按钮，依次进行基本科目设置，结果如图7-6所示。

教学视频
7-1-3

基础信息设置
操作演示

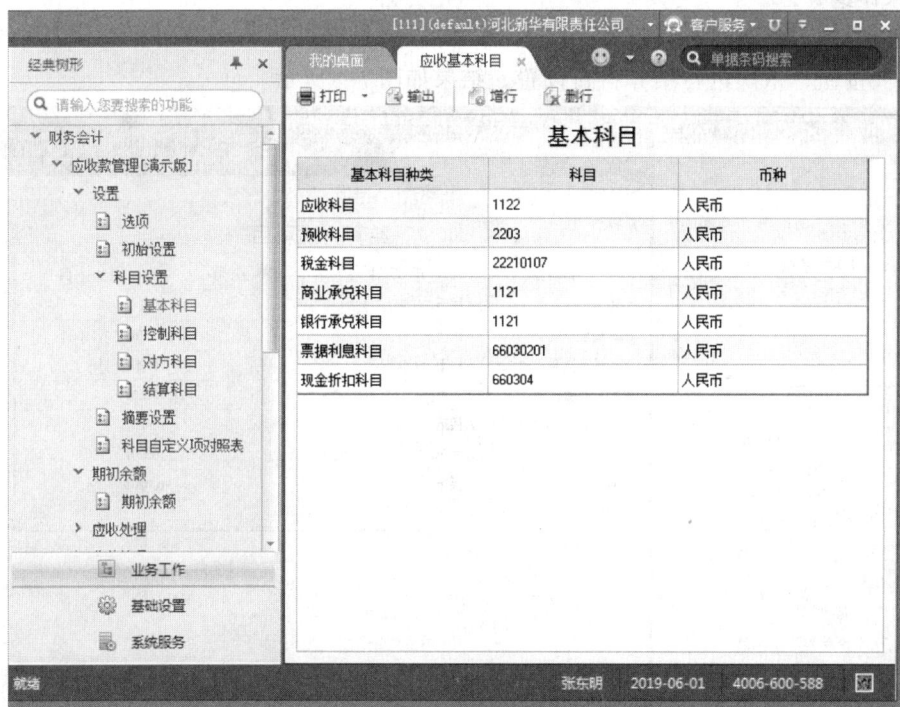

图7-6　应收基本科目页签

栏目说明：

①应收科目：输入最常用的核算赊销欠款的科目，如"应收账款"。

②预收科目：输入最常用的核算预收款的科目，如"预收账款"。

③税金科目：输入核算销项税额的科目，如"应交税费/应交增值税/销项税额"。

④商业承兑科目：输入核算商业承兑汇票的科目，如"应收票据"。

⑤银行承兑科目：输入核算银行承兑汇票的科目，如"应收票据"。

⑥票据利息科目：输入核算应收票据利息的科目，如"财务费用"。

⑦现金折扣科目：若企业在销售过程中有现金折扣业务，则输入现金折扣费用的入账科目，如"财务费用"。

2.对方科目设置

操作步骤：

单击"设置"/"科目设置"/"对方科目"，打开"应收对方科目"页签。单击"增行"按钮，依次进行对方科目设置，结果如图7-7所示。

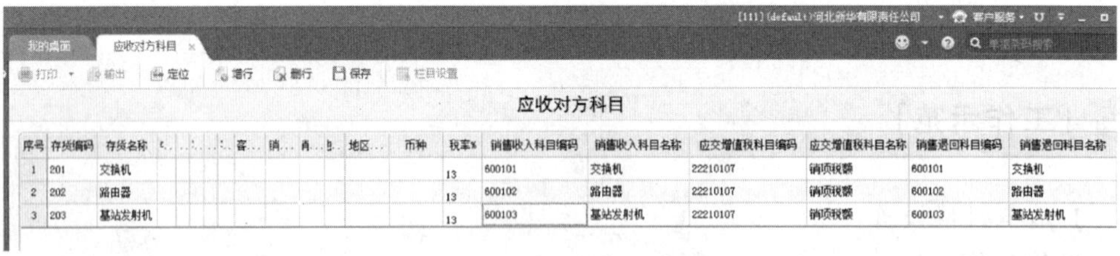

图7-7　应收对方科目页签

3.结算科目设置

操作步骤：

单击"设置"/"科目设置"/"结算科目"，打开"应收结算科目"页签。单击"增行"按钮，依次进行结算科目设置，结果如图7-8所示。

图7-8　应收结算科目页签

4.坏账准备设置

操作步骤：

（1）单击"设置"/"初始设置"，单击选中"坏账准备设置"。分别录入各项内容，如图7-9所示。

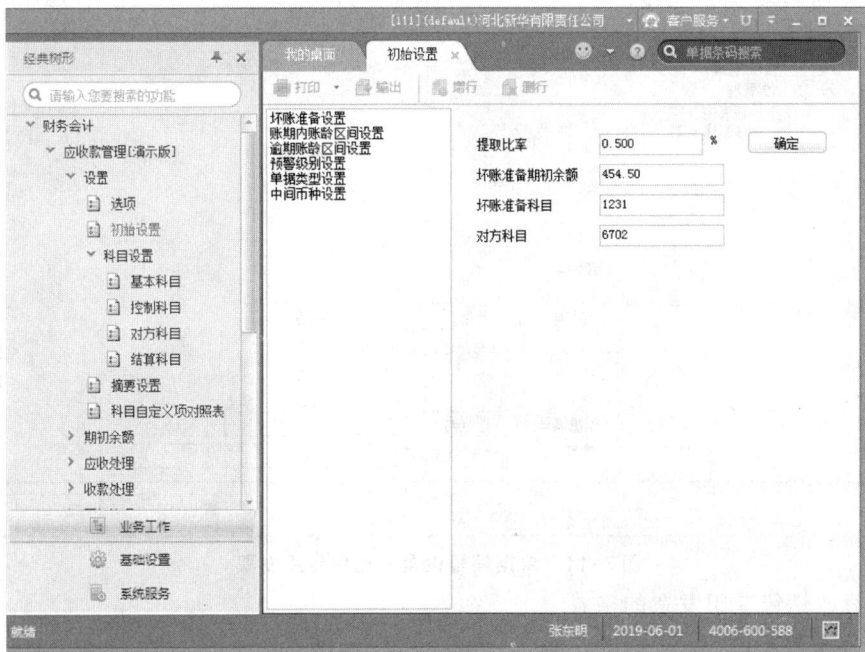

图7-9　坏账准备设置

（2）单击"确定"按钮，系统提示"储存完毕"，如图7-10所示，单击"确定"按钮。

图7-10　储存完毕提示

特别提示：

①坏账初始设置依据应收系统选项中所设置的坏账处理方式的不同而处理不同。若选项中坏账处理方式选择的是直接转销法，则本处不需要进行坏账准备设置；若选项中坏账处理方式选择的是应收余额百分比法、销售收入百分比法或账龄分析法，则本处需要录入坏账准备期初余额、坏账计提比率等信息。

②在做过任意一种坏账处理（坏账计提、坏账发生、坏账收回）后，就不能修改坏账准备数据，只允许查询。

5.修改销售专用发票的编号方式

操作步骤：

在"业务导航"中单击"基础设置"/"单据设置"/"单据编号设置"，打开"单据编号设置"对话框，在"单据类型"中选择"销售管理"/"销售专用发票"，

单击按钮 ✎ 修改，选择"手工改动，重号时自动重取"，单击按钮 🖫 保存。结果如图7-11所示。

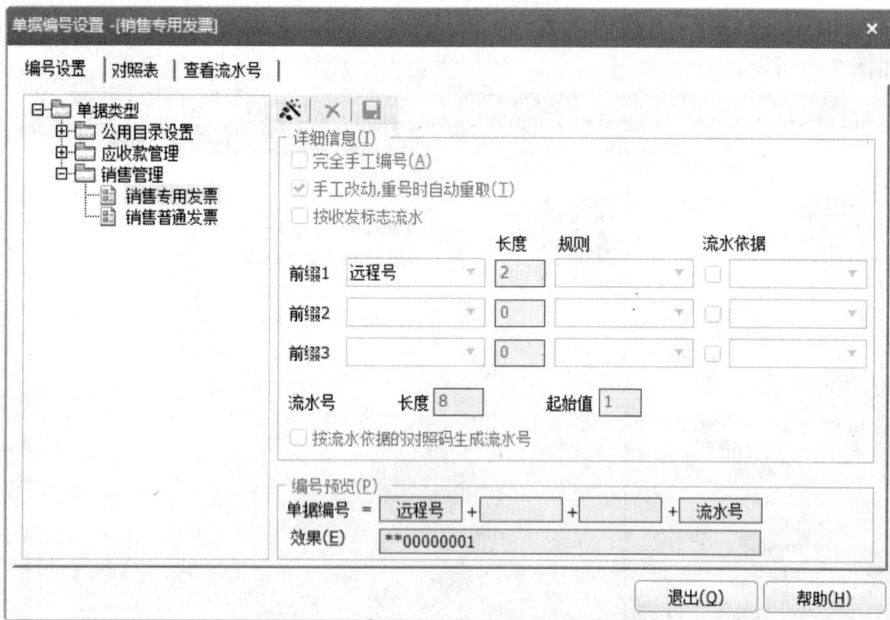

图7-11 单据编号设置－销售专用发票

6.修改销售专用发票的格式

操作步骤：

（1）在"业务导航"中单击"基础设置"/"单据设置"/"单据格式设置"，打开"单据格式设置"页签，在"U8单据目录分类"中选择"供应链"/"销售管理"/"销售专用发票"/"显示"/"销售专用发票"，调出"销售专用发票"，如图7-12所示。

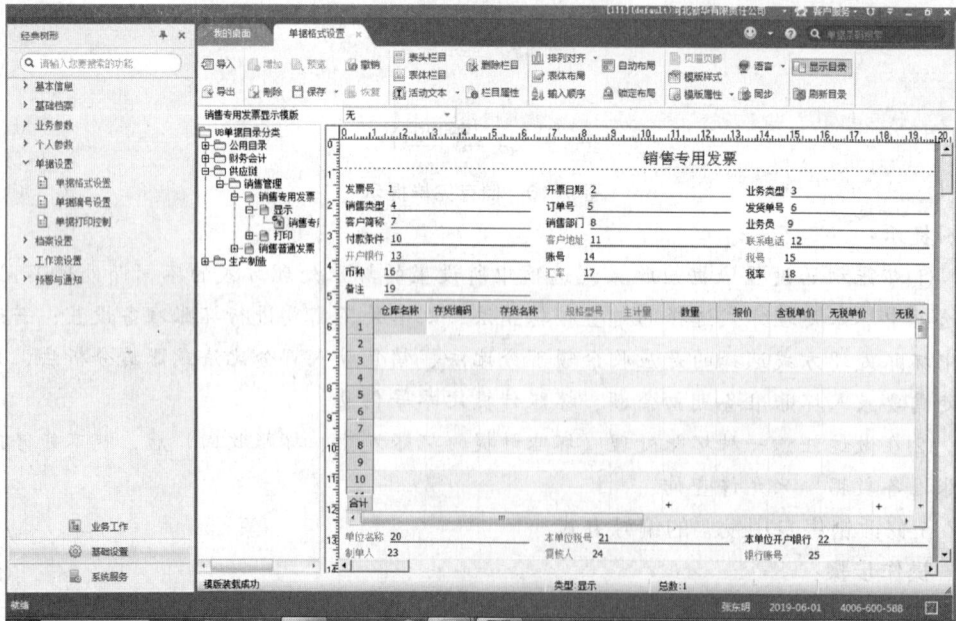

图7-12 单据格式设置－销售专用发票

（2）在表头项目中选中"销售类型"，单击"表头栏目"按钮，系统打开"表头："对话框，将"必输"复选框中的"√"去掉，结果如图7-13所示。单击"确定"按钮对设置结果进行保存。

图7-13　表头设置

7.修改银行档案

操作步骤：

在"业务导航"中单击"基础设置"/"收付结算"/"银行档案"，打开"银行档案"窗口，选中"中国农业银行"所在行后，单击"修改"按钮，系统打开"修改银行档案"对话框，将"企业账户规则"中的账号长度修改为"17"，结果如图7-14所示。单击"保存"按钮。

图7-14　修改银行档案

8.设置本单位开户银行

操作步骤：

在"业务导航"中单击"基础设置"/"收付结算"/"本单位开户银行"，打开"本单位开户银行"窗口，单击"增加"按钮，系统打开"增加本单位开户银行"对话框，录入本单位开户银行信息，结果如图7-15所示。单击"保存"按钮。

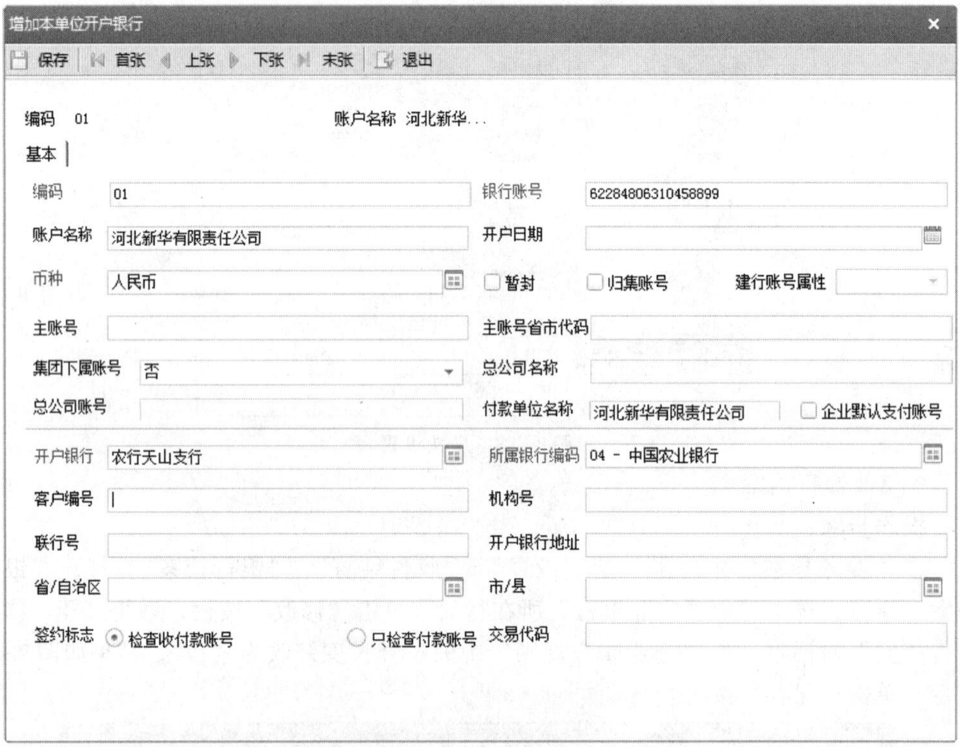

图7-15　增加本单位开户银行

任务四　录入期初余额

［任务内容］

本月有四笔期初单据需要录入：

1.2019年5月13日，向启明公司销售交换机80台，单价1 000元/台，税率13%，价税合计90 400元。增值税专用发票票号13222890。

2.2019年5月13日，向启明公司销售交换机时代垫运费500元。

3.2019年5月17日，收到亚圣公司以网银转账方式支付的基站发射机定金5 000元。

4.2019年5月24日，向亚圣公司销售路由器50台，单价200元/台，价税合计11 300元，增值税专用发票票号13222899。收到亚圣公司交来的商业承兑汇票（票号2855112217251931），票面金额11 300元，票面利率5%，到期日2019年6月24日。

@ [任务要求]

会计张东明完成应收款管理系统期初余额录入。

⚙ [知识链接]

通过期初余额功能，用户可将正式启用应收款管理系统前的所有应收业务数据录入系统中，作为期初建账的数据，系统即可对其进行管理，这样既保证了数据的连续性，又保证了数据的完整性。录入期初余额，包括未结算完的发票和应收单、预收款单据、未结算完的应收票据，以及未结算完的合同金额。期初余额录入后，可与总账系统对账，在日常业务中，可对期初发票、应收单、预收款、票据进行后续的核销、转账处理。

🖊 [工作示范]

1.期初销售发票录入

操作步骤：

（1）在应收款管理系统中，单击"期初余额"/"期初余额"，系统打开"期初余额-查询"对话框，单击"确定"按钮，打开"期初余额"页签。单击"增加"按钮，打开"单据类别"对话框，选择单据名称为"销售发票"、单据类型为"销售专用发票"、方向为"正向"，如图7-16所示。

教学视频
7-1-4

期初余额录入
操作演示

图7-16 单据类别-销售发票

（2）单击"确定"按钮，打开"期初销售发票"页签，单击"增加"按钮，输入销售专用发票信息，单击"保存"按钮，结果如图7-17所示。

2.期初应收单录入

操作步骤：

（1）单击"期初余额"/"期初余额"，系统打开"期初余额-查询"对话框，单击"确定"按钮，打开"期初余额"页签。单击"增加"按钮，打开"单据类别"对话框，选择单据名称为"应收单"、单据类型为"其他应收单"、方向为"正向"，如图7-18所示。

图 7-17　期初销售发票

图 7-18　单据类别-应收单

（2）单击"确定"按钮，打开"期初单据录入"页签，单击"增加"按钮，输入应收单信息，单击"保存"按钮，结果如图 7-19 所示。

图 7-19　期初单据录入-应收单

3.期初预收款录入

操作步骤：

（1）在期初余额录入界面，单击"增加"按钮，打开"单据类别"对话框，选择单据名称为"预收款"、单据类型为"收款单"、方向为"正向"，如图7-20所示。

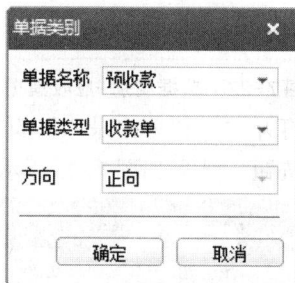

图7-20　单据类别-预收款

（2）单击"确定"按钮，打开"期初单据录入"页签，单击"增加"按钮，输入收款单信息，单击"保存"按钮，结果如图7-21所示。

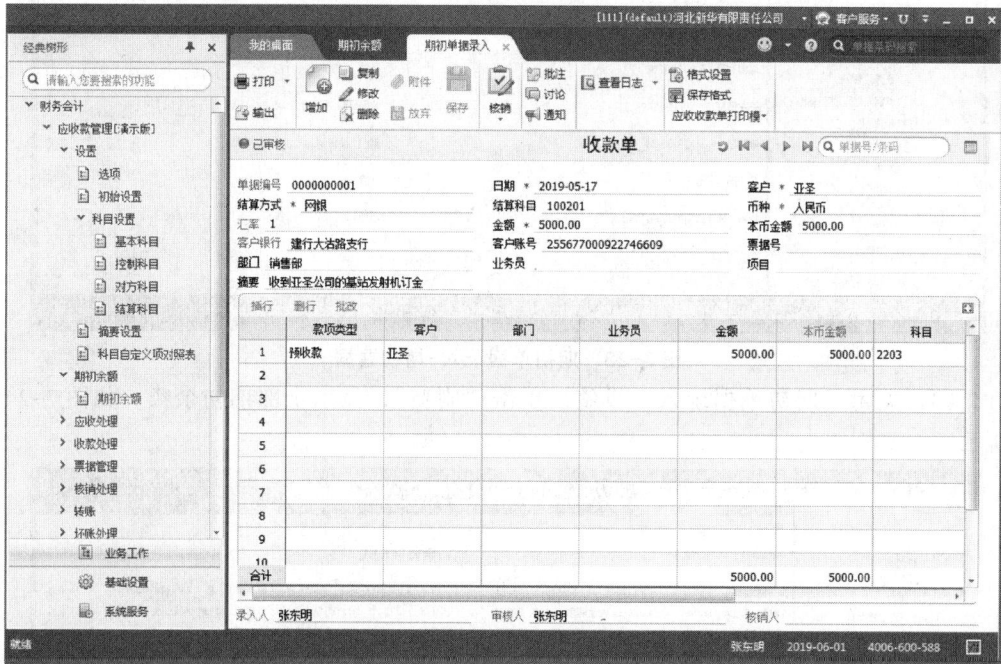

图7-21　期初单据录入-收款单

4.期初票据录入

操作步骤：

（1）在期初余额录入界面，单击"增加"按钮，打开"单据类别"对话框，选择单据名称为"应收票据"、单据类型为"商业承兑汇票"、方向默认为"正向"，如图7-22所示。

图 7-22　单据类别-应收票据

（2）单击"确定"按钮，打开"期初单据录入"页签，单击"增加"按钮，输入期初票据信息，单击"保存"按钮，结果如图 7-23 所示。

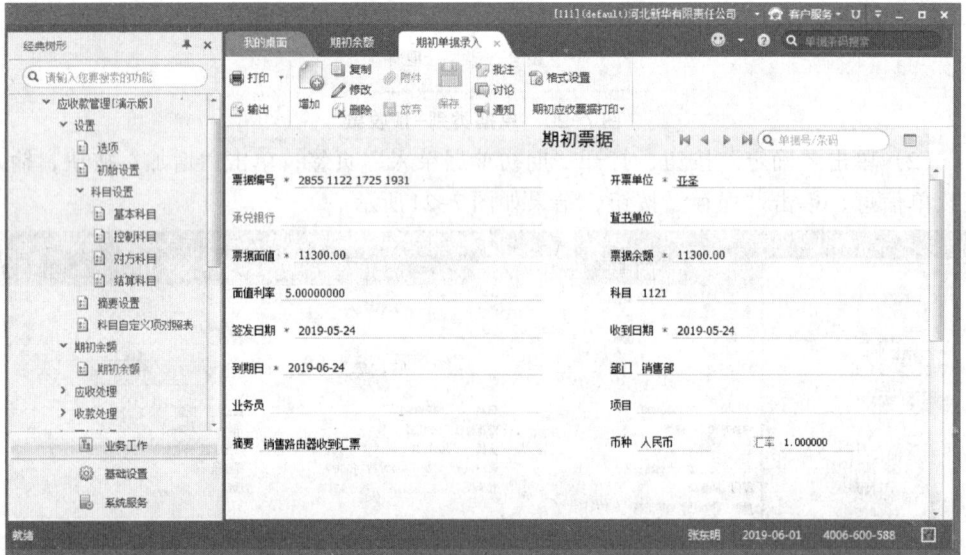

图 7-23　期初单据录入-期初票据

（3）关闭"期初单据录入"页签。单击"刷新"，显示全部期初余额，如图 7-24 所示。

图 7-24　期初余额明细表

（4）单击"对账"按钮，将应收系统与总账系统进行期初对账，如图7-25所示。

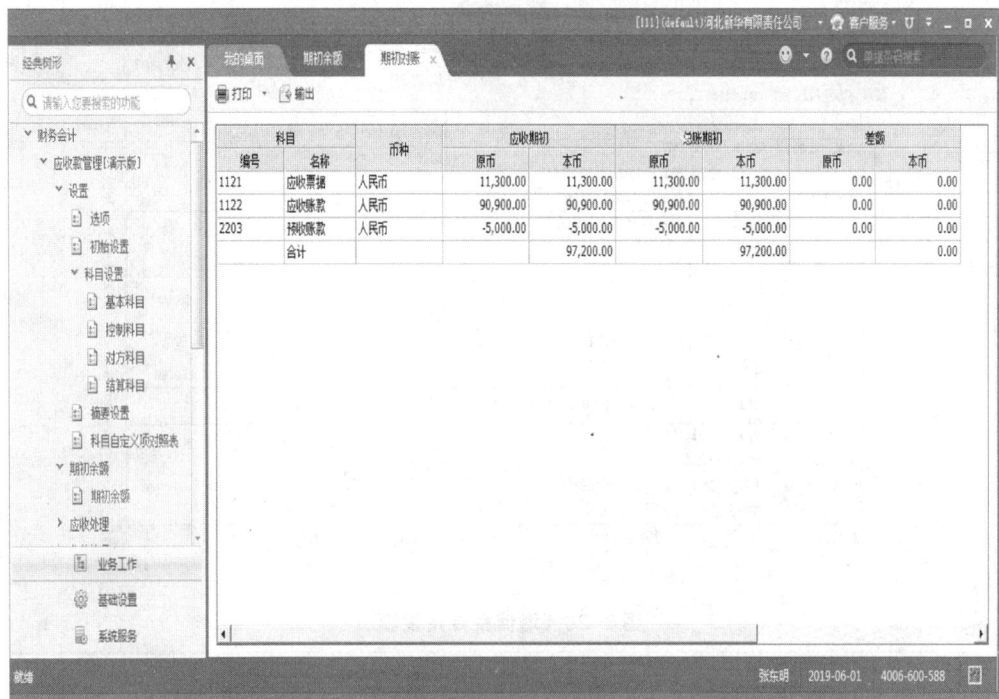

图7-25 期初对账

特别提示：

①发票和应收单的方向包括正向和负向，类型包括系统预置的各类型及用户定义的类型。如果是预收款和应收票据，则不用选择方向，系统均默认为正向。

②期初单据中的科目栏目，用于输入该笔业务的入账科目，该科目可以为空，但最好录入科目信息，这样不仅可以执行与总账的对账功能，而且可以查询正确的科目明细账。

③录入的期初单据日期必须早于该系统启用期间（第一年使用）或者该年度会计期初（以后年度使用）。

学习子情境二 应收款管理日常业务处理

任务一 应收单据处理

[任务内容]

新华公司6月份发生如下应收款业务：

1.6月5日，新华公司向上海亚圣股份公司售出交换机50台，不含税单价1 100元/台，税率13%，价税款合计62 150元，开出增值税专用发票，货已发出，货税款尚未收到。原始单据如图7-26、图7-27所示。

1300151140　　河北 增值税专用发票　　№ 65405207　1300151140 65405207

机器编号：982888812288　　此联不作报销、扣税凭证使用　　开票日期：2019年06月05日

购买方	名　　称：上海亚圣股份公司 纳税人识别号：668904500665676 地址、电话：上海市大沽路333号　021-56836335 开户行及账号：建行大沽路支行255677000922746609	密码区	172312-4-275＜1+46*54* 82*59* 181321＞＜8182*59*09618153＜/ ＜4＜3*2702-9＞9*+153＜/0 ＞2-3 *08/4＞*＞＞2-3*0/9/＞＞25-275＜1

货物或应税劳务、服务名称	规格型号	单位	数量	单价	金额	税率	税额
*货物*交换机		台	50	1,100.00	55,000.00	13%	7,150.00
合　　计					¥55,000.00		¥7,150.00
价税合计（大写）	⊗陆万贰仟壹佰伍拾元整				（小写）¥62,150.00		

销售方	名　　称：河北新华有限责任公司 纳税人识别号：05001133022889 地址、电话：石家庄市新华区友谊大街99号85327111 开户行及账号：农行天山支行62284806310458899	备注	校验码 52118 09817 08248 45134

收款人：　　复核：李明轩　　开票人：孙丹丹　　销售方：（章）

税总函[2016]××号××××公司

第一联：记账联　销售方记账凭证

图 7-26　增值税专用发票

出　库　单　　No. 42684592

购货单位：上海亚圣股份公司　　2019 年 06 月 05 日

编　号	品　名	规　格	单位	数　量	单　价	金　额	备　注
1	交换机		台	50			
合		计					

仓库主管：赵达　　记账：　　保管：　　经手人：　　制单：李振东

第一联　存根联

图 7-27　出库单

2.6月8日，向上海亚圣股份公司售出基站发射机10架，不含税单价8 000元/台，税率13%，价税款合计90 400元，同时以现金代垫运费400元，开出增值税专用发票，货已发出，货税款尚未收到。原始单据如图7-28、图7-29、图7-30所示。

3.6月10日，新华公司向北京启明有限公司售出路由器100台，单价200元/台，税率13%，价税款合计22 600元，开出增值税专用发票（发票号65405209）货已发出，货税款尚未收到。（增值税专用发票和出库单略）

4. 6月11日，新华公司向北京启明有限公司售出基站发射机5台，单价8 000元/台，税率13%，价税款合计45 200元，开出增值税专用发票（发票号65405210），货已发出，货税款尚未收到。（增值税专用发票和出库单略）

1300151140　　**河北　增值税专用发票**　　№ 65405208　1300151140　65405208

此联不作报销、扣税凭证使用

机器编号：982888812388　　开票日期：2019年06月08日

购买方	名　　称：上海亚圣股份公司 纳税人识别号：668904500665676 地 址、电 话：上海市大沽路333号　021-56836335 开户行及账号：建行大沽路支行2556770009227466609	密码区	172312-4-275＜1+46*54* 82*59* 181321＞＜8182*59*09618153＜/ ＜4＜3*2702-9＞9*+153＜/0 ＞2-3 *08/4＞*＞＞2-3*0/9/＞＞25-275＜1

货物或应税劳务、服务名称	规格型号	单位	数量	单价	金额	税率	税额
*货物*基站发射机		架	10	8,000.00	80,000.00	13%	10,400.00
合　计					¥80,000.00		¥10,400.00
价税合计（大写）	⊗ 玖万零肆佰元整				（小写）¥90,400.00		

销售方	名　　称：河北新华有限责任公司 纳税人识别号：05001133022889 地 址、电 话：石家庄市新华区友谊大街99号85327111 开户行及账号：农行天山支行6228480631045889	备注	校验码 52118 09817 08248 75157

收款人：　　复核：李明轩　　开票人：孙丹丹　　销售方：（章）

税总函[2016]××号××××公司　　第一联：记账联　销售方记账凭证

图7-28　增值税专用发票

出　　库　　单　　No. 66923803

购货单位：上海亚圣股份公司　　2019 年 06 月 08 日

编　号	品　　名	规　格	单位	数　量	单　价	金　　额	备　注
1	基站发射机		架	10			
合				计			

仓库主管：赵达　　记账：　　保管：　　经手人：　　制单：李振东

第一联　存根联

图7-29　出库单

运费垫支凭证

2019年 06月08日　　现金付讫

收货单位	运单号	货物名称	发运数量	运费	保险费	其他	金额合计	经手人
上海亚圣股份公司		基站发射机	10	¥400			¥400	李振东
合 计							¥400	

图7-30　费用垫支凭证

5. 6月13日，新华公司11日向北京启明公司出售的基站发射机因存在质量问题，对方要求退回2台；新华公司开出红字增值税专用发票。原始单据如图7-31、图7-32所示。

1300151140　　**河北　增值税专用发票**　　№ 65405211　1300151140 65405211

此联不作报销、扣税凭证使用

机器编号：982888812396　　开票日期：2019年06月13日

购买方	名　　称：北京启明有限公司 纳税人识别号：224500896569006 地 址、电 话：北京市王府井大街266号　01060658754 开户行及账号：工行光华路分理处112589336734000465	密码区	172312-4-275<1+46*54* 82*59* 181321><8182*59*09618153</ <4<3*2702-9>9*+153</0>2-3 *08/4>*>>2-3*0/9/>>25-275<1

货物或应税劳务、服务名称	规格型号	单位	数量	单价	金额	税率	税额
*货物*基站发射机		架	2	8,000.00	-16,000.00	13%	-2,080.00
合　　计					¥-16,000.00		¥-2,080.00
价税合计（大写）	⊗（负数）壹万捌仟零捌拾元整				（小写）¥-18,080.00		

销售方	名　　称：河北新华有限责任公司 纳税人识别号：05001133022889 地 址、电 话：石家庄市新华区友谊大街99号85327111 开户行及账号：农行天山支行62284806310458899	备注	校验码 52118 02817 08248 53187

收款人：　　复核：李明轩　　开票人：孙丹丹　　销售方：（章）

税总函[2016]××号××××公司

第一联：记账联　销售方记账凭证

图7-31　增值税专用发票

退　库　单

No. 80537001

2019 年 06 月 13 日

购货单位：北京启明有限公司

编号	品名	规格	单位	数量	单价	金额	备注
	基站发射机		架	2			
合			计				

仓库主管：赵达　　记账：　　保管：　　经手人：李振东　　制单：李振东

第一联　存根联

图7-32　退库单

[任务要求]

会计张东明完成应收单据处理。

[知识链接]

教学视频 7-2-1

应收债权确认了——应收单据处理

应收款项是指企业因销售商品、提供劳务等发生的应向有关债务人收取的款项。销售发票和应收单是最常见的、能证明应收款项发生的单据。在U8系统中，首先需要录入销售发票或应收单，然后对销售发票或应收单进行审核，系统用审核来确认应收业务的成立，并登记应收明细账。U8系统提供的审核有三层含义，一是确认应收账款，二是对单据输入的正确与否进行审查，三是对应收单据进行记账。

[工作示范]

1.业务1应收单据处理（销售专用发票）

操作步骤:

（1）在应收款管理系统中，单击"应收处理"/"销售发票"/"销售专用发票录入"，打开"销售发票"页签。

（2）单击"增加"按钮，依次输入各个项目，输入后，单击"保存"按钮，结果如图7-33所示。

教学视频
7-2-2

应收单据处理
操作演示

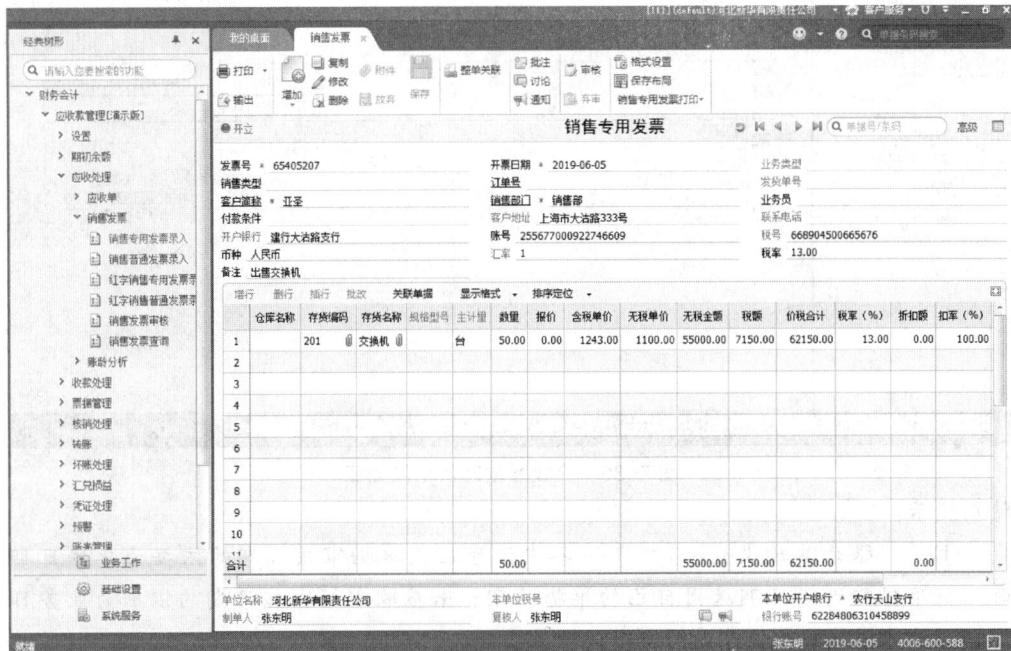

图7-33　销售发票-销售专用发票

（3）单击"审核"按钮，对销售专用发票进行审核。系统提示"是否立即制单?"，如图7-34所示。

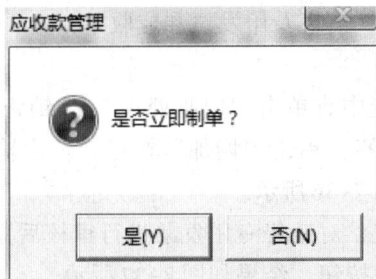

图7-34　制单提示

（4）单击"是"，打开"填制凭证"页签，修改凭证类别和附单据数后，单击"保存"按钮，系统保存自动生成的凭证，结果如图7-35所示。

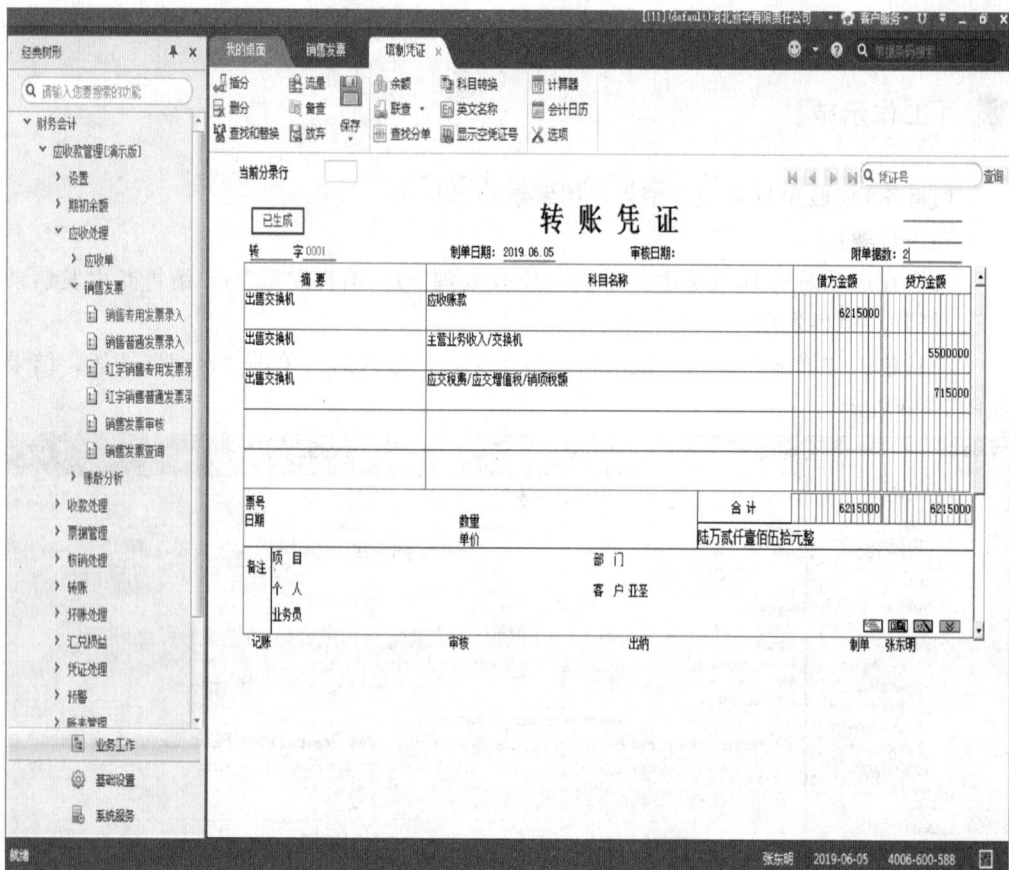

图 7-35 应收账款确认记账凭证

特别提示：

①当"账套参数设置-常规"页签中设置应收单据审核日期的依据为单据日期时，该单据的入账日期选用自己的单据日期；若应收单据审核日期的依据为业务日期，则该单据的入账日期选用当前的登录日期。

②因为在"账套参数设置-凭证"页签中已自动勾选"单据审核后立即制单"，所以应收单据审核后系统提示"是否立即制单"。选择立即制单，则系统打开凭证卡片；选择不立即制单，以后需要在"凭证处理"中统一制单。

2.业务2应收单据处理（销售专用发票和应收单）

操作步骤：

（1）在应收款管理系统中，单击"应收处理"/"销售发票"/"销售专用发票录入"，打开"销售发票"页签。单击"增加"按钮，依次输入各个项目，输入后，单击"保存"按钮，结果如图7-36所示。

（2）单击"审核"按钮，对销售专用发票进行审核后立即制单，修改凭证类别和附单据数后，单击"保存"按钮，结果如图7-37所示。

（3）单击"应收处理"/"应收单"/"应收单录入"，打开"应收单录入"页签。单击"增加"按钮，依次输入各个项目，输入后，单击"保存"按钮，结果如图7-38所示。

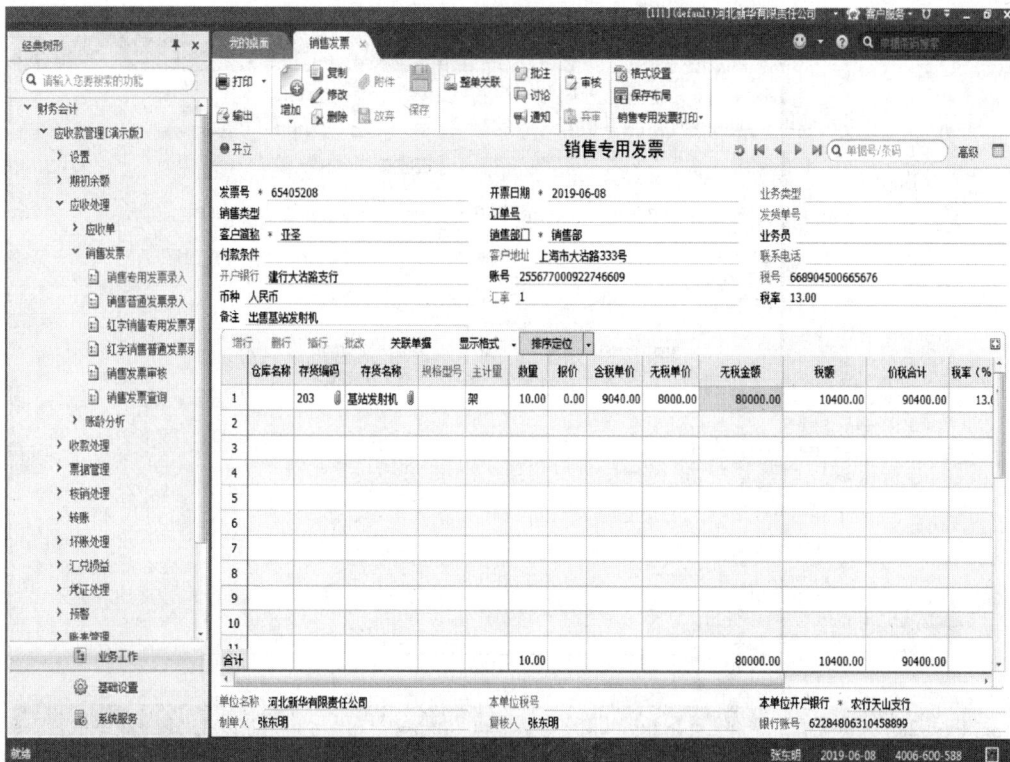

图 7-36 销售发票-销售专用发票

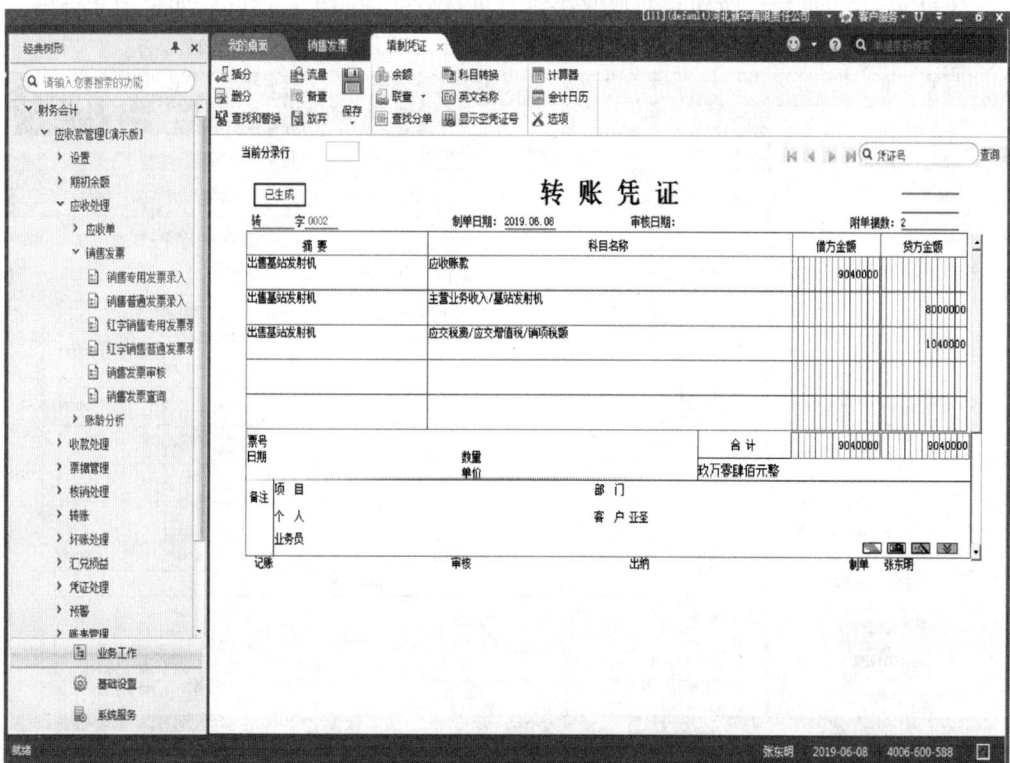

图 7-37 应收账款确认记账凭证

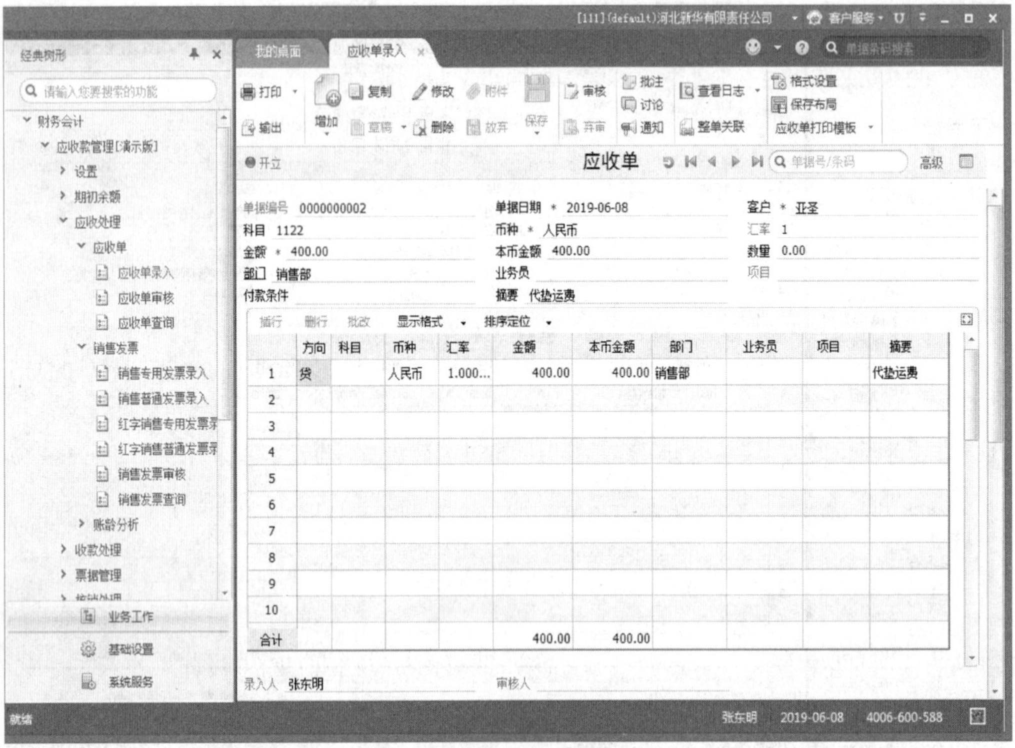

图 7-38 应收单

（4）单击"审核"按钮，对应收单进行审核后立即制单，修改凭证类别并将第二行分录的会计科目补充完整，单击"保存"按钮，结果如图 7-39 所示。

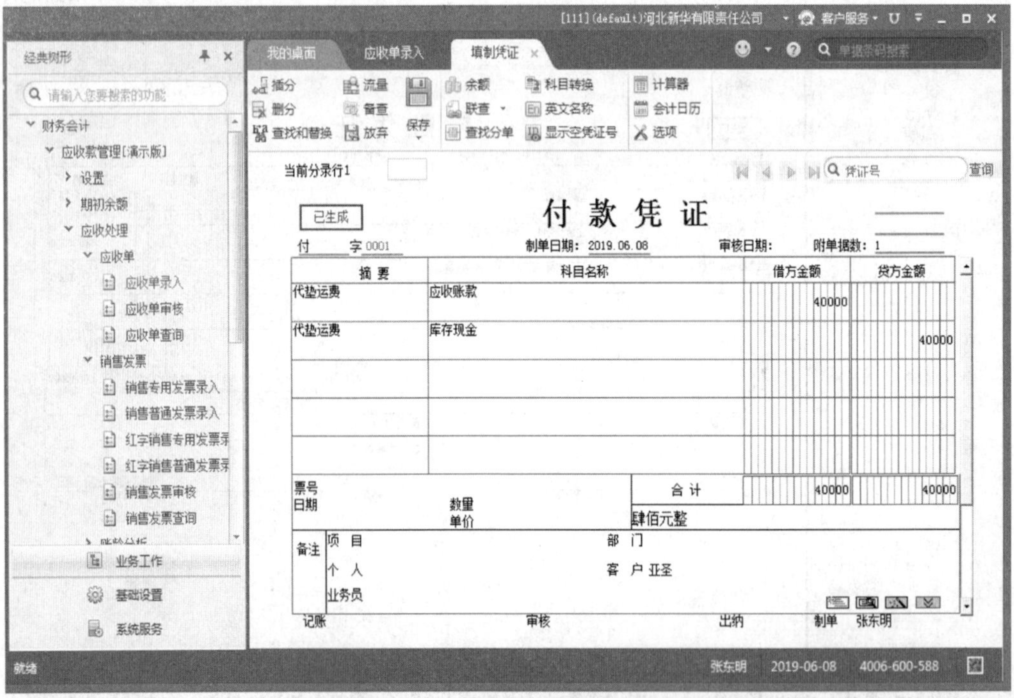

图 7-39 应收账款确认记账凭证

3.业务3应收单据处理（销售专用发票）

操作步骤：

（1）在应收款管理系统中，填制销售专用发票并审核，结果如图7-40所示。

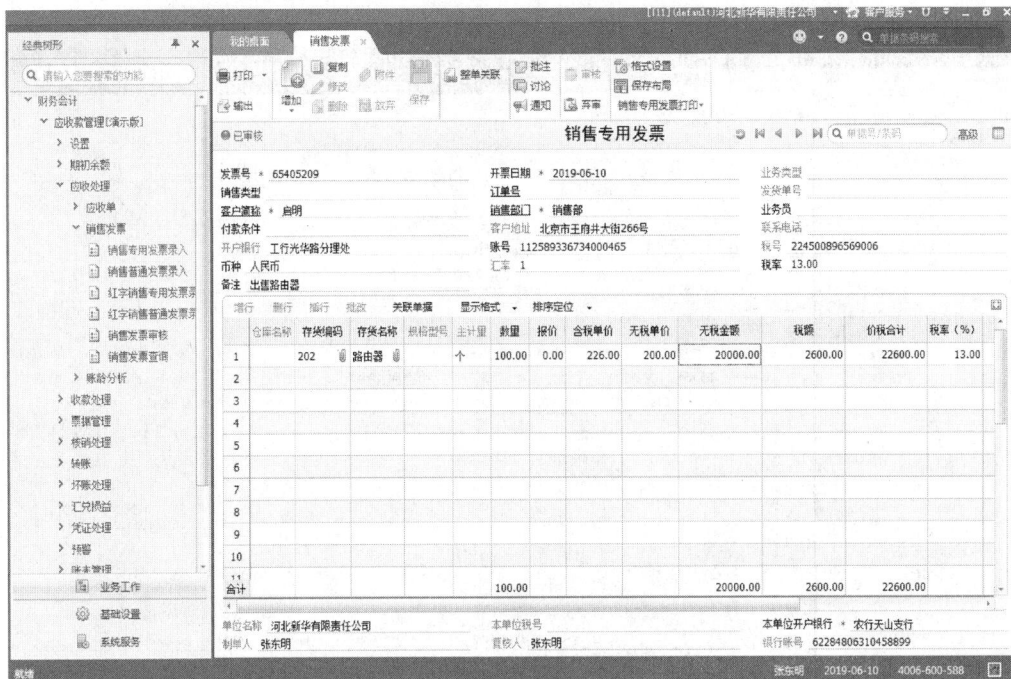

图7-40 销售发票-销售专用发票

（2）保存系统自动生成的凭证，结果如图7-41所示。

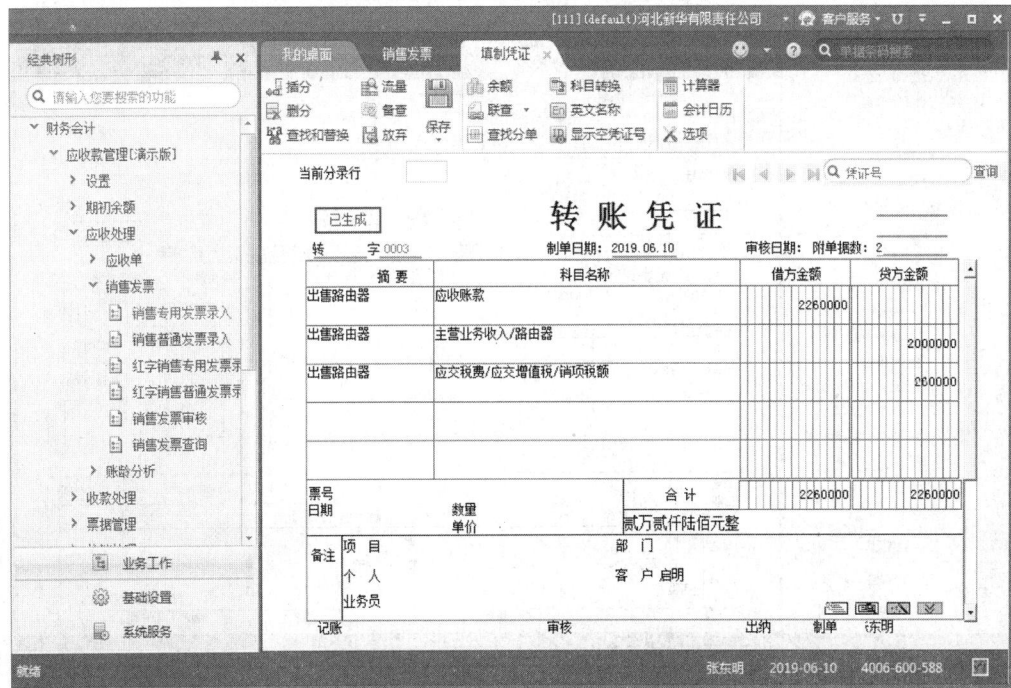

图7-41 应收账款确认记账凭证

4.业务4应收单据处理（销售专用发票）

操作步骤：

在应收款管理系统中，填制、审核销售专用发票并保存系统自动生成的凭证，结果如图7-42、图7-43所示。

图7-42　销售发票-销售专用发票

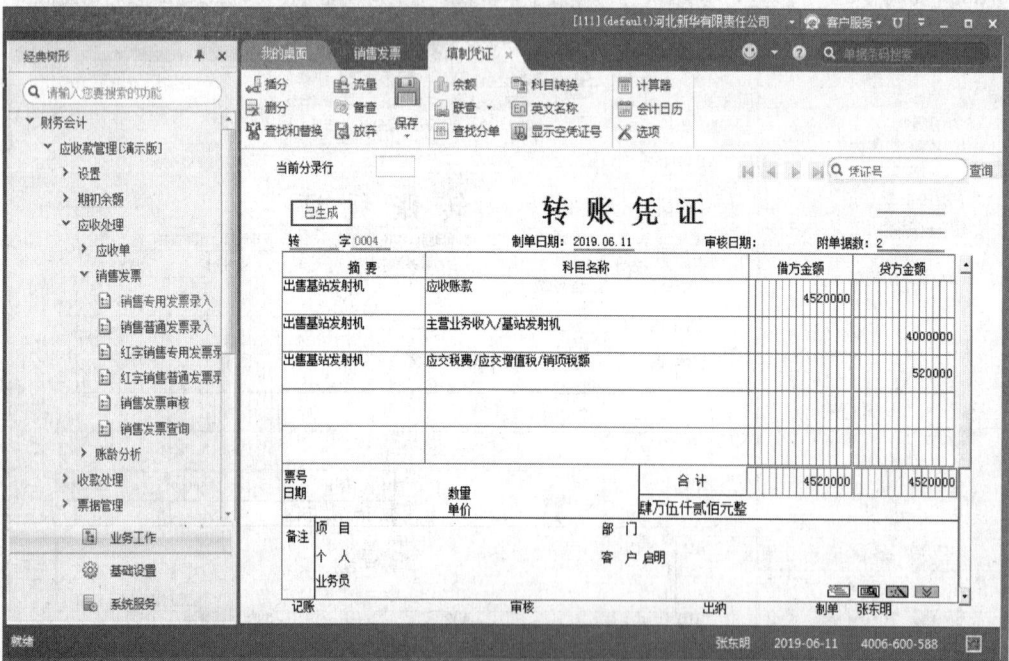

图7-43　应收账款确认记账凭证

5. 业务 5 应收单据处理（红字销售专用发票）

操作步骤：

在应收款管理系统中，单击"应收处理"/"销售发票"/"红字销售专用发票录入"，打开"销售发票"页签。填制、审核红字销售专用发票并保存系统自动生成的凭证，结果如图7-44、图7-45所示。

图7-44　销售发票-红字销售专用发票

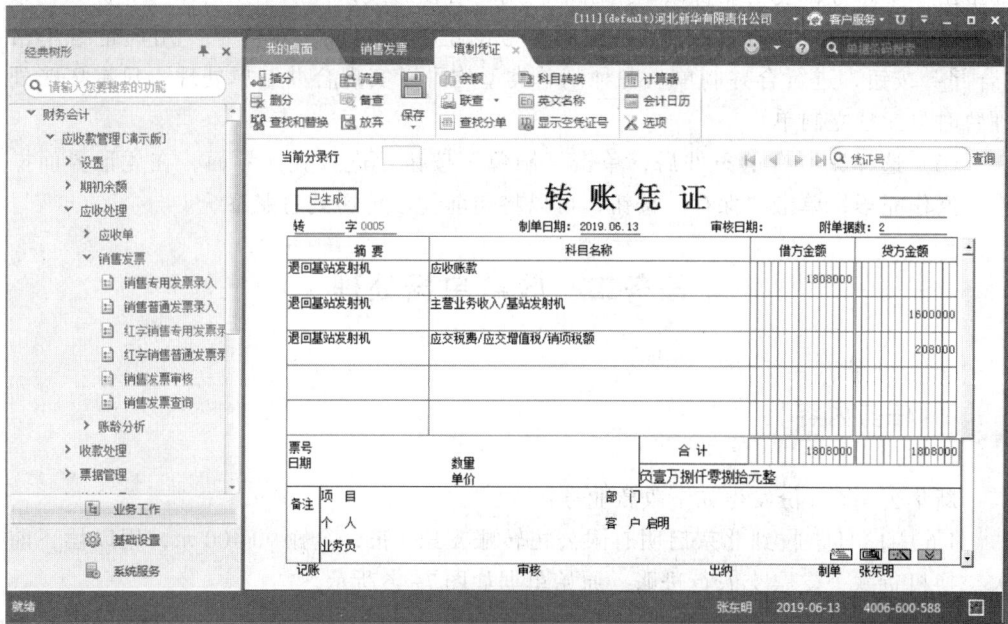

图7-45　应收账款冲销记账凭证

[技能拓展]

1.批量审核应收单据

对于销售发票和应收单等应收单据，系统提供了手工审核和批量审核的功能。进行批量审核时，在"应收处理"下选择"应收单"/"应收单审核"或"销售发票"/"销售发票审核"进入单据列表界面，可以使用快捷条件进行查询，也可以输入过滤条件进行选择。在列表标题列头打勾将所有要审核的单据选中，然后单击工具栏中的审核按钮，将当前选中的单据全部审核。批审完成后，系统提交单据批审报告，显示成功审核的张数以及未成功审核的单据张数。

2.批量生成记账凭证

系统在各个业务处理的过程中都提供了实时制单的功能；除此之外，系统提供了一个统一制单的平台，用户可以在此快速、成批生成凭证，并可依据规则进行合并制单等处理。操作步骤如下：

（1）选择"凭证处理"/"生成凭证"，打开"制单查询"对话框。

（2）单击左边选择需要制单的"单据类型"（单据类型包括发票、出口发票、应收单、合同结算单、收付款单、核销、票据处理、并账、现结、坏账处理、转账、汇兑损益），单击"确定"按钮后，系统会将符合条件的所有未制单已经记账的单据全部列出。

（3）输入制单日期，并在"凭证类别"栏目处选择凭证类别。

（4）选择要进行制单的单据，在"选择标志"一栏处双击，系统会在双击的栏目处给出一个序号，表明要将该单据制单。用户可以修改系统所给出的序号。例如，系统给出的序号为1，可以改为2。相同序号的记录会制成一张凭证。用户也可单击"合并"按钮，进行合并制单。各种制单类型均可以实现合并制单处理，只有坏账处理暂时只能独立制单。

（5）选择完所有的条件后，单击"制单"按钮，进入凭证界面，在凭证界面操作。操作完毕，单击"保存"按钮，可以将当前凭证传递到总账系统。

任务二　收款单据处理

[任务内容]

新华公司6月份发生如下收款业务：

1.6月13日，收到北京启明有限公司转账支票1张，金额90 400元，用以偿还前欠交换机货款，支票交农行进账。原始单据如图7-46所示。

中国农业银行 进账单（收账通知） 3

2019 年 06 月 13 日　　№ 75723863

出票人	全称	北京启明有限公司	收款人	全称	河北新华有限责任公司
	账号	112589336734000465		账号	62284806310458899
	开户银行	工行光华路分理处		开户银行	农行天山支行
金额	人民币（大写）	玖万零肆佰元整		亿千百十万千百十元角分	¥9040000
票据种类	转账支票	票据张数 1			
票据号码	3077675500301122				
复核	记账		农行天山支行 2019.06.13 转讫	收款人开户银行签章	

此联是收款人开户银行交给收款人的收账通知

图7-46 进账单

2\. 6月17日，收到亚圣公司以网银转账方式支付的基站发射机货款余额和运费85 800元。原始单据如图7-47所示。

中国农业银行 网上银行电子回单

电子回单号码：88900224511

付款人	户名	上海亚圣股份公司	收款人	户名	河北新华有限责任公司
	账号	255677000922746609		账号	62284806310458899
	开户银行	建行大沽路支行		开户银行	农行天山支行
金额		人民币（大写）：捌万伍仟捌佰元整			¥85,800.00 元
摘要		货款和运费		业务种类	
用途					
交易流水号		62344453848311		时间戳	2019-06-17
		备注：			中国农业银行 石家庄天山支行 2019.06.17 业务受理专用章
		验证码：67521614			
记账网点	153	记账柜员	732	记账日期	2019年06月17日

打印日期：2019年06月17日

图7-47 网银转账电子回单

3.6月18日，收到上海亚圣股份公司以网银转账方式支付的货款65 000元，其中62 150元为前欠交换机货款，2 850元为预收账款。（网银转账电子回单略，电子回单号码88901145223）

@ [任务要求]

会计张东明完成收款单据处理。

◎ [知识链接]

教学视频
7-2-3

应收债权收回
了——收款单
据处理

　　收款单据处理主要是对结算单据，如收款单、付款单（即红字收款单）进行管理，包括收款单、付款单的录入、审核。应收系统的收款单用来记录企业所收到的客户款项，款项性质包括应收款、预收款、销售定金、现款结算、其他费用等。其中，应收款、预收款性质的收款单将与发票、应收单、付款单进行核销勾对。应收系统付款单用来记录发生销售退货时，企业开具的退付给客户的款项。该付款单可与应收、预收性质的收款单、红字应收单、红字发票进行核销。

✎ [工作示范]

1.业务1收款单据处理（应收款）

操作步骤：

教学视频
7-2-4

收款单据处理
操作演示

（1）在应收款管理系统中，单击"收款处理"/"收款单据录入"，打开"收款单据录入"页签。

（2）单击"增加"按钮，依次输入各个项目，输入后，单击"保存"按钮，结果如图7-48所示。

图7-48　收款单

（3）单击"审核"按钮，对收款单进行审核。系统提示"是否立即制单?"，如图7-49所示。

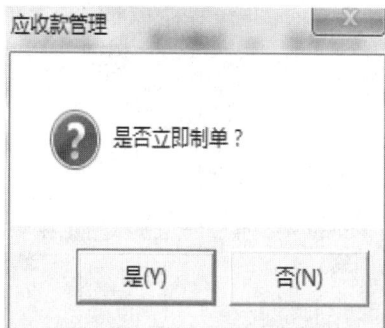

图 7-49　制单提示

（4）单击"是"，打开"填制凭证"页签，修改凭证类别和附单据数后，单击"保存"按钮，系统保存自动生成的凭证，结果如图7-50所示。

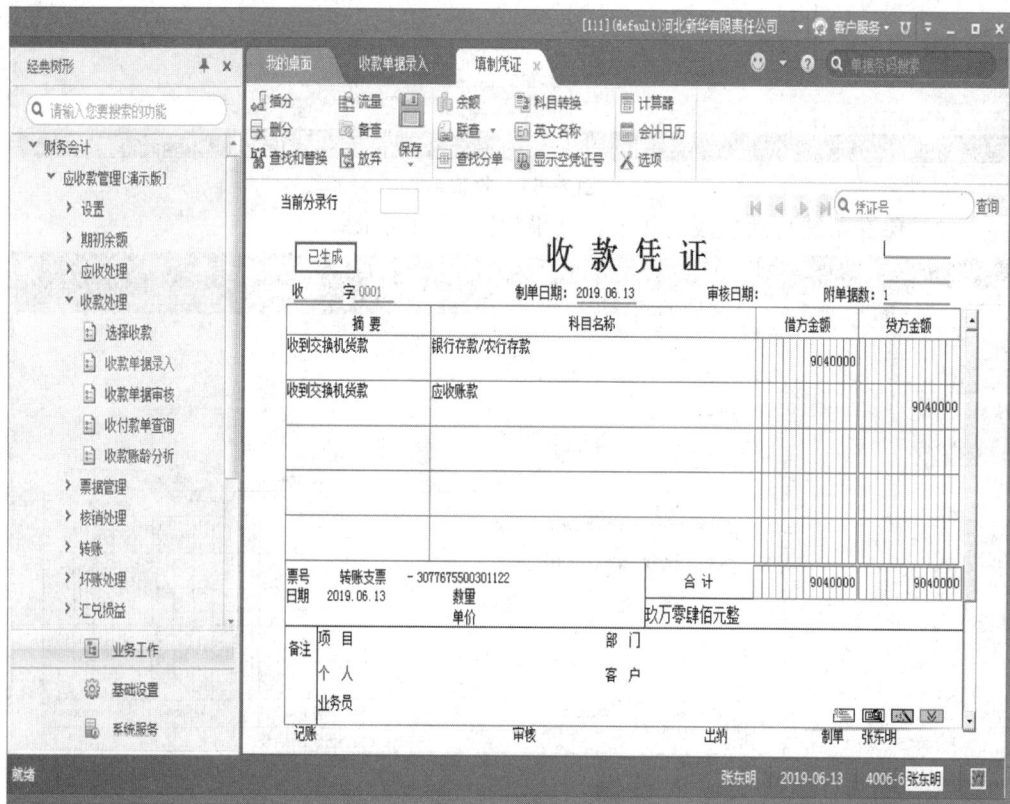

图 7-50　收款确认记账凭证

2.业务2收款单据处理（应收款）

操作步骤:

（1）在应收款管理系统中，填制收款单并审核，结果如图7-51所示。

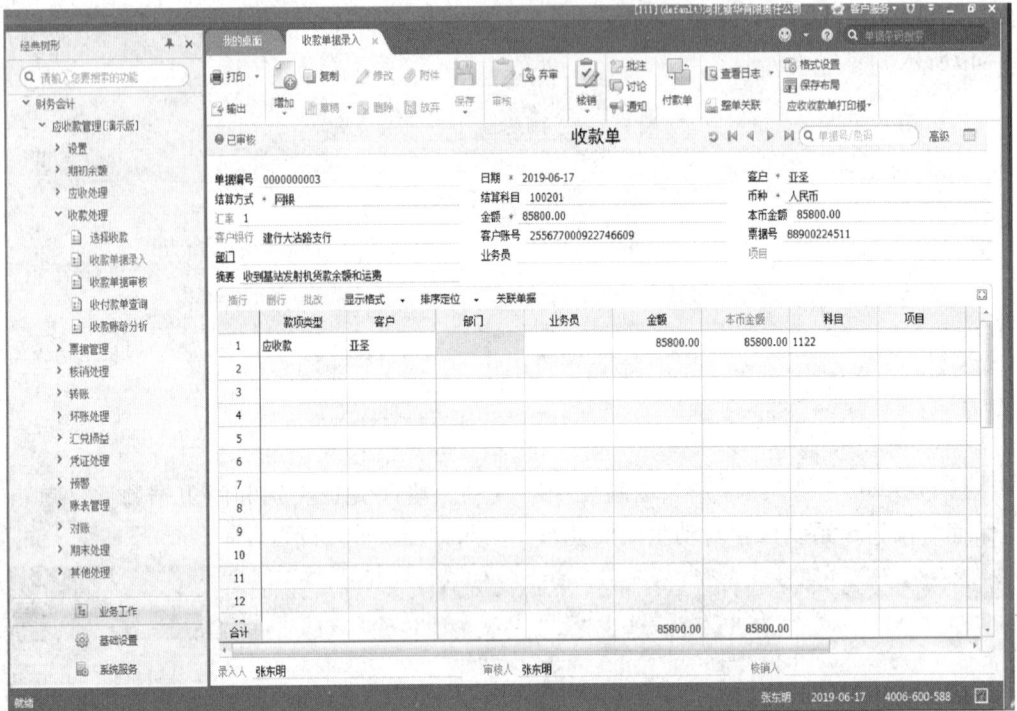

图 7-51　收款单

（2）保存系统自动生成的凭证，结果如图 7-52 所示。

图 7-52　收款确认记账凭证

3.业务 3 收款单据处理（应收款和预收款）

操作步骤：

（1）在应收款管理系统中，填制收款单并审核，结果如图 7-53 所示。

图7-53　收款单

特别提示：

注意收款单表体中款项类型的选择。若选择表体记录的款项类型为应收款，则该款项性质为冲销应收款；若选择表体记录的款项类型为预收款，则该款项用途为形成预收款；若选择表体记录的款项类型为其他费用，则该款项用途为其他费用。

（2）保存系统自动生成的凭证，结果如图7-54所示。

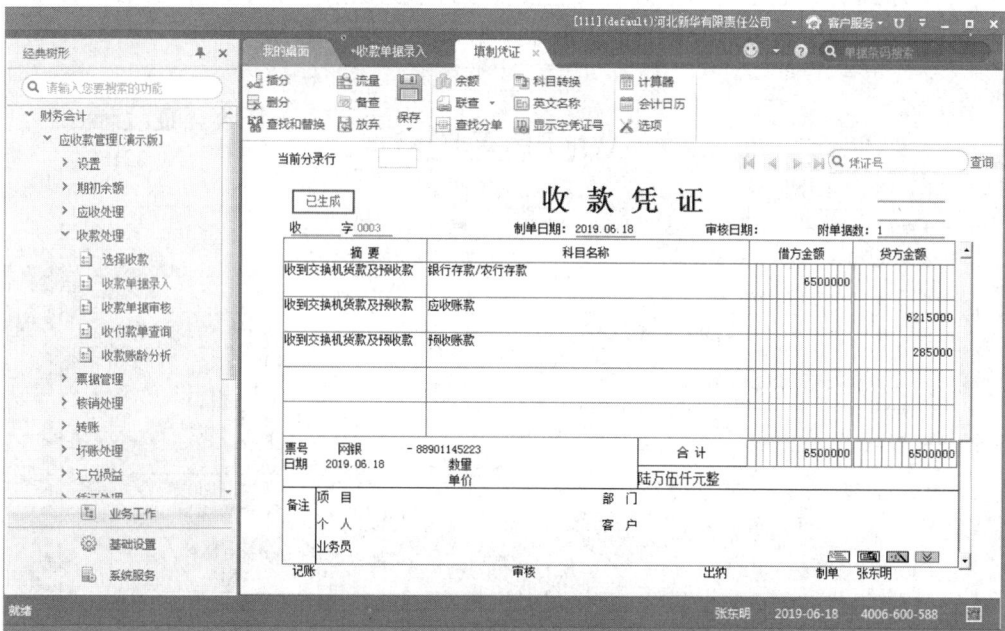

图7-54　收款确认记账凭证

任务三 票据管理

[任务内容]

新华公司6月份发生如下票据管理业务：

1.6月19日，收到北京启明有限公司交来的两个月期限的无息银行承兑汇票一张，面值22 600元，用于偿还路由器购置货款。原始单据如图7-55所示。

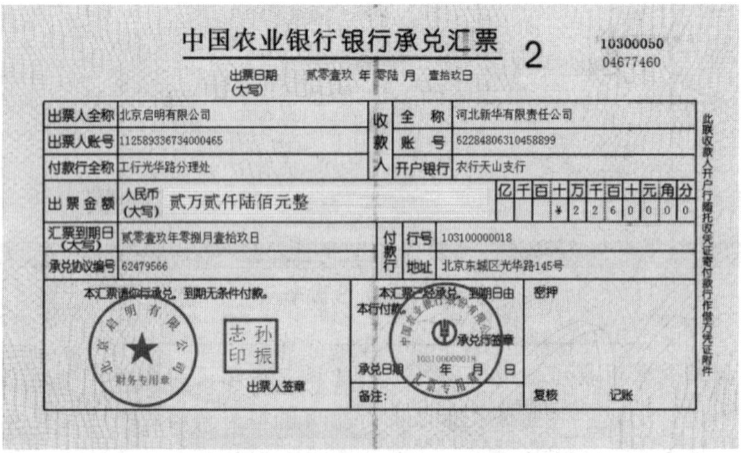

中国农业银行银行承兑汇票 2

10300050
04677460

出票日期（大写） 贰零壹玖 年 零陆 月 壹拾玖日

出票人全称	北京启明有限公司	收款人	全 称	河北新华有限责任公司
出票人账号	112589336734000465		账 号	62284806310458899
付款行全称	工行光华路分理处		开户银行	农行天山支行
出票金额	人民币（大写） 贰万贰仟陆佰元整		亿千百十万千百十元角分	¥2260000
汇票到期日（大写）	贰零壹玖年零捌月壹拾玖日	付款行	行号	103100000018
承兑协议编号	62479566		地址	北京东城区光华路145号

本汇票请你行承兑，到期无条件付款。

出票人签章

本汇票已经承兑，到期日由本行付款。

承兑行签章

承兑日期 年 月 日

备注：

密押

复核 记账

此联收款人开户行随托收凭证寄付款行作借方凭证附件

图7-55 银行承兑汇票复印件

2. 6月24日，亚圣公司交来的农业银行银行承兑汇票（票号2855112217251931）到期，向银行提示付款后收回货款。原始单据如图7-56、图7-57所示。

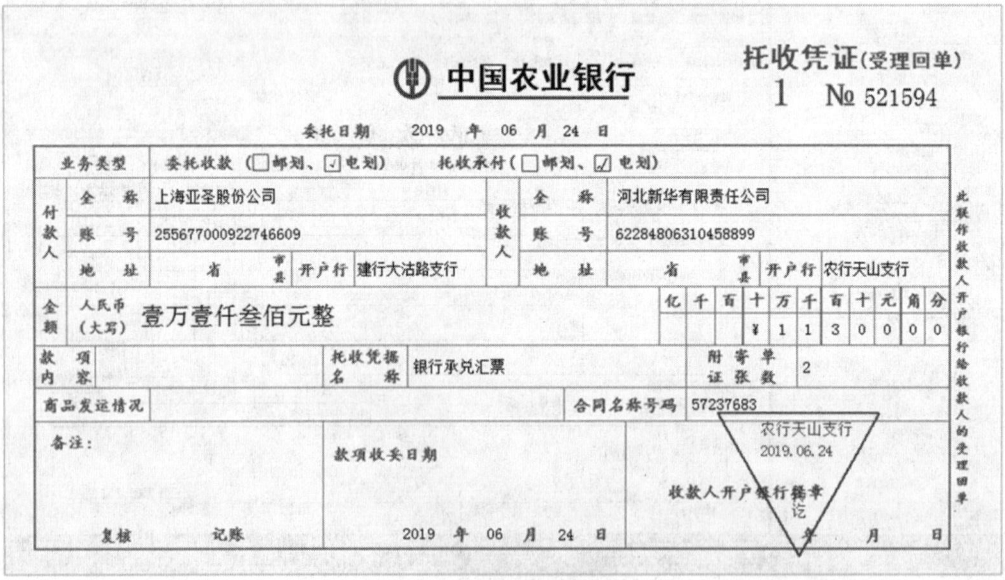

中国农业银行

托收凭证（受理回单）

1 № 521594

委托日期 2019 年 06 月 24 日

业务类型	委托收款（□邮划、☑电划）	托收承付（□邮划、☑电划）		
付款人 全 称	上海亚圣股份公司	收款人	全 称	河北新华有限责任公司
账 号	255677000922746609		账 号	62284806310458899
地 址	省 市县 开户行 建行大沽路支行		地 址	省 市县 开户行 农行天山支行
金额	人民币（大写） 壹万壹仟叁佰元整		亿千百十万千百十元角分	¥1130000
款项内容		托收凭据名称 银行承兑汇票	附寄单证张数	2
商品发运情况		合同名称号码	57237683	

备注：

款项收妥日期 2019 年 06 月 24 日

收款人开户银行签章 农行天山支行 2019.06.24 讫 年 月 日

复核 记账

此联作收款人开户银行给收款人的受理回单

图7-56 托收凭证

图7-57　进账单

3.6月26日，将启明公司交来的银行承兑汇票（票号1030005004677460）背书给石家庄东成有限公司，用以偿还前欠东成公司的货款。（银行承兑汇票复印件略）

［任务要求］

会计张东明完成票据管理处理。

［知识链接］

票据管理可以记录银行承兑汇票和商业承兑汇票的详细信息及处理情况，可以对票据进行录入、计息、贴现、转出、结算、背书、换票等处理。

［工作示范］

1.业务1票据录入

操作步骤：

（1）在应收款管理系统中，单击"票据管理"/"票据录入"，打开"应收票据录入"页签。

（2）单击"增加"按钮，依次输入各个项目，输入后，单击"保存"按钮，结果如图7-58所示。

教学视频
7-2-5

客户的未来付
款承诺——票
据管理

教学视频
7-2-6

票据管理操作
演示

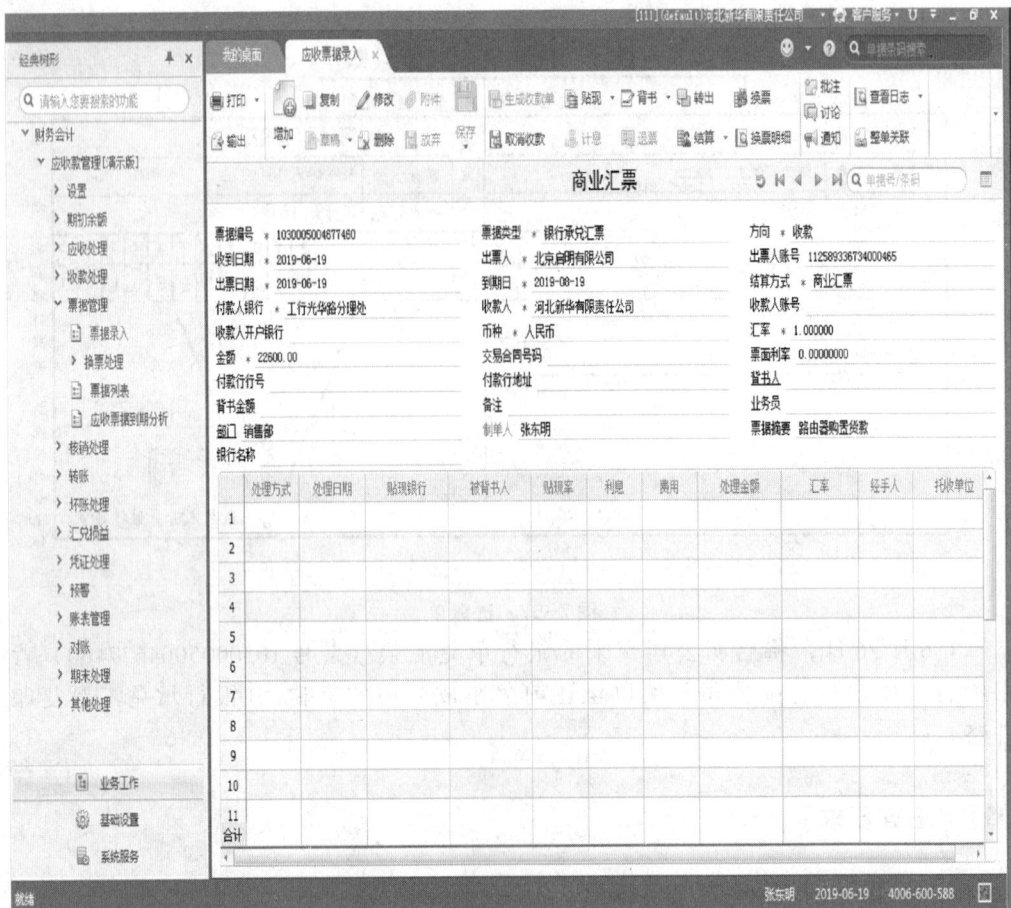

图7-58　应收票据录入-银行承兑汇票

栏目说明：

①收到日期：收到该张票据的日期，该日期应该晚于已经结账的日期。

②出票日期：出票日期即实际签发票据的日期，不能晚于收到日期。

③到期日：到期日应晚于或等于出票日期。

④结算方式：输入票据结算所对应的结算方式，以便于生成收款单并进行收款统计。

⑤票面利率：若票据为带息票据，应该在此输入票据的票面利率。票面利率为年利率。

⑥背书单位：如果增加的票据是经过背书转让的，应该输入背书单位。

⑦背书金额：经过背书转让的金额。背书的金额不一定等于票据的面值。

（3）单击"收款处理"/"收款单据审核"，打开"收款单据审核"页签，按默认的查询条件，单击"查询"按钮，系统显示符合条件的收付款单，选中要审核的收款单，如图7-59所示。

图7-59　收款单据审核

特别提示：

因为在"账套参数设置-常规"页签中已勾选"应收票据直接生成收款单"，所以系统在保存当前票据的同时生成一张收款单。如果该选项未被选中，则需要单击"生成收款单"按钮才能生成收款单。后续需要对收款单进行审核，并根据收款单生成确认票据收到的记账凭证。

（4）单击"审核"按钮，系统提示审核成功单据1张，如图7-60所示，单击"确定"按钮，关闭"收款单据审核"页签。

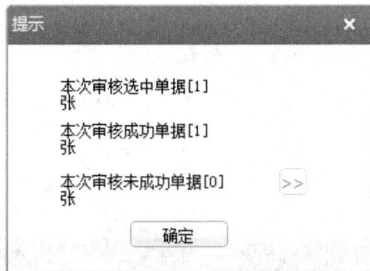

图7-60　审核结果提示

（5）单击"凭证处理"/"生成凭证"，打开"制单查询"对话框，选择单据类型为"收付款单"，如图7-61所示。

图 7-61　制单查询

（6）单击"确定"按钮，打开"生成凭证"页签。修改凭证类别为"转账凭证"，制单日期为"2019-06-19"，单击"全选"按钮，结果如图7-62所示。

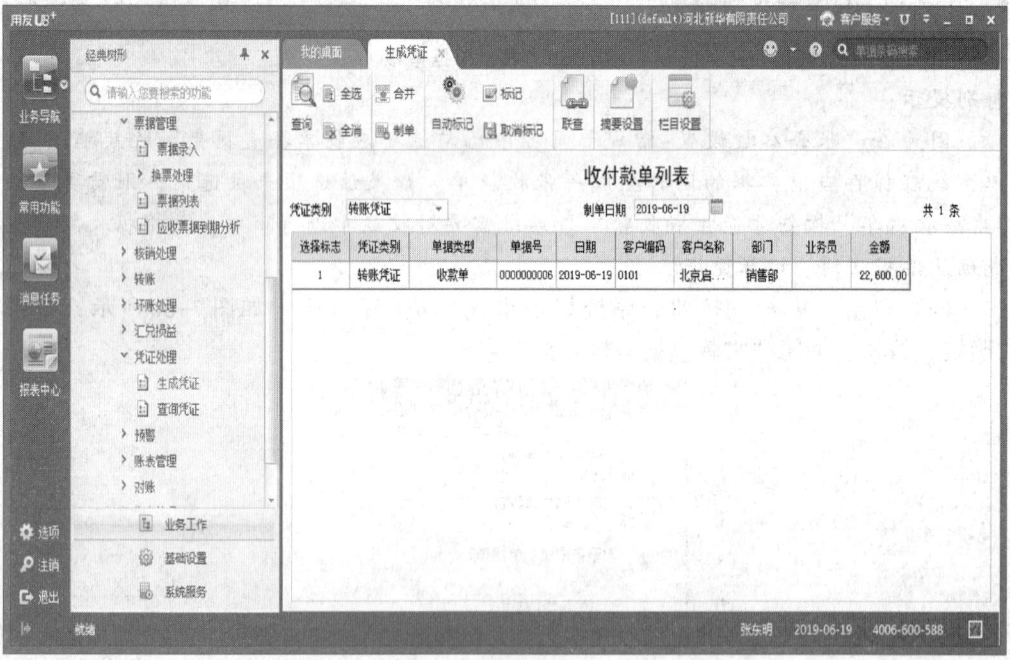

图 7-62　生成凭证

（7）单击"制单"按钮，打开"填制凭证"页签，单击"保存"按钮，系统保存自动生成的凭证，结果如图7-63所示。

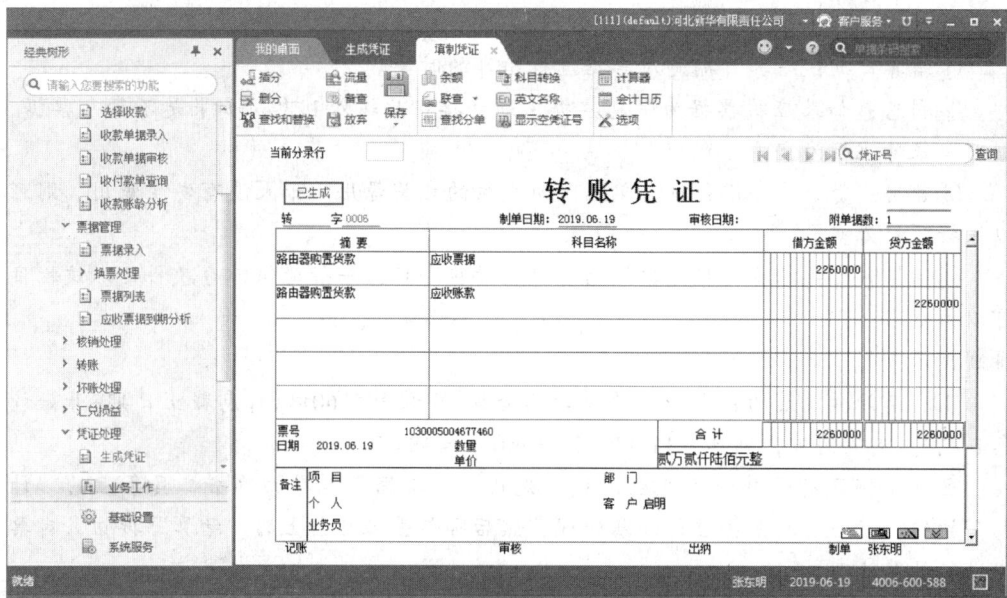

图 7-63　票据收到确认记账凭证

2.业务 2 票据结算

操作步骤：

（1）在应收款管理系统中，单击"票据管理"/"票据录入"，打开"应收票据录入"页签。单击翻页按钮 ↻ ◄◄ ◄ ► ►► 找到要结算的票据。

（2）单击"结算"按钮，打开"票据结算"对话框，修改结算金额为"11 348.65"，输入利息为"48.65"，输入结算科目为"100201"，结果如图 7-64所示。

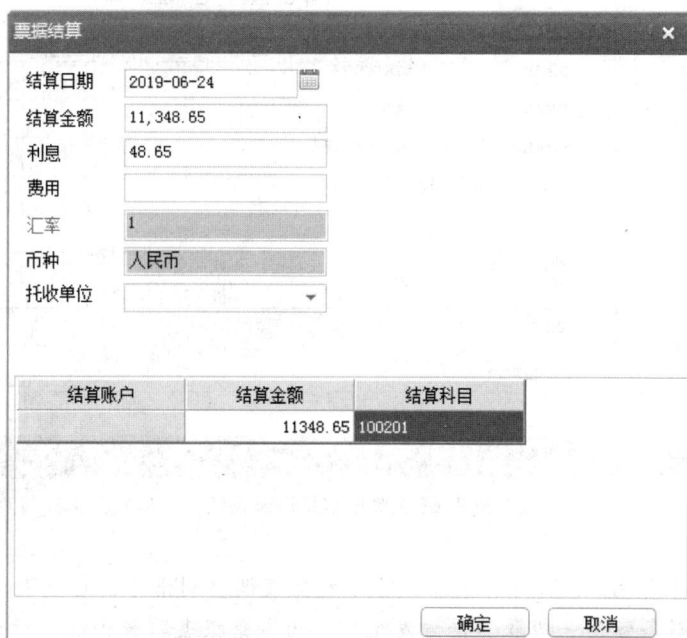

图 7-64　票据结算

栏目说明：

①结算日期：结算日期是对票据进行结算的时间。

②利息：如果应收票据为带息票据，则直接在此输入利息。如果是不带息票据，则可以保持此栏为空。

③费用：费用是在进行结算单据时所发生的相关费用。如果没有发生费用，则可以保持此栏为空。

④结算科目：结算科目是票据结算时的对应科目，一般为银行存款科目。该栏目可以为空。

特别提示：

①利息计算规则为：利息 = 票据计息金额×年利率÷360×（计息截止日期−开始计息日期），本案例中，利息 = 11 300×5%÷360×31=48.65。

②本案例还有另外一种处理方式：先在应收票据录入界面单击工具条上的"计息"按钮，对当前的票据进行计息处理，然后再单击工具条上的"结算"按钮，对票据进行结算处理。

（3）单击"确定"按钮，系统提示"是否立即制单"。确认立即制单后，系统打开"填制凭证"页签，修改凭证有关信息后将自动生成的凭证进行保存，结果如图7-65所示。

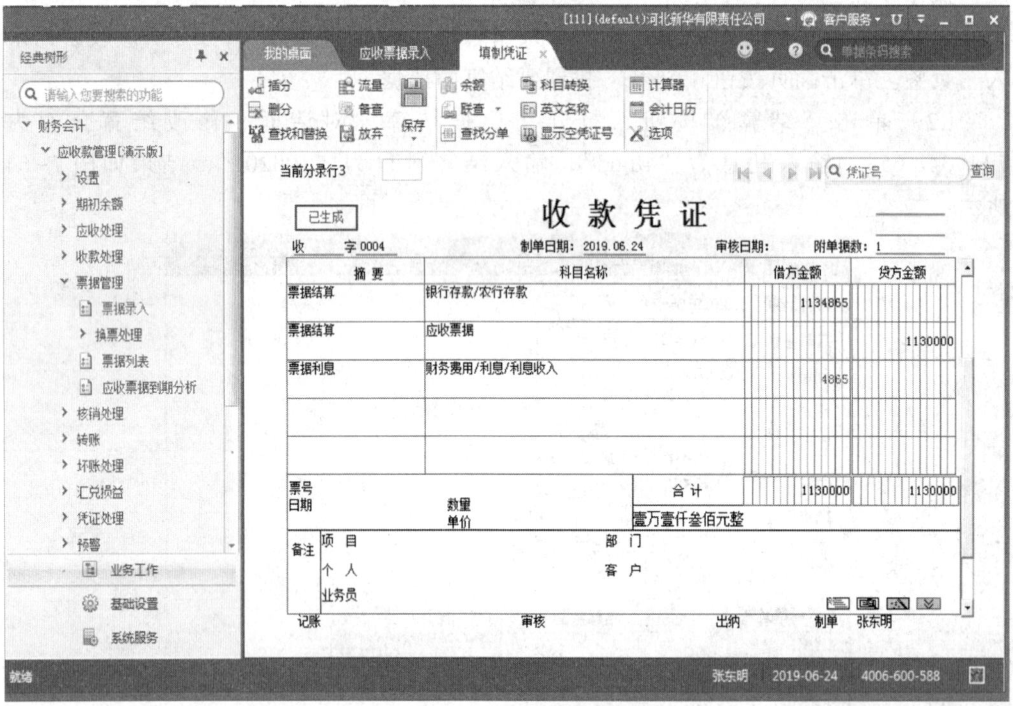

图7-65 票据结算记账凭证

特别提示：

要将"财务费用/利息/利息收入"贷方发生额调整到借方以负数表示，因为在编制利润表时，财务费用一般取其借方发生额，为避免报表取数错误，对于贷方发生额的业务要将其调整为借方发生额。

3.业务3票据背书

操作步骤：

（1）在应收款管理系统中，单击"票据管理"/"票据录入"，打开"应收票据录入"页签。单击翻页按钮 ↻ ◄◄ ◄ ► ►► 找到要背书的票据。

（2）单击"背书"按钮，打开"票据背书"对话框，输入被背书人为"0201 石家庄东成有限公司"，结果如图7-66所示。

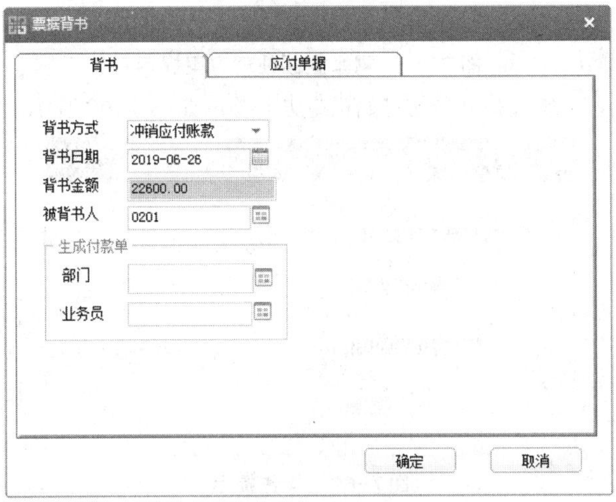

图7-66　票据背书

（3）单击"确定"按钮，打开"冲销应付账款"页签，结果如图7-67所示。

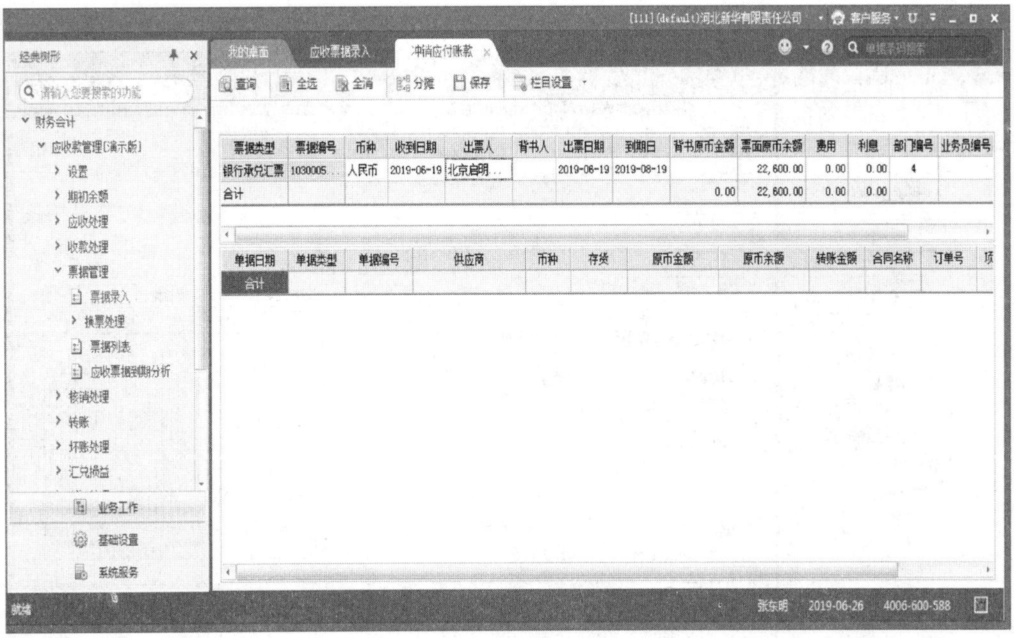

图7-67　冲销应付账款

（4）单击"保存"按钮，系统提示"是否将剩余金额作为预付款处理"，如图7-68所示。

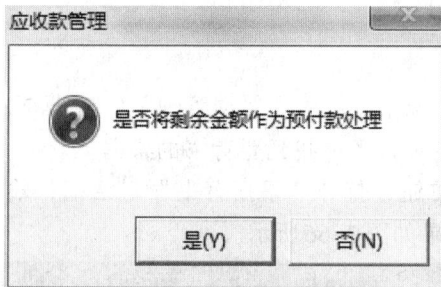

图 7-68 剩余金额处理方案提示

（5）单击"是"，系统提示本次操作成功1张，如图7-69所示。

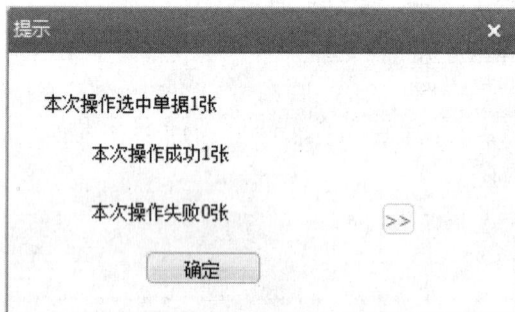

图 7-69 操作提示

（6）单击"确定"按钮，系统提示"是否立即制单"。确认立即制单后，系统打开"填制凭证"页签，修改凭证有关信息后将自动生成的凭证进行保存，结果如图7-70所示。

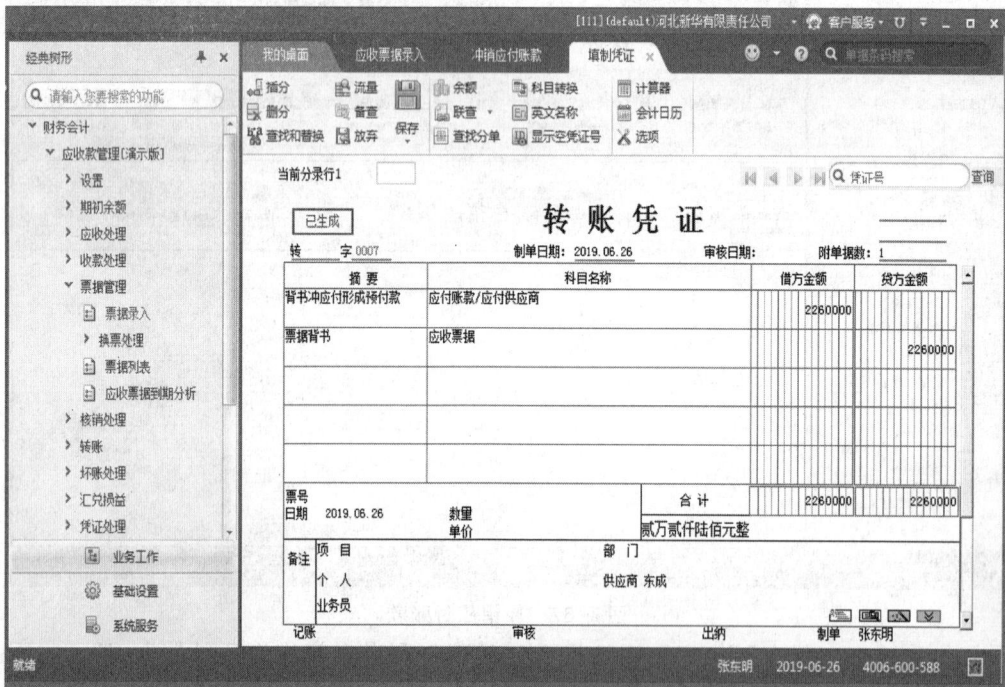

图 7-70 票据背书记账凭证

任务四 核销处理

[任务内容]

2019年6月29日，核销北京启明公司和上海亚圣公司的应收款。

[任务要求]

会计张东明完成核销处理。

[知识链接]

核销是用收款核销应收款。将收款与应收款建立核销记录，监督应收款及时核销，有助于企业加强往来款项的管理。

系统提供手工核销和自动核销两种方式。手工核销时一次只能显示一个客户的单据记录，且收付款单列表根据表体记录明细显示。手工核销一次只能对一种收付款单类型进行核销，即手工核销的情况下需要将收款单和付款单分开核销。自动核销可对多个客户进行核销处理，依据核销规则对客户单据进行核销处理。

教学视频
7-2-7

清楚了解欠款
收回情况——
核销处理

[工作示范]

操作步骤：

（1）在应收款管理系统中，单击"核销处理"/"手工核销"，打开"核销条件"对话框。

（2）单击"客户"栏参照按钮，选择"0101北京启明有限公司"，结果如图7-71所示。

教学视频
7-2-8

核销处理操作
演示

图 7-71 "核销条件"对话框

（3）单击"确定"按钮，打开"手工核销"页签。根据收款单记录选择要核算的应收单据，并在"本次结算"栏录入结算金额，结果如图7-72所示。

图7-72　手工核销（1）

（4）单击"确认"按钮，系统自动保存该收付款单核销信息。

（5）执行以上操作步骤，录入上海亚圣公司应收款本次结算金额，如图7-73所示。单击"确认"按钮，系统自动保存该收付款单核销信息。

图7-73　手工核销（2）

特别提示：

①只有应收款和预收款才允许核销，收付款单表体中款项类型为其他费用的记录不允许在此作为核销记录。

②用户需要手工输入本次结算金额，上下列表中的结算金额合计必须保持一致。

③核销记录可以在"核销处理"/"应收核销明细表"中查询。

任务五 转账

[任务内容]

新华公司6月份发生如下应收款转账业务：

1. 6月29日，用上海亚圣股份公司的预收账款冲抵其应收款项。

2. 6月29日，将北京启明公司的红蓝发票进行对冲。

3. 6月29日，接到通知，因北京启明公司和上海亚圣公司存在业务往来，经双方协商，北京启明公司在我公司购买基站发射机的货款27 120元由上海亚圣公司代为偿还。（三方商谈决议略）

[任务要求]

会计张东明完成转账处理。

[知识链接]

转账处理可以满足用户应收账款调整的需要。针对不同的业务类型进行调整，分为应收冲应收、预收冲应收、应收冲应付和红票对冲等调整业务。

应收冲应收：将客户、部门、业务员、项目和合同的应收款转到另一个中去。

预收冲应收：处理客户的预收款和该客户应收欠款的转账核销业务。

应收冲应付：用某客户的应收账款，冲抵某供应商的应付款项。

红票对冲：可实现某客户的红字应收单与其蓝字应收单、收款单与付款单讲行冲抵的操作。系统提供自动红票对冲和手工红票对冲两种方式。自动对冲可同时对多个客户依据红冲规则进行红票对冲。自动红票对冲提供进度条，并提交自动红冲报告，用户可了解自动红冲的完成情况及失败原因。手工对冲一次只对一个客户进行红票对冲，用户可自行选择红票对冲的单据。

教学视频
7-2-9

应收款结清的另一种方式——转账

[工作示范]

1.业务1（预收冲应收）

操作步骤：

（1）在应收款管理系统中，单击"转账"/"预收冲应收"，打开"预收冲应收"对话框。

教学视频
7-2-10

转账操作演示

（2）在预收款页签中，单击"客户"栏参照按钮，选择"0102上海亚圣股份公司"，单击"过滤"按钮，结果如图7-74所示。

图7-74　预收冲应收-预收款

（3）在应收款页签中单击"过滤"按钮，结果如图7-75所示。

图7-75　预收冲应收-应收款

（4）在"转账总金额"栏目中输入"5 000"，单击"自动转账"按钮，系统提示"是否进行自动转账"，如图7-76所示。

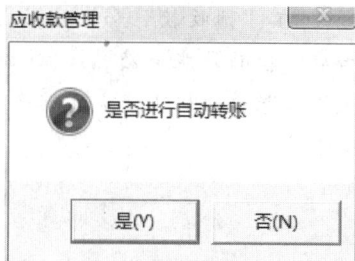

图7-76　自动转账提示

（5）单击"是"，系统提示"是否立即制单"，确认立即制单后，系统打开"填制凭证"对话框，修改凭证有关信息后将自动生成的凭证进行保存，结果如图7-77所示。

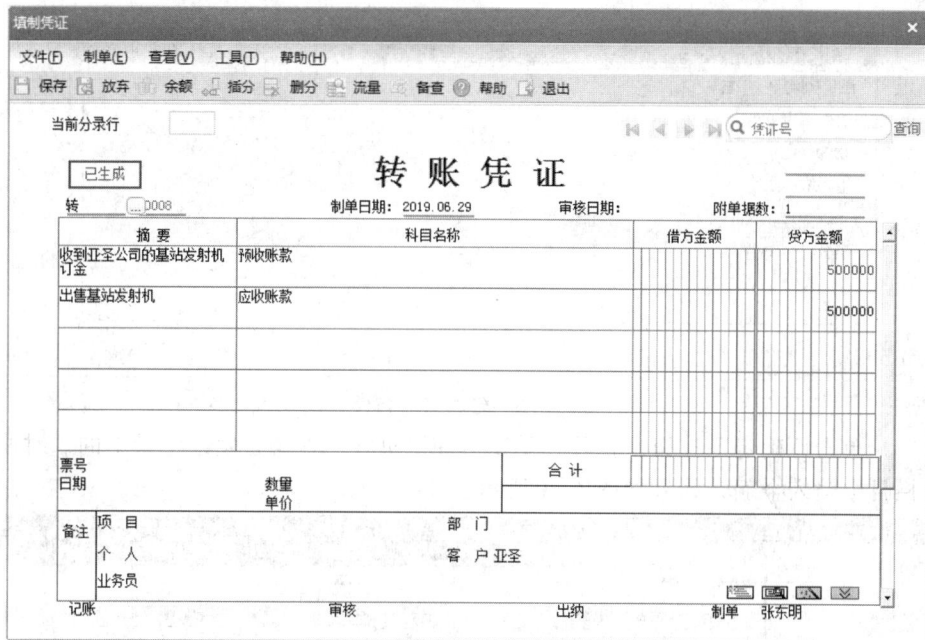

图7-77　预收冲应收记账凭证

（6）关闭"填制凭证"对话框，可以看到转账是否成功的提示，如图7-78所示。

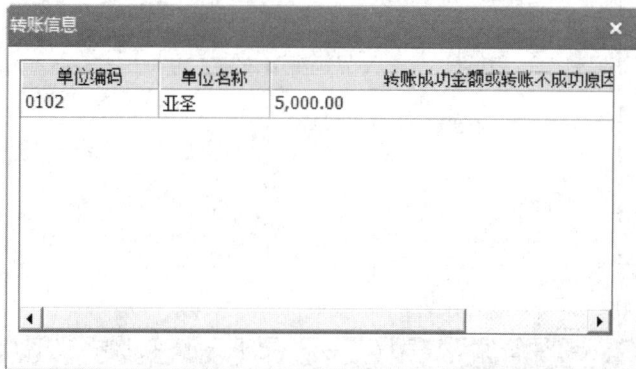

图7-78　转账信息提示

特别提示：

①除了可以在"转账总金额"栏目中输入金额，达到自动分摊该转账总金额到具体单据上的目的外，还可以分别在"预收款"和"应收款"两个页签中的"转账金额"栏目中输入各笔预收款和应收款的转账金额。

②每一笔预收款和应收款的转账金额均不能大于其余额，且应收款的转账金额合计应该等于预收款的转账金额合计。

2. 业务2（红票对冲）

操作步骤：

（1）在应收款管理系统中，单击"转账"/"红票对冲"/"手工对冲"，打开"红票对冲条件"对话框。

（2）单击"客户"栏参照按钮，选择"0101北京启明有限公司"，如图7-79所示。

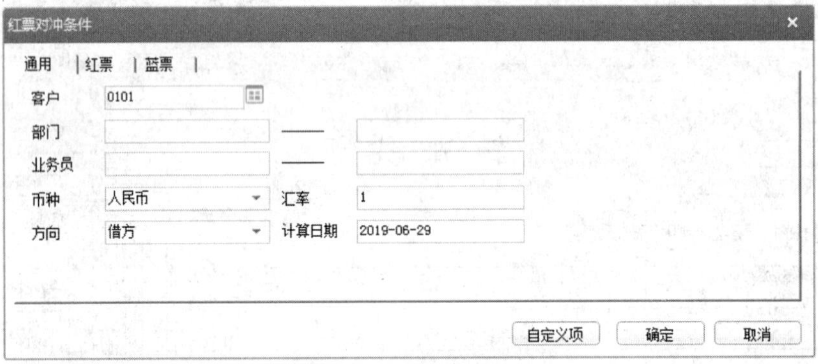

图7-79 红票对冲条件

（3）单击"确定"按钮，打开"手工对冲"页签，在销售发票记录中的"对冲金额"栏目中输入金额，结果如图7-80所示。

图7-80 手工对冲

（4）单击"确认"按钮，系统提示"是否立即制单"，确认立即制单后，打开"填制凭证"页签，修改凭证有关信息后将自动生成的凭证进行保存，结果如图7-81所示。

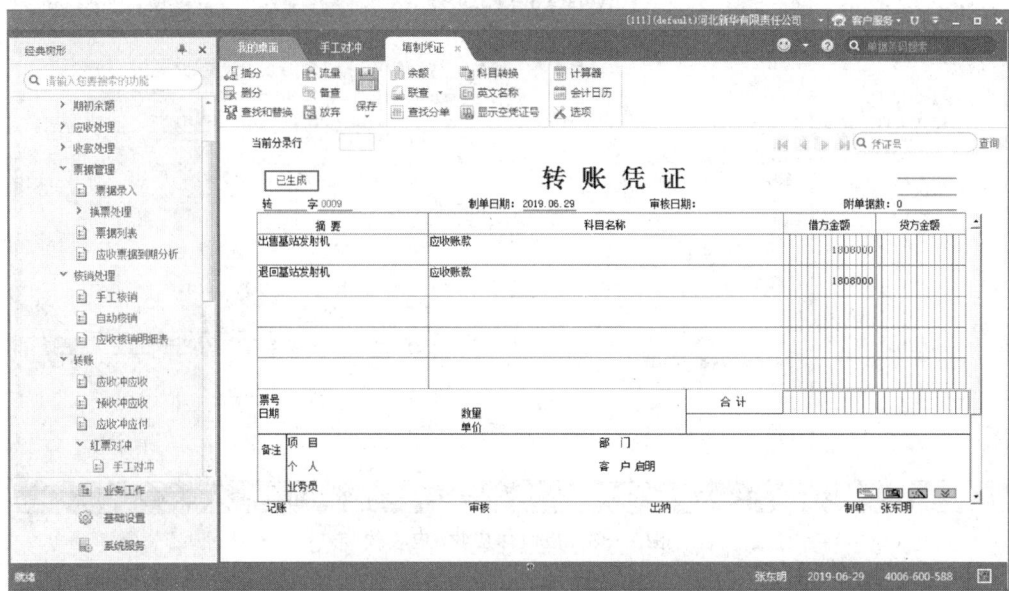

图7-81　红票对冲记账凭证

3.业务3（应收冲应收）

操作步骤：

（1）在应收款管理系统中，单击"转账"/"应收冲应收"，打开"应收冲应收"页签。

（2）输入转出客户为"0101北京启明有限公司"，单击"查询"按钮，结果如图7-82所示。

图7-82　应收冲应收

（3）输入转入客户为"0102上海亚圣股份公司"，在销售发票记录中的"并账金额"栏目中输入金额，结果如图7-83所示。

图7-83 应收冲应收-应收款

（4）单击"确认"按钮，系统提示"是否立即制单"，确认立即制单后，打开"填制凭证"页签，修改凭证有关信息后将自动生成的凭证进行保存，结果如图7-84所示。

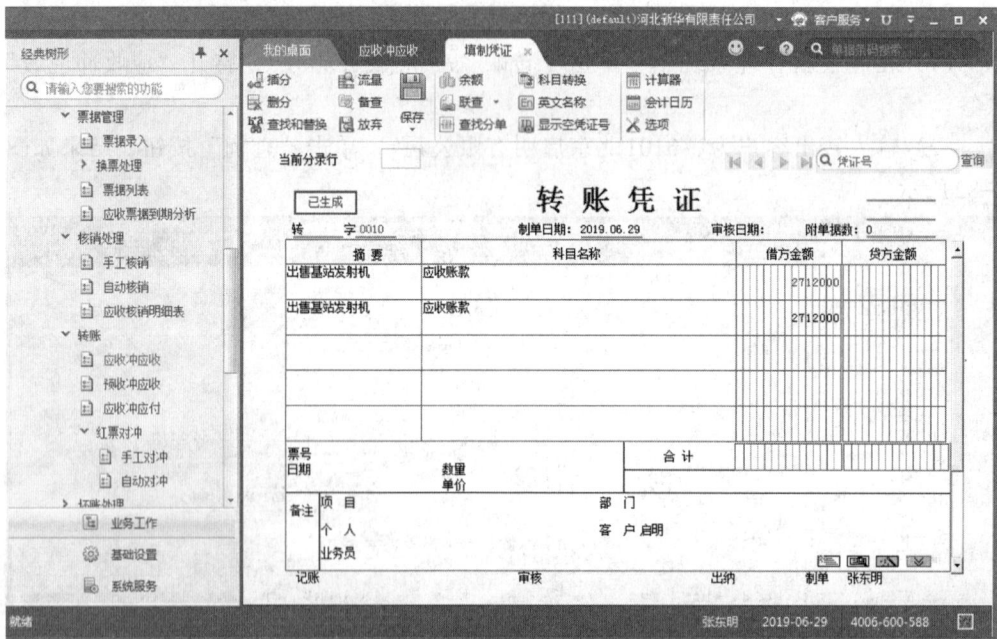

图7-84 应收冲应收记账凭证

特别提示：

①每一笔应收款的转账金额不能大于其余额。

②每次只能选择一个转入、转出单位。

任务六　坏账处理

[任务内容]

新华公司6月份发生如下坏账处理业务：

1.6月29日，接到通知，上个月代垫启明公司的运费500元无法收回，经公司董事会研究决定确认为坏账。（董事会决议略）

2.6月30日，已确认为坏账的代垫启明公司运费500元以现金方式收回。（收据略）

3.6月30日，计提坏账准备。

[任务要求]

会计张东明完成坏账处理。

[知识链接]

坏账处理指系统提供的计提应收坏账准备处理、坏账发生后的处理、坏账收回后的处理等功能。坏账处理的作用是系统自动计提应收款的坏账准备，当坏账发生时即可进行坏账核销，当被核销坏账又收回时，即可进行相应处理。

教学视频
7-2-11

赊销带来的
隐患——坏
账处理

[工作示范]

1.业务1坏账发生

操作步骤：

（1）在应收款管理系统中，单击"坏账处理"/"坏账发生"，打开"坏账发生"对话框。输入客户为"0101 北京启明有限公司"，结果如图7-85所示。

教学视频
7-2-12

坏账处理操作
演示

图7-85　"坏账发生"对话框

（2）单击"确定"按钮，打开"坏账发生"页签，输入"本次发生坏账金额"，结果如图7-86所示。

图 7-86　坏账发生单据明细

（3）单击"确认"按钮，系统提示"是否立即制单"，确认立即制单后，打开"填制凭证"页签，修改凭证有关信息后将自动生成的凭证进行保存，结果如图 7-87 所示。

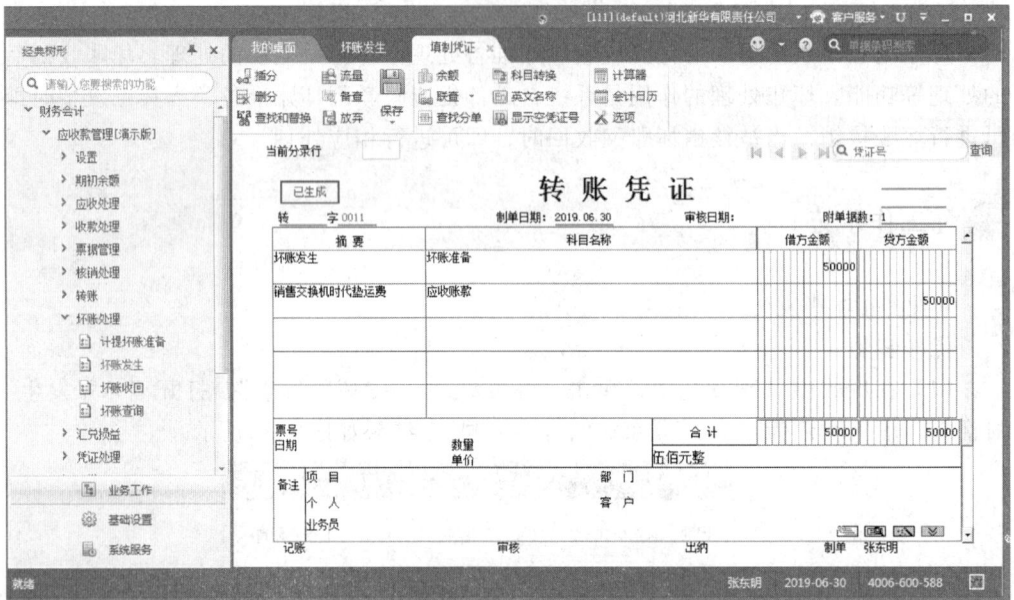

图 7-87　坏账发生记账凭证

2.业务2坏账收回

操作步骤：

（1）在应收款管理系统中，单击"收款处理"/"收款单据录入"，录入收款单并保存，结果如图 7-88 所示。

图7-88　收款单录入

特别提示：

①当收回一笔坏账时，应首先在"收款单据录入"功能中录入一张收款单，该收款单的金额即为收回的坏账的金额，且该收款单不需要审核。

②在录入一笔坏账收回的款项时，应该注意不要把该客户的其他的收款业务与该笔坏账收回业务录入同一张收款单中。例如，7月4日，××客户付给了一笔货款，同时还付了一笔以前的坏账款项，这时应录入两张收款单，分别记录收到的货款和收到的坏账款项。

（2）在应收款管理系统中，单击"坏账处理"/"坏账收回"，打开"坏账收回"对话框。输入客户为"0101 北京启明有限公司"，选择收款单号，结果如图7-89所示。

图7-89　坏账收回-选择收款单号

栏目说明：

金额：系统自动显示收回的金额。

结算单号：单击右边的按钮，系统将调出该客户所有未经过处理的，并且金额等于收回金额的收款单，可以用鼠标选择该次收回业务所形成的收款单。

（3）单击"确认"按钮，系统提示"是否立即制单"，确认立即制单后，打开"填制凭证"页签，修改凭证有关信息后将自动生成的凭证进行保存，结果如图7-90所示。

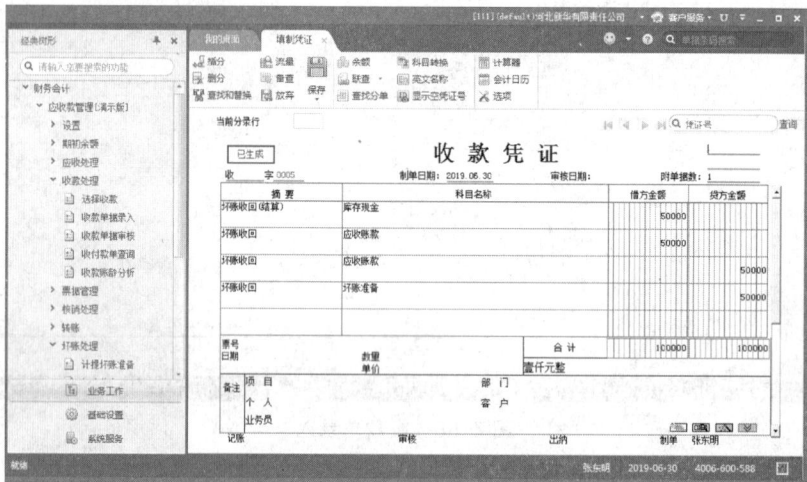

图7-90　坏账收回记账凭证

3. 业务3计提坏账准备

操作步骤：

（1）在应收款管理系统中，单击"坏账处理"/"计提坏账准备"，打开"计提坏账准备"页签。系统显示坏账计提结果，如图7-91所示。

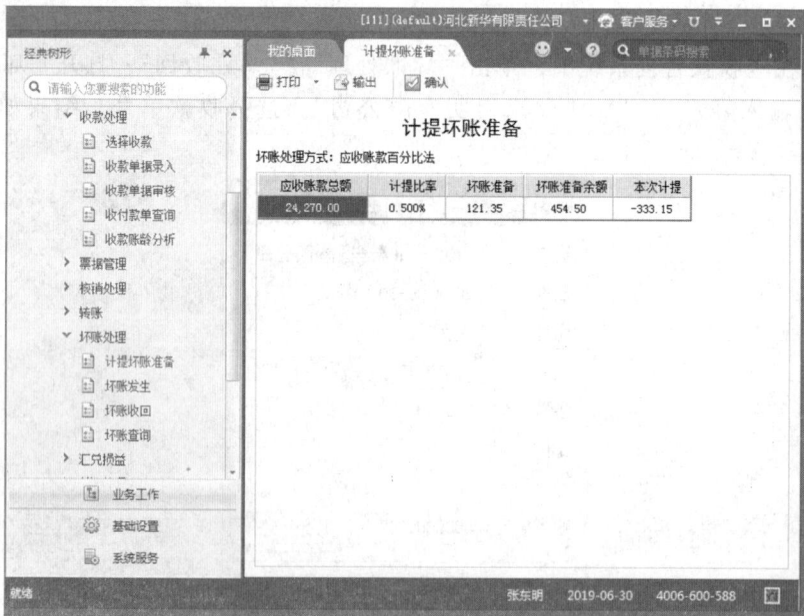

图7-91　计提坏账准备

（2）单击"确认"按钮，系统提示"是否立即制单"，确认立即制单后，打开"填制凭证"页签，修改凭证有关信息后将自动生成的凭证进行保存，结果如图7-92所示。

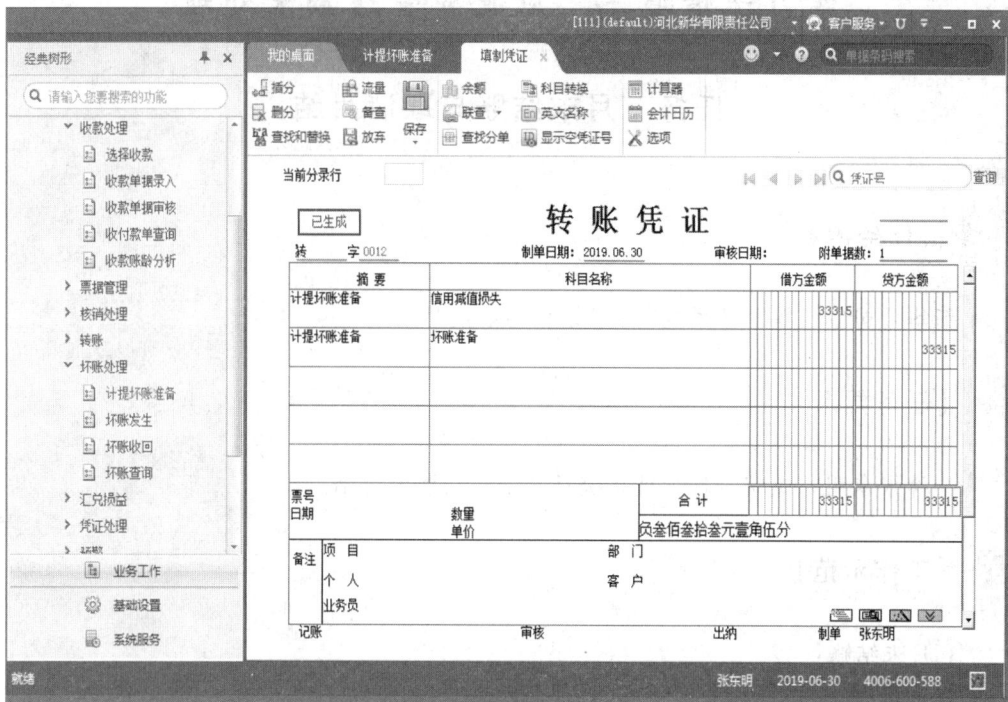

图7-92 坏账计提记账凭证

特别提示：

系统提供的计提坏账的方法主要有销售收入百分比法、应收账款百分比法和账龄分析法。在进行坏账处理之前，应做好如下准备工作：首先在系统选项中选择坏账处理方式，然后在初始设置中设置坏账准备参数。

［技能拓展］

在对原始单据进行了核销、转账等操作后，如果发现操作失误，可在菜单条上选取"其他处理"/"取消操作"，将错误操作恢复到操作前的状态，以便进行修改。系统提供了如下类型：核销、选择收款、坏账处理、汇兑损益、票据处理、应收冲应收、预收冲应收、应收冲应付、红票对冲等。

操作流程：

（1）在菜单条上选取"其他处理"/"取消操作"。在"操作类型"下拉框中选择恢复的类型，输入过滤条件后，系统将满足恢复条件单据列出。

（2）在恢复标志一栏里双击鼠标，表示要将此张单据恢复到操作前的状态；也可以在有标记的一栏里双击鼠标，取消选择。

（3）选择完成后，单击"确认"按钮可保存此次操作，单击"取消"按钮可取消此次操作。

教学视频
7-2-13

错误操作更正
方法——取消
操作

教学视频
7-2-14

取消操作的
操作演示

特别提示：

　　如果该处理已经制单，则应先删除其对应的凭证，再进行恢复。

学习子情境三　应收款管理期末处理

任务　月末结账与取消月结

@ ［任务内容］

新华公司应收款管理系统6月份结账与取消月结。

@ ［任务要求］

会计张东明完成应收款管理系统月末结账与取消月结。

［工作示范］

1.月末结账

操作步骤：

（1）在应收款管理系统中，单击"期末处理"/"月末结账"，打开"月末处理"对话框。

（2）选择结账月份，单击"结账标志"一栏，结果如图7-93所示。

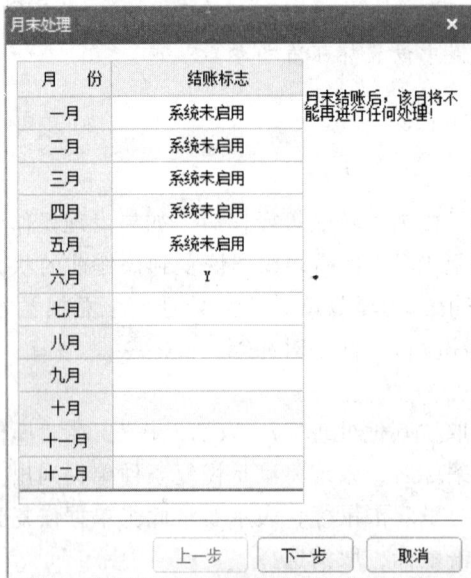

月　份	结账标志
一月	系统未启用
二月	系统未启用
三月	系统未启用
四月	系统未启用
五月	系统未启用
六月	Y
七月	
八月	
九月	
十月	
十一月	
十二月	

月末处理

月末结账后，该月将不能再进行任何处理！

上一步　下一步　取消

图7-93　月末处理-选择结账月份

（3）单击"下一步"按钮，系统提示月末结账检查结果，如图7-94所示。

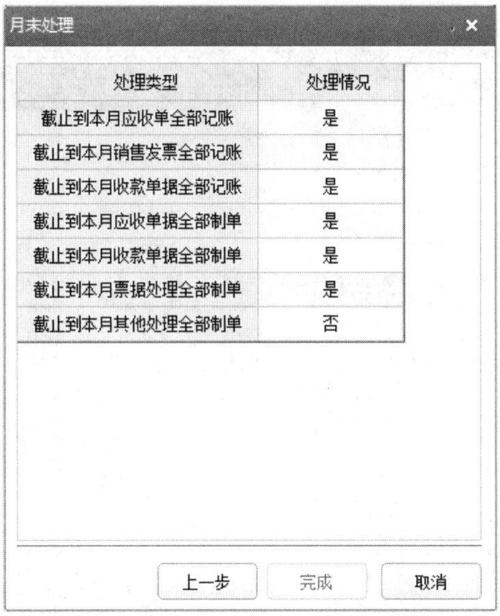

图7-94　月末处理-月末结账检查结果

特别提示：

因为在"账套参数设置-凭证"页签中已勾选"核销生成凭证"和"月结前全部生成凭证"，而前面在进行核销处理时均未填制记账凭证，所以此处月末结账检查未通过。需先去补充生成核销记账凭证，然后再进行月末结账。

（4）单击"取消"按钮，退出月末处理。

（5）单击"凭证处理"/"生成凭证"，打开"制单查询"对话框，选择单据类型为"核销"，如图7-95所示。

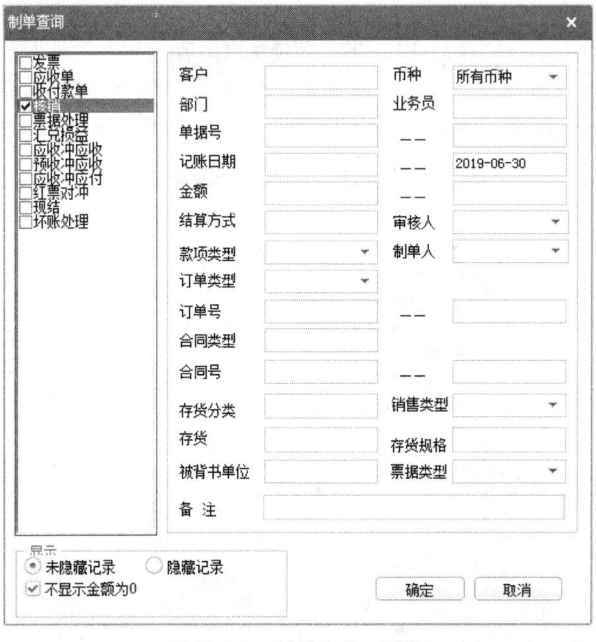

图7-95　制单查询-核销

（6）单击"确定"按钮，打开"生成凭证"页签。修改凭证类别为"转账凭证"，单击"全选"按钮，结果如图7-96所示。

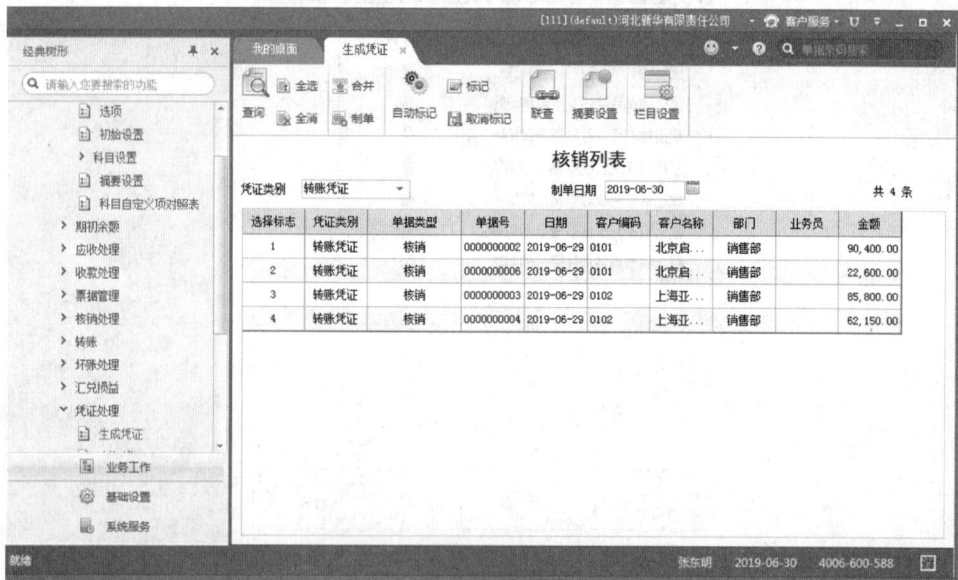

图7-96　核销列表

（7）单击"制单"按钮，打开"填制凭证"页签，单击"保存"/"成批保存凭证"按钮，系统保存自动生成的凭证，并提示生成成功的凭证张数，结果如图7-97所示。

图7-97　凭证生成提示

（8）单击"期末处理"/"月末结账"，打开"月末处理"对话框。选择结账月份，单击"下一步"按钮，系统提示月末结账检查结果，如图7-98所示。

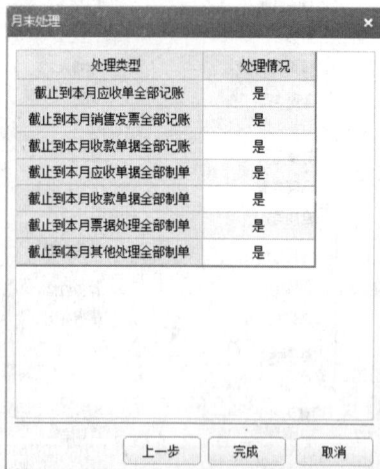

图7-98　月末处理结果

（9）单击"完成"按钮，系统提示结账成功，如图7-99所示。单击"确定"按钮退出。

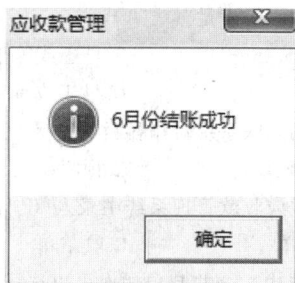

图7-99　结账成功提示

2.取消月结

操作步骤：

（1）在应收款管理系统中，单击"期末处理"/"取消月结"，打开"取消结账"对话框，如图7-100所示。

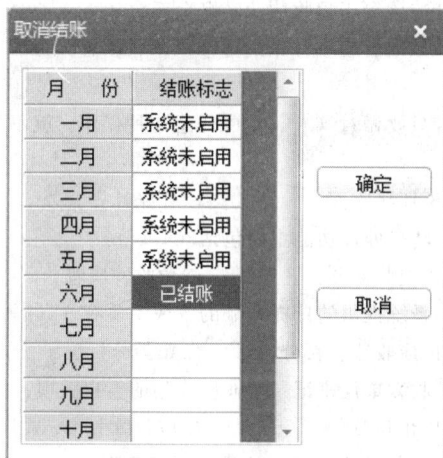

图7-100　取消结账

（2）单击"确定"按钮，系统提示取消结账成功，如图7-101所示。单击"确定"按钮退出。

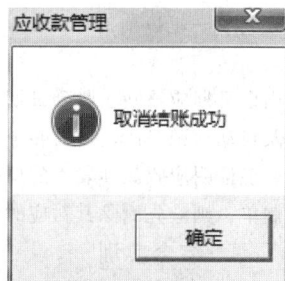

图7-101　取消结账提示

同步测试

一、单项选择题

1.应收款管理系统的启用会计期间应满足（　　　　）。

A.晚于或等于账套的启用期间　　　　　　　　B.早于或等于账套的启用期间

C.晚于或等于业务日期　　　　　　　　　　　　D.早于或等于业务日期

2.下列不属于应收款管理系统和总账系统对账科目的是（　　　　）。

A.应收票据　　　　　　B.应收账款　　　　　　C.预收账款　　　　　　D.预付账款

3.当收回一笔坏账时，应首先在应收款管理系统中录入（　　　　）。

A.付款单　　　　　　　B.应付单　　　　　　　C.收款单　　　　　　　D.应收单

4.在应收款管理系统的制单功能中，合并制单一次可以选择多个制单类型，不可以进行合并制单的单据类型是（　　　　）。

A.坏账处理　　　　　　B.票据处理　　　　　　C.核销制单　　　　　　D.转账处理

5.关于预收冲应收，以下说法正确的是（　　　　）。

A.每一笔应收款的转账金额应大于其余额

B.每一笔预收款的转账金额应大于其余额

C.应收款的转账金额合计应该等于预收款的转账金额合计

D.当预收款大于等于应收款时，自动冲销的金额以预收款总额为准

二、多项选择题

1.在应收款管理系统中，只要做过（　　　　）中任意一种操作，就不能修改坏账准备数据，只允许查询。

A.录入期初余额　　　　B.坏账收回　　　　　　C.坏账计提　　　　　　D.坏账发生

2.在应收款管理系统中，转账处理功能主要包括（　　　　）。

A.应收冲应收　　　　　B.应收冲预付　　　　　C.预收冲应收　　　　　D.红票对冲

3.在应收款管理系统中，系统提供的计提坏账的方法主要有（　　　　）。

A.销售收入百分比法　　B.应收账款百分比法　　C.账龄分析法　　　　　D.直接转销法

4.在应收款管理系统中，收款单用来记录企业所收到的客户款项，款项性质包括（　　　　）等。

A.预收款　　　　　　　B.预付款　　　　　　　C.应付款　　　　　　　D.应收款

5.在应收款管理系统中，结算单列表显示的是款项类型为（　　　　）的记录，而款项类型为其他费用的记录，不允许在此作为核销记录。

A.预收款　　　　　　　B.预付款　　　　　　　C.应收款　　　　　　　D.应付款

三、判断题

1.某客户付给了一笔货款，同时还付了一笔以前的坏账款项，这时，应录入两张收款单，分别记录收到的货款和收到的坏账款项。　　　　　　　　　　　　　　　　　　　　　　　（　　　）

2.在应收款管理系统中，票据的出票日期应该晚于收到日期。　　　　　　　　　（　　　）

3.在应收款管理系统中手工核销及自动核销一次均可对多个客户进行核销处理。（　　　）

4.销售发票和收款单是最常见的、能证明应收款项发生的单据。　　　　　　　　（　　　）

5.取消操作时，如果该处理已经制单，则应先删除其对应的凭证，再进行恢复。（　　　）

综合实训

[实训内容]

石家庄正道轮胎有限公司2019年7月1日启用应收款管理系统。

1.根据业务需要，应收款管理系统的系统参数应设置为：

单据审核日期依据"单据日期"，坏账处理方式为"应收余额百分比法"，代垫费用类型为"其

他应收单", 应收账款核算模型为 "详细核算", 自动计算现金折扣, 应收票据直接生成收款单; 受控科目制单依据 "明细到单据", 非受控科目制单方式为 "汇总方式", 月结前全部生成凭证, 核销生成凭证, 预收冲应收生成凭证, 红票对冲生成凭证, 单据审核后立即制单; 应收款核销方式为 "按单据"。

2.基本科目设置见表7-3。

表7-3　　　　　　　　　　　　　　　**基本科目设置**

基础种类科目	编码	科目名称	币种
应收科目	1122	应收账款	人民币
预收科目	2203	预收账款	人民币
税金科目	22210107	应交税费—应交增值税—销项税额	人民币
商业承兑科目	1121	应收票据	人民币
银行承兑科目	1121	应收票据	人民币
票据利息科目	66030201	财务费用—利息—利息收入	人民币
现金折扣科目	660304	财务费用—现金折扣	人民币
销售收入科目	6001	主营业务收入	人民币
销售退回科目	6001	主营业务收入	人民币

3.结算科目如下:

现金——1001; 现金支票——100201; 转账支票——100201; 商业汇票——100201; 网银——100201; 其他——100201。

4.坏账准备:

提取比率为0.5%, 坏账准备期初余额为139.43元, 坏账准备科目为 "1231坏账准备", 对方科目为 "6702信用减值损失"。

5.修改销售专用发票的编号方式为 "手工改动, 重号时自动重取"。

6.修改销售专用发票的格式: 将表头项目 "销售类型" 改为非必输项。

7.修改银行档案: 中国工商银行企业账号定长为19位。

8.本单位开户银行见表7-4。

表7-4　　　　　　　　　　　　　　　**本单位开户银行**

编码	银行账号	账户名称	币种	开户银行	所属银行
01	0326662220003336710	石家庄正道轮胎有限公司	人民币	工商银行裕华路支行	中国工商银行

9.本月有四笔期初单据需要录入, 具体如下:

(1) 2019年6月22日, 向江苏中通公司销售子午线轮胎(YH型)50条, 单价490元/条, 税率13%, 价税合计27 685元。增值税专用发票票号22331121。

(2) 2019年6月22日, 向江苏中通公司销售子午线轮胎(YH型)时代垫运费200元。

(3) 2019年6月27日, 收到石家庄正新公司以网银转账方式支付的子午线轮胎(EH型)定金5 000元。(网银转账电子回单号23326770091)

(4) 2019年6月28日, 向上海理诚公司销售子午线轮胎(EH型)60条, 单价780元/条, 价税合计 52 884 元，增值税专用发票票号 22331132。收到上海理诚公司交来的商业承兑汇票（票号1123324554560089），票面金额 52 884 元，票面利率 5%，到期日 2019 年 7 月 28 日。

10. 石家庄正道轮胎有限公司 2019 年 7 月份发生如下经济业务：

（1）7 月 5 日，向江苏中通公司销售子午线轮胎（EH 型）50 条，不含税单价 790 元/条，税率 13%，价税款合计 44 635 元，开出增值税专用发票（发票号 88782234），货已发出，货税款尚未收到。

（2）7 月 8 日，向石家庄正新公司售出订购的子午线轮胎（EH 型）100 条，不含税单价 790 元/条，税率 13%，价税款合计 89 270 元，开出增值税专用发票（发票号 88782245），货已发出。同时以现金代垫运费 500 元，货税款尚未收到。

（3）7 月 13 日，收到江苏中通公司以网银转账方式支付的前欠子午线轮胎（YH 型）货税款27 685 元。（网银转账电子回单号 43451675215）

（4）7 月 17 日，收到江苏中通公司转账支票 1 张（支票号 5665674401206786），金额 50 000 元，其中 44 635 元用以偿还子午线轮胎（EH 型）货税款，5 365 元作为预收款。

（5）7 月 18 日，收到石家庄正新公司以网银转账方式支付子午线轮胎（EH 型）货税款余款84 270 元。（网银转账电子回单号 56691145312）

（6）7 月 18 日，向上海理诚公司售出子午线轮胎（YH 型）50 条，单价 500 元/条，税率 13%，价税款合计 28 250 元，开出增值税专用发票（发票号 88782278），货已发出，货税款尚未收到。

（7）7 月 20 日，接到通知，上个月代垫江苏中通公司的运费 200 元无法收回，经公司董事会研究决定确认为坏账。

（8）7 月 22 日，向石家庄万通公司售出子午线轮胎（YH 型）100 条，单价 500 元/条，税率 13%，价税款合计 56 500 元，开出增值税专用发票（发票号 88782281），货已发出，货税款尚未收到。

（9）7 月 25 日，18 日向上海理诚公司出售的子午线轮胎（YH 型）因存在质量问题，对方要求退回 10 条，本公司开出红字增值税专用发票（发票号 88782289）。（原售出单价为 500 元/条）

（10）7 月 26 日，收到上海理诚公司交来的两个月期限的无息银行承兑汇票一张（票号2201205011237412），面值 22 600 元，用于偿还子午线轮胎（YH 型）货税款。

（11）7 月 28 日，上海理诚公司交来的商业承兑汇票（票号 1123324554560089）到期，向银行提示付款后收回货款。

（12）7 月 29 日，将上海理诚公司交来的银行承兑汇票（票号 2201205011237412）背书给广东金润公司，用以偿还前欠广东金润公司的货款。

（13）7 月 30 日，已确认为坏账的代垫江苏中通公司运费 200 元以现金方式收回。

（14）7 月 31 日，用石家庄正新公司的预收账款冲抵其应收款项。

（15）7 月 31 日，将上海理诚公司的红蓝发票进行对冲。

（16）7 月 31 日，核销各客户的应收款。

（17）7 月 31 日，计提坏账准备。

[实训要求]

1. 会计朱军勇完成应收款管理初始设置。

2. 会计朱军勇完成应收款日常业务处理。

3. 会计朱军勇完成应收款管理系统 7 月份月结。

学习情境八

应付款管理

【职业能力目标】

掌握应付款管理系统的操作流程和应付款业务的具体处理方法；能完成参数设置、基础信息设置、期初余额录入、应付单处理、付款单处理、票据管理、转账处理、核销处理、月末结账等操作；会对系统操作中出现的问题进行简单维护；养成良好的会计职业道德。

【本情境与工作任务对照图】

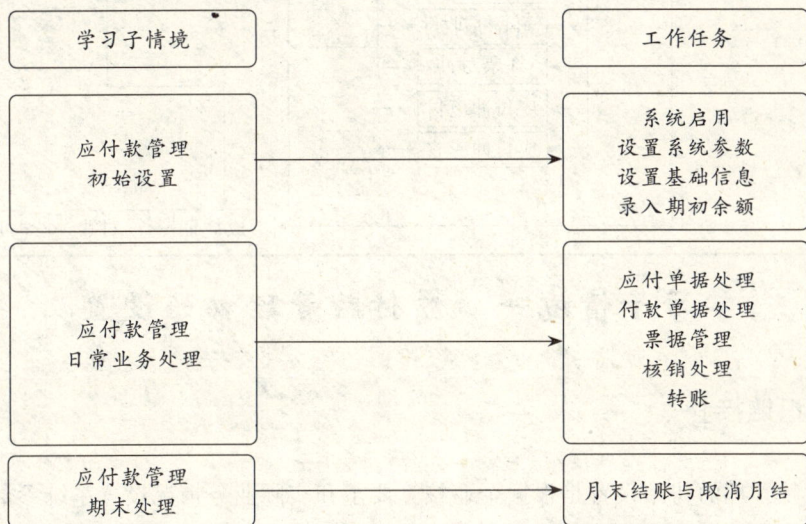

学习子情境	工作任务
应付款管理初始设置	系统启用 设置系统参数 设置基础信息 录入期初余额
应付款管理日常业务处理	应付单据处理 付款单据处理 票据管理 核销处理 转账
应付款管理期末处理	月末结账与取消月结

【系统介绍】

应付款管理系统通过发票、其他应付单、付款单、商业汇票等原始单据的录入，实现企业对往来账款的综合管理，及时、准确地提供供应商的往来账款余额资料，通过提供各种分析报表，帮助企业合理地进行资金调配，提高资金的利用效率。

根据对供应商往来款项核算和管理的程度不同，系统提供了两种应用方案：详细核算和简单核算。在详细核算方案下，应付账款在应付系统进行核算，包括记录应付账款的形成及偿还的全过程。在简单核算方案下，应付账款在总账进行核算制单，在应付款管理系统进行查询。本情境仅介绍详细核算的相关处理方法。

教学视频
8-0-1

供应商往来管理专家——应付款管理概述

㊀【工作过程与岗位对照图】

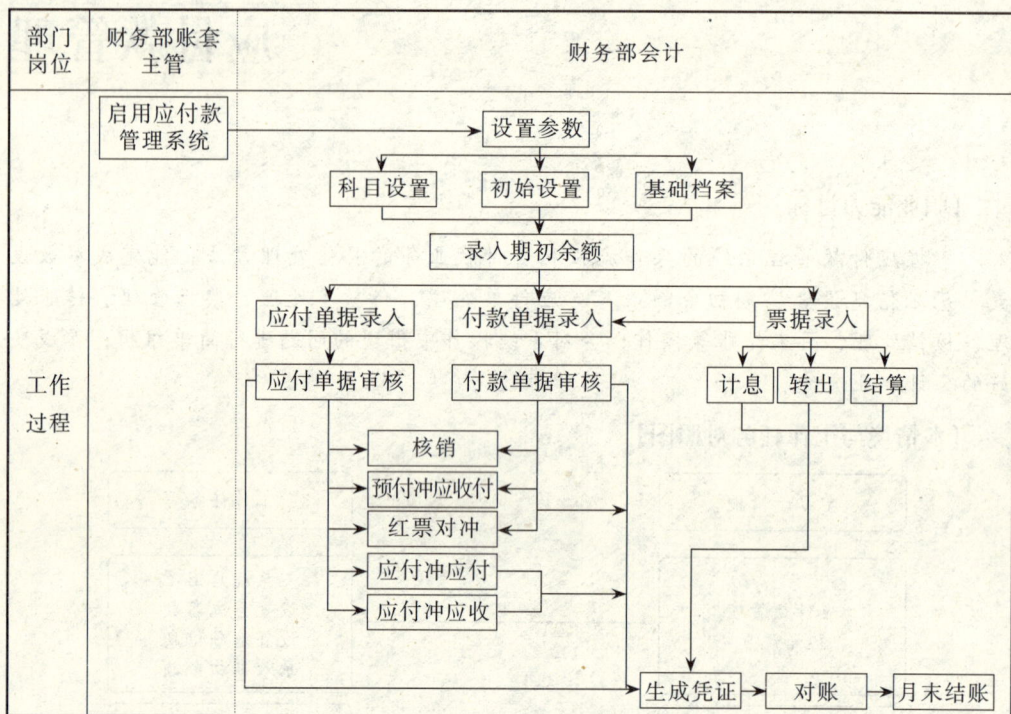

部门岗位	财务部账套主管	财务部会计
工作过程	启用应付款管理系统	设置参数 → 科目设置 / 初始设置 / 基础档案 → 录入期初余额 → 应付单据录入 / 付款单据录入 / 票据录入 → 应付单据审核 / 付款单据审核 / 计息 转出 结算 → 核销 / 预付冲应收付 / 红票对冲 / 应付冲应付 / 应付冲应收 → 生成凭证 → 对账 → 月末结账

学习子情境一　应付款管理初始设置

⚙ ［知识链接］

　　应付款管理的初始设置是根据企业核算要求和实际业务情况设置系统参数、设置基础信息及录入期初余额。

　　1.设置系统参数

　　在启用应付款管理系统后，应先设置运行所需要的账套参数，以便系统根据所设定的选项进行相应的处理。有些选项在系统使用后就不能修改。

　　2.设置基础信息

　　基础信息设置的作用是建立应付款管理的基础数据，使应付业务管理更符合用户的需要。

　　3.录入期初余额

　　通过期初余额功能，用户必须将正式启用应付款管理系统时未处理完的应付账款、预付账款、应付票据等录入系统，作为期初建账的数据。

任务一　系统启用

［任务内容］

新华公司根据业务需要决定于2019年6月1日启用应付款管理系统。

［任务要求］

账套主管王志强启用应付款管理系统。

［工作示范］

操作步骤：

以操作员"01王志强"身份，操作日期为"2019-06-01"，登录企业应用平台，启用"应付款管理"系统，启用时间为"2019-06-01"，如图8-1所示。

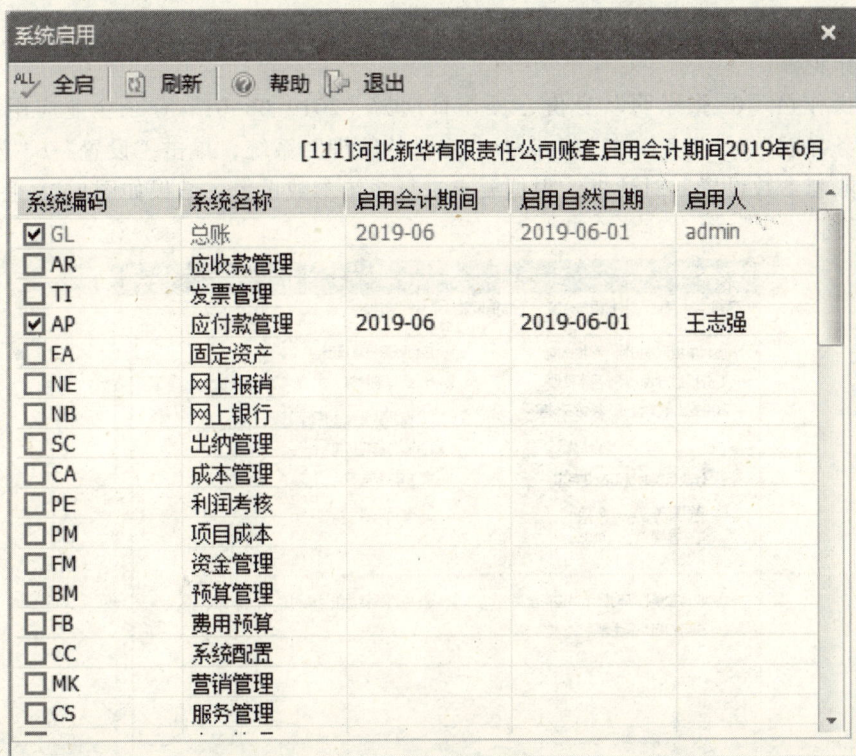

系统编码	系统名称	启用会计期间	启用自然日期	启用人
☑ GL	总账	2019-06	2019-06-01	admin
☐ AR	应收款管理			
☐ TI	发票管理			
☑ AP	应付款管理	2019-06	2019-06-01	王志强
☐ FA	固定资产			
☐ NE	网上报销			
☐ NB	网上银行			
☐ SC	出纳管理			
☐ CA	成本管理			
☐ PE	利润考核			
☐ PM	项目成本			
☐ FM	资金管理			
☐ BM	预算管理			
☐ FB	费用预算			
☐ CC	系统配置			
☐ MK	营销管理			
☐ CS	服务管理			

[111]河北新华有限责任公司账套启用会计期间2019年6月

图8-1　应付款管理系统启用

任务二　设置系统参数

[任务内容]

新华公司应付款管理系统的系统参数设置如下：

应付单据审核日期依据"单据日期"，应付账款核算模型为"详细核算"，自动计算现金折扣，应付票据直接生成付款单；受控科目制单依据"明细到单据"，非受控科目制单方式为"汇总方式"，月结前全部生成凭证，核销生成凭证，预付冲应付生成凭证，红票对冲生成凭证，单据审核后立即制单；应付款核销方式为"按单据"。

[任务要求]

教学视频
8-1-2

参数设置操作
演示

会计张东明完成参数设置。

[工作示范]

操作步骤：

以操作员"03张东明"身份，操作日期为"2019-06-01"登录企业应用平台。在"业务导航"/"业务工作"中选择"应付款管理"系统，单击"设置"/"选项"，打开"账套参数设置"对话框，根据要求进行系统参数设置，结果如图8-2、图8-3、图8-4所示。

图 8-2　账套参数设置-常规

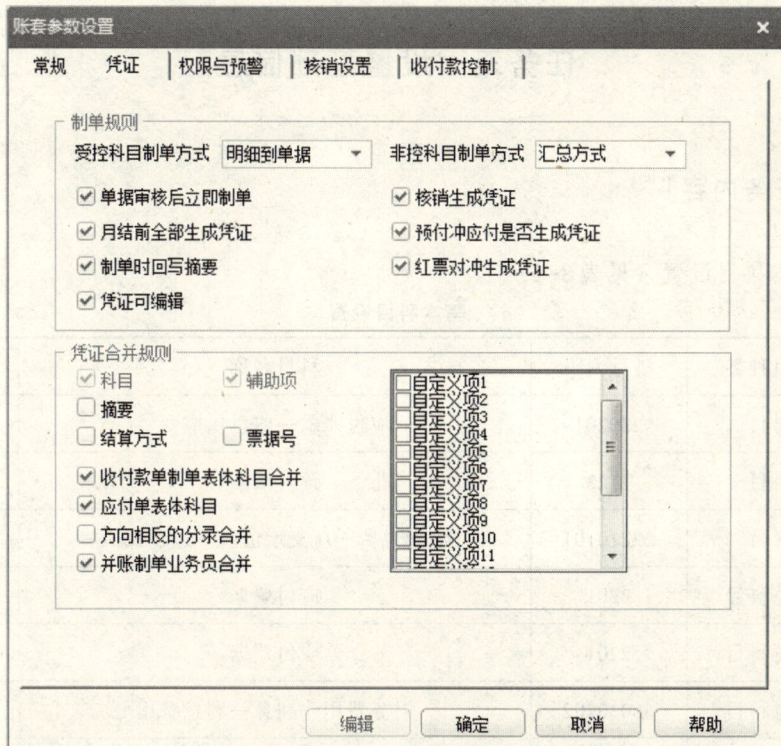

图8-3　账套参数设置-凭证

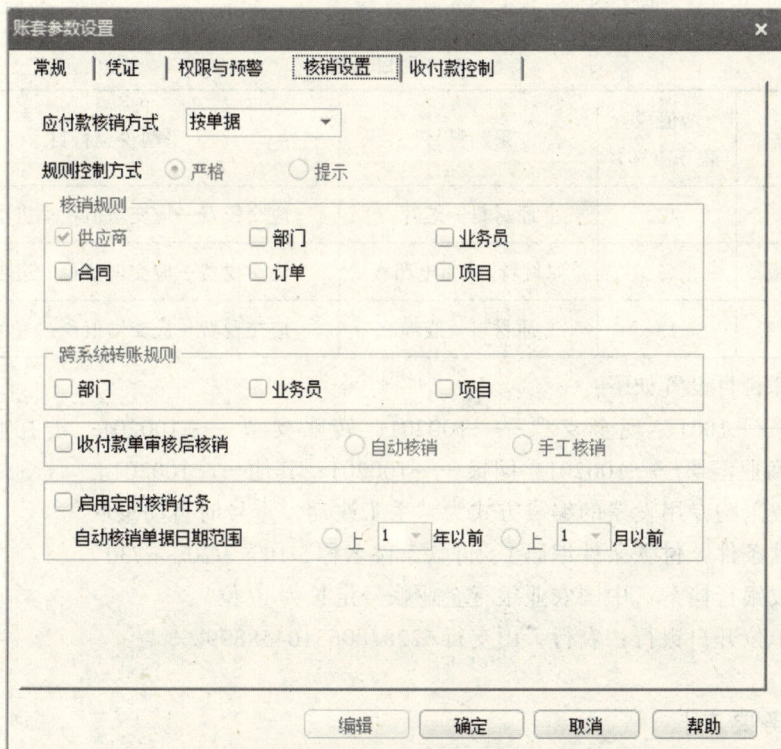

图8-4　账套参数设置-核销设置

任务三　设置基础信息

[任务内容]

1.基本科目设置（见表8-1）

表8-1　　　　　　　　　　　　　　　　基本科目设置

基本科目种类	科目编码	科目名称	币种
应付科目	220201	应付账款—应付供应商	人民币
预付科目	1123	预付账款	人民币
税金科目	22210101	应交税费—应交增值税—进项税额	人民币
商业承兑科目	2201	应付票据	人民币
银行承兑科目	2201	应付票据	人民币
票据利息科目	66030202	财务费用—利息—利息费用	人民币
现金折扣科目	660304	财务费用—现金折扣	人民币

2.对方科目设置（见表8-2）

表8-2　　　　　　　　　　　　　　　　对方科目设置

存货名称	增值税税率（%）	采购科目	采购税金科目
芯片	13	原材料—芯片	应交税费—应交增值税—进项税额
pcb电路板	13	原材料—pcb电路板	应交税费—应交增值税—进项税额
线缆	13	原材料—线缆	应交税费—应交增值税—进项税额

3.结算科目设置如下：

现金——1001；现金支票——100201；转账支票——100201；委托收款——100201；商业汇票——100201；网银——100201；其他——100201。

4.修改采购专用发票的编号方式为"手工改动，重号时自动重取"。

5.付款条件：付款条件编码1，付款条件名称5/10，3/20，n/30。

6.修改银行档案：中国农业银行企业账号定长为17位。

7.本单位开户银行：农行天山支行62284806310458899。

[任务要求]

会计张东明完成应付款管理系统基础信息设置。

✏️ ［工作示范］

教学视频
8-1-3

基础信息设置
操作演示

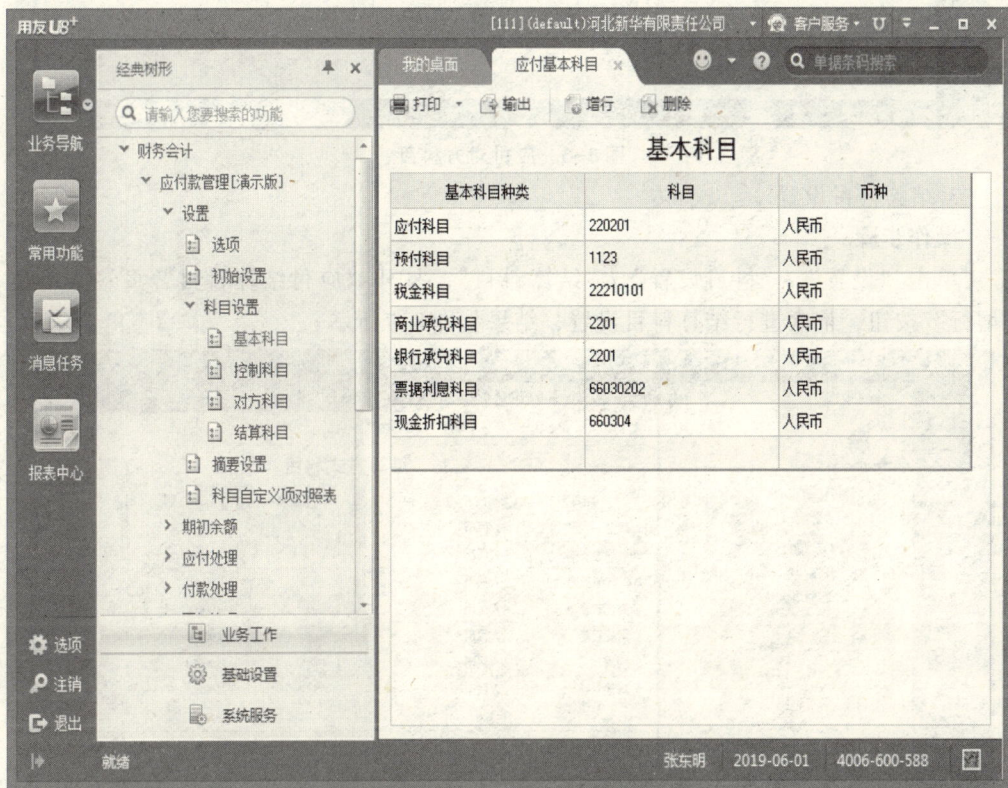

1.基本科目设置

操作步骤：

在"应付款管理"系统中，单击"设置"/"科目设置"/"基本科目"，打开"应付基本科目"页签。单击"增行"按钮，依次进行基本科目设置，结果如图 8-5所示。

基本科目种类	科目	币种
应付科目	220201	人民币
预付科目	1123	人民币
税金科目	22210101	人民币
商业承兑科目	2201	人民币
银行承兑科目	2201	人民币
票据利息科目	66030202	人民币
现金折扣科目	660304	人民币

图 8-5　应付基本科目

栏目说明：

①税金科目：输入核算进项税的科目，如"应交税费—应交增值税—进项税额"。

②票据利息科目：输入核算应付票据利息的科目，如"财务费用"。

③现金折扣科目：若企业在采购过程中有现金折扣业务，则输入现金折扣费用的入账科目，如"财务费用"。

2.对方科目设置

操作步骤：

单击"设置"/"科目设置"/"对方科目"，打开"应付对方科目"页签。单击"增行"按钮，依次进行对方科目设置，结果如图 8-6所示。

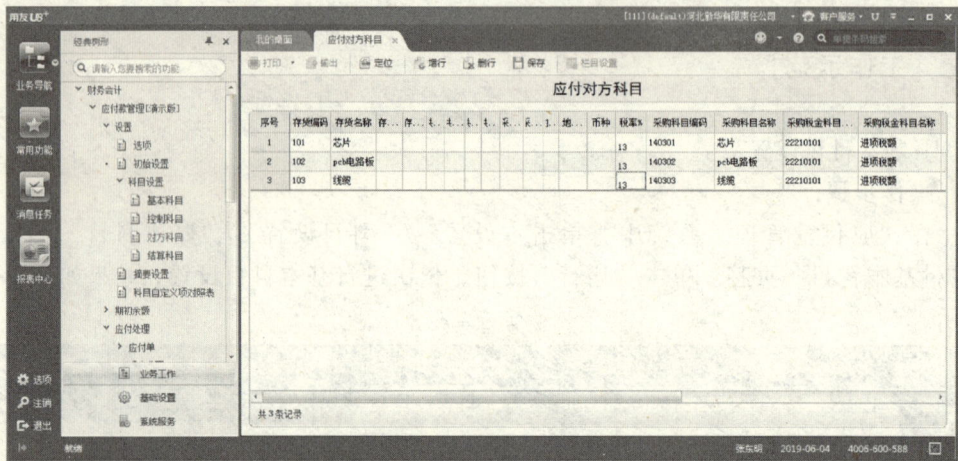

图8-6　应付对方科目

3.结算科目设置

操作步骤:

单击"设置"/"科目设置"/"结算科目",打开"应付结算科目"页签。单击"增行"按钮,依次进行结算科目设置,结果如图8-7所示。

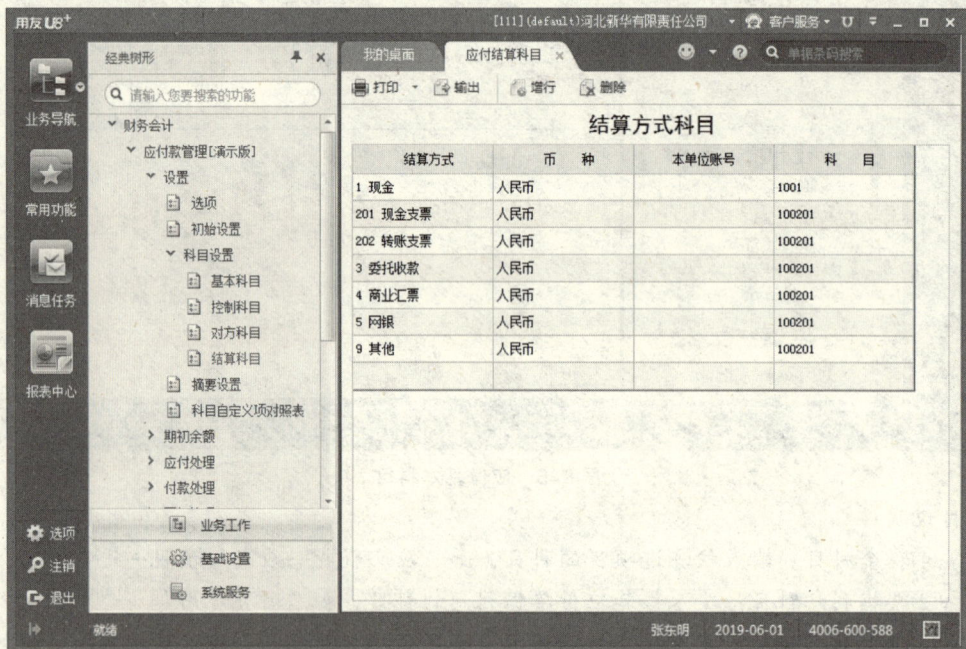

图8-7　应付结算科目

4.修改采购专用发票的编号方式

操作步骤:

在"业务导航"中单击"基础设置"/"单据设置"/"单据编号设置",打开"单据编号设置"对话框,在"单据类型"中选择"采购管理"/"采购专用发票"。单击按钮修改,选择"手工改动,重号时自动重取",单击按钮保存,结果如图8-8所示。

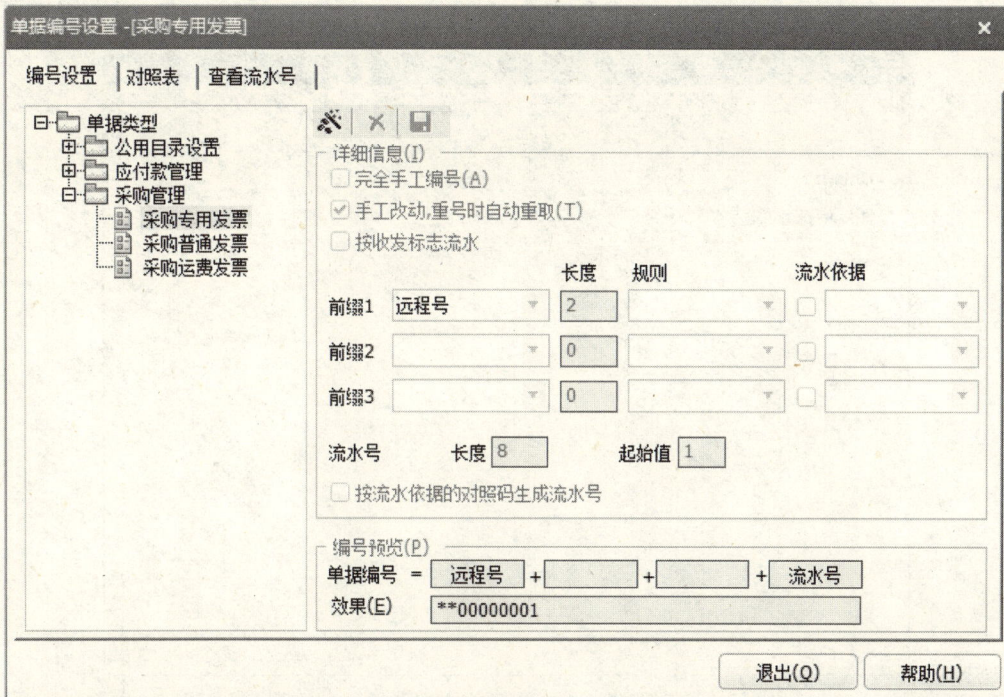

图8-8 单据编号设置-采购专用发票

5.设置付款条件

操作步骤：

在"业务导航"中单击"基础设置"/"收付结算"/"付款条件"，打开"付款条件"窗口。单击"增加"按钮，依次录入各栏目内容，结果如图8-9所示。

图8-9 付款条件

栏目说明：

①付款条件名称：系统自动根据用户录入的信用天数、优惠天数、优惠率显示该付款条件的完整信息。

②信用天数：指最大的可延期付款天数，如超过此天数，则不仅要按全额支付货款，还可能支付延期付款利息或违约金。

③优惠天数：指享受折扣优待的时间段的最大天数，它应小于信用天数。

④优惠率：指在优惠天数范围内付款而享受的优惠率，按照百分比计算。

6.修改银行档案

操作步骤：

在"业务导航"中单击"基础设置"/"收付结算"/"银行档案"，打开"银行档案"窗口，选中"中国农业银行"所在行后，单击"修改"按钮，系统打开"修改银行档案"对话框，将"企业账户规则"中的账号长度修改为"17"，结果如图8-10

所示，单击"保存"按钮。

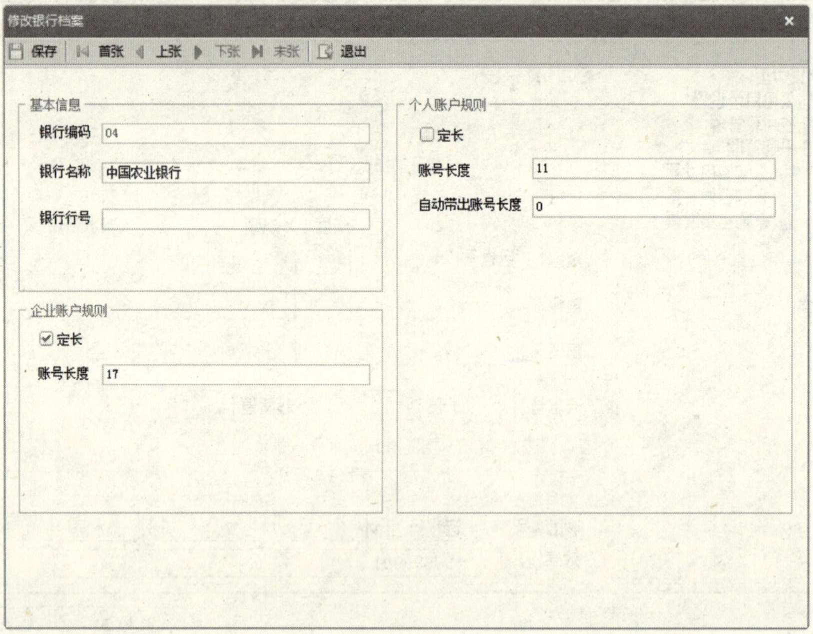

图 8-10　修改银行档案

7.设置本单位开户银行

操作步骤：

在"业务导航"中单击"基础设置"/"收付结算"/"本单位开户银行"，打开"本单位开户银行"窗口，单击"增加"按钮，系统打开"增加本单位开户银行"对话框，录入本单位开户银行信息，结果如图 8-11 所示，单击"保存"按钮。

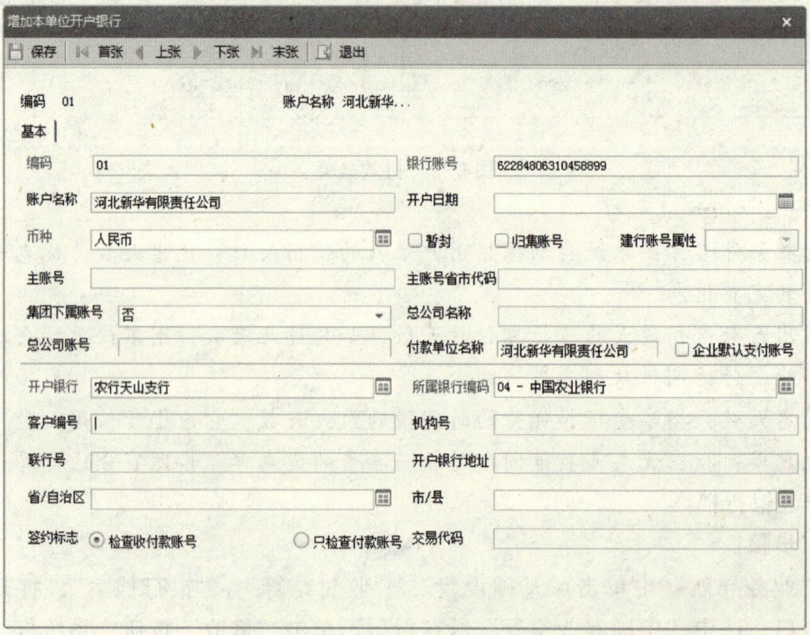

图 8-11　增加本单位开户银行

任务四　录入期初余额

［任务内容］

本月有五笔期初单据需要录入：

1.2019 年 5 月 13 日，向强盛公司购买线缆 5 000 米，单价 25 元/米，价税合计 141 250 元，增值税专用发票票号 22483356，货款未付。

2.2019 年 5 月 13 日，向强盛公司购买线缆时应支付对方包装整理费 300 元。

3.2019 年 5 月 17 日，以网银转账方式向石家庄东成公司支付芯片定金 2 000 元。

4.2019 年 5 月 20 日，向东成公司购买 pcb 电路板 30 000 平方厘米，单价 0.4 元/平方厘米，价税合计 13 560 元。向东成公司交付商业承兑汇票（票号 6767998067001156），票面金额 13 560 元，到期日 2019 年 6 月 20 日。

5.2019 年 5 月 23 日，向东成公司购买线缆 800 米，单价 25 元/米，价税合计 22 600 元，增值税专用发票票号 44551121，货款未付。

［任务要求］

会计张东明完成应付款管理系统期初余额录入。

［知识链接］

录入期初余额，包括未结算完的发票和应付单、预付款单据、未结算完的应付票据以及未结算完的合同金额。这些期初数据必须是账套启用会计期间前的数据。期初余额录入后，可与总账系统对账，在日常业务中，对期初发票、应付单、预付款、票据进行后续的核销、转账处理。

［工作示范］

1.业务 1 期初采购发票录入

操作步骤：

（1）在应付款管理系统中，单击"期初余额"/"期初余额"，打开"期初余额-查询"对话框，单击"确定"按钮，打开"期初余额"页签。单击"增加"按钮，打开"单据类别"对话框，选择单据名称为"采购发票"、单据类型为"采购专用发票"、方向为"正向"，如图 8-12 所示。

教学视频
8-1-4

期初余额录入
操作演示

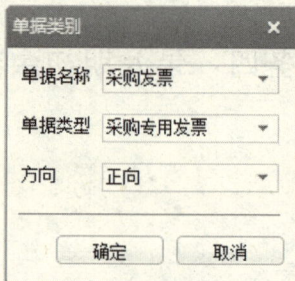

图 8-12　单据类别–采购发票

（2）单击"确定"按钮，打开"采购发票"页签，单击"增加"按钮，输入采购专用发票信息，单击"保存"按钮，结果如图 8-13 所示。

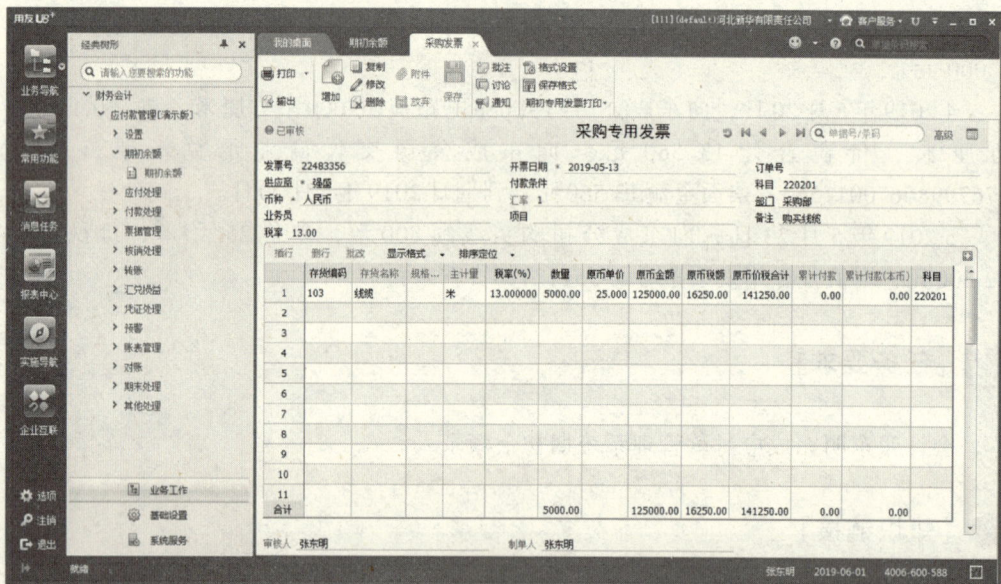

图 8-13　采购发票–采购专用发票

2.业务2期初应付单录入

操作步骤：

（1）在期初余额录入界面，单击"增加"按钮，打开"单据类别"对话框，选择单据名称为"应付单"、单据类型为"其他应付单"、方向为"正向"，如图 8-14 所示。

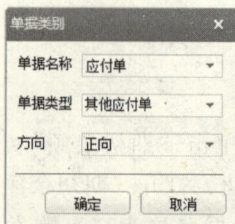

图 8-14　单据类别–应付单

（2）单击"确定"按钮，打开"期初单据录入"页签，单击"增加"按钮，输入应付单信息，单击"保存"按钮，结果如图 8-15 所示。

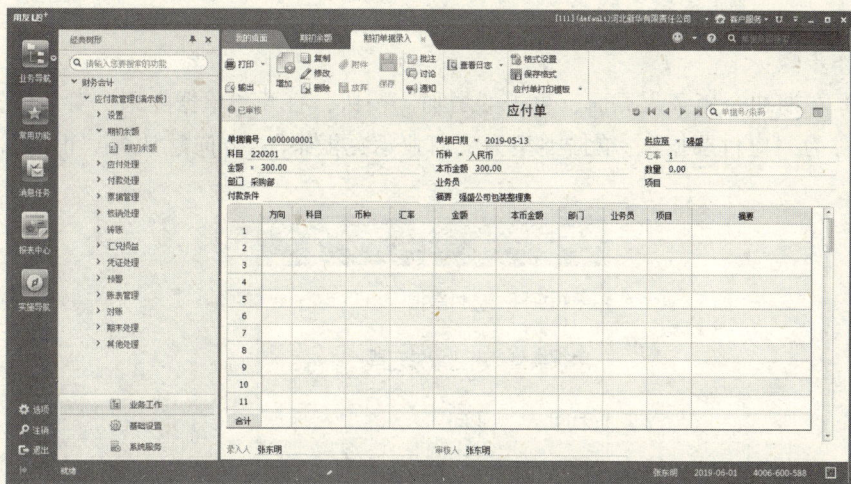

图8-15 期初单据录入-应付单

3.业务3期初预付款录入

操作步骤：

（1）在期初余额录入界面，单击"增加"按钮，打开"单据类别"对话框，选择单据名称为"预付款"、单据类型为"付款单"、方向为"正向"，如图8-16所示。

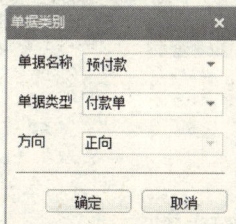

图8-16 单据类别-预付款

（2）单击"确定"按钮，打开"期初单据录入"页签，单击"增加"按钮，输入付款单信息，单击"保存"按钮，结果如图8-17所示。

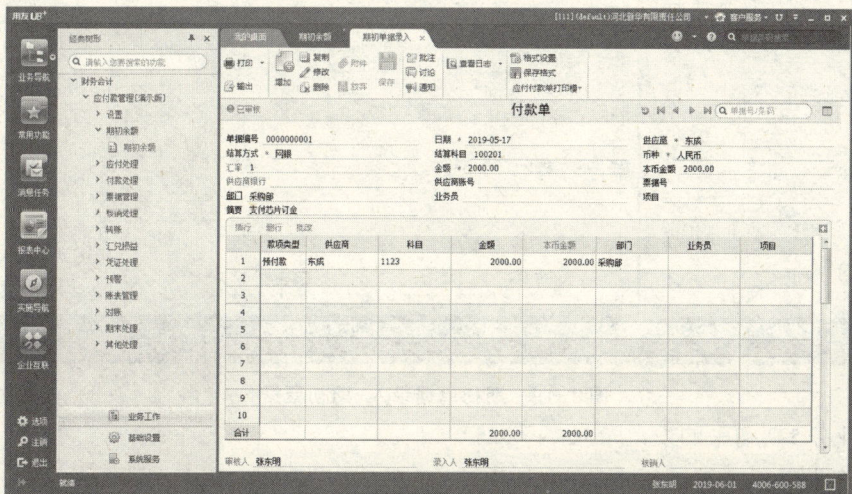

图8-17 期初单据录入-付款单

4.业务4期初票据录入

操作步骤：

（1）在期初余额录入界面，单击"增加"按钮，打开"单据类别"对话框，选择单据名称为"应付票据"、单据类型为"商业承兑汇票"、方向默认为"正向"，如图8-18所示。

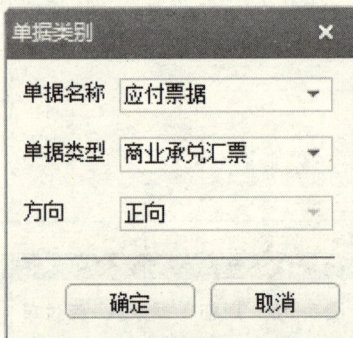

图8-18　单据类别-应付票据

（2）单击"确定"按钮，打开"期初单据录入"页签，单击"增加"按钮，输入期初票据信息，单击"保存"按钮，结果如图8-19所示。

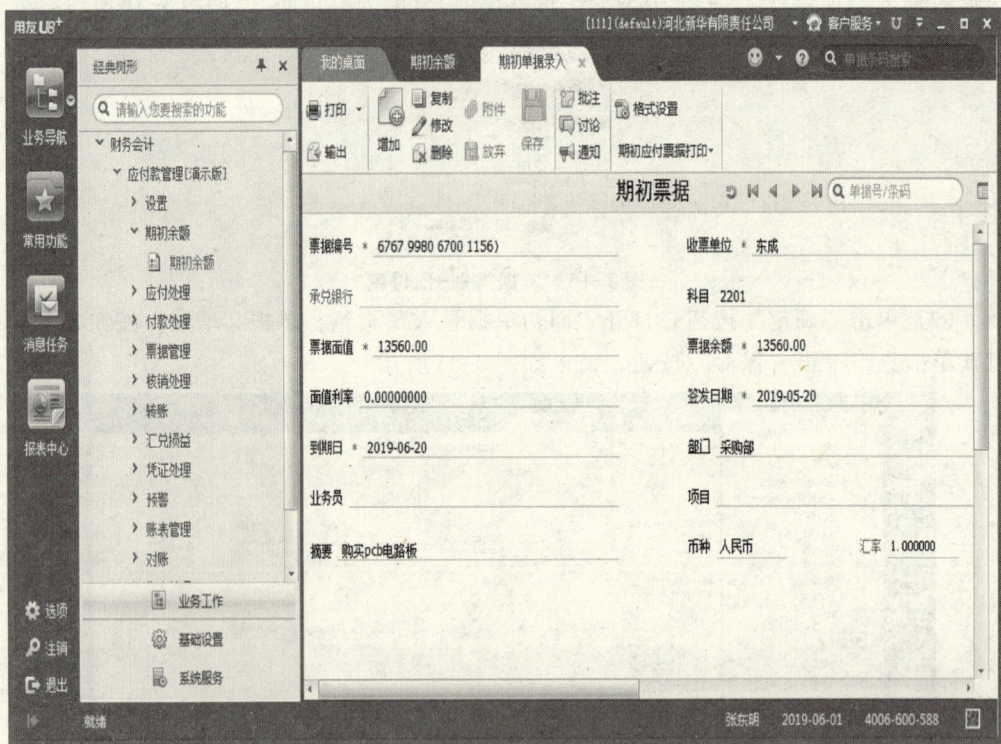

图8-19　期初单据录入-期初票据

5.业务5期初采购发票录入

操作步骤：

（1）参照业务1的方法录入本业务的采购发票，结果如图8-20所示。

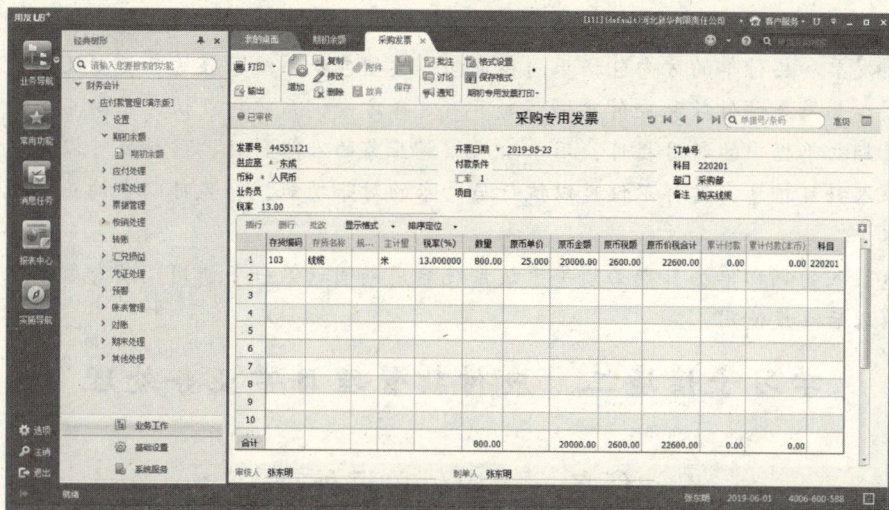

图8-20　采购发票-采购专用发票

（2）在"期初余额"页签，单击"刷新"按钮，显示全部期初余额，如图8-21所示。

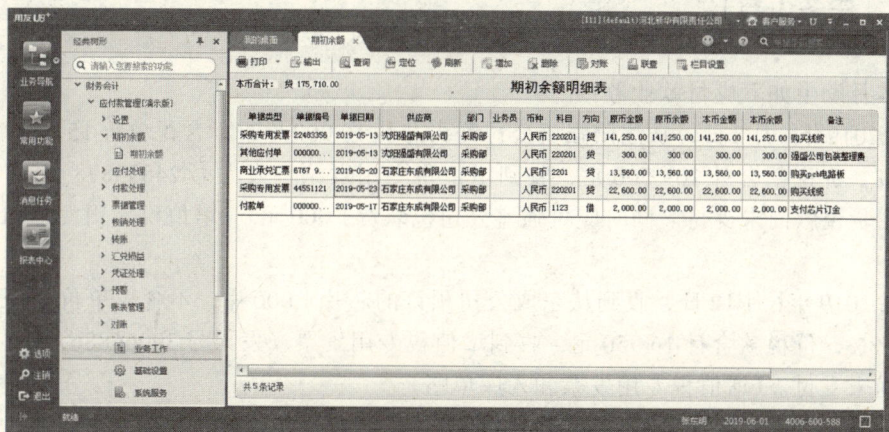

图8-21　期初余额明细表

（3）单击"对账"按钮，将应付系统与总账系统进行期初对账，如图8-22所示。

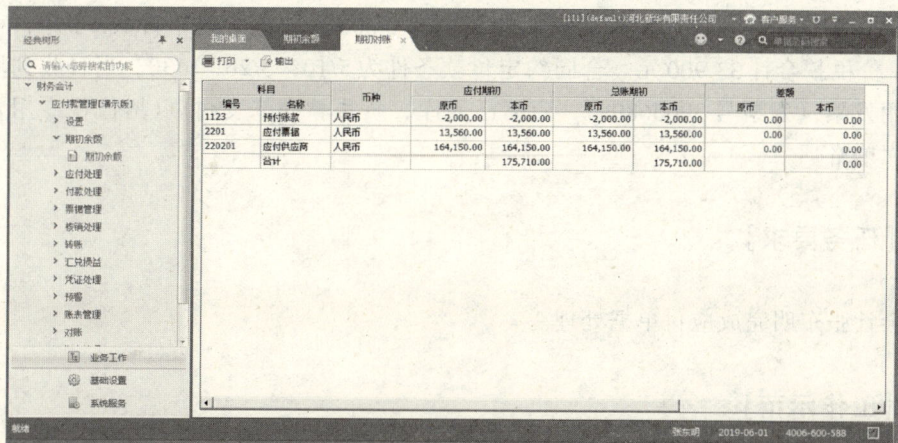

图8-22　期初对账

特别提示：

①发票和应付单的方向包括正向和负向，类型包括系统预置的各类型及用户定义的类型。如果是预付款和应付票据，则不用选择方向，系统均默认为正向。

②期初单据中的科目栏目，用于输入该笔业务的入账科目，该科目可以为空，但最好录入科目信息，这样不仅可以执行与总账的对账功能，而且可以查询正确的科目明细账。

③录入的期初单据日期必须早于该系统启用期间（第一年使用）或者该年度会计期初（以后年度使用）。

学习子情境二　应付款管理日常业务处理

任务一　应付单据处理

[任务内容]

本月发生如下应付款业务：

1.2019年6月8日，从沈阳强盛公司购买芯片10 000片，不含税单价15元/片，税率13%，价税款合计169 500元，收到增值税专用发票（发票号24833878），商品已入库，货税款尚未支付。同时应付强盛公司包装费1 000元。（增值税专用发票和入库单略）

2.2019年6月12日，收到从东成公司预订的芯片1 000片，不含税单价15元/片，税率13%，价税款合计16 950元，收到增值税专用发票（发票号39066886），货税款余款尚未支付。（增值税专用发票和入库单略）

3.2019年6月13日，8日从沈阳强盛公司购买的芯片1 000片存在质量问题，对方同意退货1 000片（15元/片），收到红字增值税专用发票（发票号24834122）。（开具红字增值税专用发票通知单、红字增值税专用发票和退库单略）

4.2019年6月13日，从东成公司购买芯片2 000片，不含税单价15元/片，税率13%，价税款合计33 900元。合同约定付款条件为5/10，3/20，n/30。当日收到增值税专用发票（发票号39066899），商品已入库，货税款尚未支付。（增值税专用发票和入库单略）

[任务要求]

会计张东明完成应付单据处理。

[工作示范]

1.业务1应付单据处理（采购发票和应付单）

教学视频8-2-1　发生赊购业务怎么办——应付单据处理

教学视频8-2-2　应付单据处理操作演示

操作步骤：

（1）在应付款管理系统中，单击"应付处理"/"采购发票"/"采购专用发票录入"，打开"采购发票"页签。单击"增加"按钮，填制一张采购发票并保存，结果如图8-23所示。

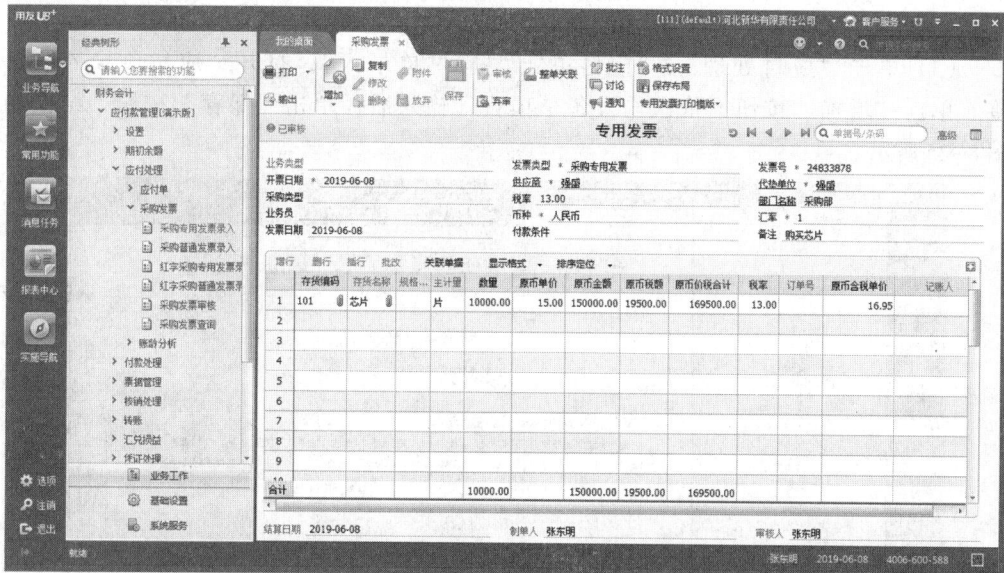

图8-23 采购发票–专用发票

（2）单击"审核"按钮，对采购专用发票进行审核后立即制单，修改凭证类别和附单据数后，单击"保存"按钮，结果如图8-24所示。

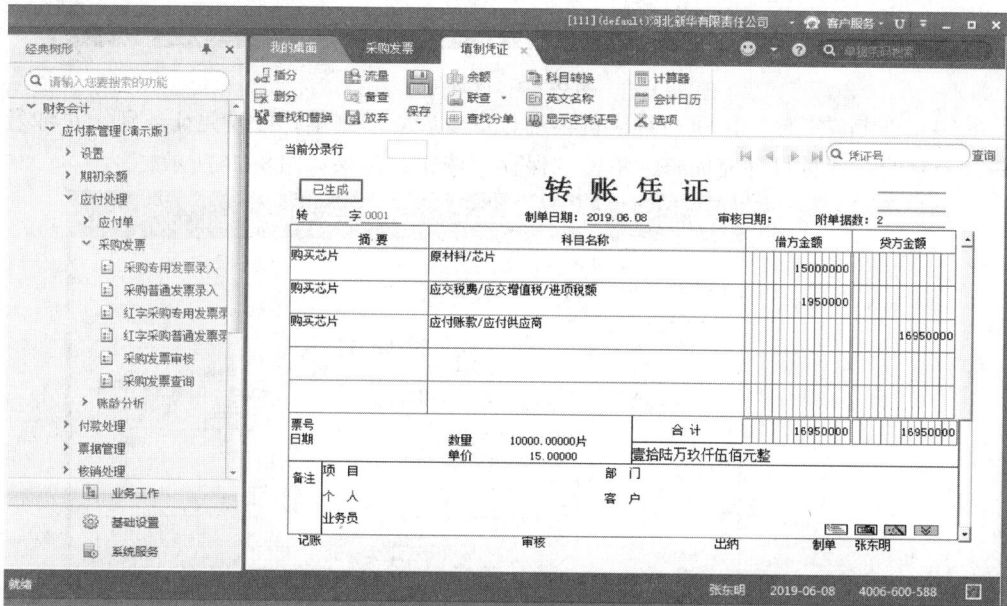

图8-24 应付账款确认记账凭证

特别提示：

①在"账套参数设置–常规"页签中设置应付单据审核日期的依据为单据日期

时，该单据的入账日期选用自己的单据日期；若应付单据审核日期的依据为业务日期，则该单据的入账日期选用当前的登录日期。

②因为在"账套参数设置-凭证"页签中已自动勾选"单据审核后立即制单"，所以采购发票审核后系统提示"是否立即制单"。选择立即制单，则系统打开凭证卡片；选择不立即制单，以后需要在"凭证处理"中统一制单。

（3）单击"应付处理"/"应付单"/"应付单录入"，打开"应付单录入"页签。单击"增加"按钮，依次输入各个项目，输入后，单击"保存"按钮，结果如图8-25所示。

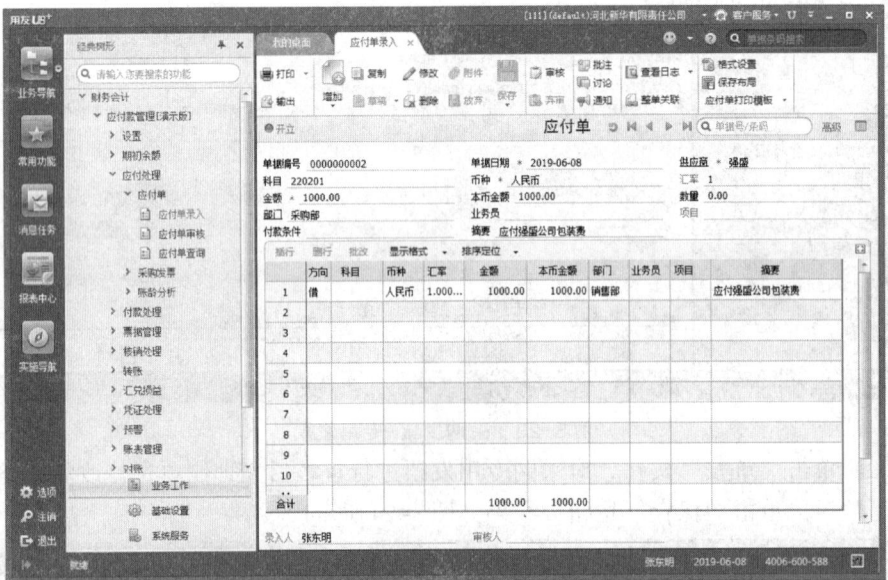

图8-25 应付单

（4）单击"审核"按钮，对应付单进行审核后立即制单，修改凭证类别，并将第一行分录的会计科目补充完整，单击"保存"按钮，结果如图8-26所示。

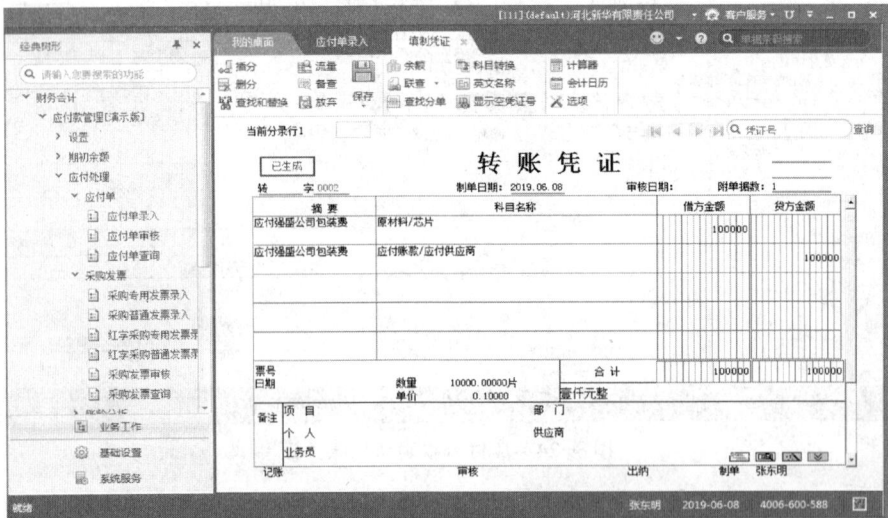

图8-26 应付账款确认记账凭证

2.业务2应付单据处理（采购发票）

操作步骤：

（1）在应付款管理系统中，填制采购专用发票并审核，结果如图8-27所示。

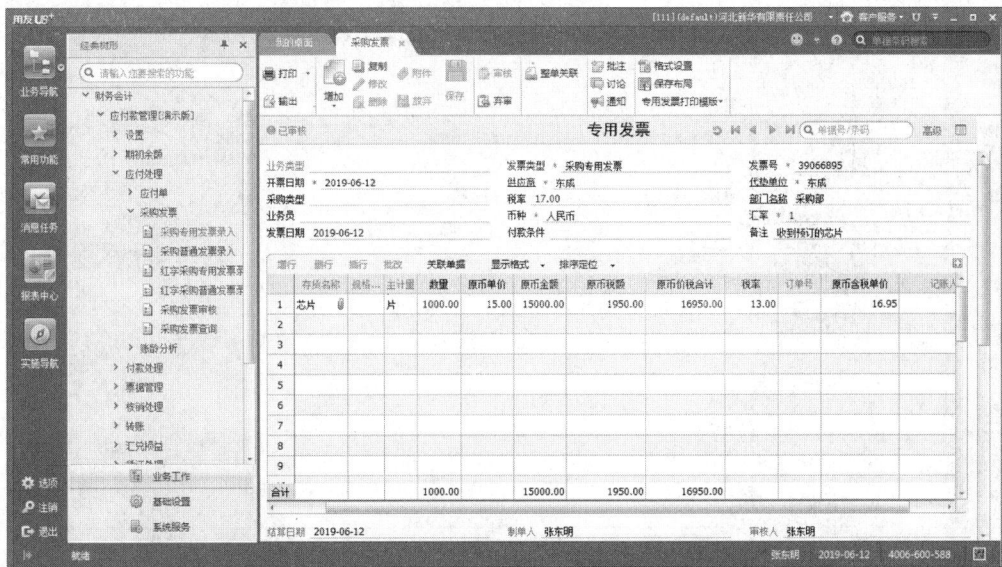

图8-27 采购发票-专用发票

（2）保存系统自动生成的凭证，结果如图8-28所示。

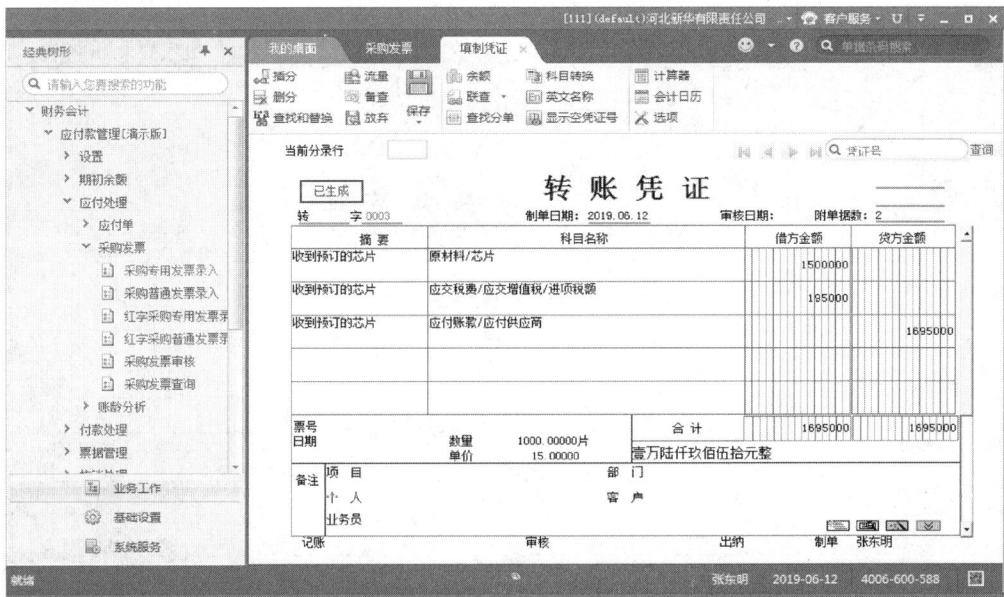

图8-28 应付账款确认记账凭证

3.业务3应付单据处理（红字采购发票）

操作步骤：

在应付款管理系统中，单击"应付处理"/"采购发票"/"采购专用发票录入"，打开"采购发票"页签。填制、审核红字采购专用发票并保存系统自动生成的凭证，结果如图8-29、图8-30所示。

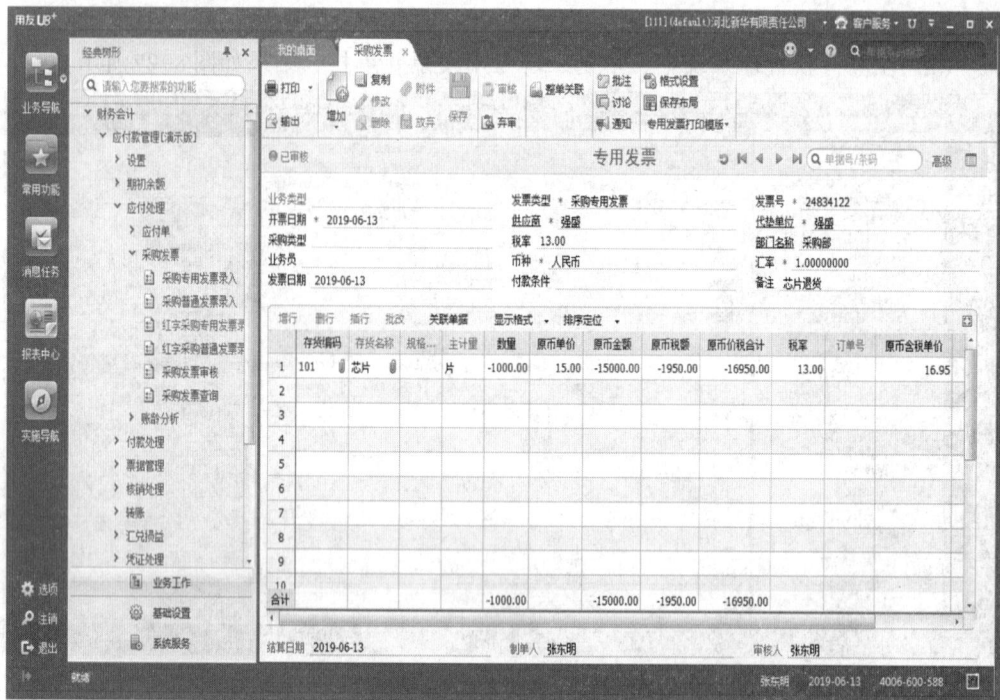

图8-29　采购发票-红字专用发票

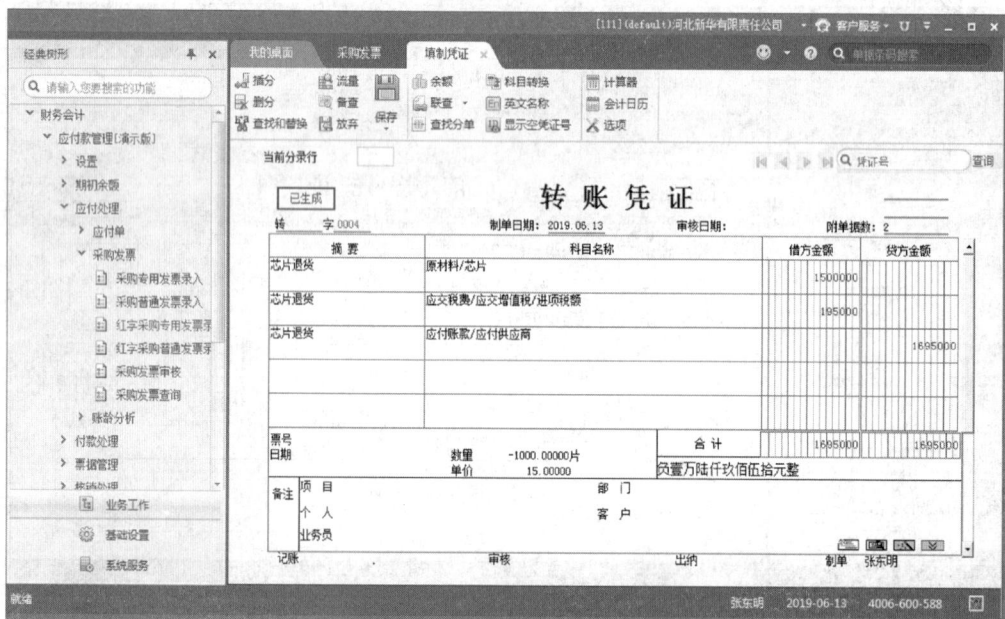

图8-30　应付账款冲销记账凭证

4.业务4应付单据处理（带付款条件的采购发票）

操作步骤：

在应付款管理系统中，填制、审核采购专用发票并保存自动生成的凭证，结果如图8-31、图8-32所示。

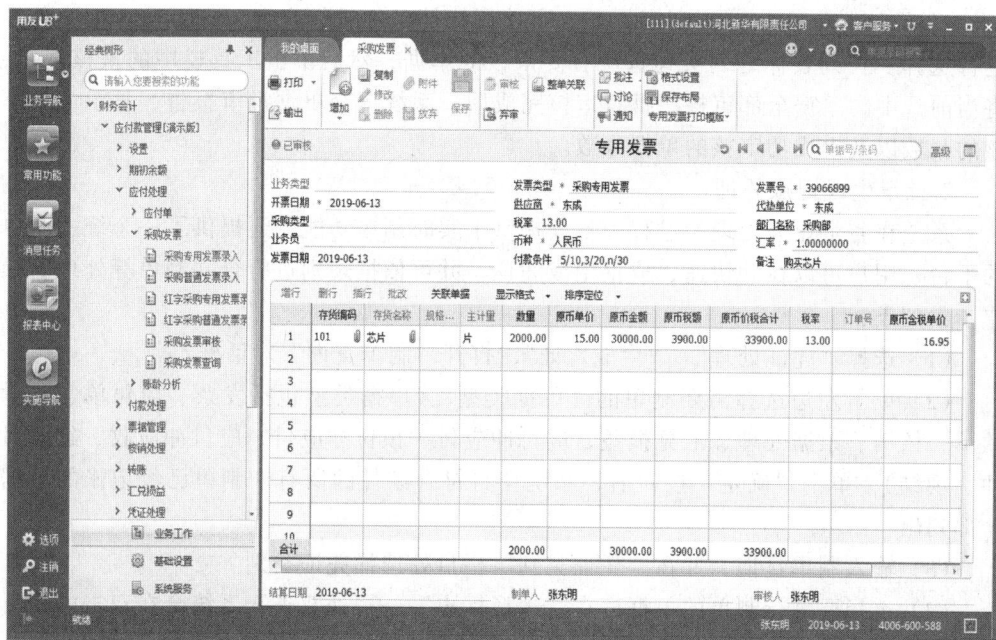

图 8-31　采购发票-专用发票

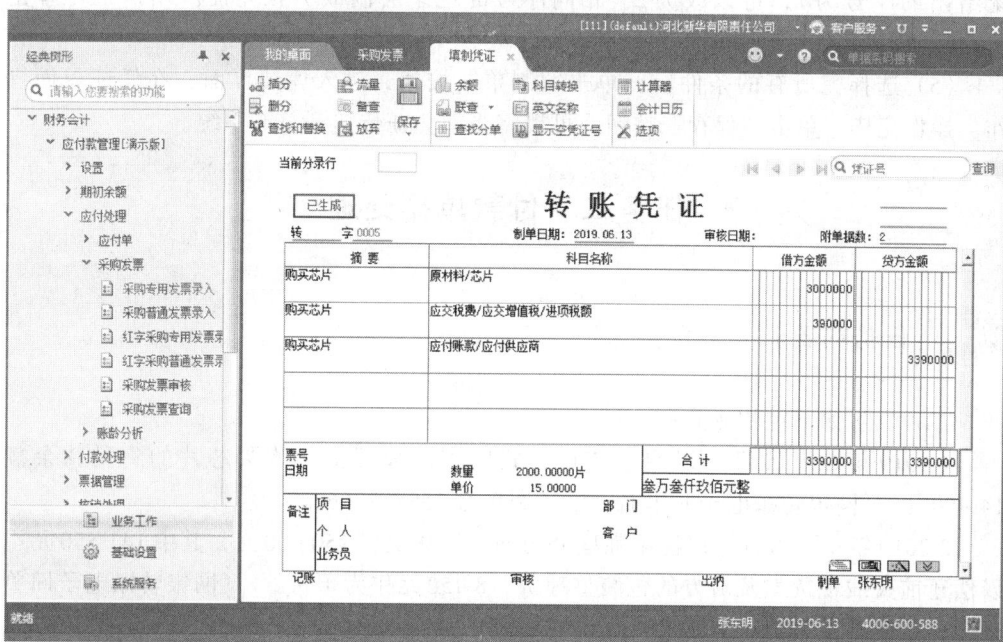

图 8-32　应付账款确认记账凭证

[技能拓展]

1.批量审核应付单据

对于采购发票和应付单等应付单据，系统提供了手工审核和批量审核的功能。进行批量审核时，在"应付处理"下选择"应付单"/"应付单审核"或"采购发票"/

"采购发票审核"进入单据列表界面，可使用快捷条件进行查询，也可输入过滤条件进行选择。在列表标题列头勾选所有要审核的单据，然后单击工具栏中的审核按钮，将当前选中的单据全部审核。批量审核完成后，系统提交单据批审报告，显示成功审核的张数以及未成功审核的单据张数。

2.批量生成记账凭证

系统在各个业务处理的过程中不仅提供了实时制单功能，还提供了一个统一制单的平台，用户可以在此快速、成批生成凭证，并可依据规则进行合并制单等处理。操作步骤如下：

（1）选择"凭证处理"/"生成凭证"，打开"制单查询"对话框。

（2）单击左边选择需要制单的"单据类型"（单据类型包括发票、应付单、收付款单、核销、票据处理、汇兑损益、应付冲应付、预付冲应付、应付冲应收、红票对冲、现结），单击"确定"按钮后，系统会将符合条件的所有未制单已经记账的单据全部列出。

（3）输入制单日期，并在"凭证类别"栏目处选择凭证类别。

（4）选择要进行制单的单据，在"选择标志"一栏处双击，系统会在双击的栏目处给出一个序号，表明要将该单据制单。用户可以修改系统所给出的序号。例如，系统给出的序号为1，可以改为2。相同序号的记录会制成一张凭证。用户也可单击"合并"按钮，进行合并制单。

（5）选择完所有的条件后，单击"制单"按钮，进入凭证界面，在凭证界面操作。操作完毕，单击"保存"按钮，可以将当前凭证传递到总账系统。

任务二　付款单据处理

@ ［任务内容］

本月发生如下付款业务：

1.2019年6月15日，以网银转账方式向东成公司支付购买芯片的货税款余额14 950元。（网银转账电子回单略，电子回单号45540226623）

2.2019年6月18日，向沈阳强盛公司网银转账支付150 000元，其中141 550元用以偿还前欠线缆货款及对方的包装整理费，8 450元作为预付款。（网银转账电子回单略，电子回单号45540226811）

3.2019年6月19日，向东成公司开出转账支票一张（支票号2245889913450023）用于支付13日的芯片购买价税款，因享受现金折扣，所以支票票面金额为32 205元。

@ ［任务要求］

会计张东明完成付款单据处理。

教学视频
8-2-3

货款已付请处理——付款单据处理

![工作示范图标] ［工作示范］

1.业务1付款单据处理（应付款）

操作步骤：

（1）在应付款管理系统中，单击"付款处理"/"付款单据录入"，打开"付款单据录入"页签。单击"增加"按钮，依次输入各个项目，输入后，单击"保存"按钮，结果如图8-33所示。

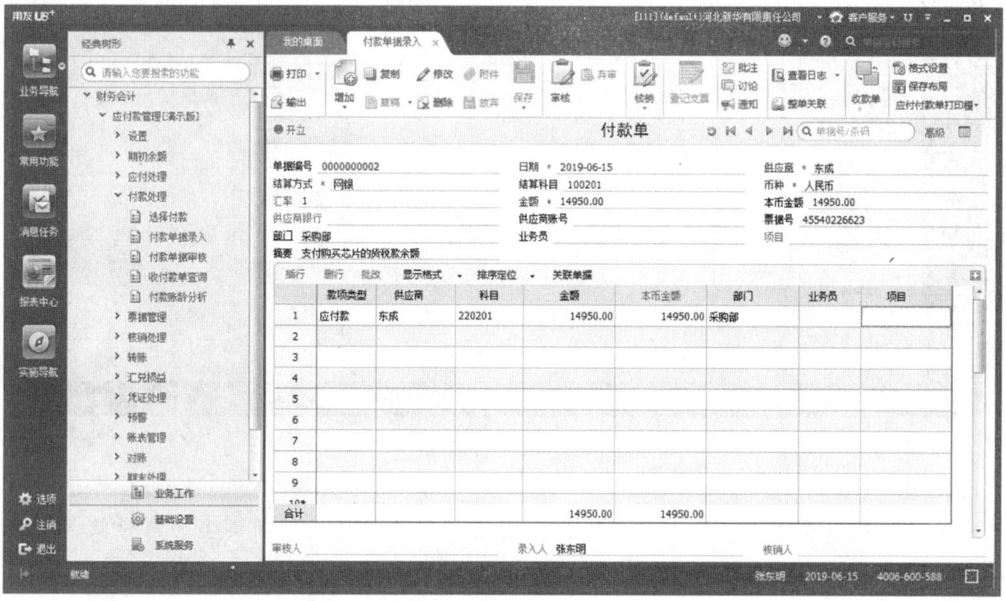

教学视频
8-2-4

付款单据处理
操作演示

图8-33　付款单

（2）审核付款单，并保存系统自动生成的凭证，结果如图8-34所示。

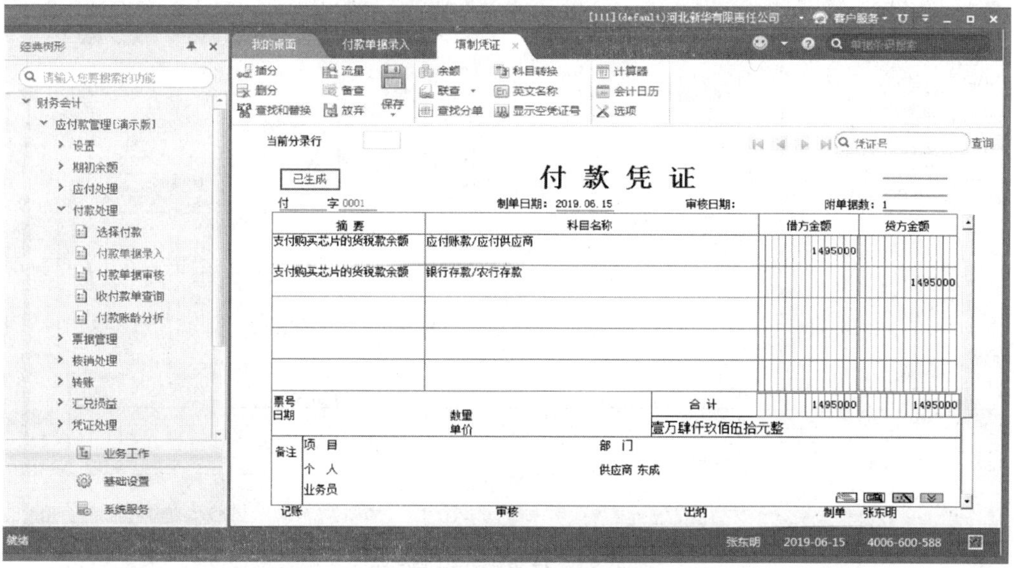

图8-34　付款确认记账凭证

2.业务2付款单据处理（应付款和预付款）

操作步骤：

（1）在应付款管理系统中，填制付款单，结果如图8-35所示。

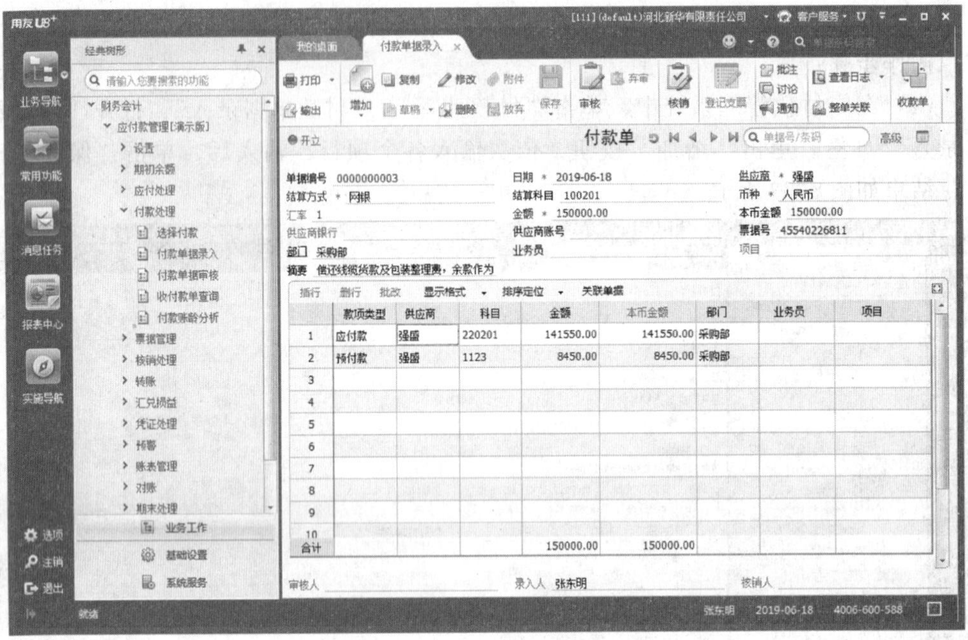

图8-35　付款单

特别提示：

注意付款单表体中款项类型的选择。若选择表体记录的款项类型为应付款，则该付款是冲销应付款；若选择表体记录的款项类型为预付款，则该记录形成预付款；若选择表体记录的款项类型为其他费用，则该付款是其他费用。

（2）审核付款单，并保存系统自动生成的凭证，结果如图8-36所示。

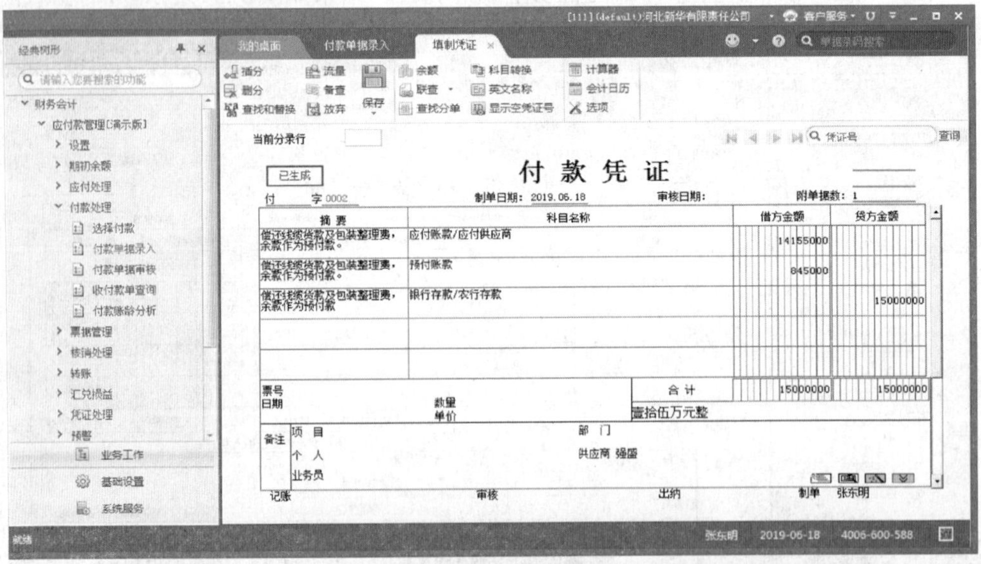

图8-36　付款确认记账凭证

3.业务3选择付款（享受现金折扣）

操作步骤：

（1）单击"付款处理"/"选择付款"，打开"选择付款—条件"对话框。在"通用条件"页签中选择供应商为"0201东成"，勾选"可享受折扣"，结果如图8-37所示。

图8-37　选择付款—条件

（2）单击"确定"按钮，打开"选择付款—条件"页签，选择需要付款的单据，系统自动填写"本次折扣"和"付款金额"栏，如图8-38所示。

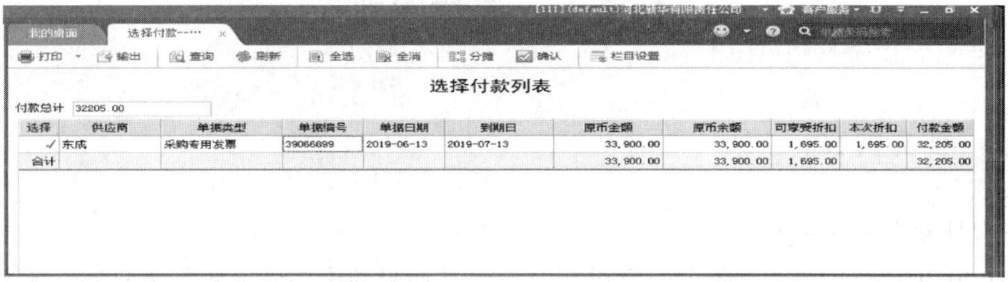

图8-38　选择付款—条件

（3）金额检查无误后，单击"确认"按钮，打开"选择付款—付款单"对话框，输入"结算方式"和"票据号"，结果如图8-39所示。单击"确认"按钮，完成选择付款的操作。

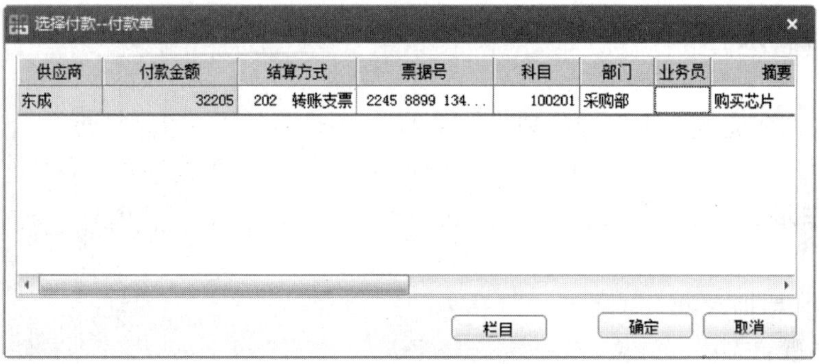

图8-39　选择付款-付款单

（4）单击"凭证处理"/"生成凭证"，打开"制单查询"对话框。选择单据类型"收付款单"并进行制单，结果如图8-40所示。

图8-40　付款确认记账凭证

特别提示：

现金折扣凭证只能在核销后通过核销制单来完成。

任务三　票据管理

教学视频
8-2-5

怎样管理商业
汇票——票据
管理

[任务内容]

本月发生如下票据管理业务：

1.2019年6月19日，向东成公司交付三个月期限的中国农业银行无息银行承兑汇票一张（票号5667800900113443），面值20 000元，用于订购芯片。

2.2019年6月20日，交付东成公司的商业承兑汇票（票号6767998067001156）到期，收到银行的提示付款通知后立即承兑。

[任务要求]

会计张东明完成票据管理处理。

[工作示范]

1.业务1票据录入

操作步骤：

（1）在应付款管理系统中，单击"票据管理"/"票据录入"，打开"应付票据录入"页签。

（2）单击"增加"按钮，依次输入各个项目，输入后，单击"保存"按钮，结果如图8-41所示。

教学视频
8-2-6

票据管理操作
演示

图8-41　应付票据录入-银行承兑汇票

（3）单击"付款处理"/"付款单据审核"，打开"付款单据审核"页签，按默认的查询条件，单击"查询"按钮，系统显示符合条件的收付款单，选中要审核的付款单，如图8-42所示。

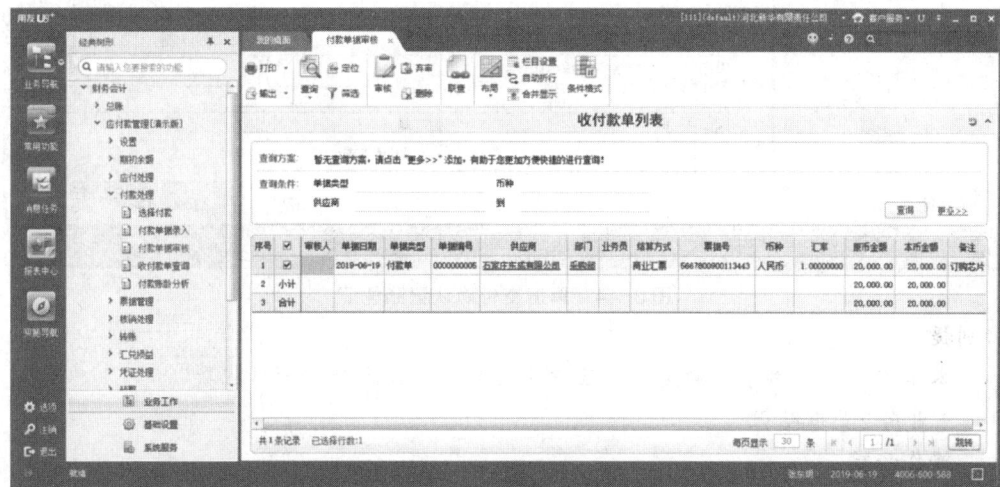

图8-42　付款单据审核

特别提示：

因为在"账套参数设置-常规"页签中已勾选"应付票据直接生成付款单"，所以系统在保存当前票据的同时生成一张付款单。如果该选项未选中，则需要点"生成付款单"按钮才生成付款单。需要对付款单进行审核,并根据付款单生成确认票据交付的记账凭证。

(4)单击"审核"按钮,系统提示审核成功单据1张,如图8-43所示,单击"确定"按钮,关闭"付款单据审核"页签。

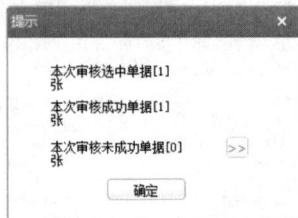

图8-43 审核结果提示

(5)单击"凭证处理"/"生成凭证",打开"制单查询"对话框。选择单据类型"收付款单"并进行制单,结果如图8-44所示。

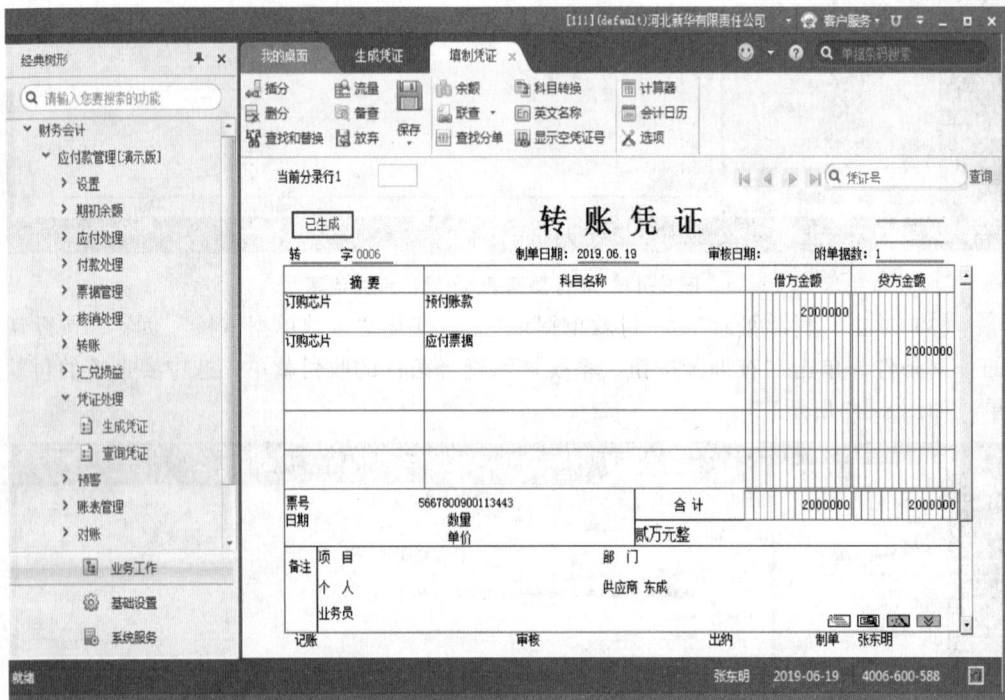

图8-44 票据交付确认记账凭证

特别提示:

本案例中票据用于采购定金,注意修改第一行分录为"预付账款"。

2.业务2票据结算

操作步骤:

(1)在应付款管理系统中,单击"票据管理"/"票据录入",打开"应付票据录入"页签。单击翻页按钮 ◁ ◁ ▷ ▷ 找到要结算的票据。

(2)单击"结算"按钮,打开"票据结算"对话框,输入结算科目为"100201",结果如图8-45所示。

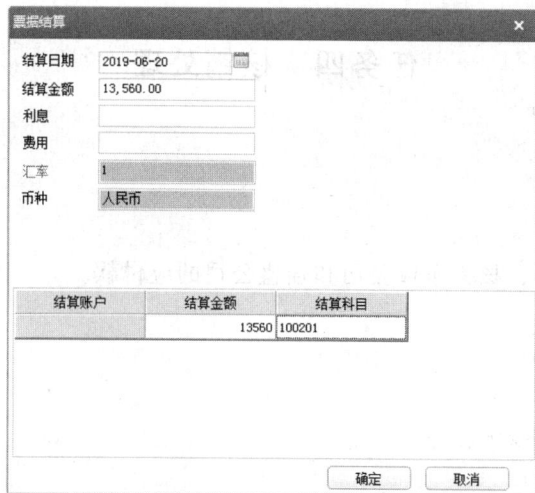

图 8-45　票据结算结果

栏目说明:

①结算日期:结算日期是对票据进行结算的时间。

②利息:如果应付票据为带息票据,应直接在此输入利息;如果是不带息票据,可以保持此栏为空。

③费用:费用是在进行结算单据时所发生的相关费用。如果没有发生费用,可以保持此栏为空。

④结算科目:结算科目是票据结算时的对应科目,一般为银行存款科目。该栏目可以为空。

(3)单击"确定"按钮,系统提示"是否立即制单",确认立即制单后,系统打开"填制凭证"页签,修改凭证有关信息后将自动生成的凭证进行保存,结果如图8-46所示。

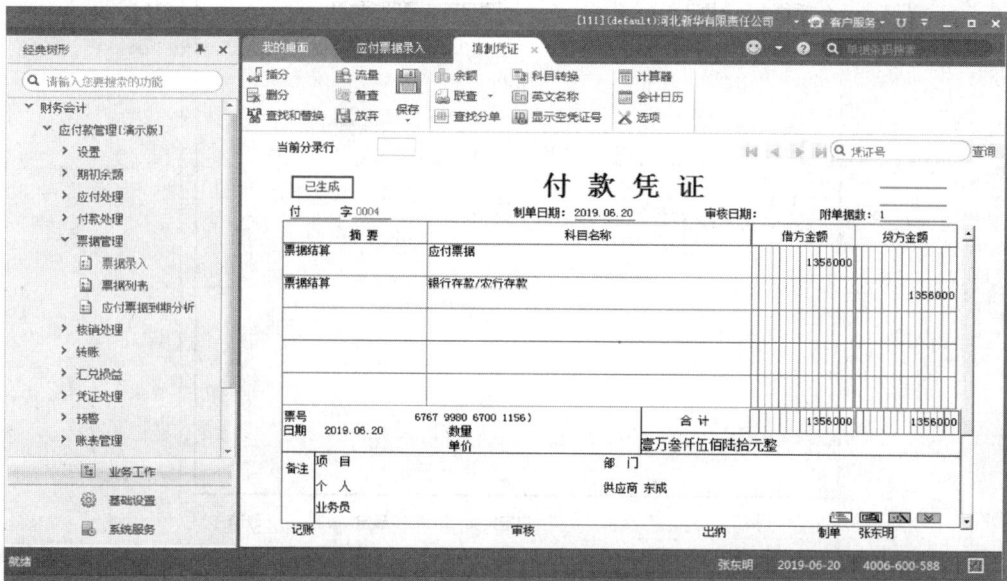

图 8-46　票据结算记账凭证

任务四　核销处理

[任务内容]

2019年6月30日，核销东成公司和强盛公司的应付款。

[任务要求]

会计张东明完成核销处理。

[工作示范]

操作步骤：

（1）在应付款管理系统中，单击"核销处理"/"手工核销"，打开"核销条件"对话框。

（2）单击"供应商"栏参照按钮，选择"0101沈阳强盛有限公司"，结果如图8-47所示。

教学视频
8-2-7

欠账还钱 往来两清——核销和转账

教学视频
8-2-8

核销处理操作演示

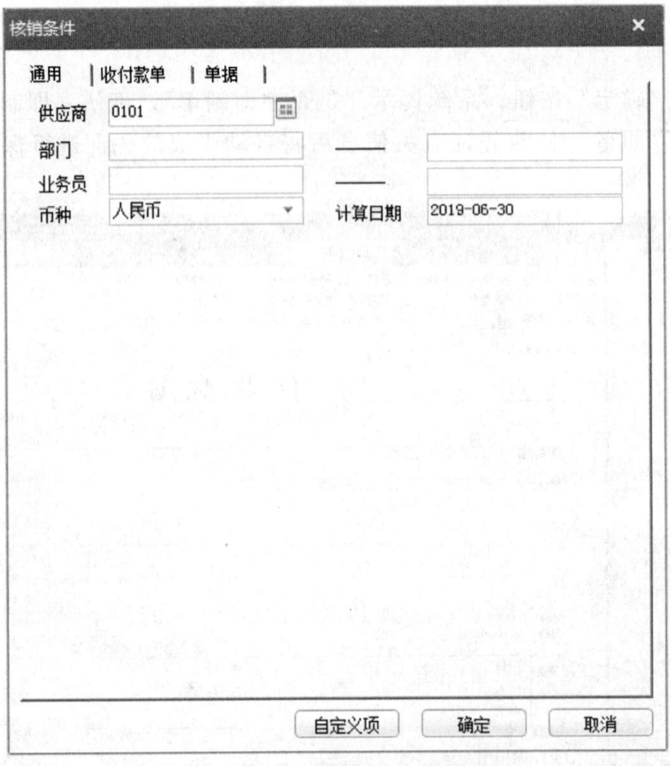

图 8-47　核销条件设置

（3）单击“确定”按钮，打开“手工核销”页签。根据付款单记录选择要核算的应付单据，并在“本次结算”栏录入结算金额，结果如图8-48所示。

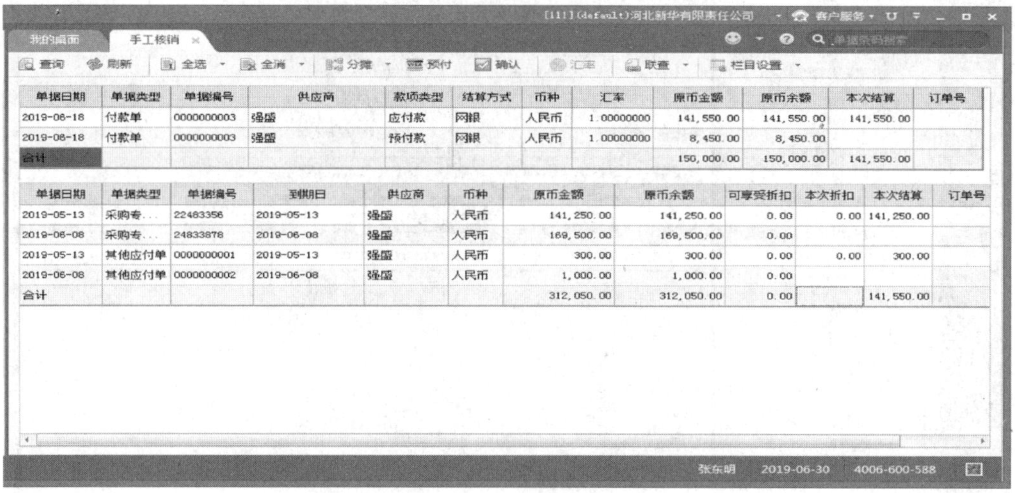

单据日期	单据类型	单据编号	供应商	款项类型	结算方式	币种	汇率	原币金额	原币余额	本次结算	订单号
2019-06-18	付款单	0000000003	强盛	应付款	网银	人民币	1.00000000	141,550.00	141,550.00	141,550.00	
2019-06-18	付款单	0000000003	强盛	预付款	网银	人民币	1.00000000	8,450.00	8,450.00		
合计								150,000.00	150,000.00	141,550.00	

单据日期	单据类型	单据编号	到期日	供应商	币种	原币金额	原币余额	可享受折扣	本次折扣	本次结算	订单号
2019-05-13	采购专...	22483356	2019-05-13	强盛	人民币	141,250.00	141,250.00	0.00	0.00	141,250.00	
2019-06-08	采购专...	24833878	2019-06-08	强盛	人民币	169,500.00	169,500.00	0.00			
2019-05-13	其他应付单	0000000001	2019-05-13	强盛	人民币	300.00	300.00	0.00	0.00	300.00	
2019-06-08	其他应付单	0000000002	2019-06-08	强盛	人民币	1,000.00	1,000.00	0.00			
合计						312,050.00	312,050.00	0.00		141,550.00	

图8-48　手工核销强盛公司的应付款

（4）单击“确认”按钮，系统自动保存该收付款单核销信息。

（5）执行以上操作步骤，录入石家庄东成有限公司应付款本次结算金额，如图8-49所示，单击“确认”按钮，系统自动保存该收付款单核销信息。

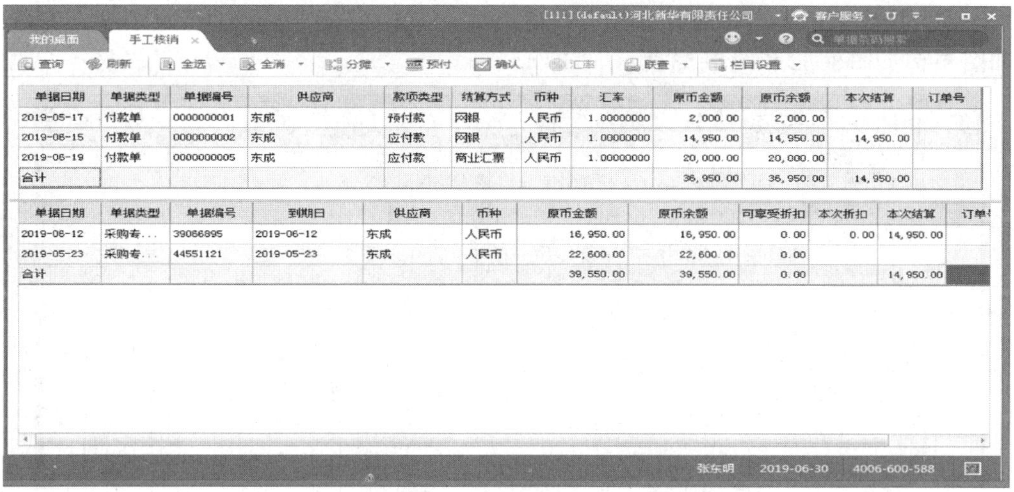

单据日期	单据类型	单据编号	供应商	款项类型	结算方式	币种	汇率	原币金额	原币余额	本次结算	订单号
2019-05-17	付款单	0000000001	东成	预付款	网银	人民币	1.00000000	2,000.00	2,000.00		
2019-06-15	付款单	0000000002	东成	应付款	网银	人民币	1.00000000	14,950.00	14,950.00	14,950.00	
2019-06-19	付款单	0000000005	东成	应付款	商业汇票	人民币	1.00000000	20,000.00	20,000.00		
合计								36,950.00	36,950.00	14,950.00	

单据日期	单据类型	单据编号	到期日	供应商	币种	原币金额	原币余额	可享受折扣	本次折扣	本次结算	订单号
2019-06-12	采购专...	39066895	2019-06-12	东成	人民币	16,950.00	16,950.00	0.00	0.00	14,950.00	
2019-05-23	采购专...	44551121	2019-05-23	东成	人民币	22,600.00	22,600.00	0.00			
合计						39,550.00	39,550.00	0.00		14,950.00	

图8-49　手工核销东成公司的应付款

特别提示：

①只有应付款和预付款才允许核销，收付款单表体中款项类型为其他费用的记录不允许在此作为核销记录。

②用户需要手工输入本次结算金额，上下列表中的结算金额合计必须保持一致。

③核销记录可以在“核销处理”/“应付核销明细表”中查询。

（6）单击“凭证处理”/“生成凭证”，打开“制单查询”对话框。选择单据类型“核销”，单击“确定”按钮，打开“生成凭证”页签。单击“全选”按钮，修改凭证类别为“转账凭证”，结果如图8-50所示。

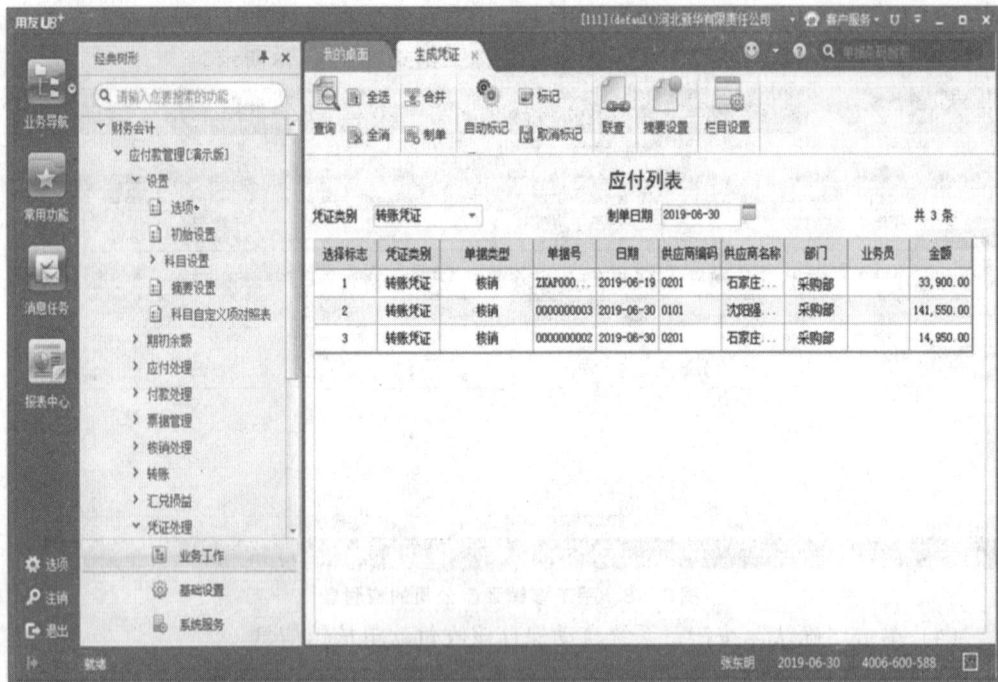

图 8-50　生成凭证

（7）单击"制单"按钮，打开"填制凭证"页签，依次保存三张记账凭证，结果如图 8-51、图 8-52 和图 8-53 所示。

图 8-51　核销记账凭证（1）

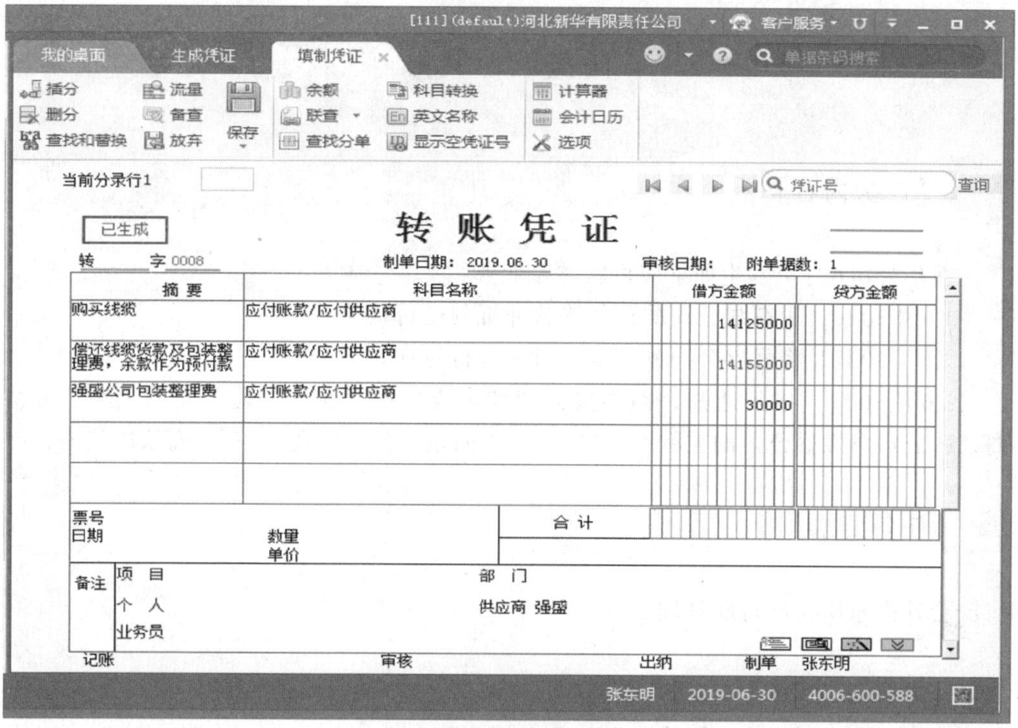

图8-52　核销记账凭证（2）

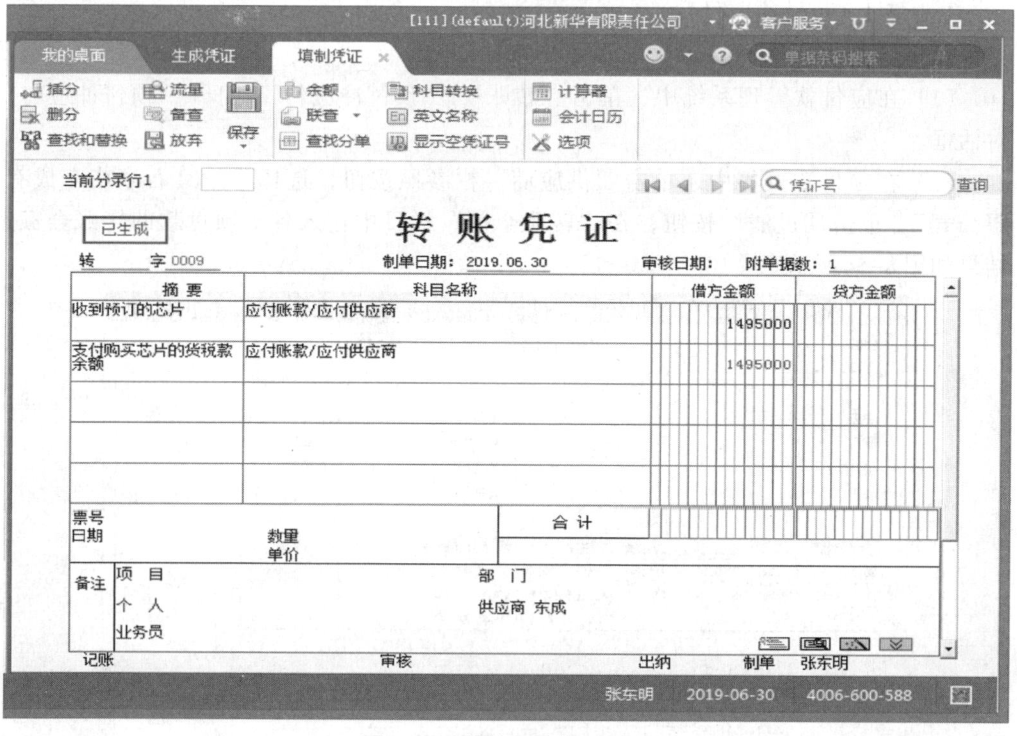

图8-53　核销记账凭证（3）

特别提示：

图8-51为付款业务3的现金折扣凭证。

任务五 转账

[任务内容]

新华公司6月份发生如下应付款转账业务：

1.6月30日，用东成公司的预付账款冲抵其应付款项。

2.6月30日，将强盛公司的红蓝应付单进行对冲。

3.6月30日，接到通知，因强盛公司和东成公司存在债权债务关系，经三方协商，我公司对强盛公司的欠款153 550元改为向东成公司偿还。（三方商谈决议略）

[任务要求]

会计张东明完成转账处理。

教学视频
8-2-9

转账操作演示

[工作示范]

1.业务1（预付冲应付）

操作步骤：

（1）在应付款管理系统中，单击"转账"/"预付冲应付"，打开"预付冲应付"对话框。

（2）在预付款页签中，单击"供应商"栏参照按钮，选择"0201石家庄东成有限公司"，单击"过滤"按钮，在"转账金额"栏目中输入各笔预付款的转账金额，结果如图8-54所示。

图8-54 预付冲应付-预付款

（3）在应付款页签中单击"过滤"按钮，在"转账金额"栏目中输入各笔应付款的转账金额，结果如图8-55所示。

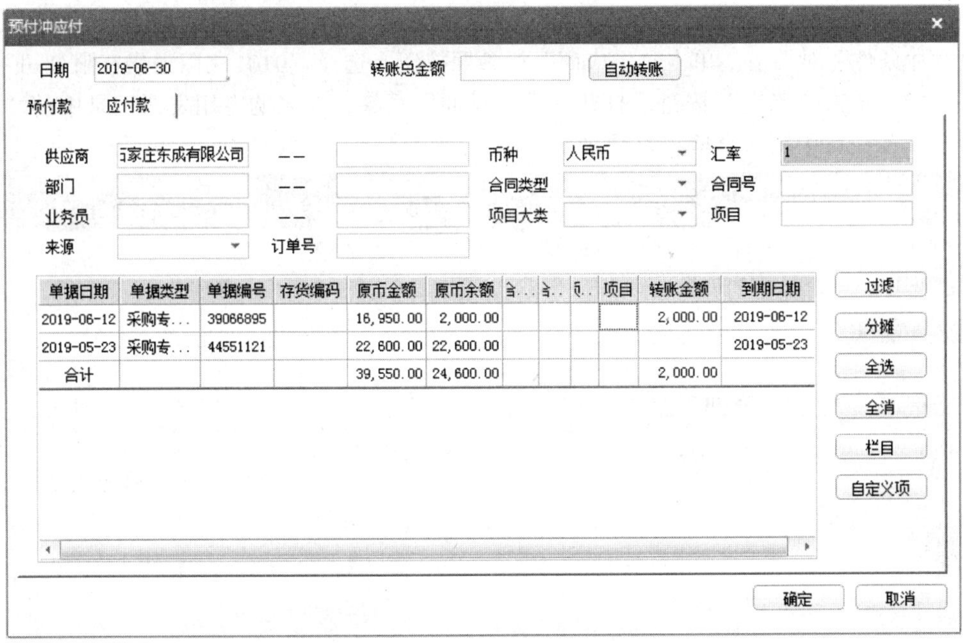

图8-55　预付冲应付-应付款

（4）单击"确定"按钮，系统提示"是否立即制单"，确认立即制单后，系统打开"填制凭证"对话框，修改凭证有关信息后将自动生成的凭证进行保存，结果如图8-56所示。

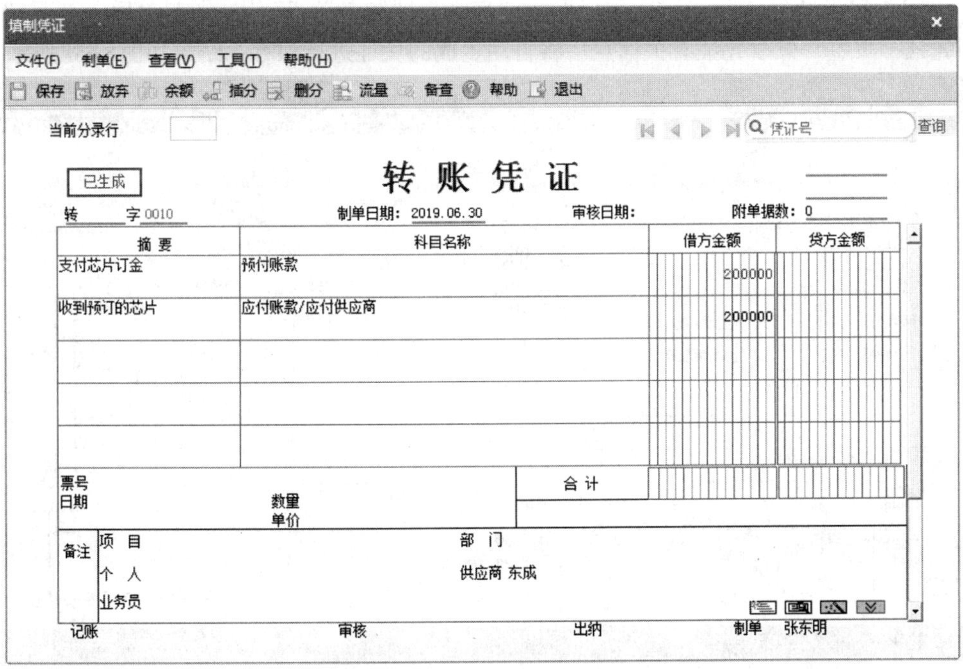

图8-56　预付冲应付记账凭证

2.业务2（红票对冲）

操作步骤：

（1）在应付款管理系统中，单击"转账"/"红票对冲"/"手工对冲"，打开"红票对冲条件"对话框。单击"供应商"栏参照按钮，选择"0101沈阳强盛有限公司"。

（2）单击"确定"按钮，打开"手工对冲"页签，在采购专用发票记录中的"对冲金额"栏目中输入金额，结果如图8-57所示。

图8-57　手工对冲

（3）单击"确认"按钮，系统提示"是否立即制单"，确认立即制单后，打开"填制凭证"页签，修改凭证有关信息后将自动生成的凭证进行保存，结果如图8-58所示。

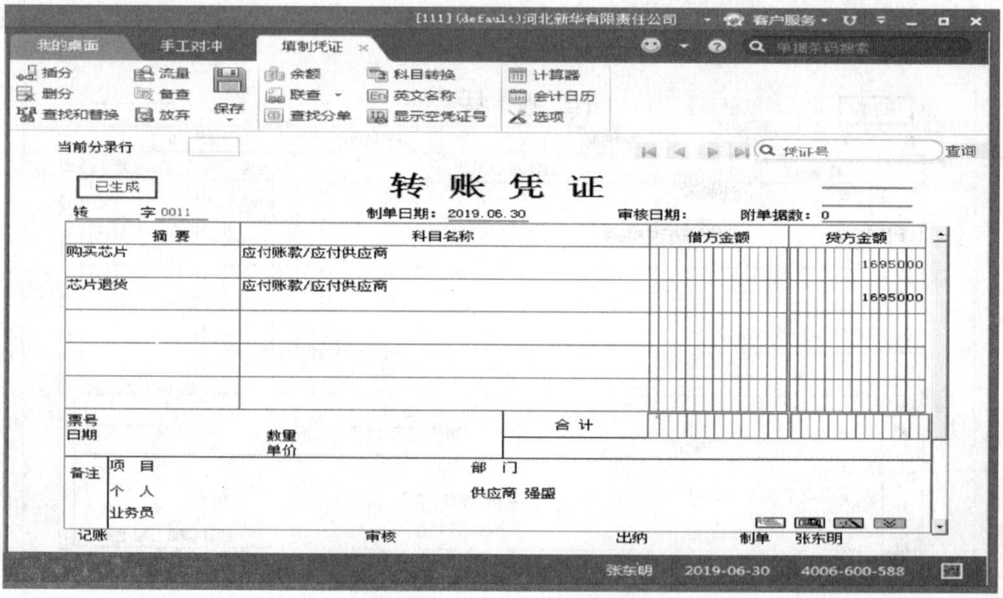

图8-58　红票对冲记账凭证

3.业务3（应付冲应付）

操作步骤：

（1）在应付款管理系统中，单击"转账"/"应付冲应付"，打开"应付冲应付"页签。

（2）输入转出供应商为"0101沈阳强盛有限公司"，单击"查询"按钮。

（3）输入转入供应商为"0201石家庄东成有限公司"，在应付单据记录的"并账金额"栏目中输入金额，结果如图8-59所示。

图8-59　应付冲应付

（4）单击"确认"按钮，系统提示"是否立即制单"，确认立即制单后，打开"填制凭证"页签，修改凭证有关信息后将自动生成的凭证进行保存，结果如图8-60所示。

图8-60　应付冲应付记账凭证

特别提示：

①每一笔应付款的转账金额不能大于其余额。

②每次只能选择一个转入、转出单位。

[技能拓展]

在对原始单据进行了核销、转账等操作后，如果发现操作失误，可在菜单条上选取"其他处理"/"取消操作"，将错误操作恢复到操作前的状态，以便进行修改。系统提供了如下类型：核销、选择付款、汇兑损益、票据处理、应付冲应付、预付冲应付、应付冲应收、红票对冲等。

操作流程：

（1）在菜单条上选取"其他处理"/"取消操作"。在"操作类型"下拉框中选择恢复的类型，输入过滤条件后，系统将满足恢复条件的单据列出。

（2）在恢复标志一栏里双击，表示要将此张单据恢复到操作前的状态；也可以在有标记的一栏里双击，取消选择。

（3）选择完成后，单击"确认"按钮保存此次操作；单击"取消"按钮取消此次操作。

特别提示：

如果该处理已经制单，则应先删除其对应的凭证，再进行恢复。

学习子情境三　应付款管理期末处理

任务　月末结账与取消月结

教学视频
8-3-1

为工作画一个
句号——期末
处理

[任务内容]

新华公司应付款管理系统6月份结账与取消月结。

[任务要求]

会计张东明完成应付款管理系统月末结账与取消月结。

[工作示范]

1.月末结账

操作步骤：

（1）在应付款管理系统中，单击"期末处理"/"月末结账"，打开"月末处理"对话框。

（2）选择结账月份，单击"结账标志"一栏，结果如图8-61所示。

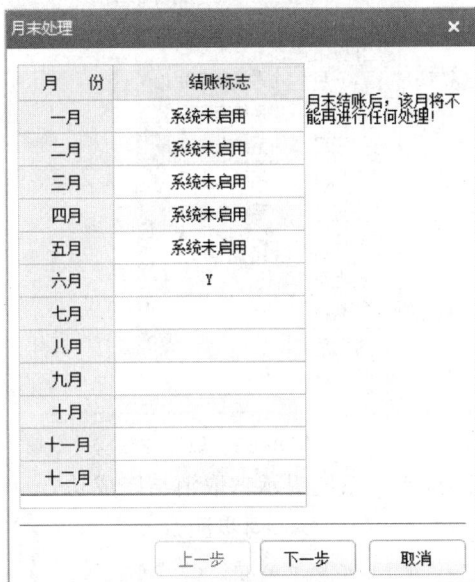

月　份	结账标志
一月	系统未启用
二月	系统未启用
三月	系统未启用
四月	系统未启用
五月	系统未启用
六月	Y
七月	
八月	
九月	
十月	
十一月	
十二月	

月末结账后，该月将不能再进行任何处理！

上一步　下一步　取消

图8-61　"月末处理"对话框

（3）单击"下一步"按钮，系统提示月末结账检查结果，如图8-62所示。

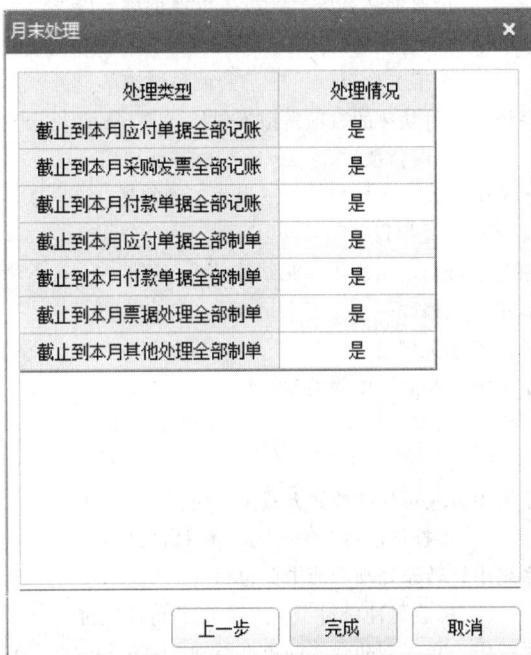

处理类型	处理情况
截止到本月应付单据全部记账	是
截止到本月采购发票全部记账	是
截止到本月付款单据全部记账	是
截止到本月应付单据全部制单	是
截止到本月付款单据全部制单	是
截止到本月票据处理全部制单	是
截止到本月其他处理全部制单	是

上一步　完成　取消

图8-62　月末处理结果提示

（4）单击"完成"按钮，系统提示结账成功。单击"确定"按钮退出。

2.取消月结

操作步骤：

（1）在应付款管理系统中，单击"期末处理"/"取消月结"，打开"取消结账"对话框，如图8-63所示。

教学视频
8-3-2

期末处理操作
演示

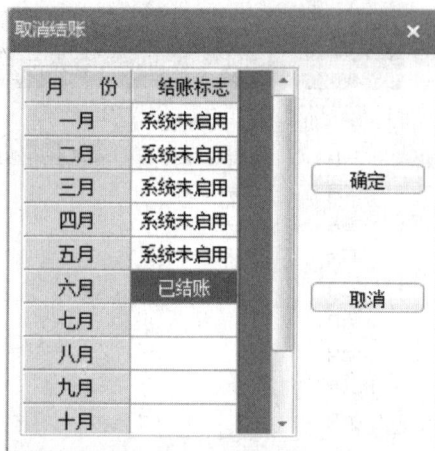

图 8-63 取消结账

（2）单击"确定"按钮，系统提示"取消结账成功"。单击"确定"按钮退出。

同步测试

学习情境八

同步测试答案

一、单项选择题

1.在应付款管理系统的票据管理功能中，只要进行了（   ），便不能再进行其他与票据相关的处理。

A.票据计息后　　　　B.票据结算后　　　　C.票据修改后　　　　D.票据到期后

2.在应付款管理系统中，取消核销的操作应该在（   ）操作之前完成。

A.收款单据审核　　　B.手工核销　　　　　C.核销制单　　　　　D.收款单据录入

3.在应付款管理系统中，付款单的款项类型不包括（   ）。

A.预付款　　　　　　B.应付款　　　　　　C.其他费用　　　　　D.应收款

4.在应付款管理系统中，关于票据管理以下说法正确的是（   ）。

A.商业承兑汇票必须有承兑银行

B.保存票据的结果是系统自动增加了一张结算单

C.票据生成的付款单不能修改

D.银行承兑汇票不能有承兑银行

5.在应付款管理系统中，取消操作的类型不包括（   ）。

A.取消记账　　　　　B.取消核销　　　　　C.取消并账　　　　　D.取消转账

二、多项选择题

1.在应付款管理系统中，应付款的核销方式主要包括（   ）。

A.按单据　　　　　　B.按供应商　　　　　C.按产品　　　　　　D.按单据日期

2.在应付款管理系统中，转账处理功能主要包括（   ）。

A.应付冲应收　　　　B.应付冲应付　　　　C.预付冲应付　　　　D.红票对冲

3.在应付款管理系统中，录入期初余额的单据类别主要包括（   ）。

A.销售专用发票　　　B.其他应付单　　　　C.采购专用发票　　　D.其他应收单

4.在应付款管理系统中，删除凭证的前提条件是（   ）。

A.未核销　　　　　　B.未审核　　　　　　C.未经出纳签字　　　D.未在总账中记账

5.在应付款管理系统中，结算单列表显示的是款项类型为（   ）的记录，而款项类型为其他费用的记录，不允许在此作为核销记录。

A.预收款　　　　　　B.预付款　　　　　　C.应收款　　　　　　D.应付款

三、判断题

1. 在应付款管理系统中，应付和预付科目必须是有"供应商"往来且受控于应收款系统的科目。 （　）

2. 在应付款管理系统中，在付款单录入界面执行单据审核后，可以直接进行核销处理，也可以在"核销处理"中进行核销。 （　）

3. 在应付款管理系统中手工核销及自动核销一次均可对多个供应商进行核销处理。 （　）

4. 如果应付款管理系统采用详细核算的应用方案，则在应付款管理系统中可以对应付业务进行记录和管理。 （　）

5. 在应付款管理系统的应付冲应付的转账处理功能中，每次可以选择多个转入单位。 （　）

综合实训

[实训内容]

石家庄正道轮胎有限公司于2019年7月1日启用应付款管理系统。

1. 根据业务需要，应付款管理系统的系统参数应设置为：

应付单据审核日期依据"单据日期"，应付账款核算模型为"详细核算"，自动计算现金折扣，应付票据直接生成付款单；受控科目制单依据"明细到单据"，非受控科目制单方式为"汇总方式"，月结前全部生成凭证，核销生成凭证，预付冲应付生成凭证，红票对冲生成凭证，单据审核后立即制单；应付款核销方式为"按单据"。

2. 基本科目设置见表8-3。

表8-3　　　　　　　　　　　　　　　**基本科目设置**

基本科目种类	编码	科目名称	币种
应付科目	220201	应付账款—应付供应商	人民币
预付科目	1123	预付账款	人民币
税金科目	22210101	应交税费—应交增值税—进项税额	人民币
商业承兑科目	2201	应付票据	人民币
银行承兑科目	2201	应付票据	人民币
票据利息科目	66030202	财务费用—利息—利息费用	人民币
现金折扣科目	660304	财务费用—现金折扣	人民币
采购科目	1403	原材料	人民币

3. 结算科目设置如下：

现金——1001；现金支票——100201；转账支票——100201；商业汇票——100201；网银——100201；其他——100201。

4. 修改采购专用发票的编号方式为"手工改动，重号时自动重取"。

5. 付款条件：付款条件编码1，付款条件名称5/10，3/20，n/30。

6. 修改银行档案：中国工商银行企业账号定长为19位。

7. 本单位开户银行见表8-4。

表8-4 本单位开户银行

编码	银行账号	账户名称	币种	开户银行	所属银行
01	0326662220003336710	石家庄正道轮胎有限公司	人民币	工商银行裕华路支行	中国工商银行

8.本月有四笔期初单据需要录入:

(1) 2019年6月13日,石家庄鑫鹏厂购买内胎面(EH型)1 000个,单价30元/个,价税合计33 900元,增值税专用发票票号88900023,货款未付。

(2) 2019年6月13日,向石家庄鑫鹏厂购买内胎面(EH型)时应支付对方搬运费100元。

(3) 2019年6月25日,以网银转账方式向广东金润公司支付叶轮(YH型)定金2 000元。(网银转账,电子回单号21520034702)

(4) 2019年6月26日,向山西顺捷公司购买外胎面(EH型)500个,单价100/个,价税合计56 500元。向山西顺捷公司交付商业承兑汇票(票号2232991267120056),票面金额56 500元,到期日2019年7月26日。

9.石家庄正道轮胎有限公司2019年7月份发生如下经济业务:

(1) 7月2日,向石家庄鑫鹏厂网银转账支付40 000元,其中34 000元用以偿还前欠内胎面(EH型)货款及对方的搬运费,6 000元作为预付款。(网银转账,电子回单号22120000815)

(2) 7月4日,向石家庄鑫鹏厂购买内胎面(YH型)1 000个,单价20元/个,税率13%,价税款合计22 600元,合同约定付款条件为5/10, 3/20, 0/n。收到增值税专用发票(发票号88901121),货已收到,货税款尚未支付。

(3) 7月8日,向河北顶新公司购买外胎面(YH型)1 000个,不含税单价60元/个,税率13%,价税款合计67 800元,收到增值税专用发票(发票号22344554),货已收到,货税款尚未支付。同时应支付顶新公司搬运费200元。

(4) 7月13日,8日向河北顶新公司购买的外胎面(YH型)100个存在质量问题,对方同意退货100个(60元/个),收到红字增值税专用发票,发票号22344578。

(5) 7月18日,向广东金润公司购买叶轮(YH型)2 000个,不含税单价10元/个,税率13%,价税款合计22 600元。当日收到增值税专用发票,发票号56769980,商品已入库,货税款尚未支付。

(6) 7月19日,向石家庄鑫鹏厂开出转账支票一张(支票号1121881213210012)用于支付4日的内胎面(YH型)购买价税款,因享受现金折扣,所以支票票面金额为21 922元。

(7) 7月19日,向山西顺捷公司交付一个月期限的无息银行承兑汇票一张(票号4323801922003013),面值20 000元,用于订购内胎面(EH型)。

(8) 7月20日,以网银转账方式向广东金润公司支付购买叶轮(YH型)的货税款余额20 600元。(网银转账,电子回单号22120200603)

(9) 7月26日,交付山西顺捷公司的商业承兑汇票(票号2232 991267120056)到期,收到银行的提示付款通知后立即承兑。

(10) 7月31日,用广东金润公司的预付账款冲抵其应付款项。

(11) 7月31日,将河北顶新公司的红蓝应付单进行对冲。

(12) 7月31日,接到通知,因顶新公司和石家庄鑫鹏厂存在债权债务关系,经三方协商,我公司对顶新公司的欠款61 220元改为向石家庄鑫鹏厂公司偿还。

(13) 7月31日,核销各供应商的应付款。

[**实训要求**]

1.会计朱军勇完成应付款管理初始设置。

2.会计朱军勇完成应付款日常业务处理。

3.会计朱军勇完成应付款管理系统7月份月结。

主要参考文献

［1］孙莲香. 财务业务一体化技能实训教程［M］. 北京：清华大学出版社，2016.

［2］ERP实验课程组. ERP实验实用教程［M］. 北京：科学出版社，2016.

［3］牛永琴. ERP财务业务一体化综合实训［M］. 北京：高等教育出版社，2016.

［4］王新玲，刘丽，彭飞. 用友ERP财务管理系统实验教程［M］. 北京：清华大学出版社，2012.

［5］赵建新，何晓岚，周宏. 用友ERP供应链管理系统实验教程［M］. 北京：清华大学出版社，2012.

［6］汪刚，沈银萱. 会计信息化［M］. 北京：高等教育出版社，2012.

［7］张洪波，等. 会计信息化［M］. 北京：高等教育出版社，2011.

［8］孙晓平，等. 会计电算化实用教程［M］. 北京：化学工业出版社，2008.